Manfred Bobke/Hiroshi Kamada/
Olle Hammarström (Hrsg.)

Lean Production
Neue Formen der Arbeitsorganisation

Erfahrungen der Gewerkschaften

Nomos Verlagsgesellschaft
Baden-Baden

Gedruckt mit Unterstützung des Förderverein japanisch-deutscher Kulturbeziehungen e.V., Köln.

Die Deutsche Bibliothek – CIP-Einheitsaufnahme

Lean Production : Neue Formen der Arbeitsorganisation ; Erfahrungen der Gewerkschaften / Manfred Bobke ... (Hrsg.). – 1. Aufl. – Baden-Baden : Nomos Verl.-Ges., 1996
  ISBN 3-7890-4296-X
NE: Bobke, Manfred

1. Auflage 1996
© Nomos Verlagsgesellschaft, Baden-Baden 1996. Printed in Germany. Alle Rechte, auch die des Nachdrucks von Auszügen, der photomechanischen Wiedergabe und der Übersetzung, vorbehalten.

Inhaltsverzeichnis

Neue Formen der Arbeitsorganisation
Erfahrungen der Gewerkschaften in 20 Unternehmen
von *Olle Hammarström*   7

Belgien
Auszüge aus dem aktuellen Buch von Robert Taylor
»The future of the unions«   35

General Motors Antwerpen   41

CEP-Bericht für den IMB über neue Formen der Arbeit
– Fallstudie über Inglis Ltd., Cambridqe, Ontario   47

IMB-FIET-EMB – Dänemark, August 1994   85

Forschungsinformation – Eingereicht von MSF (Gewerkschaft
der Angestellten im privaten Sektor) – Der »New Deal« bei Rover
von *Colin Adkins*   117

Finnland – Vertraulicher Berichtentwurf
von *Kimmo Kevätsalo*   155

Services Industrial Professional and Technical Union (SIPTU)
von *Martin Naughton*, Dublin   173

Neue Entwicklungen in den Automobil Produktionssystemen bei Fiat
von *Enrico Ceccotti*   191

Einführung neuer Formen der Arbeitsorganisation bei Toyota Motor
Corporation und Maßnahmen der Gewerkschaften
von *Toshio Mori*   232

Lean Production bei Fokker   251

Schweiz
von *Ruedi Keller*   272

Gewerkschaft UGT-Metall – Opel Spanien 282

Fallstudie der Gewerkschaft CC.OO. Unternehmen Ericsson 298

USWA LOCAL 8782 Umstrukturierung bei Stelco Lake Erie Works
– Tarp-Fallstudie
von *Matt Stables* 323

Neue Formen der Arbeitsorganisation
Erfahrungen der Gewerkschaften in 20 Unternehmen

von Olle Hammarström

Inhalt

Neue Formen der Arbeitsorganisation – Erfahrungen der Gewerkschaften	8
Zusammenfassung	8
1. Einleitung	8
2. Geschichte der Arbeitsorganisation	10
3. Fallstudien	12
4. Neue Formen der Arbeitsorganisation in den verschiedenen Ländern	16
5. Was sind neue Formen der Arbeitsorganisation?	18
Teamarbeit	18
Geringere Zahl von Hierarchieebenen	19
Zusammenlegung von Funktionen	20
Delegierung	20
Lohnsystem	21
6. Einfluß der neuen Formen der Arbeitsorganisation	23
7. Der Wandlungsprozeß	24
8. Die Erfahrungen der Gewerkschaften	25
9. Abschließende Betrachtungen	29
Anhang	30

Neue Formen der Arbeitsorganisation – Erfahrungen der Gewerkschaften –

Zusammenfassung

Zwanzig Gewerkschaften aus 17 Ländern haben Fallstudien von Unternehmen angefertigt, die ihn ihrem Land im Bereich neuer Formen der Arbeitsorganisation als führend gelten.

Die zwanzig Fälle zeigen, daß die von Japan inspirierten Fertigungsmethoden weltweit akzeptiert werden und daß die gleichen Managementtechniken auf der ganzen Welt Anwendung finden. Außerdem wird klar, daß ähnliche Vorstellungen auf unterschiedliche traditionelle Beziehungen zwischen den Sozialpartnern zugeschnitten werden können.

Die neuen Organisationsprinzipien bieten eine Vielzahl von Möglichkeiten zur Verbesserung der Arbeitsbedingungen und für eine anregendere Gestaltung des Arbeitsalltags. Allerdings besteht auch die Gefahr von Abqualifizierung, Streß und übermäßiger Arbeitsbelastung. Die Gewerkschaften haben die Aufgabe, ihre Mitglieder und Führungsleute zu schulen und zu mobilisieren, damit sie an der Schaffung gesünderer, anregenderer und produktiverer Arbeitsplätze mitwirken können.

1. Einleitung

In den achtziger Jahren sah sich die Gewerkschaftsbewegung einer Reihe von neuen Herausforderungen gegenüber, d.h. Globalisierung des Welthandels, wirtschaftliche Konzentration, strukturelle Rationalisierung auf internationaler Ebene und zunehmende Beschleunigung des Wandels. Das sind einige der herausragenden Merkmale der achtziger Jahre, die auch in den neunziger Jahren zu beobachten sind. Diese Entwicklung trat während einer Zeit ein, die sich in den meisten Industrie- und Entwicklungsländern durch hohe Arbeitslosigkeit und ein politisches Umfeld auszeichnete, in dem eine restriktive Wirtschaftspolitik und die Bekämpfung der Inflation Vorrang genossen.

Der rasche Wandel wirkte sich auch auf die interne Situation der Unternehmen aus. Im Zuge des Erfolgs der japanischen Firmen entstand eine Vielfalt neuer Managementmethoden und Grundsätze der Unternehmensführung. Diese Entwicklung in den Unternehmen und der Wandel der Märkte und Handelsbeziehungen haben den Arbeitsplatzinhalt und den Arbeitsalltag praktisch aller Beschäftigtenkategorien beeinflußt.

Die veränderten Verhältnisse und neuen Herausforderungen sind in allen Berufssekretariaten erörtert worden. Angehörige verschiedener Berufe und Branchen stehen vor ähnlichen Problemen. Um Zweigleisigkeit der Arbeit zu vermeiden und die Möglichkeiten der Zusammenarbeit zwischen Gewerkschaftsinternationalen zu nutzen, haben drei Organisationen beschlossen, gemeinsam eine Untersuchung der gewerkschaftlichen Erfahrungen mit neuen Formen der Arbeitsorganisation durchzuführen. An dieser Studie sind beteiligt: Angestellten-Arbeitsgruppe des Internationalen Metallgewerkschaftsbundes (IMB), Angestellten-Arbeitsgruppe des Europäischen Metallgewerkschaftsbundes (EMB) und die Euro-FIET-Branchengruppe Industrie. Hiroshi Kamada vom IMB, Manfred Bobke vom EMB und Gerhard Rohde von der FIET richteten ein gemeinsames Projektsekretariat ein. Olle Hammerström, SIF, Schweden, erklärte sich bereit, den Bericht und eine Zusammenfassung der Fallstudien anzufertigen.

Im Herbst 1993 vereinbarten die drei Organisationen, eine gemeinsame Studie in Angriff zu nehmen und ein Seminar durchzuführen, auf dem diese Studie erörtert und Richtlinien für die Politik im Bereich neuer Formen der Arbeitsorganisation erarbeitet werden sollten. Die Mitgliedsgewerkschaften erhielten im Dezember 1993 eine Einladung und wurden gebeten, eine Fallstudie über eine Firma vorzulegen, die in ihrem Land hinsichtlich neuer Formen der Arbeitsorganisation als führend gilt. Im Rahmen des Projekts sind folgende 20 Berichte aus 17 Ländern eingegangen:

Gewerkschaft	*Land*	*Unternehmen*
Metall, SIF	Schweden	ABB CEWE AB
Metall	Finnland	Kone Oy
STL	Finnland	ABB Motors Oy
CO-Industri	Dänemark	Grundfos A/S
SIPTU	Irland	ABS Pumps Ltd
MSF	GB	Rover
AMWU	Australien	Nestlé Confectionery Ltd
CEP	Kanada	Inglis Canada Ltd
CAW	Kanada	Auto suppliers
ASIMRA	Argentinien	SIDERCA S.A.
FLM	Italien	FIAT
SMUV	Schweiz	Alcatel Str Ag
GMBE, GPA	Österreich	BMW Motoren GmbH
Industriebond FNV	Niederlande	Fokker
CC.OO.	Spanien	Ericsson
UGT	Spanien	Opel
IG Metall	Deutschland	ABB Konzern
USWA	USA	Stelco, Lake Erie Works
IMF-JC	Japan	Toyota Motor Corp.

2. Geschichte der Arbeitsorganisation

Der Begriff Arbeitsorganisation ist gleichzeitig mit der Industrialisierung und dem Bestreben aufgekommen, eine Organisationsform für die gemeinsame Produktion durch eine Vielzahl von Personen zu finden. Die ersten Fertigungsformen waren vorwiegend handwerklicher Art. Die wichtigsten Grundsätze der modernen Massenproduktion sind von W. Taylor entwickelt worden, dessen Buch *Scientific Management* 1911 herausgekommen ist. Obwohl diese Grundsätze in einem Werk von Ford in die Praxis umgesetzt wurden, das 1914 den Betrieb aufnahm, setzten sich Taylors Gedanken in der Arbeitsorganisation der Industrieländer erst nach dem 2. Weltkrieg durch. Der Mensch ändert sein Verhalten nur langsam, und neue Gedanken finden nur nach und nach allgemein Eingang. In der handwerklichen Fertigung stellte der Arbeiter das Produkt ganz oder großenteils allein. her. Taylor empfahl eine funktionelle Spezialisierung, Aufteilung der Arbeit in klar definierte Aufgaben, detaillierte Anweisungen und strenge Aufsicht über die Arbeitnehmer. Die Taylorschen Vorstellungen in letzter Konsequenz finden wir in Chaplins Film *Moderne Zeiten* und in der traditionellen Automobilmontage am Fließband.

Taylors Vorstellungen wurden erstmals 1946 durch die Theorien einer Londoner Gruppe von Verhaltensforschern, dem Tavistock Institute of Human Relations, in Frage gestellt. Die von Eric Trist[1] geleitete Gruppe entwickelte eine alternative Form der Arbeitsorganisation. Sie hatte eine grundsätzlich andere Vorstellung vom Menschen und dessen Rolle im Produktionssystem. Sie konzentrierte sich weniger auf den einzelnen als vielmehr auf die Gruppe und ging davon aus, daß der Arbeiter ein denkendes und lernfähiges Wesen ist, das seine Situation am Arbeitsplatz selbst gestalten und entwickeln kann, sofern ihm die Gelegenheit dazu geboten wird. Taylor dagegen war der Ansicht, daß der Mensch nur dann gute Arbeit leistet, wenn er überwacht und streng kontrolliert wird.

Diese soziotechnischen Theorien sind in den fünfziger Jahren entwickelt worden und in Norwegen im folgenden Jahrzehnt im Rahmen der ersten Versuche mit »selbständigen Arbeitsteams« getestet worden. Die von E. Thorsrud und Fred Emery[2] geleiteten norwegischen Experimente sind weltbekannt geworden und leiten die Auseinandersetzung über neue Formen der Arbeitsorganisation ein.

Die Verfechter der unabhängigen Arbeitsteams hielten diese Organisationsform nicht nur für humaner und vorteilhafter für den Arbeitnehmer, sondern auch für produktiver. Die vorgelegten Beweise konnten nicht alle Skeptiker überzeugen, doch die Gewerkschaftsbewegung machte sie sich großenteils zu eigen, insbesondere in Skandinavien, wo die unabhängigen Arbeitsteams zu ei-

---

1 Eric Trist und Hugh Murray: *The Social Engagement of Social Science.* University of Pennsylvania Press, USA, 1993.
2 E. Thorsrud und Fred Emery: *Medinflytande och engagemang i arbetet.* SAFs förlagssektion, Stockholm, 1969.

nem festen Bestandteil der Forderung nach Demokratie in der Industrie wurden. Ursprünglich wurde das Konzept der autonomen Arbeitsteams vorwiegend auf die physische und administrative Produktion, nicht aber auf die gesamte Organisation oder die Beziehungen zur Außenwelt angewandt. Verschiedene Gewerkschaften betrachteten dieses Konzept als Möglichkeit, den Arbeitsalltag zu bereichern und humaner zu gestalten und als eine wertvolle Ergänzung der Arbeitnehmervertretung und als Mittel zur Demokratisierung der Arbeitswelt.

Gleichzeitig mit dieser Entwicklung erzielte Japans verarbeitende Industrie eindrückliche Erfolge auf dem Weltmarkt. Anfänglich galten die bessere Technologie, das Engagement der Arbeitskräfte und die spezifische Industriepolitik, bei der die großen Hersteller und das Ministerium für Handel und Industrie MITI eine entscheidende Rolle spielten, als Ursachen des japanischen Wettbewerbsvorteils. Doch in den achtziger Jahren wurde klar, daß Japan seinen Erfolg anderen Faktoren zu verdanken hatte. Die wichtigsten waren die neuartige Arbeitsorganisation und die besseren Fertigkeiten und Sachkenntnisse der Arbeitskräfte. Ebenso wie die soziotechnische Theorie ging auch die japanische Fertigungsphilosophie davon aus, daß der Mensch ein denkendes, lern- und entwicklungsfähiges Wesen ist. Sie war gruppenbezogen und stützte sich auf die Gruppe als Grundlage der sozialen Unterstützung und Wechselbeziehungen.

Die großen japanischen Hersteller verfügen über wesentlich besser qualifiziertes Personal als westliche Unternehmen, die nach Taylors Grundsätzen organisiert sind. Die japanischen Betriebe fördern die Erfindergabe der Mitarbeiter in einem im Westen unbekannten Umfang und verwenden Systeme zur kontinuierlichen Verbesserung, die Anregungen der Arbeitnehmer berücksichtigen, mit denen eine westliche Firma niemals konkurrieren könnte.

In den achtziger Jahren sind eine Reihe von Prinzipien der japanischen Arbeitsorganisation im Westen eingeführt worden. In einzelnen Fällen wurden die Grundsätze direkt aus Japan importiert, doch vielfach wurden sie von amerikanischen Beraterfirmen zusammengestellt und als amerikanische »Erfindung« verkauft.

Einige dieser Produktions-»Schulen« waren qualitätsorientiert. Total Quality Management (TQM – Vollständige Qualitätskontrolle), Zero Defect (Null-Fehler) und Quality Circles (QC – Qualitätszirkel) sind Beispiele dieser Gedankenrichtungen. Alle betonten, wie wichtig es sei, von Anfang an alles richtig zu machen, anstatt nachträglich zu kontrollieren und zu korrigieren. Sie hoben hervor, daß in jedem Fall die Ursachen von Mängeln aufgedeckt und beseitigt und daß die Produkte und Fertigungsmethoden ständig verbessert werden müssen.

Eine andere Gedankenrichtung, die eine große Anhängerschaft hat, ist Time Based Managment (TBM – fristenorientiertes Management). Hier stehen die Orientierung auf den Kunden und die Kapitalrationalisierung im Mittelpunkt. Dabei liegt das Schwergewicht auf dem Faktor Zeit und der kontinuierlichen

Verringerung der Laufzeit sämtlicher Produktionsformen sowohl im physischen als auch im adminstrativen/intellektuellen Bereich. Diese Methode ist vom Manangement vor allem zur Rationalisierung der Büroarbeit eingesetzt worden.

Das Konzept der Lean Production (LP – schlanke Produktion) ist 1990 in einem Buch über Automobilproduktion[3] vorgestellt worden, in dem sämtliche Automobilwerke der Welt miteinander verglichen werden. Dabei hat sich gezeigt, daß Toyotas System in der im Jahr 1989 angewandten Form allen anderen überlegen war. Dieses System, das seit den fünfziger Jahren entwickelt worden ist, umfaßt Arbeitsorganisation, Förderung von Fertigkeiten, Zusammenfassung von Produktentwicklung und Fertigungstechnologie und die Beziehungen zum Lieferanten. Wormack prägte den Begriff Lean Production für Toyotas System, das anfänglich sehr klar definiert war. Das Buch erregte großes Aufsehen und wurde viel gelesen und diskutiert, insbesondere in Deutschland. Schon bald war Lean Production zu einem weitverbreiteten Begriff geworden, der die moderne Arbeitsorganisation im allgemeinen beschrieb. Im Jahr 1994 führten Wormack und Jones den Begiff Lean Enterprise ein.

Eine weitere bekannte Gedankenschule ist Business Process Reengineering (BPR – Neugestaltung der Unternehmensprozesse). Das Bestehende soll vergessen werden. Wie würde das Unternehmen strukturiert, wenn man bei Null beginnen könnte. Sobald der ideale Aufbau feststeht, gilt es, dem Unternehmen in seiner heutigen Form so rasch wie nur möglich die Idealform zu verleihen.

3. Fallstudien

Zu dieser Untersuchung sind insgesamt 20 Berichte beigesteuert worden, von denen 14 aus Europa, 2 aus der Region Pazifik und vier vom amerikanischen Kontinent stammen.

Die Mehrzahl der Fallstudien betrifft renommmierte internationale Firmen. Drei Berichte, nämlich die aus Deutschland, Schweden und Finnland, befassen sich mit ABB. Dieses bedeutende Unternehmen der Elektromechanik mit Sitz in der Schweiz hat in der Debatte um Management, Kompetenz und neue Formen der Arbeitsorganisation große Bekanntheit erlangt und ist ein führendes Beispiel für die Anwendung von Time Based Management.

In den letzten zwanzig Jahren war die Diskussion über neue Formen der Fertigung und der Arbeitsorganisation von Firmen aus der Automobilbranche beherrscht. Ford hat als erster die Fließbandmontage eingeführt, und Volvo war die erste Firma, die in ihrem 1974 eröffneten Werk in Kalmar versuchte, mit diesen Prinzipien ein für allemal zu brechen. Die vorliegende Studie umfaßt 6 Berichte über Autofirmen: Rover in Großbritannien, FIAT in Italien, BMW in

---

3 Womack et al, *The Machine that Changed the World*, Rawson N.Y, 1990.

Österreich, Opel in Spanien, Toyota in Japan und GM in Belgien. Darüber hinaus haben die kanadischen Automobilarbeiter einen Bericht über eine Verhaltensstudie von Mitarbeitern der Autozubehörbranche beigesteuert.

In den meisten Fallstudien wird über Fertigungsanlagen im Bereich der Montage und der maschinellen Produktion berichtet. Eine Ausnahme bilden die Studien über verfahrenstechnische Prozesse wie etwa Stahl- und Rohrherstellung sowie Süßwaren.

In dieser Studie sollen die Erfahrungen mit neuen Formen der Arbeitsorganisation für Arbeiter und Angestellte geprüft werden. Insbesondere soll gezeigt werden, wie neue Formen der Arbeitsorganisation die überkommenen Grenzen zwischen Arbeitern und Angestellten verschieben. Welche Erfahrungen haben die Mitglieder gemacht, und wie packen Gewerkschaften die durch diesen Wandel bedingten Probleme an? Diese Fragen werden in den Berichten jedoch nur am Rande behandelt. Einige der Gewerkschaften organisieren Angestellte wenig oder gar nicht. In einzelnen Fällen hat die Unternehmensleitung ihr Augenmerk ganz auf die Arbeiter gelegt, und die Auswirkungen auf die Angestellten waren im wesentlichen indirekter Art. In einigen Berichten wird die Situation der Angestellten jedoch besprochen, so etwa im Bericht von STL über ABB Motors, Finnland, im Bericht von Metall/SIF über ABB Cewe, Schweden, im MSF-Bericht über Rover, Großbritannien, und im Bericht von SIPTU über ABS-Pumpen, Irland.

Metall und SIF, **Schweden**, haben einen gemeinsamen Bericht über **ABB Cewe** eingesandt. Diese Firma ist eine kleine Einheit der ABB-Gruppe mit 240 Mitarbeitern, die elektrisches Zubehör und Ausrüstung für Elektroanlagen herstellt. Es handelt sich um ein Beispiel für Time Based Management, das die Schaffung von Produktionsteams ohne Vorarbeiter und eine drastisch verkürzte Vorlaufzeit ermöglicht hat und klar auf den Kunden ausgerichtet ist.

Finnland hat zwei Beiträge eingesandt. Metall hat einen Bericht über **Kone Oy** angefertigt, der die Veränderungen der Fahrstuhlproduktion während rund drei Jahren betrifft. Zum Wandel gehört auch die Einführung von Fertigungsteams. Es werden aufschlußreiche Beobachtungen über den Wandlungsprozeß und über Spannungen zwischen verschiedenen Mitarbeitergruppen und Vertretern der örtlichen und zentralen Gewerkschaft vorgelegt.

Der zweite finnische Bericht stammt aus der Feder von STL und betrifft **ABB Motors**, ein Unternehmen der ABB-Gruppe, das Elektromotoren fertigt. Ebenso wie im Fall von Cewe wird die von ABB eingeführte Form des Time Based Management besprochen. Dank der neuen Organisation wurden interessantere und anregendere Arbeitsplätze geschaffen, doch kam es infolge vermehrter Arbeitslast auch zu Streß.

CO Industry, **Dänemark**, berichtet über den großen dänischen Pumpenhersteller **Grundfos**. Bei dieser Firma ist Business Process Reengineering eingeführt worden, das Teamarbeit, verbesserte Ausbildung und eine Reihe von Treffen zwischen den Angestellten und ihren Vertretern umfaßte.

SIPTU, **Irland**, hat einen Bericht über **ABS Pumps**, einen kleinen, in schwedischem Besitz befindlichen Pumpenhersteller geliefert. Im Zuge des Wandels sind Teamarbeit, umfassendere Qualifikation, Problemlösungsgruppen und neue Entlohnungssysteme eingeführt worden. In diesem Fall gab die Gewerkschaft ihre traditionelle Beschützerrolle auf und beteiligte sich aktiv und gestaltend am Wandlungsprozeß. Die neue Strategie stieß bei verschiedenen Mitgliedern auf Kritik, wird von SIPTU jedoch als ein Fortschritt gewertet.

MSF, **Großbritannien**, berichtet über die Autofirma **Rover**, die vor kurzem von der deutschen BMW übernommen worden ist. Der Bericht erläutert eine Reihe von Managementschritten und beschreibt die Bemühungen von MSF, im Gegenzug für die Zustimmung zu neuen Formen der Arbeitsorganisation Beschäftigungssicherheit auszuhandeln. Rover ist das Beispiel für ein Unternehmen, bei dem sich verschiedene Betriebsleitungen abgelöst haben. Die Angestellten haben unterschiedliche Erfahrungen gemacht und Arbeitsplatz- und Statusverlust erlebt, aber auch bessere Bedingungen kennengelernt.

AMWU, **Australien**, legt einen Bericht über den Süßwarenriesen **Nestlé** vor. In Australien steht jede Veränderung der Arbeitsorganisation in engem Zusammenhang mit der Umstrukturierung des Industry Award-Systems. Der Bericht beschreibt, wie dieser Wandel von Nestlé gehandhabt worden ist und wie das Unternehmen und die Gewerkschaften das regierungseigene Australian Centre for Best Practice genutzt haben.

CEP, **Kanada**, legt einen Bericht über **Inglis** vor. Diese Firma gehört zur Whirlpoolgruppe, die weiße Küchengeräte herstellt. Die Zustimmung zur Umstrukturierung wurde durch die Drohung mit der Schließung des Werks erzwungen. Die Beziehungen zwischen Arbeitgebern und Arbeitnehmern in Kanada sind nicht allzu gut, und es war für CEP schwer, als Teilnehmer am Wandel akzeptiert zu werden.

Ein weiterer **kanadischer** Beitrag, der von CAW stammt, betrifft kein Unternehmen im einzelnen. Es handelt sich vielmehr um eine Untersuchung über das Verhalten von Arbeitnehmern der **Automobilzubehörbranche** und zeigt, daß die von Japan inspirierten Produktionsmethoden kritisch beurteilt werden. Dem Bericht ist zu entnehmen, daß eine enge Korrelation zwischen Lean Production und Unzufriedenheit der Mitarbeiter besteht.

ASIMRA, **Argentinien**, beschreibt die zehnjährige Modernisierung der Röhrenfirma **SIDERCA**. Die Rationalisierung ist hier nach traditionelleren Vorstellungen vorgenommen und im Gegensatz zu den übrigen Fällen nicht von Japan beeinflußt worden. SIDERCA scheint mehr Wert auf die Struktur zu legen und weniger Dynamik zu entfalten als die übrigen Unternehmen dieser Studie. Hinsichtlich der Verringerung der Organisationsebenen und der Übertragung von Vollmachten ähnelt dieser Fall den anderen.

Aus **Italien** kommt ein Bericht von FLM über **FIAT**, der einen guten Überblick über den Wandel der Produktionsphilosophie dieser Firma in den letzten 20 Jahren gibt. Zunächst war FIAT stark auf die Technologie fixiert, doch im neuesten FIAT-Werk, in dem der Melfi hergestellt wird, stehen Zusammenarbeit und verbesserte Beziehungen zwischen den Sozialpartnern im Mittelpunkt. Änderungen sind hauptsächlich im Organisationsbereich vorgenommen worden, während bei den Produktionsverfahren kein wesentlicher Wandel erfolgt ist.

FNV Industribond, **Holland**, berichtet über Veränderungen beim Flugzeughersteller **Fokker**. Die Betriebsleitung und die Gewerkschaften sind sich einig, daß Kapitalrationalisierung, Kundenorientierung und verbesserte Qualität erforderlich sind. Die Gewerkschaften plädieren jedoch für interne Flexibilität, während das Management externe Flexibilität fordert.

Spanien hat zwei Berichte beigesteuert, von denen einer von CC.OO. über das Fernmeldeunternehmen **Ericsson** kommt. Dieser Bericht stützt sich im wesentlichen auf ein Interview mit einem Direktionssprecher. Die Bemühungen der Gewerkschaft um Zusammenarbeit mit der Betriebsleitung sind bei dieser auf wenig Gegenliebe gestoßen.

Der zweite Bericht aus Spanien, der von UGT eingesandt worden ist, betrifft ein **Opel**-Werk. Das Schwergewicht liegt auf Teamarbeit, Dezentralisierung der Entscheidungen und einem neuen leistungsbezogenen Lohnsystem.

IG Metall, **Deutschland**, hat eine Studie über **ABB** angefertigt. Der Bericht enthält einen interessanten Überblick über die Managementstruktur und das Produktionssystem bei ABB. Dezentralisierung, Auswärtsvergabe, Teamarbeit und Kundenorientiertheit sind die wichtigsten Punkte des Berichts, der die gesamte ABB-Struktur sowie ein einzelnes Werk vorstellt.

USWA, **USA** hat einen Bericht über den Stahlproduzenten **Stelco Lake Eire** vorgelegt. Hauptthemen sind die Verringerung der Zahl der Arbeitnehmerkategorien und die Neudefinition der Grenzen zwischen den einzelnen Handwerksbereichen und der Arbeitsplatzinhalt. Im Bericht wird hervorgehoben, daß flexible und integrierte Produktionsmethoden im Widerspruch zu den Traditionen der amerikanischen Arbeitnehmer und den Beziehungen zwischen den Sozialpartnern stehen.

Der Bericht von CMB über **Opel GM** in **Belgien** befaßt sich vor allem mit der Einführung von Gruppenarbeit in der Produktion, mit der Vielfachqualifikation und einem kompetenzbezogenen Lohnsystem. Die Teamleiter werden von den Mitgliedern der Gruppe gewählt.

Aus **Japan** berichtet IMF-JC über die Entwicklung bei **Toyota**. Die Gewerkschaft sieht mit Besorgnis, daß die lebenslängliche Beschäftigung, das dienstalterbezogene Lohnsystem und andere wichtige Errungenschaften des japanischen Verhältnisses zwischen den Sozialpartnern von der Direktion in Frage gestellt werden. Das mittlere Management steht unter Druck und wird gegenwärtig von keiner Gewerkschaft vertreten. Dieser Fall zeigt, wie die Unternehmensleitung ihre Rationalisierungsbestrebungen auf die Angestellten konzentriert und das Konzept der Lean Production auf sie anwendet.

GMBE und GPA, **Österreich**, berichten über ein **BMW-Werk**, in dem Teamarbeit eingeführt worden ist. Im Mittelpunkt stehen die Konzentration der Funktionen, der Aufbau von Teams und kontinuierliche Verbesserungen. Die Gewerkschaften bemängeln das Fehlen jeglicher Verbesserung der Fertigungstechnik.

4. Neue Formen der Arbeitsorganisation in den verschiedenen Ländern

Die Arbeitsorganisation stellt in den meisten Industrieländern ein wichtiges Thema dar. In einzelnen Fällen wie etwa in Irland und der Schweiz ist sie eine relativ junge Erscheinung, die erst seit Ende der achtziger Jahre bekannt ist. In Schweden und Dänemark dagegen ist sie seit Beginn der siebziger Jahre im Gespräch.

Das Interesse für neue Formen der Arbeitsorganisation ist vor allem dem Erfolg der japanischen Unternehmen zu verdanken. Es wird von amerikanischen Managementspezialisten und Beraterfirmen stark gefördert. Einige Konzepte sind in fast allen Berichten über die Situation im eigenen Lande zu finden. Time Based Management steht in Schweden und Finnland im Mittelpunkt, während World Class Manufacturing (Weltklassefertigung) von Irland und Kanada genannt wird. Am häufigsten wird in den Berichten von Lean Production gesprochen. Dieser Begriff dient als allgemeines Konzept, um von Japan übernommene Produktionsmethoden, unter anderem das Just-in-time-Liefersystem, kontinuierliche Verbesserung, Kundenorientiertheit, Flexibilität und auf

Teamarbeit gestützte Organisation zu beschreiben. Lean Production hat in Deutschland einen sehr starken Einfluß und wird auch von Holland, Österreich, der Schweiz, Italien, Finnland und dem Vereinigten Königreich genannt.

Neue Formen der Arbeitsorganisation werden von der Unternehmensleitung gelenkt. Die Gewerkschaften waren weniger aktiv, obwohl sie verschiedentlich umfassende Strategien entwickelt haben. In den skandinavischen Ländern haben die Gewerkschaften sehr rasch politische Konzepte für die Arbeitsorganisation als Teil der Politik der Arbeitsdemokratie ausgearbeitet. Den Anfang machten Schweden und Norwegen in der ersten Hälfte der siebziger Jahre; einige Jahre später folgten Dänemark und Finnland. Ein bekanntes und oft zitiertes Beispiel der Gewerkschaftspolitik in Fragen Arbeitsorganisation ist »Rewarding Work«, das Metall, Schweden, im Jahre 1986 eingeführt hat. Es handelt sich um eine umfassende Politik, die die meisten Aspekte des modernen Produktionsmanagements behandelt und für einen kontinuierlichen Wandel plädiert, in dem Ausbildung und kompliziertere Arbeiten den Weg zu interessanteren und höher qualifizierten, besser bezahlten Arbeitsplätzen ebnen.

In vielen Ländern haben die Regierungen Maßnahmen ergriffen, um neue Formen der Arbeitsorganisation zu fördern. Grund ist vor allem der Wunsch, die Produktivität und die Konkurrenzfähigkeit zu steigern. Sie hoffen, dieses Ziel nicht nur direkt durch höhere Produktivität dank der neuen Formen der Arbeitsorganisation zu erreichen, sondern auch indirekt durch bessere Beziehungen zwischen Arbeitgebern und Arbeitnehmern und eine bessere Zusammenarbeit am Arbeitsplatz als Folge der neuen Organisation.

Siebzehn Länder haben Berichte eingesandt. In acht Ländern gibt es nationale Programme für Arbeitsorganisation. Die meisten Programme sind in den letzten fünf Jahren in Angriff genommen worden, doch einige sind älteren Datums. In mehreren Bundesstaaten wie etwa Kanada waren sowohl die Bundes- als auch die Staatsregierung in diesem Bereich aktiv. Die ehrgeizigeren Länder haben eine Reihe von Programmen ausgearbeitet, von denen die ersten auf die siebziger Jahre zurückgehen. In Schweden mit seiner langjährigen Tradition der dreigliedrigen Zusammenarbeit ist eine Reihe von Programmen durchgeführt worden, von denen einige als Vorbild für Folgeprogramme dienen sollten, während andere in einer großen Zahl von Unternehmen und Gesellschaften breitangelegte Änderungen herbeiführen sollten. In Australien hat die Regierung verschiedene Programme lanciert, mit denen Lohnsystem und Arbeitsorganisation modernisiert werden sollen. Einige dieser Initiativen gehören zu »The Accord«, einem Abkommen über Löhne und Sozialpolitik, das zwischen der Labourregierung und den Gewerkschaften abgeschlossen worden ist. In Irland ist 1994 ein dreigliedriges Programm entwickelt worden; in Finnland sind zwei nationale Programme in Angriff genommen worden.

Auch auf internationaler Ebene werden diese neuen Formen bekanntgemacht. Die IAO hat eine Reihe von Seminaren über Lean Production durchgeführt und verschiedene Berichte veröffentlicht. Die OECD hat auf die Bedeutung der Erwachsenenbildung durch regelmäßige Ausbildung und Schulung vor Ort hingewiesen. In diesen Programmen ist das Schwergewicht auf die Arbeitsorganisation und die Voraussetzungen für die Schulung vor Ort gelegt worden. Die EU hat über die Stiftung zur Verbesserung der Arbeits- und Lebensbedingungen mit Sitz in Dublin ebenfalls Initiativen ergriffen. Dieses Institut hat eine umfangreiche Studie über »Direkte Beteiligung« in Auftrag gegeben. Zu dieser Studie gehören ein Überblick über das Schrifttum, Interviews mit Regierungen, Arbeitgebern und Gewerkschaften in vierzehn Ländern und eine großangelegte Unternehmensbefragung.

Es besteht kein Zweifel, daß Veränderungen der Arbeitsorganisation als eine Frage nationaler Bedeutung gelten. Das Management ist daran interessiert, weil auf diese Weise die Wettbewerbsfähigkeit verbessert werden kann. Die Gewerkschaften sind daran interessiert, weil dadurch eine unzulängliche Arbeitsumwelt bekämpft und Arbeitsbedingungen und der Arbeitsalltag verbessert werden können. Die Regierungen sind daran interessiert, weil sich diese Änderungen auf die Lebensqualität bei der Arbeit, auf die Arbeitsgesundheit und -sicherheit und auf die Konkurrenzfähigkeit auswirken. Es besteht guter Grund zur Annahme, daß die Arbeitsorganisation auch in Zukunft ihre nationale Bedeutung behält.

5. Was sind neue Formen der Arbeitsorganisation?

In praktisch allen Berichten folgen die beschriebenen Veränderungen der gleichen Tendenz. Die Unternehmen sind an einer Organisationsform interessiert, die ihnen die Möglichkeit bietet, das richtige Produkt der richtigen Qualität zur richtigen Zeit zu liefern. Verlangt wird eine integrierte, flexible, kundenorientierte Organisation. Produkte und Märkte sind mehr als bloße Funktionen. Die Lösung besteht in Teamarbeit, einer kleineren Zahl von Hierachieebenen, der Delegation von Entscheidungsrechten und der Zusammenlegung verschiedener Produktionsfunktionen. Neue Lohnsysteme, Schulung und Ausbildung, bessere Information und Konsultation, Systeme zur kontinuierlichen Verbesserung und Zusammenarbeit zwischen Betriebsleitung und Gewerkschaften sind die Methoden, mit denen Fortschritte gemacht werden können. Änderungen, die außerhalb der eigentlichen Organisation liegen, sind beispielsweise Auswärtsvergabe und ein Wandel der Beziehungen und der Rolle von Subunternehmern und Lieferanten.

Teamarbeit

Teamarbeit wird in den meisten Fallberichten als Bestandteil der neuen Arbeitsmethoden dargestellt. Die Teams bestehen normalerweise aus 8 bis 12 Personen. Allerdings hat der Begriff »Team« sehr unterschiedliche Bedeutungen. In den Berichten über die Autoindustrie sind die traditionellen Montagearbeiten unverändert geblieben. Unter Teams versteht man eine bestimmte Zahl von Arbeitern, die zwischen mehreren traditionellen Arbeitsplätzen hin- und herwechseln. Diese Teams sind vorwiegend administrative Einheiten, doch die Technologie wird nicht wirklich geändert und mit dem Gedanken der Teamarbeit in Einklang gebracht. Das wird aus dem österreichischen Bericht über BMW ersichtlich, während GMBE und GPA die Enge des Teamkonzepts bemängeln. Alcatel, Schweiz, und Cewe, Schweden, berichten ebenfalls, daß Arbeiter zwischen traditionellen kurzen Montagearbeiten hin- und herwechseln.

Eine andere wichtige Frage betrifft den Teamleiter. Gibt es einen Teamleiter? Wird er/sie von der Direktion benannt oder von den Arbeitern gewählt? Handelt es sich um einen permanenten oder turnusgebundenen Posten, und welche Befugnisse hat der Teamleiter? In den Berichten sind verschiedene Lösungen dieses Problems zu finden. In einzelnen Fällen wie bei ABB Motors in Finnland und Grundfos in Dänemark ist der Vorarbeiter beibehalten worden. Das Team hat die Aufgabe, Teile zu bestellen, den Teammitgliedern Arbeitsplätze zuzuweisen und die Gruppe zu verwalten. In den meisten Fällen ist jedoch an die Stelle des Vorarbeiters der Teamleiter getreten. Das Team ist einem Produktionsingenieur unterstellt. Die Rolle des Teamleiters wird oft im Turnus denjenigen Mitgliedern übertragen, die sich dafür zur Verfügung stellen und die erforderliche Ausbildung erhalten haben. Bei Cewe wird für jeweils sechs Monate ein Teamkoordinator ernannt. Bei GM Opel in Belgien wird der Teamleiter von der Gruppe gewählt und behält diesen Posten so lange, bis die Gruppe beschließt, ihn zu ersetzen.

Die Vollmachten, die dem Team übertragen werden, spielen eine wichtige Rolle. In den meisten Fällen trifft das Team Tag für Tag die traditionelle Entscheidung des Vorarbeiters »Wer tut was«. In vielen Fällen akzeptiert das Team auch das kurzfristige Produktionsziel im Rahmen einer einvernehmlich festgelegten Fertigungsvorgabe. Andere häufig genannte Aufgaben des Teams sind die Belieferung mit Rohstoffen und Bestandteilen, Qualität und Wartung. Diese Aufgaben werden in der Gruppe oft im Wechsel zugeteilt. So hat beispielsweise das Team bei Cewe in Schweden vier Verwaltungsfunktionen: Teamleiter, Planung, Lieferung und Qualität. Diese Aufgaben werden abwechselnd von den Teammitgliedern wahrgenommen, die die entsprechende Schulung erhalten haben.

Geringere Zahl von Hierarchieebenen

Den meisten Berichten ist zu entnehmen, daß die Zahl der hierarchischen Ebenen verringert worden ist. Damit soll der Entscheidungsprozeß beschleunigt und das Entscheidungsrecht den direkt Betroffenen übertragen werden. Außerdem dient diese Maßnahme auch dazu, die Dienstleistungen zu verbessern und die Zufriedenheit des Kunden zu erhöhen. Die Angestellten, die Kontakt zum

Kunden haben, sollten fähig sein, notwendige Entscheidungen zu treffen, anstatt den Chef fragen zu müssen, sobald etwas nicht routinemäßig läuft. Das ist besonders wichtig bei Dienstleistungen, doch wird der Grundsatz auch in der Fertigung angewandt.

Bei **Fokker** in Holland ist die Zahl der Ebenen im großen Endmontagewerk von acht auf fünf verringert worden. SICERCA in Argentinien senkte die Ebenen von zehn auf fünf, und **GM Opel** in Belgien ging von acht auf vier zurück.

Zusammenlegung von Funktionen

Vielseitige Fertigkeiten und Arbeitsplatzwechsel in irgendeiner Form sind im Interesse der Flexibilität und Kostensenkung wichtig. Diese Fragen sind in Ländern mit langer Gewerkschaftstradition, in denen außerdem die Zuweisung von Arbeitsplätzen durch den Arbeitgeber gang und gäbe ist, vielleicht nicht umstritten.

In den angelsächsischen Ländern jedoch, in denen die Gewerkschaften traditionsgemäß handwerklich orientiert sind und ihre Möglichkeit, bestimmte Arbeiten und Funktionen zu monopolisieren, eine wichtige Rolle in den Beziehungen zwischen den Sozialpartnern spielt, stellt dieses Thema eine Streitfrage dar. Das kommt in den Berichten aus dem Vereinigten Königreich, Australien, Kanada und Irland zum Ausdruck.

Rover ist ein Beispiel dafür, daß die Gewerkschaften neuen Produktionsmethoden zustimmen, wenn als Gegenleistung die Beschäftigungssicherheit garantiert wird. Die Gewerkschaften bei Inglis, Kanada hatten das gleiche Ziel, doch erhielten sie keine Garantie für »keine Freistellungen«, und sie mußten angesichts der Drohung der Werkschließung größere Flexibilität akzeptieren.

Die horizontale Integration, d.h. Vielfachqualifikation und Erweiterung der Arbeitsplätze auf der gleichen Ebene, wird von den Beschäftigten oft bekämpft, weil dadurch das traditionelle System des Dienstalters abgeschafft wird und Statusunterschiede eingeführt werden, wie der Bericht von **Stelco**, USA, zeigt.

Die vertikale Integration, die oft gleichbedeutend mit Zusammenlegung von Fertigung und Verwaltung ist, wird von den Arbeitern oft begrüßt, von den Angestellten jedoch abgelehnt. Die vertikale Integration umfaßt oft Planung, Qualitätskontrolle und Berichtswesen.

Delegierung

Die Übertragung des Entscheidungsrechts bedeutet normalerweise, daß Vorarbeiter oder mittleres Management den Fertigungsteams Vollmacht erteilen. Vollmachten werden auch auf anderer Ebene übertragen. Im Interesse größerer Flexibilität und rascher Entscheidungen haben viele Großfirmen die nationale

Organisation in kleinere Einheiten aufgeteilt, die oft rechtlich selbständige Unternehmen mit eigenem Vorstand und Generaldirektor sind. Oft sollen sie im Markt Verbindungen zueinander unterhalten und Kauf und Verkauf so abwikkeln, als gehörten sie nicht zum gleichen Unternehmen.

ABB ist ein Beispiel für eine große multinationale Firma. die diese Politik betreibt. Es stellt sich allerdings die Frage, wie weit die Aufteilung in gesonderte Einheiten eigentlich geht. Der Bericht von IG Metall, Deutschland, über ABB gestattet einen guten Einblick in die Tätigkeit des Unternehmens und läßt Zweifel am Ausmaß der Delegierung zu. IG Metall behauptet, daß ABB immer noch stark zentralisiert ist und den einzelnen Unternehmen wenig Freiheit zugesteht. Dieser Bericht zeigt, daß betriebstechnische Entscheidungen delegiert, strategische Entscheidungen jedoch zentral gefällt werden.

Lohnsystem

Das Lohnsystem wird in verschiedenen Ländern unterschiedlich gehandhabt. Die neue Richtung im Bereich der Arbeitsorganisation ist stark von Japan und japanischem Gedankengut beeinflußt. Das japanische Lohnsystem dagegen hat sich weniger stark im Ausland ausgewirkt. In Japan richtet sich die Entlohnung nach dem Dienstalter, und das Lohngefälle ist weniger ausgeprägt als in den westlichen Ländern. Die Mehrheit der japanischen Angestellten wird nach Dienstalter im Unternehmen bezahlt; Einzel- oder Gruppenprämien spielen eine untergeordnete Rolle. Das japanische Lohnsystem ist jedoch nicht von den westlichen Arbeitgebern übernommen worden.

In der Debatte über neue Formen der Arbeitsorganisation wird oft betont, daß ein organisationstechnischer Wandel durch Änderungen des Lohnsystems gestützt werden muß. Da Vielseitigkeit und Flexibilität als wichtig gelten, wird oft mit dem Argument operiert, daß der Lohn sich danach richten sollte, was der Einzelne willens und in der Lage zu tun ist, nicht jedoch danach, was er zu einem bestimmten Zeitpunkt tatsächlich leistet. Ein Mitarbeiter, der die Fertigkeiten besitzt, alle Arbeiten in einem Team zu übernehmen, sollte den Höchstlohn erhalten, selbst wenn er tatsächlich eine relativ einfache Arbeit verrichtet. Ein anderes Argument besagt, daß der Lohn eine teambezogene Produktivitätsprämie beinhalten sollte. Ein Team, das gute Arbeit leistet, sollte eine Anerkennung in Lohnform erhalten. Diese Argumente werden in verschiedenen Berichten herausgestellt.

Cewe, Schweden, hat das Lohnsystem mit der Einführung der neuen Organisation umgestellt. Die Arbeitnehmer wurden verschiedenen Lohngruppen zugeteilt, je nachdem, wie viele Aufgaben oder Funktionen sie übernehmen konnten. Nach Abschluß der einschlägigen Ausbildung wurde tatsächlich eine Lohnerhöhung gewährt. Außerdem wurde eine produktionsbezogene Gruppenprämie eingeführt.

Angestellte konnten in einzelnen Fällen die Gruppenprämie ebenfalls beziehen, sofern sie zum Produktionsteam gehörten. Im übrigen blieb das Lohnsystem für Angestellte unverändert, und die Bezahlung erfolgte weiterhin nach dem traditionellen individuellen System, nach dem die Gehälter im Prinzip angepaßt werden müssen, wenn zusätzliche Aufgaben übernommen werden. SIF, die Angestelltengewerkschaft, bemängelt jedoch, daß die Betriebsleitung die Veränderungen, die sich für die Mitarbeiter ergeben hatten, bei der jährlichen Gehaltsüberprüfung nicht berücksichtigt habe.

In den beiden finnischen Studien über Kone und ABB Motors wird nicht über Änderungen des Lohnsystems berichtet. **Kone** arbeitet mit individuellen Stücklöhnen für Routinearbeiten und Stundenlohn für qualifizierte Arbeit. **ABB Motors** bezahlt die Arbeiter nach Arbeitswert und Leistung des einzelnen. Ein Drittel der Arbeit wird auf Stücklohnbasis vergütet. Angestellte werden nach Arbeitswert zuzüglich Dienstalter entlohnt.

Bei **Grundfos**, Dänemark, bestand anfänglich ein Übereinkommen über ein schulungsbezogenes Lohnsystem. Nach einiger Zeit wurde festgestellt, daß dieses System ungeeignet war, und so führte das Unternehmen sechs arbeitsbezogene Lohngruppen ein. Es handelt sich um ein umfassendes Lohnsystem, in dem qualifizierte und unqualifizierte Arbeiter zusammengefaßt sind.

Ein ähnliches System ist bei **ABS Pumps** in Irland eingeführt worden. Dort gibt es fünf arbeitsbezogene Lohngruppen sowie eine Zusatzprämie, die sich nach der Leistung des einzelnen oder der Gruppe richtet.

In Australien ist die Arbeitsorganisation stark vom Industry Award-System beeinflußt worden. Die Arbeit ist gemäß den im Award aufgeführten Kategorien organisiert worden. Das neue Lohnsystem, das auf Anregung der Gewerkschaften nach langen Verhandlungen zwischen Arbeitgebern, Gewerkschaften und der Schiedskommission eingeführt worden ist, umfaßt dreizehn nach Arbeitsinhalt gestaffelte Gruppen. In diesem System wird klar beschrieben, wie ein Angestellter von einer Stufe zur nächsthöheren gelangen kann. Die Lohnskala umfaßt sowohl einfache Arbeiten als auch Posten des mittleren Managements und von Fachleuten.

Lohnstreitigkeiten oder unterschiedliche Ansichten über das Lohnsystem waren bei der Einführung neuer Formen der Arbeitsorganisation anscheinend nicht sehr umstritten. Die Gewerkschaften bemühten sich, die Zusicherung zu erhalten, daß im Zuge der organisationstechnischen Veränderungen keine Lohnkürzungen vorgenommen würden. Dieser Wunsch scheint nicht zu Meinungsverschiedenheiten geführt zu haben. Jeder Arbeitgeber, der eine flexiblere und produktivere Arbeitsorganisation einführen möchte, ist sich darüber klar, daß die Mitarbeiter wohl kaum zustimmen würden, wenn ihre Löhne gekürzt würden.

Es ist jedoch überraschend, daß die Arbeitgeber nicht mehr Innovationsgeist und Ehrgeiz an den Tag gelegt und neue Lohnsysteme eingeführt haben, die die neue Arbeitsweise unterstützen würden. Vielleicht werden Lohnsysteme im wesentlichen von Traditionen und Übereinkommen auf nationaler oder industrieller Ebene bestimmt, und die örtliche Freiheit ist eher begrenzt.

6. *Einfluß der neuen Formen der Arbeitsorganisation*

Wie schon weiter oben erwähnt, gehen neue Formen der Arbeitsorganisation hauptsächlich auf Initiative des Managements zurück, das die Konkurrenzfähigkeit verbessern will. Die neuen Vorstellungen werden in die Praxis umgesetzt, um die Produktivität zu steigern, die Kosten zu senken und den Wünschen der Kunden nachzukommen.

Gleichzeitig entsprechen diese Veränderungen den Forderungen der Gewerkschaften nach qualifizierten und anregenden Arbeitsplätzen, die Lern- und Entwicklungsmöglichkeiten am Arbeitsplatz bieten. Neue Formen der Arbeitsorganisation können eine bessere Arbeitsumwelt und ganz allgemein einen besseren Arbeitsalltag schaffen. In einigen Berichten wird jedoch eine Reihe von Nachteilen der neuen Formen der Arbeitsorganisation aufgelistet. So wird über Abqualifizierung der Arbeitsplätze, größere Unterschiede zwischen einfachen und qualifizierten Arbeiten, vermehrte Arbeitsbelastung und Streß berichtet.

In den meisten Studien sind keine klaren Angaben über die wirtschaftlichen Auswirkungen der Veränderungen zu finden, obwohl aus einigen Unternehmen detaillierte Zahlen vorliegen. Drei Jahre nach Einführung der Änderungen konnte die Vorlaufzeit bei **ABB Cewe**, Schweden, auf 20 % gesenkt, die Produktivität um 33 % gesteigert und der Absentismus drastisch von 20 % auf 3 % gesenkt werden. Der Anteil der fristgerecht ausgeführten Aufträge stieg von 60 % auf 90 %.

ABB Motors, Finnland, berichtet über eine 42 %ige Verringerung der Mannstunden pro Maschine, eine 40 %ige Kostensenkung pro Maschine und einen Abbau der Lagerbestände um 62 %.

Einige Unternehmen haben eine Reihe von Verbesserungen unter Umständen eingeführt, die nicht im eigentlichen Sinn zur neuen Arbeitsorganisation gehören. **Rover**, England, hat gleichzeitig mit der neuen Organisation ein neues System der Lohnfortzahlung bei Krankheit, regelmäßige ärztliche Untersuchungen, kostenlose Schutzkleidung, Urlaubsbeihilfen und eine Nichtentlassungsgarantie eingeführt.

In einer Reihe von Unternehmen sind ganz allgemein Verbesserungen zu verzeichnen. **ABB Pumps**, Irland, berichtet über eine Verkürzung der Produktionsausfallzeit, der Lagerbestände, der Vorlaufzeit und der Problemlösung sowie der entsprechenden Abhilfemaßnahmen. Bei **Grundfos**, Dänemark, konnten die Produktivität gesteigert, die Kosten verringert, die Qualität verbessert und die Probleme rascher gelöst werden.

In einigen Fällen ist es für wirtschaftliche Auswirkungen noch zu früh, doch in keiner Studie wird über irgendwelche negativen Effekte in diesem Bereich berichtet.

Die Folgen für die Mitarbeiter sind unterschiedlich, jedoch generell positiv. In den meisten Fällen wird von mehr qualifizierten Arbeitsformen, mehr Schulungsgelegenheiten und einer besseren Arbeitsumwelt gesprochen. In einigen Fällen nahmen Arbeitslast und Streß zu. Der Bericht über CAW, Kanada, der auf einer Umfrage der Mitarbeiter beruht, zeigt ein enges Verhältnis zwischen einer ablehnenden Haltung und Lean Production.

In verschiedenen Fällen sind die Angestellten von den nachteiligen Auswirkungen betroffen. In dem Maß, in dem den Angestellten administrative Aufgaben genommen und den Produktionsteams übertragen worden sind, hat die Arbeit der Angestellten an Qualifikation und Anregung verloren. Anscheinend lag beim Übergang zur neuen Arbeitsorganisation das Schwergewicht auf der Bestimmung der Rolle und des Arbeitsinhalts der Arbeiter. Die Angestellten wurden als eine Restgruppe betrachtet, und obwohl nicht die klare Absicht bestand, sie abzuqualifizieren, ist es in der Praxis doch dazu gekommen.

7. Der Wandlungsprozeß

Die im Rahmen dieser Studie eingereichten Berichte befassen sich mit den tatsächlichen Veränderungen der Arbeitsorganisation und enthalten keine ausführlichen Angaben über den Wandel als solchen. In einigen Fällen sind externe Berater oder Vertreter von Fachgremien wie etwa das Australian Centre for Best Practice hinzugezogen worden. Doch in den meisten Fällen ist der Wandel ohne Fremdhilfe zustandegekommen. In der Mehrheit der Unternehmen sind paritätische Lenkungsausschüsse aus Mitgliedern der Betriebsleitung und Gewerkschaftsvertretern gebildet worden. Einige Gewerkschaften betonen, daß die volle Beteiligung der betroffenen Arbeitnehmer auf allen Ebenen äußerst wichtig ist. Der Wandel wird oft als Bedrohung empfunden, und die Mitarbeiter brauchen Zeit, um die Gründe für die geplanten Änderungen zu verstehen und dann daran mitwirken zu können. Die Auswirkungen des Wandels können höchst unterschiedlich ausfallen, je nachdem, ob die Betroffenen die Entscheidung selbst gefällt haben oder ob sie ihnen aufgezwungen worden ist.

Der Wandel richtet sich im wesentlichen nach den traditionellen Beziehungen zwischen den Sozialpartnern des betreffenden Landes. In Deutschland spielen die Betriebsräte eine wichtige Rolle. Der Bericht von IG Metall stellt die Probleme, die diese Gremien verursachen können, gut dar. In den angelsächsischen Ländern wird ein Wandel normalerweise im Rahmen der Tarifverhandlungen eingeführt.

Im Bericht über Kone, Finnland, werden die Schwierigkeiten des Wandels im einzelnen besprochen. Eines der größten Probleme war die Frage, wie Mitarbeiter und Delegierte eines Unternehmens zu Schlüssen gelangen können, die mit der Gewerkschaftspolitik im Einklang stehen. Traditionsgemäß regeln die Gewerkschaften die Bedingungen für ihre Mitglieder einheitlich. Diese Tradition gerät mit der Forderung nach Flexibilität und örtlichen Lösungen in Konflikt.

Viele Gewerkschaften weisen auf die Bedeutung unabhängiger Aktivitäten der Gewerkschaften als Beitrag zum Wandel hin. Dort wo die Gewerkschaften die Möglichkeit hatten, Lehrgänge und Seminare für die Mitglieder durchzuführen oder Gewerkschaftsfachleute zur Unterstützung hinzuzuziehen, hat ihr Einfluß beträchtlich zugenommen. Ein Wandel ist um so erfolgreicher, je mehr die Gewerkschaften sich auf die zu erwartenden Veränderungen vorbereiten und Vorschläge und Alternativlösungen zu den Projekten der Direktion ausarbeiten. Die Bedeutung sorgfältig gemachter »Hausaufgaben« kann gar nicht hoch genug eingeschätzt werden.

Den Berichten ist zu entnehmen, daß es zwei grundsätzlich verschiedene Einstellungen zum Wandel gibt. Einmal der »Status-Ansatz«, der das Problem des Wandels als den Übergang der Organisation A zu Organisation B sieht. Hier geht es um das Ergebnis des Wandels. Auf der anderen Seite steht der »Prozeß-Ansatz«, der den Wandel als ein bleibendes Merkmal der Organisation und einen Teil der Verantwortung aller Mitarbeiter sieht. Das Unternehmen ist stets im Fluß und bereit, sich dem Wandel im Markt, der Technologie des Kunden u.s.w. zu stellen. In diesem Fall steht der Wandlungsprozeß im Mittelpunkt.

Im Idealfall besteht Gleichgewicht zwischen Wandel und Kontinuität. Einige der in der vorliegenden Studie besprochenen Unternehmen haben alle zwei Jahre eine Reorganisation vorgenommen, vielleicht infolge eines häufigen Wechsels an der Unternehmensspitze oder anderer externer Faktoren. Diese Situation ist selbstverständlich im Interesse der Beraterfirmen. Für die Mitarbeiter wird ein zu häufiger Wandel jedoch zum Problem. Es ist nur natürlich, daß die Gewerkschaften für Kontinuität eintreten und als stabilisierende Kraft fungieren, um das richtige Gleichgewicht zwischen Kontinuität und Wandel herzustellen.

8. Die Erfahrungen der Gewerkschaften

Um die Politik und die Reaktion der Gewerkschaften auf neue Formen der Arbeitsorganisation wirklich zu verstehen, sind einige Vorbemerkungen erforderlich. Seit langem kritisieren die Gewerkschaften die traditionelle tayloristische

Arbeitsorganisation, und zwar sowohl ihre physischen als auch ihre intellektuellen Aspekte. Traditionelle Arbeitsplätze in der Produktion sind oft mit repetitiver und monotoner Arbeit verbunden. Die Arbeitsumwelt ist schlecht und beinhaltet eine Reihe von Berufsrisiken.

Für viele Tätigkeiten sind keinerlei geistige Fähigkeiten erforderlich, sie sind langweilig und nicht anregend und bieten keinerlei Lern- und Entwicklungsmöglichkeit. Der Arbeiter wird wie eine Muskelmaschine und nicht wie ein denkendes Wesen betrachtet. Seit eh und je haben die Gewerkschaften Kritik an derartigen Tätigkeiten geübt. Die neuen Formen der Arbeitsorganisation führen normalerweise zu einer Verbesserung der physischen und intellektuellen Aspekte eines Arbeitsplatzes. Aus diesem Grund ist zu erwarten, daß die Gewerkschaften diesen Wandel begrüßen und daß sie sich rasch mit der Betriebsleitung über die neuen Grundsätze einigen. Allerdings gibt es eine Reihe von Faktoren, die sich erschwerend auswirken, so etwa die Debatte über die Arbeitsbelastung, die ständige Unterbesetzung bei Lean Production, die Vorstellung, daß bei ungenügender Zeitvorgabe für die Hauptarbeit die weniger wichtigen Aufgaben nicht erledigt werden. Dann das Problem der Arbeitsbedingungen. Neue Formen der Organisation und der Arbeit erfordern neue Lohnsysteme. Oft fällt es schwer, eine umfaßende Einigung der verschiedenen Mitarbeiterkategorien über gerechte Bedingungen in einer neuen Situation zu erzielen. Daher sollte der Widerstand der Gewerkschaften gegen Wandel und ihre Kritik an neuen Gedanken nicht als ein Festhalten an alten Systemen betrachtet werden. Im allgemeinen haben die Gewerkschaften allen Grund, sich für den Wandel einzusetzen, nur stellt sich die Frage, in welcher Weise und wie schnell dieser erfolgen sollte.

Die Erfahrung der Gewerkschaften mit neuen Formen der Arbeitsorganisation umfaßt eine Vielzahl von Themen und Problemen. Es wird sowohl über positive als auch über negative Erfahrungen berichtet. Bei den positiven Erfahrungen wird vielfach erwähnt, daß komplexere und anregendere Arbeit, eine sozial bessere Arbeitsumwelt infolge von Teamarbeit und die angebotene Schulung und Bildung sich günstig auswirken. Als negative Erfahrungen werden die Zunahme des Streß und eine größere Arbeitsbelastung genannt. Auch werden Fälle zitiert, in denen Arbeitnehmer ihren Arbeitsplatz im Zuge der Neuorganisation verloren haben. Allerdings ist das weniger den organisationstechnischen Veränderungen als vielmehr ungünstiger Marktentwicklung zuzuschreiben.

Die Sicherheit der Beschäftigung ist eines der vordringlichsten Ziele der Gewerkschaften, das stets ins Feld geführt wird, wenn die Betriebsleitung über Umorganisation zu sprechen beginnt, wie in mehreren Berichten zu lesen ist. Der Hauptgrund für die Einführung einer neuen Arbeitsorganisation ist in den meisten Fällen der Wunsch, produktiver zu arbeiten und mit geringerem Einsatz mehr zu erhalten. Die Sicherheit der Beschäftigung hängt jedoch in erster Linie vom Markt und von den Absatzmöglichkeiten des Unternehmens ab. Die hier ausgewerteten Fallstudien gehen in der Mehrheit der Fälle von der Situation zwischen 1990 und 1993 aus, als die Wirtschaft in den meisten Industrieländern unter der Rezession litt. Viele Unternehmen fuhren die Produktion zurück und entließen Mitarbeiter. Obwohl diese Entlassungen gleichzeitig mit der Einführung einer neuen Arbeitsorganisation erfolgten, ist die Behauptung ungerecht, sie seien vor allem durch die Neuorganisation bedingt. In einzelnen Fällen besteht tatsächlich eine Kausalbeziehung, doch in den meisten Unternehmen war nicht die neue Organisation der Grund für die Entlassungen. Der Bericht von **Toyota**, Japan, zeigt, wie das Management sich bemüht, die Angestellten durch Überprüfung der traditionellen Sicherheit der Beschäftigung und des Dienstalters zu rationalisieren.

Teamarbeit, weniger Organisationsebenen und Übertragung von Verantwortung werden im allgemeinen von den betroffenen Gewerkschaften positiv bewertet. Einige Gewerkschaften sahen den Abbau der traditionellen Schranken zwischen den verschiedenen Beschäftigtenkategorien mit Besorgnis, wie im Bericht über **Stelco**, USA, zu lesen ist. Doch alle Gewerkschaften sind der Ansicht, daß Bemühungen zur Erhaltung alter Strukturen nicht möglich oder wünschenswert sind. Der Wandel gilt als unvermeidlich und als eine Chance. Die Gewerkschaften müssen versuchen, für ihre Mitglieder den größtmöglichen Vorteil daraus zu ziehen.

In den meisten Fällen bringt die neue Arbeitsorganisation für viele Mitarbeiter mehr Verantwortung mit sich, was allgemein als positive Entwicklung gilt, sofern der einzelne die erforderliche Ausbildung erhält, um der neuen Situation gewachsen zu sein.

Änderungen der Organisation haben sich vielfach unterschiedlich auf verschiedene Beschäftigtengruppen ausgewirkt. Der Bericht von IG Metall über **ABB** konzentriert sich auf die Makroebene und prüft die sich wandelnden Strukturen im internationalen und nationalen Bereich. IG Metall weist darauf hin, daß eine kleine Gruppe junger Manager eine Schlüsselrolle im Wandlungsprozeß spielt und gute Ausbildung und Unterstützung genießt. Diese Gruppe von etwa 500 Personen innerhalb des Gesamtmanagements von 15.000 Mitgliedern bildet eine Elite, die den Wandel in die Praxis umsetzt. Einige Manager, die dieser Gruppe nicht angehören, müssen hinsichtlich ihres Einflußes und Status natürlich Einbußen hinnehmen.

Im Bericht von ASIMRA über **SIDERCA**, Argentien, wird dargestellt, wie Angehörige des unteren und mittleren Management durch die Delegation von Verantwortung mehr Einfluß und Verantwortung erhalten. Bei **Rover** ist dies jedoch nicht der Fall. MSF, Großbritannien, berichtet, daß die Angestellten jetzt mehr Arbeit ohne finanziellen Ausgleich leisten müssen, einen niedrigeren Status haben als vorher und im Vergleich mit den Arbeitern schlechter abschneiden.

In den meisten Fällen wirkt sich die neue Arbeitsorganisation für die Arbeiter positiv aus. In einzelnen Fällen wie beispielsweise bei **BMW**, Österreich, ist die Veränderung des Arbeitsplatzinhalts jedoch begrenzt. Die Arbeiter müssen feststellen, daß sie zwischen einer Reihe von traditionellen, repetitiven Arbeitsplätzen hin- und herwechseln und daß keine grundlegenden Abhilfemaßnahmen ergriffen werden.

Praktisch alle Berichte weisen darauf hin, wie wichtig eine intensive Beteiligung der Gewerkschaften bei der Einführung von organisationstechnischen Änderungen ist. Die Gewerkschaften müssen schon frühzeitig hinzugezogen werden, und die Gewerkschaftsvertreter müssen für diese Tätigkeit entsprechend geschult werden. In verschiedenen Berichten wird betont, daß es nicht genügt, wenn die Gewerkschaften eine passive Beobachterrolle übernehmen oder sich um die Erhaltung einiger weniger Vorteile bemühen. Die Aussichten auf positive Ergebnisse steigen, wenn die Gewerkschaften eine konstruktive Haltung einnehmen und eigene Lösungen für die organisatorischen Probleme anbieten. SIPTU, Irland, drückt das folgendermaßen aus: Wir sagen »ja, wenn« anstatt »nicht, wenn nicht«.

Einige Gewerkschaften haben sich bemüht, zufriedenstellende Ergebnisse zu erzielen, indem sie vor Einführung der Änderungen ein Abkommen ausgehandelt haben, in dem wichtige Aspekte des Wandels aufgelistet werden. Allerdings hat sich diese Taktik als nicht sehr wirksam erwiesen. Veränderungen der Organisation, wie sie in diesem Bericht beschrieben werden, sollten nicht als Übergang von Zustand A in Zustand B gesehen werden. Es handelt sich vielmehr um einen Prozeß, in dem die Mitarbeiter die Gelegenheit haben müssen, ihre Organisation schrittweise zu schaffen. Daher kann man nicht im voraus Lösungen definieren.

Als wir dieses Projekt entwarfen und Mitgliedsgewerkschaften aufforderten, eine Fallstudie über ein führendes Unternehmen zu liefern, dachten wir an eine einzige organisatorische Änderung. In vielen Berichten werden jedoch Firmen beschrieben, die im Lauf weniger Jahre zwei oder mehr Neuorganisationen über sich ergehen lassen mußten. Diese reichten von World Class Manufacturing über Lean Production bis zu den Best Practice Programmes. Einige Unternehmen scheinen jedes Jahr ein neues Organisationsmodell einzuführen, wie den Berichten von **FIAT** und **Rover** zu entnehmen ist.

So häufige Neuorganisationen können sich negativ auf die Beschäftigten und das Unternehmen als Ganzes auswirken. Die Mitarbeiter verlieren das Vertrauen in die Führungsspitze. Niemand macht sich mehr die Mühe, die für den Wandel erforderliche Energie aufzubringen, wenn er weiß, daß dieser nicht dauerhaft ist und daß das, was heute wahr ist, morgen nicht mehr gilt. Die Gewerkschaften haben die wichtige Aufgabe, die Situation zu stabilisieren und in einer chaotischen Welt Kontinuität zu symbolisieren.

9. Abschließende Betrachtungen

In allen Industrieländern werden neue Formen der Arbeitsorganisation eingeführt Die moderneren Unternehmen haben große Fortschritte dabei gemacht. Sehr bald werden praktisch alle Firmen von dieser Entwicklung betroffen sein.

Neue Formen der Arbeitsorganisation stellen eine Rationalisierungsmethode dar, mit der den Kundenwünschen entsprochen und die Kosten gesenkt werden sollen. Diese Entwicklung wird vor allem von der Unternehmensführung vorangetrieben, die wirtschaftliche Ziele verfolgt, doch mit den hierbei eingesetzten Methoden können eine Reihe von wichtigen Forderungen der Gewerkschaften erfüllt werden: anregende und interessante Arbeitsplätze, Lern- und Entwicklungsmöglichkeit und eine bessere Arbeitsumwelt.

Aus der Sicht der Beschäftigten kann ein positives Ergebnis jedoch nicht garantiert werden. Die Erfahrung hat gezeigt, daß die Veränderungen zu Streß, zu übermäßiger Arbeitsbelastung und Aushöhlung der Arbeitsbedingungen und der Arbeitsplatzsicherheit führen können. Die negativen Folgen hängen davon ab, wie die Frage der Arbeitsbelastung und der Flexibilität gelöst wird.

Bei der Arbeitsbelastung gilt es, Gleichgewicht zwischen den Ressourcen für den täglichen Betrieb und den für die Entwicklung nötigen Ressourcen herzustellen. Lean Production und andere aus Japan übernommene Produktionsmethoden haben zu ständiger Unterbesetzung geführt. Ist der Personalbestand begrenzt, muß die gesamte Arbeitszeit für die täglichen Aufgaben verwendet werden, und für längerfristige Entwicklungsarbeit bleibt keine Zeit mehr. Das Ergebnis ist eine kurzfristige Produktivitätssteigerung und langfristig ein Abschwung, da weder neue Produkte noch Fertigungsmethoden entwickelt werden.

Die Lösung des Flexibilitätsproblems hängt davon ab, ob die Forderung nach Flexibilität durch interne und externe Flexibilität erfüllt werden kann. Widerstand gegen neue Formen der Arbeitsorganisation ist keine fruchtbare Gewerkschaftspolitik. Die Erfolgsaussichten sind begrenzt, und die traditionellen Formen der Arbeitsorganisation entsprechen nicht den Bedürfnissen der Mitglieder. Gewerkschaftsmitglieder dürfen zu Recht erwarten, daß ihre Organisation der Herausforderung des Wandels konstruktiv gegenübersteht und sich bemüht, ein Höchstmaß an Vorteilen auszuhandeln. Das ist mit den traditionellen Methoden wie beispielsweise Tarifverhandlungen und Tarifverträgen nur zum Teil zu erreichen. Viel wichtiger ist es, die Mitglieder zu schulen und zu mobilisieren, damit sie sich für den Wandlungsprozeß einsetzen. Nur die betroffenen Mitglieder sind in der Lage, die für ihre tägliche Tätigkeit am Arbeitsplatz geeignete Organisation zu definieren und damit umzugehen. Die Gewerkschaft sollte das Werkzeug sein, das ihnen diese Möglichkeit bietet.

Anhang:
Gemeinsames internationales Projekt über neue Formen der Arbeitsorganisation (IMB-FIET-EMB)

Land	Sprache	Gewerkschaft	Name des Verantwortl.	Untersuchtes Unternehmen	Tätigkeit des Unternehmens
Argentinien	Englisch Spanisch	ASIMRA – Asociación de Supervisores de la Industria Metalmecánica Azcuénaga 1234 1115 Cap. Federal Buenos Aires – Argentina Tel: +54 1 821 3732 (Int'l Dept.) Fax : +54 1 824 1100 /824 1179	Gemeinsames Projekt: FITIM-ASIMRA	Siderca S.A.	Herstellung von Röhren für die Erdölindustrie
Australien	Englisch	Automotive, Food, Metals and Engineering Union – AFMEU 136 Chalmers Street P.O. Box 189 Strawberry Hills NSW 2012 Tel : +61 2 690 14 11 Fax: +61 2 698 75 16	Neil Marshall	Nestle Confectioner Ltd. (NLC)	Herstellung und Vertrieb einer Palette von Süßwarenprodukten
Österreich	Deutsch	Gewerkschaft Metall-Bergbau-Energie – GMBE Plösslgasse 15 1041 Wien 4 – Österreich Postfach 80 Tel: +43 1 501 46 Fax: +43 1 504 65 51	Walter Weigl	BMW Motoren GmbH	Motoren
Belgien	Englisch	LBC-NVK Beggaardenstraat 1 2000 Antwerpen Antwerp – Belgium Tel: +32 3 220 87 11 Fax: +32 3 231 66 64	Guy Tordeur	Auszüge aus: »The Future of the Union« von Robert Taylor (GB)	--
	Flämisch Englisch (Zeitschrift Französisch)	Centrale des Métallurgistes de Belgique – CMB Rue Jacques Jordaens, 17 1050 Bruxelles – Belgique Tel: +32 2 627 74 11 Fax: +32 2 627 74 90	F. Troch D. Van den Bossche	GM, Antwerp. U.a. Firmen wurde GM vom IMB als Beispiel ausgewählt	Montage und Zubehör, Karosserie, Farbanlage; Motorensparte; Endfertigung usw.

Land	Sprache	Gewerkschaft	Name des Verantwortl.	Untersuchtes Unternehmen	Tätigkeit des Unternehmens
Kanada	Englisch	Canadian Auto Workers' Union CAW Canadian Headquarters 205 Placer Court North York, Willowdale Ontario M2H 3H9 Canada Tel: +1 416 497 41 10 Fax: +1 416 495 65 59	David Robertson	Verschiedene Unternehmen	Autozubehör (unabhängig)
		Communications, Energy and Paperworkers' Union of Canada CEP-SCEP National Office 350 rue Albert Street, suite 1900 Ottawa – Ontario K1R 1A4 Canada Tel: +1 613 230 52 00 Fax: +1 613 230 58 01	Trish Blackstaffe	Inglis Canada Ltd.	Haushaltsgeräte (Montagewerk)
Dänemark	Englisch und Dänisch	Centralorganisationen af industriansatte i Danmark – CID Vester Søgade 12, 2den sal 1790 Copenhagen V Denmark Tel: +45 33 15 12 66 Fax: +45 33 15 76 29	Verner Elgaard	Grundfos A/S	Pumpenherstellung
		Fabrikgruppen: Dansk Ingeniorforening SiD DK – Postboks 392 Nyropsgade 30 DK-1790 Kbh. V. Tel: +45 33 14 21 40	Irene Odgaard		
Finnland	Englisch	Metallityöväen Liitto r.y. Siltasaarenkatu 3-5 POB 107, 00531 Helsinki 53 00530 Helsinki 53 Finland Tel: +358 0 77 071 Fax: +358 0 770 72 78 Int'l Dept.	Kimmo Kevätsalo	Kone Oy	Herstellung von Bedienungskonsolen für Aufzüge

Land	Sprache	Gewerkschaft	Name des Verantwortl.	Untersuchtes Unternehmen	Tätigkeit des Unternehmens
Finnland (*Forts.*)	Finnisch	Teknisten Liitto TL r.y. Unioninkatu 8 Box 146, 00131 Helsinki Tel: +358 0 172 731 Fax: +358 0 170 518 (*Studie für technische Beschäftigte bei ABB Motors Oy*)		ABB Motors Oy	Elektromotoren
		Suomen Teollisuustoimihenkilöiden Liitto r.y. – STL Asemamiehenkatu 4 00520 Helsinki 52 – Finland Tel: +358 0 15 51 Fax: +358 0 148 19 30 (*Studie für Beschäftigte in der Verwaltung von ABB Motors Oy*)	Ulf Ljung, Marja Kavonius		
Deutschland	Deutsch	Industriegewerkschaft Metall IG Metall Vorstand 60519 Frankfurt/Main Deutschland Tel: +49 69 66 930 Fax: +49 69 66 93 28 43	Siegfried Balduin	ABB-Konzern	Elektrotechnik
Großbritannien	Englisch	MSF – Manufacturing, Science & Finance Union Park House 64-66 Wandsworth Common North Side London SW18 2SH Great Britain Tel: +44 81 871 21 00 Fax: +44 81 877 11 60	Tim Webb Colin Adkins	Rover	Automobilfertigung
Irland	Englisch	Services Industrial Professional Technical Union – SIPTU Liberty Hall Dublin 1 Tel: +353 1 874 97 31 Fax: +353 1 874 94 66	Martin Naughton	ABS Pumps Limited	Elektromotorpumpen
Italien	Italienisch Englisch	FLM – Federazione Lavoratori Metalmeccanici Corso Trieste 36 00198 Roma – Italia Tel: +39 6 85 26 23 40 Fax: +39 6 85 30 30 79	Enrico Ceccotti	Fiat	Automobilfertigung

Land	Sprache	Gewerkschaft	Name des Verantwortl.	Untersuchtes Unternehmen	Tätigkeit des Unternehmens
Japan	Englisch	Japan Council of Metalworkers' Unions (IMF-JC) c/o Santoku Yaesu Bldg. 2-6-21 Yaesu, Chuo-ku Tokyo 104 – Japan Tel: +81 3 32 74 22 88 Int'l Affairs Fax: +81 3 32 74 24 76	Toshio Mori	Toyota Motor Corporation	Automobilfertigung
Niederlande	Englisch	Industriebond FNV Slotermeerlaan 80 Postbus 8107 – 1005 AC Amsterdam Tel: +31 20 50 61 234 Fax: +31 20 50 61 115	Kees Korevaar, Lineke Paulides	Fokker	Flugzeugfertigung
Spanien	Spanisch Englisch	UGT – Unión General de Trabajadores Avenida América 25 5ª planta 28002 Madrid – España Tel: +34 1 589 75 08 Fax: +34 1 589 75 24	J.E. Sánchez Cuenca	Opel – España	Corsa und Tigra; andere Modelle und Optionen; Zubehör
	Englisch	Federación del Metal de Comisiones Obreras – FM/CC.OO. Fernandez de la Hoz,12 28010 Madrid - España Tel: +34 1 308 11 81 Int'l Dept. Fax: +34 1 319 25 43 Int'l Dept.	Máximo Blanco Muñoz	Ericsson	Telekommunikationssysteme; Software und Anwendungen
Schweden	Schwedisch	SIF – Svenska Industritjänstemannaförbundet Olof Palme Gata 17 105 32 Stockholm Schweden Tel: +46 8 789 7000 Fax: +46 8 791 77 90	Olle Hammarström	ABB Cewe AB	Elektrozubehör und Elektroinstallationsausrüstungen
		SVENSKA METALL Olof Palme Gata 11 105 52 Stockholm Schweden Tel: +46 8 786 80 00 Fax: +46 8 20 81 70 (Int'l Dept.)	Svante Bylund	ABB Cewe AB	

Land	Sprache	Gewerkschaft	Name des Verantwortl.	Untersuchtes Unternehmen	Tätigkeit des Unternehmens
Schweiz	Deutsch Englisch	SMUV Weltpoststrasse 20 Postfach 272 3000 Bern 15 Schweiz Tel: +41 31 350 21 11 Fax: +41 31 350 22 55	Rudolf Keller	Alcatel Str Ag	Telekommunikationssysteme
USA	Englisch	*USA:* United Steelworkers of America – USWA Five Gateway Center Pittsburgh, Pa. 15222 Tel: +1 412 562 25 09 Int'l Dept. Fax: +1 412 562 25 72 Int'l Dept. *Kanada:* United Steelworkers of America USWA 234 Eglinton Avenue East, 7th Floor Toronto Ontario M4P 1K7 Canada Tel: +1 416 487 15 71 Fax: +1 416 482 55 48	Doug Olthuis	Stelco Lake Erie Works	Rohstoffverarbeitung; Platten und Rollen

Belgien
Auszüge aus dem aktuellen Buch von Robert Taylor »The future of the unions«

Seite 4

Die in jüngster Zeit übliche Betonung des Individualismus der Arbeiter ist falsch, da sie nicht berücksichtigt, daß ein Arbeitnehmer in jeder Organisation Teil einer wechselseitig voneinander abhängigen Arbeiterschaft ist. Nur sehr wenige Leute genießen eine unbehinderte Freiheit am Arbeitsplatz, wie sie das Konzept des individuellen Arbeiters zu unterstellen scheint. Die Leistung am Arbeitsplatz jedes Arbeitnehmers hängt in unterschiedlichem Maße von der Leistungsbereitschaft anderer Arbeitnehmer ab. Arbeit ist ein interaktiver Prozeß des sozialen Zusammenwirkens. Tatsächlich betrachten die neuen Methoden des Human Ressource Managements – gut veranschaulicht von den japanischen multinationalen Konzernen, die in Großbritannien tätig sind – den Arbeiter als Teil eines Teams in einer kollektiven Arbeitsorganisation. Anstrengung und Leistung werden von der Gruppe und nicht vom Engagement des einzelnen Arbeiters bestimmt. Das Konzept des Arbeiters als Individuum steht im Widerspruch zu den allgemein anerkannten Anforderungen des neuen Arbeitsplatzes.

Für unabhängige Individuen, wie sie in den neoliberalen ökonomischen Modellen zu finden sind, gibt es nur einen geringen Spielraum in modernen Büros oder Produktionsstätten. Es ist keine Übertreibung, wenn man feststellt, daß das Konzept des neuen Individualismus nicht viel mehr bedeutet als eine ideologische Täuschung, die hinter der Fassade einer beruhigenden Sprache die bekannten, allzu bedrückenden Ungerechtigkeiten verbirgt, die so oft noch immer zwischen Arbeitgebern und Arbeitnehmern fortdauern.

Seite 6

Eine Überbeanspruchung der Gewerkschaften als Bereitsteller von Dienstleistungen, eine Art Automobil-Vereinigung auf der Ebene des Arbeitsplatzes, könnte darauf hindeuten, daß es die Arbeitnehmer nicht länger nötig haben, Mitglied in einer selbständigen und repräsentativen Organisation zu sein, die in einer Reihe arbeitsplatzbezogener Themen für sie eintritt. Durch die unterschiedlichen Formen von Konsultations- und Kommunikationsmechanismen, die von den Arbeitgebern als Ersatz für die Gewerkschaften initiiert und aufgezwängt wurden, besteht die Tendenz, einen relativ hohen Grad an weitreichender Arbeitnehmermitbestimmung an heutigen Arbeitsplätzen als bereits existent vorauszusetzen; aber das ist ein Irrglaube. Es entsteht außerdem der irreführende Eindruck, daß so etwas wie eine bestimmte, selbstbewußte, wohlhabende und mit sich selbst zufriedene Arbeiterschaft an den meisten britischen Arbeitsplätzen anzutreffen ist, eine Situation, die Professor Kenneth Galbraith als »Kultur der Zufriedenheit« bezeichnete. Nichts könnte der Realität weniger entsprechen. Es existierte und besteht immer noch das klare und dringliche Bedürfnis der Arbeiter nach Ausübung der Vereinigungsfreiheit.

Seite 8

Der unsichere Arbeitsmarkt

Das wesentliche Merkmal des heutigen Arbeitsmarktes ist sein grundlegender Mangel an Sicherheit. Es herrscht große Zukunftsangst unter den Arbeitern. Dieses instinktive Gefühl bleibt nicht länger beschränkt auf die ungelernten Arbeiter oder die Millionen von Langzeitarbeitslosen an den Rändern des Arbeitsmarktes, die seit mehr als 12 Monaten ohne Arbeit sind. Es breitet sich außerdem auf die komplexen Schichten der beruflichen Hierarchie aus, aus denen sich die verschiedenartige und polarisierte Arbeiternehmerschaft Großbritanniens zusammensetzt. Angst herrscht in den verwundbaren Reihen des Senior Managements, das sich in Unternehmen wie British Telecom oder den führenden Finanzinstitutionen des Landes der Gefahr einer Zwangsentlassung ausgesetzt sieht, genauso wie unter den Bürokräften und Arbeitern der privaten und öffentlichen Sektoren. »Down-Sizing« trifft nicht nur Angestellte aus den schrumpfenden Überresten der alten industriellen Arbeiterklasse.

Seite 108

Schlußfolgerungen

Die Institution der Tarifverhandlungen mag in vielen Branchen in der Defensive sein, aber es ist unwahrscheinlich, daß sie in der nahen Zukunft verschwindet. Im Gegenteil, es gibt genügend Beispiele in der verarbeitenden Industrie und dem Dienstleistungssektor, die zeigen, daß Tarifverträge auch weiterhin die Flexibilität und Bandbreite bieten, die die Unternehmen für Innovationen und die Arbeitnehmer für Verbesserungen des Lebensstandards und einer relativen Sicherheit brauchen. Es ist zu erwarten, daß das gegenwärtige Interesse an einer Individualisierung der Entgeltsysteme, zum Beispiel über eine leistungsbezogene Bezahlung mit einer Bewegung hin zu mehr gruppen- oder teambezogenen Lohnsystemen, abnehmen wird.

Diese Verbindung von Kollektiv und Individuum schließt jedoch die Notwendigkeit von Gewerkschaften nicht aus. Im Gegenteil, die Gewerkschaften werden das notwendige Gegengewicht bilden, das sicherstellt, daß jede beabsichtigte Ausweitung der Verhandlungsthemen die Zustimmung der Belegschaft findet. Wie in der Vergangenheit werden Tarifverhandlungen von vielen Arbeitgebern zurecht als zweckmäßiges und effektives Mittel angesehen, um einen Wandel möglichst günstig und konfliktfrei zu gestalten.

Seite 112

Die Studie legt nahe, daß die Ursache für den dramatischen Rückgang der Anzahl der Streiks und der Ausfalltage aufgrund von Arbeitsunterbrechungen teilweise in dem Wachsen »guter« industrieller Beziehungen im Bereich der Fertigung zu sehen ist, die sich wegen der verstärkten Bemühungen der Arbeitgeber, ihre Arbeitnehmer mit mehr Befugnissen auszustatten, entwickelten. Hinter dieser Ausstattung mit Befugnissen verbirgt sich die Übertragung von Entscheidungskompetenzen und Verantwortung auf die niedrigste, möglichste Stufe im Betrieb, oft auf sich selbt organisierende Teams: »effektive Arbeitnehmerkonsultation«; »die Förderung eines Geistes der kontinuierlichen Verbesserung«; »Bemühungen um Langzeitbeschäftigung, obgleich ohne Arbeitsplatzgarantie und nicht notwendigerweise am gleichen Arbeitsplatz« und die Einführung »umfassender Ausbildungsprogramme und einer kontinuierlichen beruflichen Weiterbildung«. Der Ausschuß bestätigte, daß diese Übertragung von Befugnissen nur in einer Minderheit der britischen Produktionsbetriebe praktizierbar und längst nicht die Norm ist, aber der Bericht des Ausschusses zeigt auch, daß diejenigen Unternehmen am erfolgreichsten waren, die es verstanden, durch Verhandlungen mit Gewerkschaften, Vertrauen in ihren Beziehungen zu Arbeitnehmern zu erzeugen.

Seite 113

Die Präsenz von Gewerkschaften macht es für die Arbeitgeber schwerer, eine »Hire and Fire«-Mentalität zu pflegen, und ihre Arbeitnehmer als frei verfügbares Vermögen zu behandeln.

Seite 114

Zwei Gewerkschaftsführer betonten, daß dies eine Ausweitung der Verhandlungsthemen von Tarifverhandlungen über die traditionellen Bereiche Lohn und Arbeitsbedingungen hinaus bedeuten würde. Unterhändler von Arbeitgebern und Gewerkschaften müßten sich zum einen mit Kernfragen wie Investitionsstrategien von Unternehmen, ihren Ausgabenprogrammen für Forschung und Entwicklung sowie Plänen für die Entwicklung neuer Produkte beschäftigen. Zum anderen aber auch mit solchen Fragen, die die Umstrukturierung der Arbeitsorganisation mit dem Ziel größtmöglicher beiderseitiger Flexibilität, Chancengleichheit für Frauen, Methoden zur Vorbeugung von Rassendiskriminierung auf dem Arbeitsmarkt und einer stärkeren Betonung der Gesundheits- und Sicherheitspolitik in der weitergefaßten Arbeitsumwelt umfassen.

Seite 115

In dem Dokument wird bestätigt, daß die Gewerkschaften insbesondere ihre »shop-stewards« und Belegschaftsvertreter vom Management bewußt durch die Einführung von HRM-Strategien marginalisiert werden könnten. Derartige Strategien könnten sein: Gruppenarbeit, Qualifikationsdiversifizierung, direkte Kommunikation zwischen Management und Arbeiterschaft, leistungsbezogene Bezahlung und die Unterstellung, daß die Interessen der Arbeiter mit denen des Unternehmens identisch seien.

Seite 116/117

Der TUC nannte in seiner Stellungnahme an den Beschäftigungsausschuß des Unterhauses drei gute Gründe, warum gewerkschaftlich organisierte Unternehmen eher als nicht organisierte mit beeindruckenden Investitionszahlen innovativ tätig sind. Erstens wies der TUC darauf hin, daß es den Arbeitgebern schon allein durch die Präsenz der Gewerkschaften am Arbeitsplatz schwerer gemacht wird, eine »hire and fire«-Mentalität zu verfolgen und ihre Arbeitnehmer als frei verfügbares Vermögen zu behandeln. Laut TUC, werden die Arbeitnehmer dadurch weniger als Kostenfaktor des Produktionsprozesses angesehen, sondern vielmehr auf lange Sicht als Ressource, in die es zu investieren gilt. »Es schafft einen Anreiz für Arbeitgeber, die Produktivität ihrer Arbeiterschaft zu erhöhen, indem unter anderem in Technologien und neue Kapazitäten investiert wird.« Zweitens machte der TUC geltend, daß Gewerkschaften die Arbeitgeber dazu ermuntern, in die Qualifikation ihrer Arbeiter und höhere Qualifikationsniveaus zu investieren, wodurch es für sie wiederum lohnender wird, in Kapital zu investieren. Ökonomisch ausgedrückt steigern sie also die Grenzproduktivität des Kapitals.

Drittens erklärte der TUC, daß Gewerkschaften den Wandel vorantreiben, insbesondere die Einführung neuer Technologien. Die Rolle der Gewerkschaften bestand darin, den Arbeitern, die sich den Gefahren und Unwägbarkeiten der Umorganisation der Arbeitsplätze ausgesetzt sahen, ein Gefühl der Sicherheit zu geben. Indem sie helfen, Probleme zu lösen, bevor diese zu Konflikten ausarten, und indem sie die Arbeiterschaft davon überzeugen, daß sie von den

Änderungen genauso profitieren wie das Unternehmen, ebnen die Gewerkschaften den Weg für Veränderungen. Im wesentlichen erklärte der TUC, daß die Präsenz der Gewerkschaften am Arbeitsplatz ein Klima des Vertrauens und der Kooperation schafft, das es ermöglicht, neue Arbeitsmethoden höchst wirkungsvoll einzuführen. Im Gegensatz zu weitverbreitenden Vorurteilen sind die Gewerkschaften eine Kraft des Wandels.

Seite 138

Gewerkschaften spielen bei der Schaffung eines Gleichgewichts zwischen Arbeitsplatzsicherheit und geringer Arbeitsflexibilität eine große Rolle. Die IPA würde es begrüßen, wenn die Gewerkschaften ein wesentlich poraktiveres Verhalten bei der Entwicklung einer wirklichen Beteiligung in Unternehmen an den Tag legen würden. Ein möglicher Weg hierzu wäre etwa die Aushandlung einer Garantie darüber, daß Gelder für Ausbildungsmaßnahmen und Maßnahmen zur Beteiligung von Arbeitnehmern in schwierigen Zeiten nicht gekürzt werden. Außerdem könnten die Gewerkschaften viel erreichen, indem sie ihre Mitglieder dazu motivieren, Qualifikationen zu entwickeln, die ihnen eine größere innerbetriebliche Mobilität sichern, wodurch sie zudem größere Flexibilität und Abwechslung erlangen.

Seite 139

Die Präsenz der Gewerkschaften trug in den Augen vieler Unternehmen wesentlich zur Erlangung von Stabilität in den Produktionsstätten und zur Kooperation in einer Phase außerordentlich schnellen technologischen Wandels bei. Das hat nichts mit einer unternehmerfreundlichen Gewerkschaftspolitik zu tun. Im Gegenteil, vernünftige Arbeitgeber und Gewerkschaftsfunktionäre erkennen, daß der Wert von Gewerkschaften auf betrieblicher Ebene darin liegt, den Arbeitnehmern eine autonome und kollektive Stimme zu verschaffen. Dies wird nicht als Gefahr für das Wohl des Unternehmens angesehen. Durch gegenseitiges Einverständnis können Gewerkschaften und Arbeitgeber gemeinsam zur Verbesserung der Unternehmensleistung beitragen. Die Existenz einer externen Institution im Betrieb verschafft den Arbeitnehmern vielmehr den notwendigen Schutz vor potentiellen Gefahren eines autokratischen Managements. Die Mehrzahl der besten Arbeitgeber schätzen die Gewerkschaften als Verbündete im Betrieb und sind nach wie vor bereit, ihnen strukturelle Unterstützung zukommen zu lassen, wie sie es auch schon in der Vergangenheit getan haben.

Seite 155

Britische Arbeiter wollen interessante Aufgaben, die es wert sind, daß man sie gut erledigt und die sowohl Herausforderungen als auch Aufstiegschancen bieten. Zu viele Arbeiter fühlen sich gefangen in schlecht bezahlten, stumpfsinnigen Arbeitsverhältnissen ohne Aufstiegsmöglichkeiten, in denen sie routinemäßige und monotone Aufgaben verrichten. Viele sehen keine andere Möglichkeit als ihre Energie und ihren Enthusiasmus für Freizeitbetätigungen aufzusparen, wo sie ihre wahren Begabungen einsetzen können, indem sie sich beispielsweise in Freizeitvereinen, Bürgerinitiativen oder anderen selbstorganisierten Bürgergruppen, Sportvereinen, der Gemeindeverwaltung und dergleichen betätigen. Ausbildung ist nicht nur der Schlüssel zu wirtschaftlichem Erfolg. Sie ermöglicht es unseren Mitgliedern, ein glücklicheres und ausgefüllteres Leben zu führen. Ausbildung sollte daher nicht nur als industrielle Notwendigkeit angesehen werden, sondern auch als individuelles Recht.

Seite 216

Gewerkschaften und ihre Mitglieder interessieren sich dafür, welche Auswirkungen die durch Tarifverhandlungen aufgestellten Vorschriften haben, die darauf abzielen, die Befugnisse der Arbeitgeber zu beschränken und die Abhängigkeit der Arbeitnehmer von Marktschwankungen und der Willkür des Managements zu verringern. Möglichst einfach ausgedrückt stellen diese Vorschriften einen Schutz dar, einen Schutzschild für ihre Mitglieder. Und sie schützen nicht nur deren materiellen Lebensstandard, sondern genauso ihre Sicherheit, ihren Status und ihre Selbstachtung, kurz, ihre Integrität als Mensch. Anders ausgedrückt, besteht die Auswirkung von Vorschriften in der Schaffung von Rechten und entsprechenden Pflichten. Die Vorschriften in Tarifverträgen sichern den Arbeitnehmern einen bestimmten Lohn, das Recht nicht länger als eine bestimmte Anzahl von Stunden arbeiten zu müssen, das Recht nicht ohne Konsultation oder Entschädigung entlassen werden zu können und anderes mehr. Die Schaffung einer sozialen Ordnung in der Industrie, verkörpert durch einen Kodex industrieller Rechte, ist sicher die beständigste soziale Errungenschaft der Gewerkschaftsbewegung. Dies entspricht auch der gleichbleibenden Dienstleistung, die Gewerkschaften ihren Mitgliedern anbieten, der tagtägliche Schutz ihrer industriellen Rechte.

General Motors Antwerpen

Kontaktpersonen   F. Troch (1. Bevollmächtigter CMB)
                             D. Van den Bossche (Personalchef)

Schlüsselzahlen

Produktion (02/93)   Astra: 126 688 Autos pro Jahr
                             Vectra: 73 172 Autos pro Jahr

Arbeiter   8 094 Arbeiter und 1 114 Angestellte

Schichtsystem   3 Gruppen – 2-Schicht- und 3-Schichtsystem,
                             Nachtschicht und Wochenendarbeit im Bereich
                             Wartung

Absentismus   Monatlicher Durchschnitt: 5,5%

Durchschnittsalter   Arbeiter: 38

Gewerkschaftsvertretung   12 CMB, 11 CCMB – 3 CGSLB

Unternehmensstruktur

Seit 1989 besteht das Unternehmen aus 3 kleinen Werken oder unabhängigen Einheiten:

- Die Abteilung für Komponenten und Karosserien wurde der Karosseriewerkstatt hinzugefügt (Grundmontage).
- Die Lackiererei
- Die Abteilungen für Innenausstattung, Motoren und Endabnahme wurden der Montageabteilung hinzugefügt.

Mit der Einführung von getrennt arbeitenden Einheiten wurden auch die zentralen Hilfsdienste (Fabrikationstechnik) und die Wartung getrennt.

Hierarchie im Montagebereich

Um aufzuzeigen wie sich die Hierarchie im Zuge der neuen Arbeitsorganisation verändert hat, werden die früheren Stufen (die nun weggefallen sind) auf der rechten Seite aufgeführt.

	Produktionsleiter
	Betriebsleiter
Abteilungsleiter	
	Meister
	Vorarbeiter
Verantwortlich für 50-100 Fließbandarbeiter	
	Assistent des Vorarbeiters
Gruppenführer	
Produktionsarbeiter (Fließbandarbeiter)	

Die traditionellen Kontrollfunktionen wurden abgeschafft und in die Produktion eingegliedert. 183 Instandsetzungsspezialisten werden vorübergehend am Ende des Bandes weiterbeschäftigt. Die Anzahl der Instandsetzungsspezialisten auf Abteilungsebene wurde auf 170 gesenkt.

Die eigentliche Verantwortung liegt weiterhin bei den Abteilungsleitern oder Vorarbeitern (Der Gruppenführer ist nur innerhalb der eigenen Gruppe verantwortlich). Der Abteilungsleiter führt die kurzfristige Planung (3 Monate) für die Abteilung (50-100 Arbeiter) durch, zum Beispiel für die Materialbeschaffung. Der Vorarbeiter agiert zudem als Ansprechperson für die Gruppenführer, er steht nun abseits von der Arbeiterschaft und fungiert mehr als Berater.

Änderungen in der Arbeitsorganisation und Auswirkungen auf die Fließbandarbeit

Wie bei Ford dient das Gruppenkonzept hier lediglich als Mittel, Kaizen zu erreichen. Dieses Konzept trat das erste Mal 1985/86 in der Lackiererei in Erscheinung, als man nach einem Weg suchte, die monotone Arbeitsweise zu überwinden. Mit den Gruppen und der Aufteilung der Verantwortung innerhalb der Gruppen, hat der Spaß an der Arbeit zugenommen. Das Liniensystem kann, wie sie sagen, nicht komplett abgeschafft werden, aber wenigstens können die Montagearbeit verbessert und die Arbeiter ermutigt werden, öfter ihren Kopf zu gebrauchen.

1989 nahm die Gruppenarbeit konkrete Formen an und das neue Konzept wurde Realität. Das erste Ziel jeder Gruppe ist Kundenzufriedenheit.

Die Gruppengröße kann zwischen 10 und 12 Personen variieren. In jeder Gruppe überwacht ein Gruppenführer, der Sprecher der Gruppe, die Qualität, die Anzahl der Autos usw. und koordiniert und unterstützt die Gruppe. Er kümmert sich außerdem um die Materiallieferungen und die Beziehungen innerhalb der Gruppe (Spaß an der Arbeit). Der Gruppenführer erhält die gleiche Bezahlung wie der frühere »team leader«. In der Praxis sind die meisten Gruppenführer frühere »team leader«. Der Gruppenführer wird zunächst für 4 Jahre gewählt. Auf Ersuchen des Managements erfolgt nach dieser Zeit eine Leistungsevaluation. Äußert die Gruppe keine Einwände, wird er prinzipiell für den Rest seiner beruflichen Laufbahn Gruppenführer bleiben, es sei denn, die Gruppe entscheidet anders.

Der Gruppenführer ist auch für die Ablösung zuständig, wenn die Gruppe dies so entschieden hat (gemeinsame Absprache). Im Normalfall wird für jede Gruppe eine Ablösung und eine zusätzliche Person bereitgestellt. Das Endziel ist das Andon-System, welches bei Nummi praktiziert wird, wo der Gruppenführer komplett von Produktionsaufgaben befreit ist. Entlang des Produktionsbandes wird ein Seil aufgehängt, an dem der Arbeiter zieht sobald ein Problem auftritt. Der Gruppenführer kommt dann, um ihm bei der Lösung des Problems zu helfen. Wenn binnen 30 Sekunden keine Lösung gefunden wurde, wird das Band gestoppt. Diskutiert wird außerdem die Idee, eine spezielle Ablösungsgruppe zu gründen (bestehend aus maximal 30 Arbeitern, die einer strengen Auslese unterworfen sind). Dies wäre ein »Pool-System«, das für Störungen jeder Art zuständig wäre. In diesem Fall wären jedoch die Ablösungen in den Gruppen überflüssig.

Der Gruppenführer ist auch für die Ausbildung neuer Mitarbeiter verantwortlich. Eine Woche lernt der neue Mitarbeiter eine Aufgabe. Die folgende Woche verrichtet er die Arbeit unter Anleitung (üblicherweise durch den Gruppenführer) selbst. Nicht mehr als 4 Tage Urlaub können frei beweglich genommen werden. Im allgemeinen muß die Belegschaft ihren Urlaubsplan am 1. Januar einreichen. Wenn nachträglich irgendwelche Änderungen nötig werden, müssen diese nach einer Konsultation der Gruppenführer von den Abteilungsleitern genehmigt werden.

Die meisten Gruppen treffen sich einmal im Monat (in manchen Fällen auch zweimal). Jedes Gruppenmitglied muß mindestens 80 % der anderen Aufgaben verrichten können, was nicht bedeutet, daß es über 10 verschiedene Qualifikationen verfügen muß. 50 % der Aufgaben sind Teil der Gruppenarbeit (verstärkte Integration indirekter Tätigkeiten, insbesondere Kontrollen und vorbeugende Wartung).

Die Motivation der Gruppe hängt sehr stark von ihrem Führer ab. Die Gruppen versuchen, bestimmte Individuen nicht auszuschließen und manchmal werden sogar Aufgaben für »Problemfälle« bereitgehalten. Was auch immer geschieht, die Gruppen müssen die Tatsache akzeptieren, daß das soziale Wohlbefinden des Einzelnen Vorrang gegenüber dem Wohlergehen der Gruppe hat. Wenn die Gruppen sich mit Gewerkschaftsproblemen beschäftigen, zum Beispiel im Zusammenhang mit Sicherheitsfragen, bitten sie um die Hilfe von Gewerkschaftsdelegierten.

Das Gruppenkonzept führte bis jetzt noch nicht zu praktischen Ergebnissen. Es konnten keine greifbaren Qualitätsverbesserungen beobachtet werden. Das Unternehmen versuchte daher, das Konzept durch die Einführung von Kaizen-Workshops für die Gruppen in jeder Abteilung zu intensivieren. Normalerweise werden sie einmal in der Woche mit dem ersten Team abgehalten (freier Tag).

An diesen Workshops nehmen unter anderem die Gruppenführer der verschiedenen Teams teil (die dafür verantwortlich sind, die Vorschläge der Gruppen vorzubringen). In den Workshops werden dann eigene Vorschläge erarbeitet, die unverzüglich in die Praxis umgesetzt werden. Im Falle irgendwelcher Verbesserungen ist eine Anerkennung vorgesehen (Prämien). Effizienzsteigerungen bedeuten nicht notwendigerweise, daß die Gruppen Arbeiter unmittelbar ausschließen können. Eine Gruppe bestimmt nicht über ihre eigenen Mitglieder. Ein Beispiel: In der Lackiererei hatte üblicherweise ein Kontrolleur am Ende des Bandes die Aufgabe, Fehler im Lack festzustellen. Er widmete seine Aufmerksamkeit den Fehlern und der Produktionsarbeiter behob diese. Nun führt er die Ausbesserungsarbeiten selbst durch. In der Praxis erhalten die Gruppen eine Prämie, wenn es ihnen gelingt, Verschwendungen zu vermeiden und Einsparungen bei Arbeitsschritten zu realisieren. Soweit festzustellen ist, wurden während der Jahre 1990-1992 96 Kaizen-Workshops durchgeführt, die es ermöglichten, 170 Arbeitsschritte einzusparen.

Trotzdem behauptet GM, daß Kaizen lediglich ein taktisch geschickterer Arbeitsansatz ist und die daraus resultierende größere Arbeitsfreude zu höherer Produktivität und Qualität führt.

Im Jahr 1991 wurden 48 Workshops durchgeführt und 117 im Jahr 1992. 1993 beläuft sich ihre Anzahl bereits auf etwa 90. Die erste Stufe eines Workshops beinhaltet einen Tag für die Ausbildung über Methoden zur Produktverbesserung. In der zweiten Stufe wird der Schwerpunkt auf die Punkte gelegt, die der Verbesserung bedürfen. Die dritte Stufe besteht aus der Implementation. Nachdem die neuen Methoden in die Praxis umgesetzt wurden, werden sie beurteilt. Noch später, nach drei Wochen, wird ein erneutes Treffen abgehalten, bei dem die Verbesserungen standardisiert und weiter ausgearbeitet werden. 1992 setzte man sich das Ziel, diese Art von Workshops für 50 % der Arbeiter einzuführen. Zur Hälfte des Jahres 1994 sollten für alle Gruppen

Workshops eingerichtet sein. Jedes Gruppenmitglied wird eine Kaizen-Schulung erhalten (ein paar Stunden für normale Mitglieder und einen Tag für jeden Gruppenführer). An jedem Workshop nehmen 2 Gewerkschaftsdelegierte teil, die darauf achten, daß kein Mißbrauch getrieben wird. Nichts geschieht ohne Übereinstimmung.

Das 10-Stunden-System beeinflußt das Gruppenkonzept nicht. Es besteht keine Verbindung zwischen Gruppenarbeit und Arbeitszeit. Das Konzept bestand bereits vor der erzwungenen Überführung von Werk 1 zu Werk 2. Das 10-Stunden-System datiert zurück auf August 1988, wohingegen das neue Modell im Jahr 1989 beschlossen, 1990 verbessert und 1992 generalisiert wurde. Das Fehlen jeglicher erkennbarer Qualitätsverbesserungen hängt nicht mit dem möglicherweise gehäuften Auftreten von Fehlern während der letzten zwei Stunden des 10-Stunden-Zeitplanes zusammen. Die Ursache der Fehler liegt eher im Produktionssystem des Astra und des Vectra. Montagearbeit ist heikel. In einem japanischen Produktionssystem zum Beispiel gibt es weniger Möglichkeiten. Außerdem fehlt es dem 10-Stunden-System an Flexibilität. Es beeinträchtigt ernsthaft die Möglichkeit, Überstunden zu fahren, was wiederum die Korrektur fehlerhafter Produkte erschwert. Das 10-Stunden-System hat jedoch nicht zu einer Erhöhung der Abwesenheitsrate geführt (5-6 % genehmigte Abwesenheit, 7-8 % insgesamt). Es gab diesbezüglich sogar einen Rückgang in den letzten Jahren, vielleicht dank des neuen Modells und des Gruppenkonzeptes.

Auch unter ergonomischen Gesichtspunkten gab es einige Verbesserungen, wenngleich auch nur als Nebeneffekt der Produktivitätssteigerung durch das Bandsystem. Ziel des neuen Bandsystems war eine Steigerung der stündlich produzierten Einheiten von 76 auf 80 Autos. Das Unternehmen hätte die Einrichtung zweier Bänder mit einem Output von 45 Autos pro Stunde bevorzugt, was aber zu teuer gewesen wäre. Ein anderer positiver Nebeneffekt war die Reduzierung der Geschwindigkeit dieses Bandes.

Zur selben Zeit wie die Gruppenarbeit wurde ein Lohnsystem geplant, das eine breitere Qualifikation unterstützt. Die Anzahl der Lohngruppen wurde von 5 auf 2 reduziert, nämlich spezialisierte Hilfskräfte (ungelernte – Fließbandarbeiter) und Fachpersonal (z.B. Lackierer). Unter den spezialisierten Hilfskräften wurde zudem mehr Flexibilität eingeführt. Ein neuer Arbeiter erhält einen festgelegten Einstiegslohn. Nach sechs Monaten macht er seinen ersten Schritt aufwärts in der Klassifizierung, indem er auf unbefristete Zeit eingestellt wird. In den nächsten sechs Monaten bringt ihm der Gruppenführer alle Aufgaben der Gruppe bei und am Ende dieser Zeit macht er einen weiteren Schritt nach oben. Im folgenden Jahr lernt er, mehr Aufgaben seiner Abteilung zu bewältigen (so daß er anderen Gruppen zugeteilt werden kann und der Umfang seiner Qualifikationen über den in seiner eigenen Gruppe erforderlichen hinausgeht). Er ist dann wieder zu einer Endstufe aufgestiegen.

Just-in-Time/Zulieferer/Beschäftigung von Subunternehmen

Die fortgeschrittene Einführung von JIT bei Lieferungen hängt von einer sorgfältigen Lagerführung ab. Das Materialtransport-Management im Bereich der Vormontage ist bereits sehr weit fortgeschritten. Dies bringt bedeutende Einsparungen bei nachfolgenden Montageschritten (am Fließband).

Was die Beschäftigung von Subunternehmen anbelangt, wurden nur die Kernaktivitäten beibehalten. Tätigkeiten wie die Sitzproduktion (Johnson Controls), Reinigung und Teile des Catering wurden ausgelagert. Dies ist keine richtige Beschäftigung von Subunternehmen, aber es führte trotzdem zur Schließung von vier der 12 GM-Zentren für Komponenten. Die Schließung des Betriebs in Antwerpen führte zu einem Verlust von 200 Arbeitsplätzen. Zu den Zulieferern ist zu sagen, daß die Einkaufstätigkeiten auf europäischer Ebene in der Schweiz zentralisiert wurden.

Soziale Beziehungen

In Bezug auf die enge Zusammenarbeit mit Gewerkschaften in den Expertengruppen und Betriebsräten gibt es nichts neues zu berichten. Es kam lediglich zu einer Formalisierung bereits existierende Formen der Konsultation. Das Gruppenkonzept war bereits vor der Einführung intensiver Kooperationsmechanismen organisiert worden. Bereits 1986 wurde in dieser Absicht eine Arbeitsgruppe eingesetzt. Diese bestand aus dem Management, Professor Van Sinna aus Louvain und den Gewerkschaften. Die Aufgaben des neuen Qualitätsnetzwerkes stehen im Zusammenhang mit der Gruppenarbeit und der Gruppenphilosophie. Die Gewerkschaft ist entsprechend den unabhängigen Unternehmensabteilungen vertreten. Alle zwei Monate trifft sich der gemeinsame geschäftsführende Ausschuß, um das Gruppenkonzept zu diskutieren. Die Arbeitsgruppe für »Umwelt-/Produktionssysteme« tritt monatlich zusammen, die gemeinsame Expertengruppe alle drei Monate (mit Sekretären).

Ausbildung

Ausbildung steht allen offen. Es gibt zum Beispiel ein GM Techniker-Programm. Das Personal kann sich dafür bewerben und einen Test absolvieren, der in Verbindung mit dem »ONEm« organisiert wird. Erfolgreiche Kandidaten können dann an dem Ausbildungsprogramm teilnehmen. Dies läuft noch nicht auf eine wirkliche Integration von Aufgaben, sondern vielmehr von kleinen Wartungsaufgaben hinaus (obgleich nicht wirklich vorbeugend). Die Ausbildung hängt immer noch von den Abteilungsleitern ab. Ausbildungsprogramme für Total Quality Management (TQM) und Statistical Process Control (SPC) werden mit Sicherheit angeboten, allerdings sind sie hauptsächlich für Gruppenführer vorgesehen.

CEP-Bericht für den IMB über neue Formen der Arbeit
Fallstudie über Inglis Ltd., Cambridge, Ontario

1. Die gegenwärtige nationale Situation

A. Information über die Umstrukturierung von Arbeitsplätzen in Kanada

Das Wissen über die Arbeitsorganisation in Kanada ist nicht sehr umfassend und beruht überwiegend auf Fallstudien. Die meisten (nicht alle) der Diskussionen über neue Arbeitsformen in Kanada beruhen auf Erfahrungen, die in den USA gesammelt wurden und gehen davon aus, daß die Bedingungen, die Geschwindigkeit der Neuerungen eingeschlossen, ähnlich sind. Es gibt kein Pendant zu den »Berichten über die Arbeitsbeziehungen auf betrieblicher Ebene«, wie sie zum Beispiel in Australien und Großbritannien angefertigt werden, das regelmäßig aktualisierte Informationen über die Geschwindigkeit des Wandels der Arbeitsorganisation enthielte.[1]

Die verfügbare Information deutet darauf hin, daß der Erfolg der Einführung einer großen Anzahl von Initiativen zum Wandel des Arbeitsplatzes in Kanada bescheiden ist, und daß dies den Produktionssektor mit einschließt.

Studien zeigen, daß bei 8-16 % der Arbeitsplätze insgesamt stärker qualifikationsorientierte Formen der Aufgabenplanung und Arbeitsorganisation einen größeren Stellenwert einnehmen, und daß im Produktionssektor eine Zeitverzögerung im Vergleich mit den USA besteht. Bezüglich der Innovationsrate bei den Ausbildungsverfahren besteht zwischen gewerkschaftlich organisierten und nicht-organisierten Betrieben kein Unterschied. Allerdings gibt es deutliche Hinweise darauf, daß die Art der Innovationen differiert.

Das Gutachten »Working With Technology« (angefertigt vom Wirtschaftsrat Kanadas, einer Regierungsstelle) zeigt, daß in der ersten Hälfte der 80er Jahre im Fertigungsbereich nicht mehr als 10 % halbautonomer Arbeitsgruppen existierten und daß es nur wenig Hinweise für eine Steigerung der Zahl bis zum Ende der 80er Jahre gibt. Vergleichbare Studien für die USA belegen, daß die Rate halbautonomer Arbeitsgruppen im selben Zeitraum bei ungefähr 17 % lag.

Obwohl die Quote gering war, gibt es doch offensichtliche Unterschiede zwischen gewerkschaftlich organisierten und nicht-organisierten Betrieben. Mitte der 80er Jahre war es wesentlich wahrscheinlicher, daß in nicht gewerkschaftlich organisierten Bertieben »Teams« eingerichtet wurden, zumindest in

---

[1] Das im folgenden Abschnitt verwendete Material stammt größtenteils aus: John O'Grady, Direct and Indirect Evidence on the Extent of Change in Work Organization in Canada, Ontario Premier's Council on Economic Renewal, 1993.

großen Unternehmen, während gewerkschaftlich organisierte Firmen eher gemischte Ausschüsse von Arbeitgebern und Arbeitnehmern einrichteten. Die Zahl solcher Ausschüsse war erheblich größer als in den USA. Dieses Verhältnis blieb im aktualisierten Bericht aus dem Jahr 1991 gleich.

Die Quote der Einführung verschiedenster Arten von »Partizipationsprogrammen für Arbeitnehmer« (Qualitätszirkel, Experimente zur Qualität der Arbeit, Pläne zur Beteiligung der Arbeitnehmer, gemischte Ausschüsse von Arbeitgebern und Arbeitnehmern, halbautonome Arbeitsgruppen) änderte sich zwischen 1985 und 1991 nicht wesentlich und wurde mit ungefähr 43% der untersuchten Betriebe angegeben. Während sich ca. 75-80% dieser Programme in irgendeiner Form auf gesundheits- und sicherheitsbezogene Themen konzentrierten (in einigen Provinzen gesetzlich verpflichtend) und nur etwas weniger auf Qualitätsfragen, bezogen sich nur etwa 40% auf Technologie-Fragen und lediglich 30% dieser Partizipationsprogramme bezogen sich auf die Bereiche Kontrolle, Arbeitsablaufoder Zeitplanung, Themen, die in Verbindung mit neuen Arbeitsformen stehen. Diese Studie behandelt nicht die Frage, ob diese Programme lediglich beratenden Charakter haben oder nicht.

B. *Merkmale des kanadischen Systems der Arbeitsbeziehungen, die Auswirkungen auf die Umgestaltung der Arbeit haben*

Es gibt einige spezielle Merkmale des kanadischen Systems der industriellen Beziehungen, die Einfluß darauf haben, wie neue Arbeitsformen eingeführt werden und in welchem Ausmaß die Erfahrungen auf andere Länder übertragen werden können.

i) *Großer Anteil ausländischer Eigentümer*

Ein großer Teil des Produktionssektors befindet sich in ausländischem Besitz. Charakteristisch für den Fertigungsbereich sind Filialbetriebe mit einem begrenzten Produktmandat, die dazu bestimmt sind, lediglich den kanadischen Markt zu versorgen. Im Falle von Inglis Ltd. in Cambridge (dem Gegenstand dieser Studie) gehört das Unternehmen komplett einer US-Muttergesellschaft und der Betrieb ist voll in die nordamerikanischen Geschäftsaktivitäten integriert. Das Management vor Ort berichtet direkt der Unternehmenszentrale in den USA, obwohl ein eigenes kanadisches Unternehmen existiert, das größtenteils für Vertrieb und Marketing zuständig ist. Wichtige Entscheidungen über Investitionen und Produktaufträge werden außerhalb des Landes getroffen. Ein bedeutender Teil der kanadischen Fertigungsbetriebe befindet sich in einer ähnlichen Situation.

ii) Hohe gewerkschaftliche Organisationsgrade

Weil die kanadische und die US-Wirtschaft so eng miteinander verbunden sind und weil die Unternehmen und die Produkte häufig die gleichen sind, besteht die Tendenz, Beschreibungen der Arbeitsbeziehungen in den USA auf Kanada zu übertragen. Der wichtigste Unterschied besteht jedoch darin, daß der gewerkschaftliche Organisationsgrad des privaten Sektors in Kanada wesentlich höher ist als in den USA (der Organisationsgrad im privaten Sektor ist ungefähr doppelt so hoch wie in den USA und ist im Gegensatz zum US-Organisationsgrad in den letzten Jahren nicht nennenswert gesunken). Daraus ergeben sich auch Unterschiede zwischen Kanada und den USA bezüglich der Art der Einführung von Arbeitsumstrukturierungen und bezüglich des Einflusses, den die Gewerkschaften auf die Einführung ausüben können. Ein großer Teil der Literatur (nicht die ganze) zum Thema Arbeitsumstrukturierung ignoriert diesen Punkt. Ein Akademiker vertrat den Standpunkt, daß das Erreichen bedeutender Innovationen in den Bereichen Humankapital oder Arbeitsplatz ohne die Beteiligung oder Unterstützung kanadischer Gewerkschaften für die Mehrzahl der kanadischen Manager praktisch nicht mehr möglich ist, da sich die kanadischen Gewerkschaften in einer einflußreicheren Position als die US-Gewerkschaften befinden.[2]

iii) Arbeitsgesetzgebung in Kanada

Die Arbeitsgerichtsbarkeit wird in Kanada fast komplett auf der Ebene der Provinzen ausgeübt, weswegen nationale Gewerkschaften und Unternehmen in einer Reihe von Gerichtsbezirken Mitglieder haben können. Inglis z.B. hat zwei Betriebe in Kanada; der Betrieb in Cambridge, auf den sich diese Studie bezieht, untersteht dem Arbeitsrecht von Ontario, der Betrieb in Montmagny, in dem eine andere Gewerkschaft vertreten ist, untersteht dem Arbeitsrecht von Quebec. Beide Provinzen haben zum Beispiel eine effektive Anti-Streikbrechergesetzgebung, viele andere Provinzen jedoch nicht. Die Bundesgerichtsbarkeit deckt eine geringere Zahl von Arbeitern ab, aber viele CEP-Mitglieder fallen in den Zuständigkeitsbereich der Bundesgerichtsbarkeit (zum Beispiel die ca. 20 000 Mitglieder, die bei Bell Canada, dem bedeutendsten Telefon-Unternehmen arbeiten). Verschiedene Formen des Billigkeitsrechts (»equity legislation«) und der Gesetzgebung für den Bereich Gesundheit und Sicherheit unterscheiden sich je nach Gerichtsbezirk, genauso wie Vorschriften für Organisation und Zertifizierung. Dies hat Auswirkungen darauf, auf welche Art die neuen Arbeitsformen eingeführt werden.

---

2 Thomas Kochan, 1994.

iv) Art der Tarifverhandlungen in Kanada

Es gibt zwei wesentliche Merkmale der Tarifverhandlungen, die die Einführung neuer Arbeitsformen beeinflussen. Das erste ist die Autonomie gegenüber der Regierung, solange es um das System der Tarifverhandlungen geht, das zweite Merkmal ist der hohe Dezentralisierungsgrad des Verhandlungssystems. Dies bedeutet, daß der Erfolg bei der Auseinandersetzung mit dem Thema »Neue Formen der Arbeitsorganisation« von der Fähigkeit der Gewerkschaften vor Ort abhängt, eine Verhandlungsposition zu erlangen, die ihren Bedürfnissen gerecht wird. Formen der Verhandlungen auf sektoraler Ebene existieren in Kanada praktisch nicht. Ausnahme bilden der Bausektor und bestimmte Teile der Forstwirtschaft.

v) Bipartistische Ausbildungseinrichtungen

Eine Reihe von Ausbildungseinrichtungen wurden auf sektoraler Ebene in den letzten Jahren geschaffen. Diese haben bipartistischen Charakter und werden gemeinsam von Arbeitgebern und gewerkschaftlich organisierten Arbeitnehmern geleitet. Ebenso begannen einige Provinzen, bipartistische Ausbildungskommissionen zu gründen, wie z.B. das »Ontario Training and Adjustment Board«. Die CEP ist Mitglied des »Sectoral Skills Council« in der Elektroindustrie, dem Inglis angeschlossen ist. Die Existenz solcher Ausbildungsorgane hat wahrscheinlich großen Einfluß auf die Ausbildungskultur in Kanada und die Art der Einführung neuer Arbeitsformen.

vi) Das allgemeine wirtschaftliche Klima

Die Folge der Rezession zu Beginn der 90er Jahre waren extrem hohe Arbeitslosenzahlen. Besonders der Fertigungsbereich war stark betroffen. Die Rezession erwies sich als wesentlich tiefer und länger als in den USA. Dies hatte große Auswirkungen auf die Verhandlungsmacht der Gewerkschaften und die Ergebnisse des Verhandlungsprozesses.

Die Wirtschaft von Ontario war aufgrund der Änderungen, die an dem Freihandelsabkommen zwischen Kanada und den USA vorgenommen wurden, in den letzten Jahren besonders stark betroffen. Im Zuge der sich in den USA vollziehenden Zentralisierung von Tätigkeiten wurde eine Reihe von Fertigungs- und Montagebetrieben in dieser Region geschlossen. Die Existenz von großen, gewerkschaftlich nicht organisierten Betrieben nahe der Grenze zwischen Kanada und den USA führte dazu, daß die Arbeitsbeziehungen in vielen kanadischen Betrieben frostiger wurden. Diese Tendenz wird sich in den kommenden Jahren wahrscheinlich noch verstärken, wenn die wenigen verbliebenen kanadischen Zölle auf US-Produkte abgeschafft werden. Zum Beispiel werden die Zölle auf die in Cambridge gefertigten Produkte bis 1998 komplett abgeschafft, wodurch sich der Kostendruck auf den Betrieb in Cambridge verstärkt.

C. *Position der kanadischen Arbeiterbewegung zur Umorganisation der Arbeit*

Die meisten größeren kanadischen Gewerkschaften verfügten über umfangreiche Erfahrungen mit der Einführung von standardisierten Programmen, die auf der Grundlage von TQM (Total Quality Management), Lean Production, JIT (Just-In-Time) und Quality of Work Life entstanden. Ihr Widerstand gegen die Einführung dieser Programme war jedoch von unterschiedlichem Erfolg gekrönt, insbesondere in kanadischen Filialbetrieben großer ausländischer, meist US-amerikanischer Unternehmen. Es herrscht nun allgemeiner Konsens, daß es nicht nur keinen Sinn macht, weiterhin pauschalen Widerstand gegen die Einführung neuer Arbeitsformen zu leisten, sondern daß ein solches Verhalten vielmehr eine Gefahr für die Arbeiterbewegung darstellt.

In der Vergangenheit glaubten die Gewerkschaften, daß Fragen der Gestaltung der Produktionsdurchführung Sache des Managements sei und ihre Aufgabe darin besteht, die Verteilung der Ergebnisse durch die Aushandlung von allgemein akzeptierten Regeln zu beeinflussen. Diese Verteilungsfragen bleiben kritisch, aber Verhandlungen zwischen Management und Arbeitnehmern werden in zunehmenden Maße von Fragen der Arbeitsgestaltung bestimmt. Man ist sich einig darüber, daß sich die Rolle der Arbeitnehmer im Falle einer Ablehnung von Verhandlungen auf diesem Gebiet auf die eines Zuschauers reduzieren würde, anstatt der eines aktiven Mitgestalters an dem Prozeß zu entsprechen.

Darüber hinaus herrscht Konsens darüber, daß Widerstand gegen diese Änderungen zu Streitigkeiten zwischen der Gewerkschaftsführung und vielen ihrer Mitglieder führt, die die Möglichkeit zur Entwicklung ihrer Fertigkeiten und zu interessanter Arbeit begrüßen.

Angesichts der Tatsache, daß viele der Mitglieder vor Ort von Experimenten mit neuen Arbeitsformen an ihrem Arbeitsplatz berichten, herrscht Einvernehmen darüber, daß eine Weigerung, sich am Prozeß der Umgestaltung des Arbeitsplatzes zu beteiligen, die Gewerkschaften davon abhalten könnte, der Basis die notwendige Hilfe zukommen zu lassen. Diese Hilfe wird jedoch erforderlich, um nützliche und vorteilhafte Änderungen von, aus Arbeitnehmersicht, weniger günstigen unterscheiden zu können.

Obwohl es innerhalb der Arbeiterschaft teilweise immer noch darüber diskutiert wird, ob eine Beteiligung ratsam ist oder nicht, rückt in den Mittelpunkt der Debatte immer mehr die Frage, wie und unter welchen Bedingungen die

Gewerkschaften an diesem Prozeß teilhaben sollen. Wie ein Beobachter bemerkte: »Man beginnt festzustellen, daß das Management zu wichtig ist, um es allein den Eigentümern und deren Managern zu überlassen«.[3]

Es gibt einen breiten Konsens darüber, wie die Antwort der Gewerkschaften auf die Erfahrungen der letzten Jahre aussehen sollte, wobei jeder die Schwerpunkte anders setzt:[4]

- Wahrung adversativer Beziehungen[5] und Einvernehmen darüber, daß die Ziele des Managements und der Arbeiterschaft unterschiedlich sind. Daher brauchen Gewerkschaften Mitspracherechte bei Entscheidungen, eine Beteiligung an den Gewinnen und eine andauernde, starke Präsenz an den Arbeitsplätzen.
- Festhalten an der Überzeugung, daß Änderungen am Arbeitsplatz Produkt von Verhandlungen sein müssen und nicht aufgezwängt werden dürfen. Dadurch könnte der Zugang zu Ressourcen, Information und Ausbildung erreicht werden. In Verhandlungen müssen Fragen der Produktion einbezogen und nicht bloß Fragen der Verteilung behandelt werden.
- Beteiligung an der Arbeitsgestaltung: Arbeitsplätze müssen den Bedürfnissen der Arbeitnehmer nach Gesundheit und Sicherheit, Weiterentwicklung und Fairneß entsprechen.
- Festhalten an der Überzeugung, daß Ausbildung wichtig ist und gemeinsam kontrolliert werden muß, den Bedürfnissen der Arbeiter entsprochen und der Einfluß der Gewerkschaften bei der Bereitstellung von Ausbildungsprogrammen ausgeweitet werden muß.
- Die Forderung nach einer stärkeren Berücksichtigung der Gewerkschaften bei der Konzeption, Entwicklung und Implementation von Initiativen zur Arbeitsumstrukturierung.
- Die Position, daß ein Grundlohn, der durch Tarifverhandlungen ausgehandelt wird, die grundlegende Form der Kompensation bleibt, aber auch andere Kompensationsformen in Erwägung gezogen werden können, solange diese, den durch Tarifverhandlungen festgelegten, Grundlohn nicht schmälern.
- Eine Festlegung, daß Änderungen des Arbeitsplatzes einer umfassenderen sozialen Ordnung gerecht werden müssen.

Jeder dieser Punkte wurde in der Fallstudie über Inglis betrachtet.

3 Peter Nixon, 1994.
4 Die Aufzählung beruht auf Pradeep Kumar, 1993, 1994, mit einigen Änderungen.
5 Adversativ aber nicht notwendigerweise konfliktbehaftet. Wie John Stepp aufzeigte, stärken sich kollaborative und adversative Positionen gegenseitig. Es ist für eine Gewerkschaft unmöglich bei der Umorganisation des Arbeitsplatzes verantwortungsbewußt mitzuarbeiten ohne die Wahrung gut entwickelter adversativer Fähigkeiten. Siehe Stepp, 1994. Es ist auch klar, daß die meisten kanadischen Gewerkschaften über simple Aussagen, wie die, ob neue Formen des Human Resource Managements und »starke« Gewerkschaften nebeneinander bestehen können oder nicht, hinausgegangen sind. Als Beispiel für das Argument einer solchen „starken" Gewerkschaft siehe Don Wells, 1993.

2. Das Unternehmen und der für die Studie ausgewählte Betrieb

Inglis Limited gehört seit 1990 komplett Whirlpool Corp. of Benton Harbor, Michigan, dem weltgrößten Gerätehersteller. Inglis produziert und vertreibt große Haushaltsgeräte unter Namen wie Inglis, Admiral, Whirlpool Kitchenaid und Kenmore (eine Sears Eigenmarke – ungefähr ein Viertel des Umsatzes von Whirlpool in Nordamerika ist Sears zuzuschreiben, weswegen Whirlpool in hohem Maße von Sears abhängig ist.)

Inglis hat zwei Betriebe in Kanada, einen in Cambridge mit ungefähr 350 Arbeitnehmern und einen in Montmagny Quebec, der Gasherde und elektrische Herde unter einer Reihe von Markennamen herstellt. Beide sind gewerkschaftlich organisiert. Inglis hatte 1993 einen Umsatz von ca. $500 Millionen (Cdn.) oder $315 Millionen (US), gegenüber einem Gesamtumsatz von $4,6 Billionen (US) von Whirlpool in Nordamerika und $7,3 Billionen weltweit. Die Betriebe von Inglis sind komplett in Whirlpool integriert und sind Teil der nordamerikanischen Geräte-Gruppe (North American Appliance Group).

Cambridge produziert Trockner und Müllpressen. Trockner werden außerdem in Marion, Ohio, in einem großen, gewerkschaftlich nicht organisierten Betrieb produziert, während Cambridge das alleinige Mandat für die Produktion von Müllpressen in Nordamerika besitzt. Zur Zeit beschäftigt der Betrieb in Cambridge etwa 350 Arbeitnehmer. In den vergangenen Jahren schwankten die Beschäftigtenzahlen jedoch beträchtlich. Die Arbeitnehmer werden durch »Local 595-O« der »Communications Energy and Paperworkers Union« (CEP) vertreten.

Der Betrieb in Cambridge ist in vielerlei Hinsicht typisch für die Bedingungen in der kanadischen Fertigungsindustrie, insbesondere der Geräteherstellung. Die kanadische Geräteindustrie besteht zum größten Teil aus Produktionsbetrieben, die geschaffen wurden, um die historisch hohen kanadischen Zölle auf Geräte zu umgehen. Diese Produktionsbetriebe sind auf einem globalen Markt verwundbar, weil sie von Anfang an die Aufgabe hatten, lediglich den kanadischen Markt zu versorgen. Zudem ist der Markt für einen Großteil der Geräte gesättigt, so daß die Warenverkäufe hauptsächlich dem Ersatz alter Geräte oder der Einrichtung neuer Wohnungen dienen. Die Folge war ein Überhang von Betrieben, die auf einem niedrigen Kapazitätsniveau operieren und eine Rationalisierung in der Geräteindustrie in den 70er und 80er Jahren. Zur Zeit gibt es nur drei Produzenten, die über eine komplette Produktlinie verfügen: Inglis, gänzlich im Besitz von Whirlpool Corporation, Camco, zu 60% im Besitz von General Electric und White Consolidated Industries (WCI), komplett im Besitz des schwedischen Konzerns Elektrolux. Die Zahl der Fertigungsbetriebe ging von ungefähr 40 auf ca. 24 zurück und die Beschäftigtenzahlen sanken stark, da die Hersteller Produktlinien in Kanada zusammenstrichen und der durchgeführte Rationalisierungsprozeß zur Folge hatte, daß sich die Produktion auf eine kleine Zahl von Betrieben hauptsächlich in den USA konzentrierte.[6]

Ein ähnlicher Prozeß der Betriebsschließungen und Rationalisierungen fand in den USA statt. Ende der 80er Jahre gab es nur vier große Produzenten: Die drei bereits im Zusammenhang mit Produktionsbetrieben in Kanada erwähnten Firmen und Maytag. In den letzten Jahren hat die Effizienz der Industrie dramatisch zugenommen, was eine große Zahl von Entlassungen zur Folge hatte. Während 1973 noch über 160.000 Arbeiter für die Herstellung von 36 Millionen Geräten benötigt wurden, waren es Ende der 80er Jahre weniger als 100.000 für 42 Millionen Geräte.

Der Betrieb in Cambridge war in den letzten Jahren Objekt einer Reihe von Experimenten auf dem Gebiet der Arbeitsumstrukturierung und der Entwicklung von Programmen zur Arbeitnehmerbeteiligung. Dies schließt das Whirlpool-Unternehmensprogramm »High Commitment« (High C) mit ein, welches Mitte der 80er Jahre innerhalb des Whirlpool-Systems weitverbreitet war, jetzt aber in Cambridge abgeschafft wurde. Ein aktuelleres Programm zur Arbeitsumstrukturierung betrifft die Umstellung auf »World Class Manufacturing« (WCM) und beinhaltet: Produktion in Fertigungszellen, JIT, Team-Konzepte, stetige Verbesserung, neue Formen der Kompensation, Abbau von Management-Ebenen vor Ort und eine beträchtliche Beteiligung der Gewerkschaften an der Gestaltung und Implementation aller Elemente dieses neuen Programms.

Die im Betrieb in Cambridge umgesetzten Programme fanden viel Beachtung bei den Akteuren der kanadischen Arbeitsbeziehungen und werden höchstwahrscheinlich Vorbild für ähnliche Programme in anderen Unternehmen sein. Besonders weil der Betrieb in Cambridge eine Reihe von Merkmalen aufweist, die typisch sind für die kanadische Industrie:

• Die Betriebsstätten sind ein Produkt des Wirtschaftssystems, das vor dem Abschluß des Freihandelsabkommens mit den USA existierte und auf geringe Produktionsmengen ausgerichtet war, um Zölle zu umgehen. Das weitere Überleben des Betriebs hängt jedoch davon ab, ob er einen Platz in einem einheitlichen nordamerikanischen Markt findet, der sich durch große, integrierte Produktionsanlagen mit bedeutenden economies of scale auszeichnet, die für die meisten kanadischen Unternehmen unerreichbar sind.

• Der Betrieb ist eine Filiale eines großen ausländischen Unternehmens. Entscheidungen, die den Betrieb betreffen, werden in den USA, von amerikanischen Managern getroffen, für die die kanadischen Produktionsstätten lediglich einen kleinen Teil ihrer gesamten Geschäftsaktivitäten ausmachen.

---

6 Die Informationen über den Gerätesektor entstammen Hersh, 1992. Die Informationen über Inglis und Whirlpool wurden Hersh und Firmendokumenten entnommen, sowie durch Interviews mit Unternehmensangestellten erworben.

• Der Betrieb in Cambridge ist gewerkschaftlich organisiert. Während sich das Management vor Ort seiner guten Beziehungen zu der Gewerkschaft rühmt und die Präsenz einer Gewerkschaft begrüßt, ist das Whirlpool-Management in den USA den Gewerkschaften weniger wohlgesonnen, weswegen dessen Aktivitäten von Mißtrauen gegenüber den Gewerkschaften geprägt sind. Ein bedeutender Teil der Whirlpool-Betriebe in den USA, der neueste eingeschlossen, ist gewerkschaftlich nicht organisiert. Dies trifft auch auf den Betrieb zu, der das wichtigste Produkt des Betriebes in Cambridge herstellt: Trockner.

• Die Muttergesellschaft experimentiert viel mit neuen Formen der Arbeitsorganisation. Just-in-Time, WCM, Produktion in Fertigungszellen, Teams, verschiedene Formen der Arbeitnehmerbeteiligung, Abbau von Managementebenen, neue Formen der Kompensation und Pläne zur stetigen Verbesserung sind weitverbreitet im Whirlpool-System. Es gibt keine Systeme, die prinzipiell auf den Betrieb in Cambridge beschränkt sind. Die Arbeiter vor Ort werden zu stetigen Verbesserungen angehalten, um das Überleben des Betriebes sicherzustellen. Daher sind die Beziehungen zwischen Arbeitgebern und Arbeitnehmern durch ein bestimmtes Maß an Streß geprägt, der durch die anhaltend unsichere Situation vor Ort entsteht[7].

• Eine Möglichkeit wäre, daß Whirlpool Cambridge als Versuchsobjekt für Innovationen benutzt, die Whirlpool in seinen anderen Betrieben, die gewerkschaftlich nicht organisierten eingeschlossen, einführen könnte. Whirlpool USA besitzt jedoch eine Reihe gewerkschaftlich organisierter Betriebe (wie die Geräteindustrie überhaupt). Da Whirlpool mit anderen Unternehmen, die gewerkschaftlich nicht organisierte Betriebe besitzen, konkurrieren muß, könnte Whirlpool versuchen, Einblicke zu gewinnen, wie Neuerungen bei gewerkschaftlich organisierten Betrieben eingeführt werden können, um dies bei anderen gewerkschaftlich organisierten Betrieben zu wiederholen.

All diese Faktoren sind für einen Teil der kanadischen Industrie typisch. Die Innovationen bei Inglis sollten daher als Experimente angesehen werden, die großen Einfluß auf die Einführung neuer Formen der Arbeitsorganisation bei gewerkschaftlich organisierten Betriebsstätten im Herstellungsbereich und den übrigen Betrieben von Whirlpool haben könnten. Die Bedeutung der Änderungen liegt daher nicht ausdrücklich in der Anwendung von Kanban, Kaizen und so weiter, oder in den technischen Aspekten einer Herstellung, die sich an der Marktnachfrage orientiert im Gegensatz zur Herstellung von Produkten, die einer Verkaufskampagne bedürfen. Die Bedeutung liegt vielmehr in den Auswirkungen, die die Einführung neuer Arbeitsformen auf die Arbeitsbeziehungen in gewerkschaftlich organisierten Betriebsstätten hat.

---

7 Derartiger Streß ist keine Zukunftsmusik. Wie in vielen anderen kanadischen Unternehmen auch waren die Arbeiter bei Inglis in den letzten Jahren sehr vielen anstrengenden Änderungen ausgesetzt. Eine Zusammenfassung der Erfahrungen siehe Anhang 1.

Der Tarifvertrag bei Inglis

Die letzte Runde der Tarifverhandlungen und das neue 3-Jahres-Abkommen, das im Juni 1993 unterzeichnet wurde, führten zu wesentlichen Neuerungen in den Beziehungen zwischen Arbeitgebern und Arbeitnehmern, die weiter unten skizziert und im folgenden Abschnitt ausführlicher diskutiert werden. Ein spezielles Ziel des neuen Tarifvertrages war die Umsetzung von Vereinbarungen, die das Ergebnis der gegenwärtigen Verhandlungen über den Arbeitsplatzwandel sind, die während der vorangegangenen Monate stattgefunden haben und die Institutionalisierung eines Prozesses kontinuierlicher Verhandlungen über zukünftige Änderungen und damit verbundener Fragen. Diese Verhandlungsrunde muß jedoch im Kontext der Streß verursachenden Änderungen der letzten Jahre bei Inglis Kanada gesehen werden. Der vorherige Tarifvertrag wurde 1990 unter ganz anderen Umständen unterzeichnet. Wie ein Unternehmensvertreter bemerkte, hinterließen Ereignisse, wie die Drohung, den Betrieb zu schließen, die Schließung anderer Betriebe in jüngster Zeit und die Ablehnung des »letzten« Unternehmensangebotes durch die Gewerkschaft, bei allen Beteiligten einen bitteren Nachgeschmack. Der Tarifvertrag 1993 war ein Versuch, die Beziehungen zwischen Arbeitgebern und Arbeitnehmern in Cambridge wiederherzustellen, allerdings unter sehr instabilen Umständen und mit einer Vorgeschichte von nicht gerade optimalen Beziehungen.

Die Verhandlungen über die Arbeitsgestaltung begannen einige Monate vor dem Abschluß des Tarifvertrages. Sie wurden bestimmt durch eine Übereinkunft zur Arbeitsplatzumgestaltung, die von beiden Seiten 1992 unterzeichnet, und als Anhang dem Tarifvertrag hinzugefügt wurde[8].

Die wichtigsten Bestimmungen des neuen Tarifvertrages sind:

• Die Zusammenlegung von Berufsklassen und Gehaltsstufen, so wurden die bisher 26 Berufsklassen zu nur noch 2 und auch die 7 Gehaltsstufen zu 2 zusammengelegt.

• Die Streichung der Management-Prärogative und sinnverwandter Regelungen aus dem Tarifvertrag[9].

• Die Schaffung eines parallelen Verhandlungsverfahrens innerhalb des Tarifvertrages, das es den beiden Seiten ermöglicht, auch während der Laufzeit des Vertrages Änderungen vorzunehmen. Dieses Verfahren umfaßt die Bereiche

---

8 Hauptmerkmale der Übereinkunft, siehe Anhang 2.
9 Die Management-Prärogative festlegt wurde ersetzt durch einen „Gesellschaftsvertrag« (partnership agreement), der Teil des Tarifvertrags ist. Tatsächlich ist jedoch der größte Teil der endgültigen Formulierung, die das Verhältnis zwischen Arbeitnehmern und Management regelt, in dem Parallelabkommen enthalten, welches zur gleichen Zeit unterzeichnet wurde. Den Text des Parallelabkommens siehe Anhang 3.

Arbeitsgestaltung und Implementation und damit verbundene Fragen wie Beschäftigungssicherheit, die Beschäftigung von Subunternehmen, Stellenausschreibungen, berufliche Qualifikation, disziplinarische Grundsätze, Lehre, Vergütung für Flexibilität, Ausbildung, Arbeitszeit und Gewinnbeteiligung. Das Verfahren wird von einem gemeinsamen Ausschuß der Arbeitgeber und Arbeitnehmer geleitet. Mitglied auf Gewerkschaftsseite ist der gewählte Verhandlungsausschuß. Diesem Ausschuß sind eine Reihe gemeinsamer Unterausschüsse nachgeordnet. Angelegenheiten, über die im Rahmen dieses Verfahrens eine Einigung erzielt wird, werden Teil des Tarifvertrages durch Übereinkünfte. Dies stellt eine Fortsetzung und Erweiterung des Verfahrens dar, dem man in der früheren Übereinkunft, die die erste Verhandlungsrunde über den Wandel und die Umgestaltung der Arbeitsorganisation bestimmte, zustimmte. Allerdings decken die Parallel-Abkommen einen größeren Themenbereich als die frühere Übereinkunft ab.

Ein wichtiges und damit in Zusammenhang stehendes Merkmal des neuen Tarifvertrages ist die Tatsache, daß er durch auf Interessen basierenden Verhandlungen, also einer Art von Verhandlungen zu beiderseitigem Nutzen, erreicht wurde. Die Durchführung solcher auf Interessen gegründeter Verhandlungen erfolgte mit der Hilfe von Beratern, die die Gewerkschaft empfohlen hatte. Außerdem mußten sowohl Vertreter des Managements als auch das Gewerkschaftspersonal dafür ausgebildet werden.

3. Organisatorische Änderungen bei Inglis

A. Hintergrund des Arbeitsplatzwandels in den Jahren 1992 / 93

Die Änderungen der Arbeitsorganisation, die bei Inglis seit 1992 durchgeführt wurden, haben ihren Ursprung in der Stellung des Cambridge-Betriebes innerhalb des gesamten Whirlpool-Systems, der historischen Instabilität der Produktmandate und des Beschäftigungsniveaus in Cambridge, sowie dem Arbeitsplatzwandel der vorausgegangenen 2 Jahre.

In den Jahren 1988 / 89, als die Produktion von Geschirrspülmaschinen verlagert wurde, fertigte der Betrieb lediglich ein Produkt, Trockner, die außerdem auch in einem großen, hoch effizienten Betrieb in Marion, Ohio, produziert wurden. Ohne eine zusätzliche Produktlinie wäre der Betrieb in Cambridge wahrscheinlich geschlossen worden. Daher bereitete das Management vor Ort eine Bewerbung für das nordamerikanische Produktmandat für Müllpressen vor, welches das Überleben des Betriebes für eine bestimmte Zeit gesichert hätte. Das Whirlpool-Management machte jedoch die Vergabe des Produktmandats von der Einführung einer örtlichen Variante des Unternehmensprogramms »High C« durch das Management vor Ort abhängig, einem Programm zur Beteiligung von Arbeitnehmern, das in einer Reihe anderer Betriebe eingeführt wurde, so auch in dem noch immer existierenden Betrieb Port Credit, der Kühlschränke produziert.

Die Verhandlungen über die Vergabe des Produktmandats für Müllpressen zwischen dem Management vor Ort und der Unternehmensführung fanden zur gleichen Zeit statt wie die Verhandlungen über einen neuen Tarifvertrag zwischen dem örtlichen Management und der Gewerkschaft. Diese Verhandlungen, die am Ende mehrerer Wachstumsjahre der kanadischen und der US-Wirtschaft und am Vorabend der letzten Rezession stattfanden, waren erbittert und langwierig. Sie wurden zwangsläufig mit der Vergabe des neuen Produktmandats und dem Überleben des Betriebes verknüpft. Der Vertrag wurde erst unterzeichnet, nachdem die Gewerkschaft das »letzte Angebot« des Unternehmens abgelehnt hatte und Whirlpool damit drohte, das Produktmandat, von dem sich das örtliche Management die Rettung des Betriebes erhoffte, zurückzuziehen. Die Einführung der neuen Produktlinie und der damit verbundenen Formen der Arbeitsgestaltung, inklusive des »High C«-Programms, waren also nicht das Produkt von Verhandlungen, sondern wurden vom Management aufgezwängt.

Das »High C«-Programm war, gelinde ausgedrückt, nicht gerade ein voller Erfolg, weder in Bezug auf den Herstellungsprozeß noch in Bezug auf die Arbeitsbeziehungen. So machte die Gewerkschaft später 18 voneinander unabhängige Gründe aus, warum die Einführung des »High C«-Programms in Cambridge scheiterte[10]. In Bezug auf das Fehlen von Vertrauen und Kooperation war Inglis typisch für einen Großteil der kanadischen Industrie. Ein Beobachter der Situation bei Inglis formulierte das so:

> »Es sollte nicht vergessen werden, daß die Arbeiter von Inglis Cambridge in der Vergangenheit einem neuen Management, neuen Versprechungen und dann der Drohung der Schließung oder des Verkaufs des Betriebes ausgesetzt waren. Die Arbeitsbeziehungen innerhalb des Betriebes waren nicht schlechter als anderswo in der kanadischen Industrie. Andererseits kann auch nicht behauptet werden, daß die Beziehungen zwischen Arbeitgebern und Arbeitnehmern das in der kanadischen Industrie übliche niedrige Vertrauensniveau überschritten.«[11]

Inglis besaß jedoch ein kritisches Merkmal, das alle anderen Faktoren an Bedeutung übertrifft. Es ist ein Filialbetrieb eines großen, ausländischen Unternehmens, das in der Lage ist, den kanadischen Markt von US-Produktionsstätten aus zu versorgen. Im Jahre 1992 gelangten dann sowohl das örtliche Mana-

---

10 Einige der im Bildungsprogramm der Gewerkschaft identifizierten Gründe sind: Pläne wurden nicht zu Ende verfolgt; Mangel an Ausbildung; mangelndes Verständnis, was »High C« überhaupt bedeutet; Lohnunterschiede gegenüber der anderen Produktlinie; Unterschiede im Arbeitsumfeld, die die Aufmerksamkeit auf den Unterschied gegenüber dem Rest des Betriebes lenkte; das Nichterhalten versprochener neuer Werkzeuge; Vetternwirtschaft; keine Rotation; keine Berücksichtigung von Ideen der Arbeitnehmer; keine regelmäßigen Treffen; ein vorgefertigtes Packet; kein Vertrauen zwischen Management und Gewerkschaft; schlechte Sicherheits- und ergonomische Bedingungen. Siehe Prosperity and Progress, 1993.
11 O'Grady, 1992.

gement als auch die Gewerkschaft zu der Überzeugung, daß die Unfähigkeit eine weniger konfliktorientierte Beziehung aufzubauen, eine Gefahr für das Überleben des Betriebes darstellt. Unter diesen Umständen ist es nämlich nicht möglich, Arbeitsänderungen einzuführen, die notwendig sind, um das Whirlpool-Management davon zu überzeugen, ein bedeutendes Produktmandat in Cambridge zu belassen. Die Umgestaltung des Betriebes, ein kontinuierliches Produktmandat und die Suche nach neuen Verhandlungsformen sind eng miteinander verbunden.

B. *Arbeitsplatzwandel in den Jahren 1992 / 93*

Die Probleme mit der Einführung des »High C«-Programms und der neuen Produktlinie im Jahr 1990 führten zur Ablösung des Geschäftsführers des Betriebes im Jahr 1992 und zu dem Entschluß, weitreichende Änderungen anzuordnen. Diese umfaßten einen neuen Rahmenplan für die Firma, in dessen Mittelpunkt »World Class Manufacturing« (WCM) und die Produktion in Fertigungszellen steht. Das dem Standort Cambridge von Whirlpool vorgegebene Ziel lautet niedrige Kosten, niedriges Produktionsvolumen, flexible Fertigung, die sich an WCM-Standards zu orientieren hat. Dies hat drei Dinge zur Folge: eine Beteiligung der Arbeitnehmer, ein neues Entgeltsystem und einen Prozeß der stetigen Verbesserung.

Über diesen Teil des Verfahrens, der der Gewerkschaft und den Arbeitnehmern Ende 1992 verkündet wurde, konnte nicht verhandelt werden. Angesichts der Vorgeschichte der vergangenen zwei Jahre traf man die Entscheidung, die Gestaltung und die Umsetzung der Elemente des Betriebsrahmenplans einer gemischten Arbeitgeber-Arbeitnehmer-Gruppe zu übertragen und diese Beziehung durch eine Übereinkunft zu formalisieren. Die erste Fassung der Übereinkunft, die übrigens Anfang 1992 unterzeichnet wurde, berücksichtigte bestenfalls vorsichtig die Erfahrungen der Gewerkschaft mit dem Wandel in der Vergangenheit. Dieser ersten Fassung folgte eine weniger vorsichtige Übereinkunft, welche im Parallelabkommen enthalten ist, das zur gleichen Zeit wie der Tarifvertrag im Frühjahr 1993 unterzeichnet wurde.

Man muß zugeben, daß die unsichere Situation des Betriebes in Cambridge und die jüngste Vergangenheit mit Entlassungen und Instabilität gewichtige Faktoren waren, die die Gewerkschaft dazu brachten, in die Diskussion über die Wiederherstellung der Arbeitgeber-Arbeitnehmer-Beziehungen in Cambridge einzusteigen. Außerdem muß man sehen, daß das örtliche Management angesichts der Stellung des Cambridge-Betriebs innerhalb des Whirlpool-Systems dem Whirlpool-Management außer einer Verbesserung der Beziehungen zwischen Arbeitgebern und Arbeitnehmern nichts anzubieten hatte, um das Überleben des Betriebes zu sichern, weshalb das örtliche Management durchaus zu Zugeständnissen bereit war, um sein Ziel zu erreichen. Dies ermöglichte es der lokalen Gewerkschaft, einen für den Rest der kanadischen Industrie ungewöhnlich hohen Grad an Entscheidungsbefugnis auszuhandeln. Im Gegenzug mußte sie jedoch einen im Vergleich zu früher höheren Einsatz für die Produktion garantieren. Die Gewerkschaft mußte zudem Zugeständnisse in Beschäftigungsfragen machen.[12] Das Ergebnis dieser Situation zeigt sowohl die Chancen als auch die Grenzen von Verhandlungen über Fragen des Arbeitsplatzwandels.

Im Hinblick auf den Fertigungsprozeß hat der Wandel zum WCM, der noch nicht abgeschlossen ist, eine Reihe von Änderungen vorangetrieben. Kanban oder Just-in-Time-Lagerung ist ein wichtiger Bestandteil des Wandels hin zu neuen Herstellungsformen. Es bezieht die angelieferten Teile direkt in den Produktionsprozeß ein, vermeidet deren Lagerung und ermöglicht dadurch eher eine auftragsgerechte als eine an den Lagerbeständen orientierte Produktion. Dies macht wiederum bauliche Umgestaltungen der Produktionsanlagen des Inglis-Betriebs notwendig, um Engpässe zu vermeiden und die Durchlaufzeiten zu verkürzen.

Um den Vertrag mit Sears, Kenmore-Geräte zu liefern, einhalten zu können, müssen die genannten Ziele erreicht werden, da Sears sich das Ziel gesetzt hat, ein Produkt an einem Tag vom Auftrag bis zur Lieferung fertigzustellen. Dies wiederum erzwingt die Umstellung der Fertigungsmethoden bei Inglis von der Produktion der langen Wege zur auftragsgerechten Herstellung mit Konsequenzen für den gesamten Herstellungsprozeß. Darüber hinaus wird die Erlangung der ISO 9000-Zertifizierung für die restlichen Produktlinien einen ähnlichen Prozeß in Gang setzen. Diese Ziele wurden bis jetzt noch nicht ganz erreicht.

Diese Änderungen in den Herstellungsverfahren, die Bestandteil des Betriebsrahmenplans sind, hatten ihrerseits Änderungen in den Arbeitgeber-Arbeitnehmer-Beziehungen zur Folge. Flexible Herstellungsverfahren und die Produktion in Fertigungszellen erfordern innerbetriebliche Arbeitsplatzwechsel, weniger Berufsklassen und vielseitig einsetzbares Personal. Folglich war die Reduzierung der Berufsklassifikationen ein Hauptaspekt der jüngsten Tarifverhandlungsrunde. Die Berufsklassen wurden von 26 auf 2 reduziert (Facharbeiter und Wartung ausgenommen). Der innerbetriebliche Arbeitsplatzwechsel war und bleibt eines der wichtigsten Themen. Die Auswirkungen der Interessenkollision zwischen innerbetrieblichem Arbeitsplatzwechsel, der Befugnis der Gruppen über ihre Arbeit selbst bestimmen zu können und der Notwendigkeit für das örtliche Management, ständig steigende Produktionszahlen auf-

---

12 Ungefähr 70 Stellen (nicht alle davon waren stundenweise bezahlt) wurden als Folge der Änderungen des Jahres 1993 abgebaut. Die meisten wurden über altersbedingtes Ausscheiden, erhöhte Abfindungszahlungen und Vorruhestandsregelungen abgewickelt. Weitere 25-30 Stellen werden als Folge der Einführung des neuen Lackiersystems abgebaut und das Management stellte klar, daß noch weitere Stellen, die nichts zur Wertschöpfung beitragen, abgebaut werden.

weisen zu müssen, werden im Zusammenhang mit Beschäftigungssicherheit bei Sitzungen des Lenkungsausschusses immer noch am häufigsten diskutiert.[13]

Die obigen Entwicklungen erfordern eine stärkere Betonung der Ausbildung, sowohl was die Ausbildung bei Inglis für Produktionszwecke und Gruppenqualifikationen verschiedener Art als auch was die gewerkschaftliche Ausbildung anbelangt. Ausbildung war daher ein zentraler Punkt innerhalb der Beziehungen zwischen Arbeitgebern und Arbeitnehmern. Die Notwendigkeit, mehr und neue Formen von Ausbildungsprogrammen bereitzustellen, wurde zur Zeit der Umstellung in der Müllpressenherstellung vor ein paar Jahren erkannt. Die Betonung der Ausbildung stieg noch weiter mit dem Abschluß der neuen Vereinbarung und ist Kernpunkt der andauernden Diskussionen zwischen Arbeitnehmern und Management.

Die früheren Trainingsprogramme, inklusive einiger von Whirlpool entliehener Programme, erwiesen sich als wenig nützlich und wurden für Cambridge stark modifiziert. Auch Inglis profitierte in den vergangenen Jahren in immer stärkerem Maße von dem Arbeitsplatz-Ausbildungsprogramm des »Sectoral Skills Council« und gründete einen gemeinsamen Ausschuß für Fragen der Ausbildung am Arbeitsplatz, der die Ausbildung im Rahmen dieses Programms koordinieren soll.[14]

C. *Ergebnisse des Arbeitsplatzwandels aus der Sicht des Managements*

Zu Beginn der letzten Runde des Arbeitsplatzwandels legte das Management eine Reihe meßbarer Zielgrößen fest, denen es große Aufmerksamkeit schenkte. Dazu gehören Beschwerden, die zurückgingen, Unfall-, Gesundheits- und Sicherheitsstatistiken, die Verbesserungen aufweisen und eine Reihe von kosten- und produktbezogenen Indikatoren. Aktuelle Zahlen zeigen, daß die Überarbeitungskosten deutlich zurückgegangen sind, und daß der Prozentsatz der Geräte, die die Kontrolle beim ersten Versuch erfolgreich durchlaufen deutlich zugenommen hat. Schließlich ist der Produktionszyklus für alle Produkte wesentlich kürzer als noch vor ein paar Jahren. Da das Überleben des Betriebes und der damit verbundenen Arbeitsplätze davon abhängt, daß diese

---

13 Nicht alle Arbeiter des Betriebes sind in den Prozeß der Produktion in Fertigungszellen einbezogen. Inglis Cambridge stanzt und lackiert die eigenen Gerätegehäuseteile und ein bedeutender Teil der Belegschaft wird weiterhin in diesem Bereich tätig sein, in dem die Arbeiter auf die gleiche Weise arbeiten wie vor der Einführung der Produktion in Fertigungszellen.

14 Zusätzlich zu diesem Ausbildungsprogramm, das sich auf den Herstellungsprozeß bezieht, stehen den Mitgliedern der Verhandlungseinheit 16 Stunden für Ausbildungsprogramme der Gewerkschaft und deren Ansatz arbeitsplatzbezogener Themen zur Verfügung. Außerdem haben sie Zugang zu gewerkschaftlicher Literatur und sie sind berechtigt an Ausbildungsprogrammen für grundlegende Qualifikationen und für den Bereich Gesundheit und Sicherheit teilzunehmen.

Zahlen genauso gut oder besser als die anderer Betriebe innerhalb des Whirlpool-Systems sind, werden sie vom örtlichen Management und der Gewerkschaft streng überwacht.

Es muß jedoch festgehalten werden, daß die Ansichten von Vertretern des Unternehmens Whirlpool weder dem Management vor Ort noch der örtlichen Gewerkschaft komplett bekannt sind. Statistiken über Produktivität und Effizienz des Betriebes in Cambridge zeigten merkliche Verbesserungen für die letzten zwei Jahre. Daß Whirlpool-Management orientiert sich bei seinen Entscheidungen jedoch weniger an der Produktivität des Betriebes sondern vielmehr an dessen Wettbewerbsfähigkeit. Der Betrieb in Cambridge und seine Beschäftigten konkurrieren also nicht nur mit ihren eigenen früheren Ergebnissen, sondern auch mit den Ergebnissen großer Betriebe wie Marion Ohio, dem Hauptkonkurrenten bei der Produktion von Trocknern innerhalb des Whirlpool-Systems. Als kleine Firma in einem großen Unternehmensverbund arbeiten die Beschäftigten in Cambridge ohne genau zu wissen, welche Bedeutung das Management ihren Leistungen beimißt.

4. Erfahrungen der Gewerkschaft mit dem Arbeitsplatzwandel bei Inglis

A. *Einführung*

Aus Sicht der Gewerkschaften bargen die oben beschriebenen Änderungen sowohl neue Möglichkeiten als auch Gefahren. Die vom Unternehmen verlangten Änderungen im Betrieb in Cambridge wurden den Arbeitnehmern auf eine Art unterbreitet, die nicht bedrohlich, und aus Sicht des Unternehmens möglichst positiv wirken sollte. Das lokale Management hebt hervor, daß während der aktuellen Verhandlungsrunde keine Drohungen ausgesprochen wurden. Den Gewerkschaftsmitgliedern war jedoch seit 1992 klar, daß der Status Quo für Whirlpool nicht akzektabel war und daß die möglichen Handlungsoptionen auch die Schließung des Betriebes umfaßten.

»Überlebensstreß« ist in solchen Situationen nicht üblich und dieser Streß, der mit der möglichen Schließung des Betriebes im Zusammenhang steht, hatte offensichtlich Auswirkungen auf die Verhandlungsbereitschaft der Gewerkschaft und auf deren Bereitwilligkeit, sich mit der neuen Situation auseinanderzusetzen.

Andererseits sah die Gewerkschaft in dieser Situation auch eine Reihe möglicher Vorteile, da sie sich nun in einer Position befand, in der sie versuchen konnte, einige ihrer eigenen Forderungen durchzusetzen, weil das Management »Partnerschaft« und Kooperation zur Unternehmensphilosophie erhob. Der Vorsitzende der örtlichen Gewerkschaft betonte, daß Hochleistungsarbeitsplätze, wie sie das Management für Cambridge vorsieht, nicht ohne enge Zusammenarbeit und nicht ohne großes Engagement der Beschäftigten und der Gewerkschaft zu erreichen sind. Zudem stellte er fest, daß die Gewerkschaft für diese Zusammenarbeit Bedingungen stellen kann in Bezug auf Arbeitsregeln, der Beteiligung an Entscheidungsprozessen und bezüglich Zusagen des Unternehmens. Das Ergebnis dieses Handels zeigt sich in der Erfahrung der Gewerkschaft mit einer Reihe von Schlüsselthemen. Es deutet begrenzte, aber echte Möglichkeiten für Verhandlungen auf dem Gebiet des Arbeitsplatzwandels an.

B. Standpunkt der Gewerkschaft zu Fragen des Arbeitsplatzwandels

Die CEP hat ein gut entwickeltes Bildungsprogramm, das bei der Einführung der lokalen Gewerkschaftsführung in Fragestellungen bezüglich des Arbeitsplatzwandels benutzt wurde. In diesem Bildungsprogamm wird betont,

»daß über alle Pläne zur Einbeziehung der Arbeitnehmer nachgedacht werden sollte, vorausgesetzt die Gewerkschaft wird dadurch nicht geschwächt oder übergangen und vorausgesetzt, daß unsere Mitglieder entsprechende Vergünstigungen aus der gestiegenen Produktivität erhalten.«

Im Rahmen dieses Verfahrens ergaben sich eine Reihe praktischer Fragen, mit deren Hilfe überprüft werden kann, ob ein bestimmter Aspekt des Arbeitsplatzwandels sowohl den Zielen der Gewerkschaft als auch den Zielen des Unternehmens entspricht, oder nicht. Diese Fragen umfassen folgende Bereiche:

- **Beschäftigungssicherheit und Expansion:** Arbeitgeber wollen die Umstrukturierung der Arbeit, um größere Flexibilität und Produktivität zu erlangen. Wollen sie dafür Unterstützung von Seiten der Gewerkschaft, so müssen sie zu Zugeständnissen in Fragen der Beschäftigungssicherheit bereit sein.

- **Anerkennung der Gewerkschaft:** Änderungen können die Gewerkschaftsstruktur nicht übergehen, sondern müssen diese berücksichtigen. Änderungen müssen die Bedürfnisse der Arbeitnehmer berücksichtigen und nicht nur den Unternehmenszielen dienlich sein. Dies bedeutet, daß Gewerkschaften anerkannt und an gemeinsamen Planungs- und Implementationsausschüssen mit wirklicher Entscheidungsbefugnis und nicht lediglich mit beratender Funktion beteiligt werden. Entscheidungen zur Arbeitsumgestaltung sollten während Tarifverhandlungen ausgehandelt und Teil der Vereinbarung werden. Dies würde die Akzeptanz solcher Entscheidungen erhöhen. Um an diesem Verfahren teilzuhaben, braucht die Gewerkschaft eigene Vorstellungen über den Zweck des Arbeitsplatzwandels, die unabhängig von denen des Arbeitgebers sind. Zudem muß die Gewerkschaft in der Lage sein, diese Vorstellungen den Mitgliedern zu vermitteln.

- **Ausbildung und der Besitz von Fertigkeiten:** Dieser Problembereich umfaßt den gerechten Zugang zu Trainingsprogrammen, die Möglichkeit, die so erworbenen Fertigkeiten in verschiedenen Arbeitsbereichen einzusetzen, und die Frage eines Mitspracherechts der Gewerkschaften bei der Planung und Bereitstellung von Trainignsprogrammen.

- **Fairneß:** Das Senioritätsprinzip sollte beibehalten und nicht durch die Management-Prärogative ersetzt werden. Dies gilt besonders im Zusammenhang mit der Ausbildung für neue Stellen und dem Zugang zu Arbeitsplätzen.

- **Entgeltsysteme:** Die Bezahlung sollte durch einen Tarifvertrag festgelegt werden. Zusätzliche Kompensationssysteme sollten die Bedeutung der Gewerkschaft bei der kollektiven Aushandlung gerechter Löhne nicht untergraben.

- **Disziplin und die Beziehungen zwischen Arbeitgebern und Arbeitnehmern:** Die Umgestaltung der Arbeit sollte zu Solidarität und nicht zu Gruppenzwang führen. Disziplin liegt im Verantwortungsbereich des Unternehmens, nicht in dem der Gewerkschaft.

- **Orientierungsprogramme im Zusammenhang mit dem Arbeitsplatzwandel**: Diese sollten vom Unternehmen bezahlt werden und die von der Gewerkschaft geplanten und bereitgestellten Trainingsprogramme einschließen.

Die Erfahrungen der Gewerkschaft bei Inglis werden anhand dieser Themenliste bewertet werden.[15]

C. Die Erfahrung der Gewerkschaft mit Beschäftigungssicherheit

Fragen der Beschäftigungssicherheit treffen den Kernbereich des Arbeitsplatzwandels in zweierlei Hinsicht. Zum einen haben sie mit dem Beschäftigungsstand zu tun, zum andern dem Fehlen bestimmter Kategorien von Arbeitsplätzen.

Für Gewerkschaftsmitglieder bedeutet Beschäftigungssicherheit schlicht die Garantie ihres Arbeitsplatzes. Wie es ein Mitglied formulierte: »wenn sie nichts für mich zu tun haben, können sie mich das Gras schneiden oder die Wände streichen lassen«. Der Besitz bestimmter Fähigkeiten, garantiert zumindest einen Arbeitsplatz, wenn auch nicht notwendigerweise die gleiche Stelle. Zudem besteht nach Ansicht der Gewerkschaft die Abstimmung zwi-

---

15 Diese Liste wurde mit einigen Änderungen dem CEP-Bildungsmaterial entnommen, das dazu dient, den Mitgliedern bei Inglis eine Orientierung in Fragen des Arbeitsplatzwandels zu geben. Siehe Prosperity and Progress, 1993.

schen Flexibilität und Sicherheit darin, daß Zusammenarbeit als Gegenleistung für Zugeständnisse im Bereich Investitionen, Arbeitsplatzschaffung und Investitionen in die Qualifikation der Arbeiter angeboten wird.

Die Ansicht des Unternehmens ist weniger absolut und stärker leistungsbezogen. Obwohl einige Investitionen in neue Ausrüstungen und Maschinen getätigt wurden, war weder Inglis noch Whirlpool bereit, feste Zusagen bezüglich eines bestimmten Niveaus von Arbeitsplätzen oder bezüglich des Produktmandats, welches Arbeitsplätze garantieren würde, zu machen. Die Ansicht des Unternehmens wird eher in der Formulierung von Zielen als durch Zusagen deutlich. Als Teil der gegenseitigen Abstimmung, die notwendig war, um den Betrieb innerhalb des Whirlpool-Systems wettbewerbsfähig zu erhalten, war die Gewerkschaft gezwungen, einige Arbeitsplatzverluste hinzunehmen und mögliche weitere zu akzeptieren. Angesichts der zur Verfügung stehenden Möglichkeiten hatte die Gewerkschaft bei Cambridge in dieser Angelegenheit keine wirkliche Wahl, da weder die lokale Gewerkschaft noch das örtliche Management letztendlich entscheiden kann, ob der Betrieb aufrechterhalten wird.

Tatsächlich war die erste Runde der Arbeitsplatzverluste als Folge des Arbeitsplatzwandels relativ leicht zu bewältigen. Die Streichung von ungefähr 70 Stellen im Jahr 1993 konnte fast komplett durch altersbedingtes Ausscheiden, Vorruhestandsregelungen und attraktive Abfindungspakete geregelt werden. Wegen der Einführung eines neuen Lackierverfahrens in den kommenden Monaten einerseits und einer allgemeinen Streichung der Arbeitsplätze, die keinen Mehrwert erzeugen, andererseits, stehen jedoch weitere Entlassungen an.

Die Lösung des zweiten Problems, nämlich das Fehlen bestimmter Kategorien von Arbeitsplätzen, gestaltet sich schwieriger. Der Leiter der Personalabteilung spricht offen über die Auswirkungen des Prozesses der stetigen Verbesserung:

> »All diese indirekten Tätigkeiten, in die die Leute hineintreiben, wie zum Beispiel die Qualitätskontrolle und all das, verschwinden. Es gibt kaum noch welche, das heißt dein Job ist es, zu funktionieren und sicherzustellen, daß alles in Ordnung ist. Wir haben keine Spezialisten für Reparaturen und Instandhaltung mehr, all diese Stellen verschwanden.«

Ähnlich äußerte sich ein Mitglied der Verhandlungskommission der Gewerkschaft:

> »Bisher hatten wir immer einen Platz für die Leute, die nicht mehr mithalten konnten, jetzt gibt es das nicht mehr, und das ist beängstigend.«

Das hat nichts mit der Geschwindigkeit des Montageprozesses zu tun, sondern damit, daß wir nicht mehr in der Lage sind, Leute unterzubringen, die keine Montagearbeit verrichten können. Früher hätten die, vorausgesetzt sie hätten dem Betrieb lange genug angehört, eine gewisse Wahl darüber gehabt, welche Aufgaben sie im Betrieb verrichten.

Die Gewerkschaft setzte das Thema Beschäftigungssicherheit an die Spitze ihrer Prioritätenliste. Trotzdem ergab sich keine zwingende Lösung für dieses

Problem. Der Unterschied der Ansichten von Arbeitgebern und Arbeitnehmern zum Thema Beschäftigungssicherheit zeigt die Grenzen einer Zusammenarbeit zwischen Arbeitnehmern und Management auf, so daß dieser Aspekt des Arbeitsplatzwandels wohl am schwierigsten zu handhaben ist. Erfolg oder Mißerfolg auf diesem Gebiet könnte grundlegende Bedeutung für den langfristigen Erfolg des neuen Systems der Arbeitsbeziehungen bei Inglis haben.

D. *Erfahrung der Gewerkschaft mit der Anerkennung der Gewerkschaft*

Die Anerkennung eines Mitspracherechts der Gewerkschaft bei der Planung und Implementation neuer Arbeitssysteme ist das wichtigste Ziel, das die Gewerkschaft im Zuge des Abstimmungsprozesses mit dem Management, das für die Implementation des neuen Systems auf Zusammenarbeit angewiesen war, erreichte.

Einige Mitglieder meinen, daß die Gewerkschaft dem Management zu nahe steht und gar dessen Ziele teilt. Die Gewerkschaftsführung ist jedoch der Überzeugung, daß ihr Erfolg bei der Aushandlung eines Mitspracherechts ihrer Mitglieder bezüglich der Arbeitsplatzgestaltung und der Qualität des Arbeitslebens dazu führte, daß die Leute sie nun eher akzeptieren als zuvor.

Unter diesen Umständen ist die entscheidende Frage nicht, ob die Gewerkschaft kooperativ war, sondern ob sie wirkliche Entscheidungsbefugnisse erlangte. In diesem Fall scheint die Antwort ja zu sein. Ein wichtiger Erfolg der Gewerkschaft war beispielsweise die Streichung der Management-Prärogative aus dem Tarifvertrag, und deren Ersetzung durch eine unterschriebene Zusage für Verhandlungen über eine Liste arbeitsplatzbezogener Themen im Rahmen eines parallelen Verhandlungsverfahrens.

Es könnte behauptet werden, daß die Entscheidungsbefugnisse wieder zurück genommen werden, falls sie Entscheidungen führen, die für die Whirlpool-Zentrale nicht akzeptabel sind. Diese Behauptung läuft darauf hinaus, daß es nicht darum geht, welches Verfahren die Gewerkschaft erreichte, sondern was sie in Zukunft mit ihm anfängt. Dies wird von zwei Dingen abhängen. Erstens davon, ob das Management dieses Verfahren weiterhin als nützlich für die Erreichung seiner Ziele, hauptsächlich Produktivität und Flexibilität, erachtet. Zweitens hängt es davon ab, ob es der Gewerkschaft gelingt, dieses Verfahren zu institutionalisieren, so daß es nicht länger vom augenblicklichen guten Willen des Managements oder einzelner Personen abhängig ist. Die Möglichkeiten und Grenzen der neuen Formen der Arbeitsbeziehungen zeigen sich in der Tatsache, daß die Gewerkschaft nicht die Fähigkeit besitzt, beide Prozesse gänzlich zu kontrollieren.

E. Erfahrung der Gewerkschaft mit Ausbildung und den Fertigkeiten von Arbeitern

In diesem Bereich ist das Hauptziel der gerechte Zugang zu einer über den einzelnen Arbeitsplatz hinausgehenden Ausbildung und ein Mitspracherecht der Gewerkschaft bei der Planung und Bereitstellung derselben. In dieser Hinsicht war die Erfahrung der Gewerkschaft nützlich. Laut einem Mitglied des Verhandlungsausschusses:

> »Bildung und Ausbildung (bei Inglis) hängen mit unserer gemeinsamen Vision und Partnerschaft zusammen. Das ist sehr, sehr wichtig. Alle Arbeitnehmer, sowohl die stundenweise bezahlten als auch die Gehaltsempfänger, erhalten als erstes eine Unterweisung in folgenden Gebieten: CEP-Sehweise der Umstrukturierung des Arbeitsplatzes, gruppendynamischer Prozesse, der Effektivität von Treffen, Qualitätssysteme, WES, ISO 9001, Problemlösungsverfahren, Konfliktlösung, Geschäftsbewußtsein, BEST (Arbeiter unterrichten Arbeiter), Gesundheit und Sicherheit, WCM (world class manufacturing) und Just-in-time. Die Leute besitzen eine breitgefächerte Ausbildung und sind in ihren Gruppen multifunktional einsetzbar. Wir sind außerdem am JWTC (Gemeinsamer Ausschuß für die Ausbildung am Arbeitsplatz) beteiligt.«

Wahrscheinlich ist der Grad der Kooperation bei Themen, die die Ausbildung betreffen bei Inglis wesentlich höher als bei den meisten anderen Fertigungsbetrieben. Dafür gibt es zwei Gründe: Erstens die bereits besprochene Abhängigkeit des Unternehmens von der Kooperationsbereitschaft der Gewerkschaft bei der Implementation der neuen Systeme und die zweitens den Einfluß des »Sectoral Skills Council«.

Als Beweis hierfür ergibt sich aus den Erfahrungen sektoraler Ausbildungseinrichtungen, und besteht in dem bedeutenden Einfluß solcher Einrichtungen auf die Bereitwilligkeit der Arbeitgeber, Ausbildungsprogramme bereitzustellen, sowie auf die Möglichkeit, die so erworbenen Fertigkeiten in verschiedenen Arbeitsbereichen einzusetzen.

Andererseits wird bei Inglis nur eine begrenzte Anzahl fachspezifischer Ausbildungsprogramme benötigt, da dort nicht mit neuen Technologien gearbeitet wird. Ein Großteil der Ausbildung umfaßt daher eher »weiche« Qualifikationen als zertifizierbare, technische Trainingsprogramme.

Kurz gesagt, sind Themen, die die Kooperation bei der Ausbildung betreffen, bei Inglis weniger problematisch als in anderen Betrieben. Das hängt mit der Art der Arbeit und der Änderungen zusammen, und damit, daß auf sektoraler Ebene bedeutende Ressourcen für die Handhabung der Ausbildung existieren.

F. Erfahrung der Gewerkschaft mit Fragen der Fairneß

Fragen der Fairneß bei der Einführung neuer Arbeitsformen müssen in Zusammenhang mit der Seniorität und der Reduzierung der Vielfalt der im Betrieb verfügbaren Stellen gesehen werden. Die Erfahrungen der meisten Gewerkschaften, und dies bestätigt sich bei Inglis, zeigen, daß die neuen Arbeitsformen das Senioritätsprinzip im Kern erschüttern, da der Zugang zu Stellen immer stärker mit dem Zugang zur Ausbildung und der Entwicklung der Fertigkeiten zusammenhängt. In manchen Fällen werden ältere, schlechter ausgebildete Arbeitnehmer bei der Stellenbesetzung zugunsten jüngerer, besser ausgebildeter Arbeitnehmer übergangen. In einigen Fällen wurden sie darüber hinaus bei Ausbildungsprogrammen, welche den Zugang zu einer Stelle garantieren, übergangen. In diesen Fällen wird bei der Vergabe guter Stellen das Senioritätsprinzip durch Managemententscheidungen ersetzt. Da diese Arbeitsplätze wahrscheinlich sicherer sind als andere, wirken sich Ausbildungsfragen auch auf die Beschäftigungssicherheit aus und gefährden die Bedeutung des Senioritätsprinzips beim Schutz der Arbeitsplätze von Arbeitern, die schon lange im Betrieb tätig sind.

Der Leiter der Personalabteilung bemerkte dazu:

> »Die Verdrängung von Arbeitnehmern von ihrem Arbeitsplatz, um die Entlassung eines Arbeitnehmers mit langer Betriebszugehörigkeit zu vermeiden, tötet uns. Sie haben viele Rechte, wenn Stellen gestrichen werden und wir wollen, daß sie diese auch weiterhin haben, aber bei diesem Prozeß muß die Wahrung der Bilanzzahlen im Auge behalten werden.«

Dies deutet darauf hin, daß selbst mit gutem Willen die Zusage des Managements, am Senioritätsprinzip festhalten zu wollen, nicht uneingeschränkt Gültigkeit besitzt, ja nicht uneingeschränkt Gültigkeit besitzen kann. Es wird für die Gewerkschaft sehr wichtig sein, darauf zu bestehen, daß die Rechte, die aus der Länge der Betriebszugehörigkeit erwachsen, auch respektiert werden, wenn Produktivität und Flexibilität gefährdet sind. Zudem wird es wichtig sein, ein System zu entwickeln, das die Schutzfunktion, die bisher das Senioritätsprinzip ausübte, ausfüllt.

Die Erfahrung bei Inglis legt nahe, daß eine vertrauensvolle Beziehung zwischen Management und Gewerkschaft die Behandlung von Problemen im Zusammenhang mit dem Senioritätsprinzip unter Anschauung der Einzelfälle ermöglicht. Wenngleich dies keine umfassende Lösung darstellt.[16]

G. *Erfahrung der Gewerkschaft mit Entgeltsystemen*

Sowohl die lokale als auch die nationale Ebene der Gewerkschaft ist sich der Tatsache bewußt, daß gruppenbezogene Entgeltsysteme die Gefahr bergen können, die Bedeutung der Gewerkschaft bei Kollektivverhandlungen zu untergraben und Solidarität durch Gruppenzwang zu ersetzen. Daher wurde der

---

16 Es ist wichtig daran zu erinnern, daß eine Vertrauensbeziehung, wo sie überhaupt existiert, nur auf lokaler Ebene besteht und daher begrenzt und möglicherweise nur vorübergehend ist. Sie kann aufgehoben werden, indem das lokale Management in andere Teile des Unternehmens versetzt oder befördert wird.

gegenwärtige Verhandlungsprozeß über die Gestaltung eines Gewinnbeteiligungssystems vom normalen Verfahren der Tarifverhandlungen getrennt gehalten.

Während des vergangenen Jahres war die Gewerkschaft in ein Verfahren des Gemeinsamen Planungsausschusses mit Beteiligung der Belegschaft eingebunden. Als Teil des parallelen Verhandlungsprozesses sieht dieses Verfahren ein Vetorecht für die Gewerkschaft und eine Rücktrittsklausel vor[17].

Gewinnbeteiligung wird von der Unternehmensführung ausdrücklich als Beitrag zu WCM, JIT, Kaizen und anderen Unternehmenszielen angesehen. Innerhalb des Planungsverfahrens wurde jedoch auch die Förderung der Gruppenarbeit und die Minimierung von Gruppenzwang als ausdrückliches Ziel formuliert. Zur Zeit liegen noch nicht genügend Erkenntnisse über das Verfahren der Gewinnbeteiligung vor, um daraus irgendwelche Ratschläge über Entgeltsysteme im Rahmen neuer Arbeitsformen ableiten zu können.

H. Erfahrung der Gewerkschaft mit Disziplin und Arbeitgeber-Arbeitnehmer-Beziehungen

Die Erfahrungen der Gewerkschaft mit Fragen disziplinarischer Art sind unterschiedlich und könnten auf ein generelles Problem hinweisen, das über den Betrieb in Cambridge hinausreicht. Umfragen im Betrieb deuten darauf hin, daß die Kombination von verringerter Kontrolle, Aufgabenwechsel und der selbständigen Bestimmung der Arbeitsgeschwindigkeit die Arbeitsmoral steigerte und zu einer geringeren Abwesenheitsrate führte. In vielen Fällen führte die gleiche Kombination jedoch zu Spannungen unter den Mitgliedern einer Fertigungszelle, da die einen mit einer anderen Geschwindigkeit arbeiten wollten als andere Arbeiter im Team, oder weil einige die Geschwindigkeit nicht mitgehen konnten.

Seit die Unternehmen Managementebenen abbauen und von den Leuten am Arbeitsplatz erwartet wird, daß sie die Arbeitsgeschwindigkeit selbst bestimmen, werden Entscheidungen, die früher in den Aufgabenbereich der Abteilungsleiter fielen, nun in den Teams getroffen. Unter diesen Umständen könnte Solidarität durch Gruppenzwang und Spannungen unter den Arbeitskollegen ersetzt werden. Dies ist besonders der Fall, wenn, wie bei Inglis, häufig Umbesetzungen der Arbeitsgruppen aufgrund von Entlassungen oder aufgrund der Verdrängung von Arbeitnehmern vorgenommen wurden. Dies führt dazu, daß die Leute neuen Situationen in der Gruppe ausgesetzt sind und sie nicht mit den formellen und informellen Absprachen über die Arbeitsauftilung innerhalb der Gruppe vertaut sind.

---

17 Zur Zeit der Entstehung dieser Studie existierte dieser Vorschlag nur in Form eines Entwurfs. Eine vorläufige Fassung wird für Ende 1994 und die endgültige Form für 1995 erwartet.

Während die Manager diese Dynamik in einigen Fällen nutzen können, um die Gewerkschaft zu schwächen, ist es hilfreicher, sie als eine Folge der neuen Form der Arbeitsorganisation zu betrachten, für die bis jetzt noch keine Antwort gefunden wurde. Die Erfahrung der Gewerkschaft bei Inglis ist in dieser Hinsicht nicht besser oder schlechter als in anderen Betrieben. Die Gewerkschaften werden dieses Thema in ihre Verhandlungsstrategie über neue Arbeitsformen aufnehmen müssen.

I. Erfahrung der Gewerkschaft mit Orientierungsprogrammen zum Arbeitsplatzwandel

Im allgemeinen machte die Gewerkschaft auf diesem Gebiet positive Erfahrungen, da sich das Unternehmen entgegenkommend zeigte, um die Kooperation der Gewerkschaft zu gewinnen. Der Beitrag der Gewerkschaften zu Orientierungsprogrammen zum Arbeitsplatzwandel war folglich beträchtlich und der Zugang zu den von der Gewerkschaft geplanten und bereitgestellten Ausbildungsprogammen wurde garantiert. Die Umfragen im Betrieb zeigen jedoch, daß unter die Mitgliedern immer noch nur sehr wenig Verständnis für die Gewerkschaftsziele in Bezug auf die Gestaltung des Arbeitsplatzes aufbrachten. Die Gewerkschaft muß darlegen, warum, außer aus rein defensiven Gründen, eine Beteiligung der Gewerkschaft am Prozeß des Arbeitsplatzwandels für die Arbeiter vorteilhaft ist. Auf diesem Gebiet müssen die gewerkschaftlichen Bildungsprogramme weiterentwickelt und allgemein mehr Arbeit geleistet werden. Gelingt es nicht, ein klares, gewerkschaftlich orientiertes Konzept des Arbeitsplatzwandels zu entwickeln, wird die Gewerkschaft im Falle eines Konflikts mit dem Management möglicherweise nicht in der Lage sein, die Hilfe ihrer Mitglieder zu mobilisieren.

5. Schlußfolgerung: Einige Allgemeine Betrachtungen, die sich aus den bisherigen Ergebnissen ergeben

A. Bedeutung der Regierungspolitik

Die unterschiedlichen Erfahrungen mit dem Arbeitsplatzwandel in Kanada und den USA unterstreichen die Tatsache, daß den Regierungen bei der Festlegung von Rahmenbedingungen, die den Ausgang von Verhandlungen beeinflussen, fortgesetzt Bedeutung zukommt, auch in einer Zeit, in der ihre Kontrolle über die Schalthebel der Wirtschaft schwächer ausgeprägt ist als normalerweise üblich. Insbesondere die Anti-Streikbrecher-Gesetzgebung, die erleichterte Registrierung und die erschwerte Zurücknahme einer Registrierung von Gewerkschaften könnten sehr großen Einfluß auf die Einführung neuer Arbeitsformen durch ausgehandelte Vereinbarungen haben.

B. Verhandlungen unter Streß

Die Vorgeschichte der Änderungen bei Inglis deutet auf einen Grad an Instabilität hin, der sehr belastend, aber typisch für viele kanadische Fertigungsbetriebe ist. Es ist klar, daß das Management sowohl auf lokaler als auch auf höherer Ebene wiederholte Hinweise auf die »Realitäten des Wettbewerbs« als nützliches und legitimes Mittel in ihrer Beziehung zur Gewerkschaft betrachtet. Das hat offensichtliche und direkte Auswirkungen auf die Mitgliedschaft: viele verspüren eine anhaltende Furcht vor der Schließung des Betriebes und glauben, daß sie wenig dagegen tun können, einzeln oder gemeinsam. In anderen Worten: ein Teil der Mitglieder fühlt sich machtlos. Dieses Gefühl existiert unabhängig davon, was ihnen vom Management oder der Gewerkschaft erzählt wird. Dies ist eine neue Realität von Verhandlungen in einer Zeit der Globalisierung. Besonders betroffen sind die Gewerkschaften in kanadischen Filialbetrieben in der Periode nach dem Freihandelsabkommen.

C. Beschäftigungssicherheit und der Ausgleich zwischen Flexibilität und Sicherheit

Der kumulative Effekt der Streichung von Stellen, die keinen Mehrwert erbringen (d.h. der Puffer im System), der Erhöhung der Geschwindigkeit, der Forderung nach ständiger Verbesserung und der Ersetzung des Senioritätsprinzips durch das Qualifikationsprinzip für bestimmte Arbeitsplätze, schafft eine Reihe offensichtlicher Probleme, vor allem in Betrieben mit einer in die Jahre gekommenen Belegschaft. Vorruhestandsregelungen werden diesem Problem auf betrieblicher Ebene gerecht, stellen aber in einem Land mit einer hohen Arbeitslosigkeitsrate nicht notwendigerweise eine Lösung auf gesamtwirtschaftlicher Ebene dar[18]. Für das Management ist das Ziel der Arbeitsumorganisation die Erlangung von Flexibilität. Das Senioritätsprinzip, das für einige Arbeiter einen wichtigen Schutz darstellt, ist gefährdet durch die Forderung nach aufgabenbezogenen Qualifikationen und Fähigkeiten, die den Ermessensspielraum des Managements erweitern und das Senioritätsprinzip schwächen. Stim-

---

18 Vorruhestandsregelungen als Lösungskonzept für Probleme der Beschäftigungssicherheit auf betrieblicher Ebene schaffen selbst eine Reihe von Problemen. Ein Hauptproblem besteht darin, daß die Möglichkeit, Vorruhestandsregelungen auf diese Art als Sicherheitsventil zu benutzen, von der Regierungspolitik abhängt, die in vielen Fällen, zumindest in Kanada, Vorruhestandsprogrammen gegenüber nicht sehr aufgeschlossen ist. Genauso wenig sind Vorruhestandsregelungen eine Lösung, wenn die betroffenen Arbeiter, wie dies in vielen Betrieben der Fall ist, zwischen 45 und 50 Jahre alt sind. Schließlich ist das Verständnis emotionaler und anderer Probleme, die entstehen, wenn ein Arbeiter in einen ausgedehnten Ruhestand versetzt wird, nicht sonderlich stark ausgeprägt. Dies ist ein Gebiet, auf dem für Regierungen, Unternehmen und Gewerkschaften noch viel zu tun ist.

men die Gewerkschaften dem Wunsch nach größerer Flexibilität zu, muß das neue System Elemente enthalten, die den Fragen der Sicherheit gerecht werden, die bisher durch das Senioritätsprinzip abgedeckt wurden. Diese Maßnahmen könnten Schritte zur Reduzierung vorübergehender und unbefristeter Entlassungen umfassen. Darüber hinaus könnten sie eine vertraglich vereinbarte Minimierung von Auslagerungen und der Zahl der beschäftigten Subunternehmen, sowie für Fälle, in denen eine Entlassung nicht zu vermeiden war, attraktive Abfindungs- und Vorruhestandspakete enthalten. Es ist auch klar, daß die Bereitwilligkeit des Unternehmens, solchen Vereinbarungen zuzustimmen, davon abhängt, ob durch die Änderungen reale Produktivitätszuwächse erzielt werden.

D. Die Gewerkschaft und Disziplin

Das Problem der Disziplin, das eine Folge autonomer Arbeitsgruppen, der Beseitigung von Puffern und der Streichung von Managementebenen ist, wurde zu einem Hauptthema. Es harrt noch immer einer Lösung. Es ist jedoch wichtig, die Ursache des Problems zu verstehen. Es ist nicht notwendigerweise ein Produkt des »bösen Blutes« innerhalb des Betriebes. Wenn neue Arbeitsformen eingeführt werden, bedürfen die damit verbundenen Probleme einer speziell auf sie zugeschnittenen Handhabung.

E. Ausbildung als wichtiges Thema

Das höhere Niveau der Ausbildung und der hohe Abwechslungsgrad der Arbeit, charakteristisch für einige neue Arbeitsformen, sind für viele Arbeiter attraktiv. Die Gewerkschaft muß jedoch in der Lage sein, sich sichtbar einiger Probleme im Zusammenhang mit der Ausbildung, z.B. der Seniorität, anzunehmen. Außerdem zeigt die Erfahrung in einigen Betrieben, daß die Ausbildungsbemühungen langsam zurückgingen, nachdem neue Management-Systeme erst einmal implementiert waren. Sektorale Einrichtungen scheinen einen großen Einfluß, auf die Bereitwilligkeit der Arbeitgeber zu haben, Ausbildungsprogramme anzubieten. Daher könnten sie auch Einfluß darauf haben, wie neue Arbeitsformen eingeführt werden.

F. Regeln versus Beziehungen

Neue Formen der Arbeitsorganisation versuchen oft, regelgebundene Systeme, ein Merkmal tayloristischer Arbeitsplätze, durch Vertrauensbeziehungen zu ersetzen. In einem System divergierender Interessen könnte es jedoch wichtig sein, Regeln zu haben und sei es nur, um die Grenzen der Beziehung festzulegen[19]. Es muß geklärt werden, wie die Regeln aussehen sollen, die den neuen Arbeitsformen gerecht werden, aber es ist klar, daß sie sich stärker auf die Arbeitsplanung beziehen werden, als dies vorher der Fall war. Die Wichtigkeit solcher Regeln wird besonders deutlich in Filialbetrieben, in denen das Management nicht unbefristet beschäftigt ist und das Unternehmen nicht an Vereinbarungen binden kann, die auf der Ebene des Arbeitsplatzes getroffen wurden.

G. Der Unterschied zwischen Zusammenarbeit und Beschlußfassung

Arbeitgeber argumentieren, daß Zusammenarbeit und die Überwindung adversativer Beziehungen der Schlüssel zum Erfolg von Programmen zur Beteiligung von Arbeitnehmern ist. Aus Sicht der Gewerkschaften »ist jedoch der Schlüssel zum Erfolg von Arbeitnehmer-Management-Programmen niemals die Zusammenarbeit als solche, sondern immer die wirkliche Beteiligung der Arbeiter an Entscheidungen, von denen sie vorher üblicherweise ausgeschlossen waren.«[20] Es wird wichtig sein, Strategien zu entwickeln, um wirkliche Entscheidungsbefugnisse auszuhandeln, anstatt lediglich weniger konfliktbeladene Beziehungen zu erreichen. Dafür muß nicht nur festgelegt werden, welche Informationen notwendig sind, um Entscheidungen zu treffen und Unternehmensentscheidungen zu überwachen, sondern auch der notwendige Sachverstand auf lokaler und nationaler Gewerkschaftsebene entwickelt werden. Viele Gewerkschaften besitzen diesen Sachverstand gegenwärtig nicht.

H. Die Vorstellung der Gewerkschaft von neuen Arbeitsformen

Die bisherige Erfahrung der Gewerkschaft legt nahe, daß sie bei der Festlegung der Arbeitserfahrung ihrer Mitglieder eine entscheidende Rolle spielen muß, wenn sie ihre Position und Fähigkeit, Arbeiter zu mobilisieren, wahren will. Wenn angesichts der neuen Arbeitsformen die alten Methoden versagen, müssen neue Wege gefunden werden. Dies bedeutet, daß die Gewerkschaft sowohl die ihrem Ansatz der Arbeitsgestaltung zugrunde liegenden Werte als auch deren praktische Ergebnisse erläutern und sich zudem einen Anspruch auf einige Aspekte der neuen Arbeitsformen sichern muß. Zum Beispiel sieht die Gewerkschaft den Sinn autonomer Arbeitsgruppen in der Entwicklung von »Self-Management«-Fähigkeiten ihrer Mitglieder, während das Unternehmen die Bedeutung autonomer Arbeitsgruppen für die Förderung der Produktivität und der organisatorischen Effektivität betont. Die Ansicht der Gewerkschaft von dem, was Fortschritt ausmacht und wie dieser zu messen ist, wird sich von

---

19 Anders ausgedrückt, im Falle eines Konfliktes, der nicht gelöst werden kann: »Wer ist hier verantwortlich?«
20 Jack Metzger, 1992.

der Sehweise der Arbeitgeber unterscheiden. Dies könnte bedeuten, daß Vertreter höherer Gewerkschaftsebenen den Gewerkschaftssekretären vor Ort helfen, ihre Ansichten zu diesen Themen zu erläutern. Eine weiterer Schritt könnte die Entwicklung von Bildungsprogrammen und Sachkenntnis durch die Analyse spezifischer Fälle vor Ort sein. Ein Hauptteil dieses Sachverstandes sollte durch die Belegschaftsvertreter verkörpert werden, die auf diesem Gebiet eventuell eine zusätzliche Ausbildung benötigen. Ein Autor gab zu bedenken, daß „die Arbeiter unter bestimmten Umständen die neuen Managementkonzepte attraktiver finden als die Gewerkschaftsbewegung alter Schule«.[21] Dies ist eine große Gefahr für Gewerkschaften, die über die Entwicklung einer lediglich reagierenden, defensiven Position gegenüber dem Arbeitsplatzwandel nicht hinaus kommen.

I. Entwicklung neuer Verhandlungsformen

Sowohl Taylorismus als auch neue Formen der Arbeitsorganisation sind Strategien, die dem Management zur Kontrolle der Arbeitsplätze dienen. Die Gewerkschaften entwickelten jedoch über einen längeren Zeitraum hinweg eine Möglichkeit, mit tayloristischen Arbeitssystemen umzugehen. Sie entwickelten Verhandlungsformen, die es ihnen erlaubten, einen starken Einfluß auf die Arbeitserfahrung ihrer Mitglieder und auf das Ausmaß der Gewinnverteilung auszuüben. Es wird notwendig sein, das gleiche auch für die neuen Formen der Arbeitsorganisation zu tun. Die Erfahrungen bei Inglis deuten darauf hin, daß Formen interessenbasierter Verhandlungen, die adversative (aber nicht notwendigerweise konfliktbehaftete) Beziehungen zwischen Management und Arbeitnehmern voraussetzen, ein Modell für post-tayloristische Verhandlungsformen sein könnten.

21 Rankin, 1990.

Anhang 1

Instabilität bei Inglis/Whirlpool

1972:	Der Betrieb in Cambridge wurde von Simplicity gegründet, später von McGraw Edison und dann von Canadian Admiral Ltd. aufgekauft.
1981	Der Betrieb wurde von Admiral geschlossen.
1984	Wiedereröffnung des Betriebes nachdem Inglis 1982 gekauft hatte. Der Betrieb beschäftigte lediglich 72 Arbeiter zur Montage von Trocknern.
1986	Cambridge weitete die Produktpalette auf Geschirrspülmaschinen und beschäftigte ungefähr 250 stundenweise bezahlten Arbeitern. Diese Zahl erhöhte sich auf 480, nachdem bald darauf die »kitchenaid«-Linie von Geschirrspülmaschinen hinzugefügt wurde. Die Ausweitung der Produktpalette auf Geschirrspülmaschinen war eine Folge der Schließung des Betriebes in Stony Creek, die einige Arbeitsplatzverluste zur Folge hatte.
1986/87	Die Kapazität für Trockner wurde ausgeweitet und die Beschäftigtenzahl erhöhte sich auf den Höchststand von 605. Dies war die Folge der Entscheidung, die kanadische Trocknerproduktion von Toronto wegzuverlagern und in Cambridge zu konzentrieren, was einen Verlust von 250 Arbeitsplätzen im Betrieb in Toronto bedeutete.
1988/9	Die komplette Geschirrspülmaschinenproduktion wurde nach Findlay, Ohio (gewerkschaftlich nicht organisiert) verlagert, so daß nur die Trocknerproduktion in Cambridge verblieb. Die Folge war eine Reduzierung der Belegschaft um 30-40%.
1990	Der Betrieb von Inglis in Toronto wurde geschlossen. Die Waschmaschinenproduktion wurde nach Clyde, Ohio (gewerkschaftlich nicht organisiert) verlagert, was einen Verlust von 800 Arbeitsplätzen bedeutete. Die Konzentration der gesamten US-Waschmaschinenproduktion in Clyde wurde bereits 1987 mit der Schließung des Betriebes in St. Joseph, Michigan erreicht. Die Küchenherd-Produktion war bereits von Toronto nach Findlay verlagert worden.
1990	Das nordamerikanische Mandat für die Produktion von Müllpressen wurde von einem Betrieb in Tennessee übernommen, der geschlossen wurde. Dieses Mandat wurde von der Unterzeichnung eines neuen Tarifvertrages mit der Gewerkschaft abhängig gemacht. Als die Gewerkschaft das letzte Angebot des Unternehmens ablehnte, zog Whirlpool das Angebot, die Produktion von Müllpressen zu verlagern, zurück und drohte damit, den Betrieb zu schließen. Bald darauf wurde eine Vereinbarung erreicht.

1991	Der Betrieb in Port Credit wurde geschlossen. Die Kühlschrankproduktion wurde nach Evansville, Indiana und Fort Smith, Arkansas verlagert. 350 Arbeitsplätze gingen verloren. Ein weiterer Betrieb wurde 1991 in Mt. Sterling, Kentucky geschlossen.
1992	Das lokale Management verkündete den Arbeitnehmern, daß grundlegende Umstrukturierungen des Unternehmens in Cambridge durchgeführt werden müssen, um zu überleben.»Wir stellten fest, daß wir einige Änderungen durchführen müssen, wenn wir nicht schon bald Geschichte sein wollen.«
1993	Man ging davon aus, daß Cambridge das Mandat für die Produktion einer neuen Wasserproduktlinie (Wasserreiniger) bekommt, was dann jedoch nicht eintrat. Das Mandat wurde an einen anderen Betrieb in den USA vergeben.
1994	Komplettes Produktionsaudit. Es geht das Gerücht um, daß die Trocknerproduktion nach Marion, Ohio verlagert wird. Der Betrieb in Marion ist größer, gewerkschaftlich nicht organisiert und auf die Produktion von Trocknern spezialisiert. Nach Aussagen des lokalen Managements ist der Betrieb in Cambridge zwar wettbewerbsfähig, aber nur knapp: Die Produktion von Trocknern ist in Cambridge $5 teurer als in Marion. Es ist daher nicht sehr wahrscheinlich, daß die Produktion wegen diesem Betrag verlagert wird. Inzwischen ist der Belegschaft klar, daß 1998 der Rest der derzeit noch bestehenden Zölle auf Geräte im Rahmen des Freihandelsabkommens abgeschafft wird. Es wird allgemein angenommen, daß dies die Kosten eines Trockners, der in Marion produziert und nach Kanada geliefert ird, um mindestens $8-10 reduziert.
1994	Die Produktion von Gasherden und elektrischen Herden, die in Montmagny, Quebec, Oxford, Mississippi und Findlay, Ohio hergestellt wurden, wird in einem neuen Betrieb in Tulsa, Oklahoma aufgenommen. Die Produktion von Küchenherden in Findlay wird aufgegeben, wodurch 450 Arbeitsplätze verloren gehen. Einer der Hauptgründe für die Wahl von Tulsa ist nach einer Veröffentlichung des Unternehmens ein „positives Arbeitsklima«.
1998	Die Zölle auf aus den USA eingeführte Geräte werden im Rahmen des Freihandelsabkommens vollkommen abgeschafft.

Anhang 2

Übereinkunft zwischen Inglis und CEP Local 595-0 über den Arbeitsplatzwandel, 1992: Die wichtigsten inhaltlichen Bestimmungen

• Alle Änderungen werden gemäß den Bestimmungen des Tarifvertrags gesetzten Rahmenbedingungen durchgeführt und sind daher Gegenstand von Verhandlungen und unterliegen der anschließenden Ratifizierung durch die Mitglieder.

• Alle Ausschüsse, inklusive des Lenkungsausschusses und der Planungsausschüsse, sind gemeinsame Ausschüsse und werden durch die jeweiligen Parteien ernannt.

• Das Verfahren gilt sowohl für die Planung als auch für die Implementation der Veränderungen der Arbeitplätze.

• Die Notwendigkeit der Beschäftigungssicherheit wird von beiden Seiten anerkannt, weshalb es keine Entlassungen als direkte Folge der Umstrukturierung der Arbeit geben wird.

• Die Umstrukturierung der Arbeitsplätze sollte auf Teamwork aufbauen und nicht zu Gruppenzwang führen, um das Verhalten der Beschäftigten zu disziplinieren und zu regulieren.

• Das übliche Beschwerdeverfahren findet weiterhin Anwendung und wird respektiert.

• Jede Art der Ausbildung unterliegt dem gegenseitigen Einverständnis der beiden Parteien. Die Kosten werden vom Unternehmen getragen und die Bereitstellung erfolgt während der Arbeitszeit.

• Orientierungsprogramme zur Umstrukturierung der Arbeits enthalten sowohl Unternehmens- als auch Gewerkschaftsinhalte.

Anhang 3

Parallel-Abkommen

Abkommen zwischen
Inglis Limited Cambridge Division
und CEP Local 595-0

Die beiden Parteien kamen überein, daß sie Änderungen und Modifizierungen der Arbeitspraktiken auf partnerschaftliche Weise entwickeln werden, um so eine Reihe von Merkmalen aufzuweisen, die nicht häufig an traditionellen Arbeitsplätzen vorgefunden werden, die wünschenswerte Vorteile für das Unternehmen und seine Beschäftigten bergen.

Diese Merkmale umfassen:

- Die gemeinsame Verpflichtung zur steten Verbesserung der Qualität, der Effizienz und der Arbeitsumwelt.
- Den starken Einsatz für die Beschäftigungssicherheit und die Weiterentwicklung von Qualifikationen.
- Die Fähigkeit, auf Änderungen der Marktsituation, der Produkte und der Kundenwünsche schnell reagieren zu können.
- Die Verantwortung des Individuums und der Gruppe für Leistung, Arbeitsplatzgestaltung und Ausbildung.
- Ein offenes Umfeld, das Wissen und Information teilt.
- Die Problemlösung in Gruppen/Teams.
- Entgeltsysteme, die Leistung belohnen.

Diese Änderungen werden unter der Führung und mit Zustimmung des Lenkungsausschusses des Betriebes entwickelt. Der Lenkungsausschuß soll sich aus Vertretern des Managements und der stundenweise bezahlten Arbeiterschaft, die durch die Gewerkschaft vertreten wird, zusammensetzen. Die stundenweise bezahlten Mitglieder werden Arbeitnehmer sein, die von der Gewerkschaft ernannt werden und können Bezirkssekretäre, Vertauensleute und andere Personen, die diesem Verfahren eine repräsentative Stimme verleihen, einschließen. Der Lenkungsausschuß soll paritätisch besetzt sein.

Es wird anerkannt, daß dieser Lenkungsausschuß die Befugnis haben soll, Bestimmungen des Tarifvertrages in dem Ausmaße zu ändern, zu modifizieren oder zu ergänzen, wie es notwendig erscheint, um den gemeinsamen Entscheidungen größere Effektivität zu verleihen. Entscheidungen werden durch Konsens getroffen.

Diese Änderungen, denen der Lenkungsausschuß zustimmen muß, sollen in schriftlicher Form gemäß Artikel 1:03 des Tarifvertrages formalisiert werden.

Themen zur Überprüfung in der Reihenfolge ihrer Wichtigkeit

Anmerkung: Untersuchungs- und Planungsausschüsse werden gemeinsame Unternehmens-/Gewerkschaftsausschüsse sein.

Beschäftigungssicherheit

> Wahrung einer ausgeglichenen Arbeiterschaft
> Wahrung der Ertragskraft (Verhinderung vorübergehender Entlassungen usw.)
> Gemeinsame Suche nach Wegen, zeitlich unbefristete Entlassungen zu vermeiden und »FMP«-geplante zukünftige Reduzierungen auszuschließen.
> angestrebter Start September 1993, dann andauernd.

Gewinnbeteiligung

> Belohnungs-/Anerkennungssystem
> Gemeinsamer Ausschuß mit 8 Mitgliedern
> Beginn der Planung August 1993
> angestrebter Starttermin April 1994

Beschäftigung von Subunternehmen

> Förderung der Beschäftigungssicherheit
> Gemeinsamer Ausschuß
> Untersuchung und Empfehlung

Lehre

> Möglichkeit zu betriebsinternem Aufstieg
> Sicherstellung beruflich solide ausgebildeter Arbeitskräfte
> Gemeinsamer Ausschuß
> Überprüfung der momentanen Praxis
> Untersuchung und Empfehlung

Flexibilitätsvergünstigungen

    Ausgesuchte Vergünstigungen, um den persönlichen Bedürfnissen gerecht zu werden
    Ausschuß mit 8 Mitgliedern
    Beginn der Untersuchung September 1993
    Angestrebter Termin für die Umsetzung 1. Juni 1994

Lohnabzug RRSP

    Mittel zur Verfügung stellen
    Untersuchung und Empfehlung
    Angestrebter Termin 4.Quartal 1993 (Oktober)
    Die aktuell ausgehandelten Vergünstigungen sind die Grundlage der Flexibilitätsvergünstigungen

Voraussetzung für Stellenausschreibung und Ausbildung

    Klarstellung und Standardisierung der für eine Stellenausschreibung relevanten Voraussetzungen
    Festlegung der Inhalte der Ausbildung während der Probezeit und Identifizierung von Bereichen, in denen Bedarf an Ausbildung herrscht
    Gemeinsamer Ausschuß
    Untersuchung und Empfehlung

Beseitigung von Stechuhren

    Bildung von Vertrauen
    Beseitigung administrativer Arbeit
    Bestimmung eines Ausschusses

Überstundenkonten sollen Freizeitausgleich einschließen

    Das derzeitige System, bei dem Geld auf ein Konto für die Bezahlung von Überstunden eingezahlt wird, soll erweitert werden um die Option, Überstunden auch durch Freizeitausgleich anstatt durch Bezahlung ausgleichen zu können.
    Parameter sollen in einer Vereinbarung festgelegt werden

Disziplin

    Untersuchung von Stufe #1, die nicht schriftlich vorliegt
    Überprüfung der augenblicklichen Praxis

Bezahlung für Fertigkeiten und Wissen

> Belohung von Lernen und Weiterentwicklung von Qualifikationen
> gemeinsamer Ausschuß
> Untersuchung und Empfehlung

Arbeitszeit

> Untersuchung flexibler Arbeitszeiten, d.h.:
> 4x10
> 4x9 und 1x4
> Untersuchung und Empfehlung

Lohnabzug für Geräte

> Arbeitnehmer sollen durch eine Reduzierung des Lohnabzugs zum Kauf unserer eigenen Geräte ermutigt werden
> praktisch
> Untersuchung und Empfehlung

Lohnabzug für Computer

> Verbesserung der Computer-Qualifikation
> praktisch
> reduzierte Kosten
> Untersuchung und Empfehlung

Cafeteria

> Bereitstellung ausreichender Einrichtungen
> Verbesserung der Qualität des Essens
> Untersuchung und Empfehlung
> angestrebter Termin erstes Quartal 1994

Parkplatz

> Verbesserung der Parkmöglichkeiten
> Sicherheit
> Reduzierung der Schäden
> Untersuchung und Empfehlung

Ruheständler / Entschädigung für lange Dienstzeiten

> Anerkennung
> Methode, Timing, Fairneß, Wert, Häufigkeit
> Untersuchung und Empfehlung

Integration der Wartung in die Geschäftseinheiten

    Bedeutung der Wartung in den Plänen neuer Arbeitssysteme
    Untersuchung und Empfehlung

Raucher-Politik

    Gesetzgebung
    Gesundheit
    Möglichkeiten zu rauchen
    Untersuchung und Empfehlung

Unterzeichnet von den beiden Parteien am 23. Juni 1993 in Cambridge.

Anhang 4

Bibliographie des in der IMF-Studie über Arbeitsumgestaltung verwendeten Materials

Adams, Roy J. Labour Policy, Cooperation and Competitiveness: Recasting the Vital Links. Policy Options, March 1994.

AFL-CIO. AFL-CIO Committee on the Evolution of Work. The New American Workplace: A Labour Perspective. 1994.

Anderson, John and Alex Downey. Total Quality Management: Should Unions Buy Into TQM? Toronto, Ontario Federation of Labour. 1993.

Applebaum, Eileen and Rosemary Batt. The New American Workplace. Ithaca, Cornell University ILR Press. 1994.

Barnet, Richard J. and John Cavanagh. Global Dreams: Imperial Corporations and the New World Order. New York, Simon and Schuster, 1994.

Bluestone, Barry and Irving. Negotiating the Future. A Labour Perspective on American Business. Harper Collins, New York. 1992.

Canadian Auto Workers. (CAW). The CAMI Report: Lean Production in a Unionized Auto Plant. CAW, Toronto, 1993.

Canadian Auto Workers. (CAW). Statement on the Organization of Work. 1989.

Canadian Auto Workers. (CAW). Workplace Issues. Work Reorganization: Responding to Lean Production. CAW, Toronto, 1993.

Chaykowski, Richard and Anil Verma, eds. Industrial Relations in Canadian Industry. Holt Rinehart and Winston, 1992.

Communications Energy and Paperworkers Union (CEP). New Directions. CEP Policy on Workplace Reorganization. 1994.

Communications Energy and Paperworkers Union (CEP). Prosperity and Progress. CEP's Vision for Shaping the Future. (Educational Material prepared to introduce union members at Inglis to workplace change issues.) 1993.

Conference Board of Canada. Quality in Unionized Organization. Lessons From the First Executive Study Tour on Quality in Unionized Organization. Ottawa, Conference Board, 1994.

Drache, Daniel and Harry Glasbeek. The Changing Workplace. Reshaping Canada's Industrial Relation System. Toronto, James Lorimer, 1992.

Hayes, Robert H. and Gary P. Pisano. Beyond World Class: The New Manufacturing Strategy. Harvard Business Review. January, February 1994.

Hersh, Michael. The Inglis Plant Closure: Corporate Restructuring and Labour Responses. M. Ed. Thesis. University of Toronto. 1992.

Hoerr, John. What Should Unions Do? Harvard Business Review. May, June 1991.

Inglis Ltd. Various company publications, including Vision in America, the Whirlpool employee publication, December 1993, June 1994.

Jenson, Jane and Rianne Mahon. The Challenge of Restructuring. North American Union Respond. Philadelphia, Temple University Press. 1993.

Kochan, Thomas. Transforming Industrial Relations. A Blueprint for Change. Kingston, Queen University, IR Centre, 1992.

Kochan, Thomas. Shaping Employment Relations for the 21st Century: Challenges Facing Business, Labour and Government Leaders. Paper presented at the Conference on International Developments in Workplace Innovation, University of Toronto, June 1994.

Kumar, Pradeep. Canadian Labour's Response to Workplace Reorganization. Presented at the Annual Conference of CIRA, Ottawa, 1993.

Kumar, Pradeep. Unions and Workplace Change in Canada. Kingston, Queens IR Centre, 1994.

MacDuffie, John Paul and Frits K. Pil. The International Assembly Plant Study: Round Two Preliminary Findings. Paper presented at the International Conference in Workplace Innovation, University of Toronto, June 1994.

Marshall, Ray. The Future Role of Government in Industrial Relations. in Mario F. Bognanno and Morris M. Kleiner eds. Labour Market Institutions and the Future Role of Unions. Oxford, Blackwell, 1992.

Metzger, Jack. Employee Involvement Plans and the Philosophy of Labour. Dissent. Winter 1992.

Metzger, Jack and Andy Banks. Participating in Management. Union Organizing on a New Terrain. Labour Research Review, No. 14, 1989.

Mishel, Lawrence and Paula B. Voos. Unions and Economic Competitiveness. New York, M.E. Sharpe, 1992.

Nixon, Peter. Productivity and the Reorganization of Work in the Service Sector: A Trade Union Perspective. Presentation to the Sixth International Productivity Symposium. Vancouver June 1994.

O'Grady, John. Direct and Indirect Evidence on the Extent of Change in Work Organization in Canada. Prepared for the Task Force on the Organization of Work, Ontario Premier's Council on Economic Renewal. May 1993.

O'Grady, John and Peter Warrian. Work Organization, Labour Relations and Human Resource Management: The Negotiated Adjustment Option. 1992.

Osterman, Paul. Employment Futures. Reorganization, Dislocation and Public Policy. New York. Oxford University Press, 1988.

Parker, Mike and Jane Slaughter. Choosing Sides: Unions and the Team Concept. Labour Notes, Boston, 1988.

Parker, Mike and Jane Slaughter. A Union Strategy Guide for Labour Management Participation Programs. Labour Notes, Boston, 1992.

Parker, Mike and Jane Slaughter. Fifteen Years of Union Management Cooperation from 'QWL' to 'Reengineering'. Labour Notes 1994.

Picot, Garnet, G. Lemaitre and P. Kuhn. Labour Markets and Layoffs During the Last Two Recessions. Canadian Economic Observer. Statistics Canada. March 1994.

Gemeinsames Internationales Projekt über Neue Formen der Arbeitsorganisation – IMB-FIET-EMB – Dänemark, August, 1994

Die Debatte in Dänemark

Die Debatte über alternative Formen der Arbeitsorganisation dauerte in Dänemark die letzten 30 Jahre an. Von den Diskussionen über Kooperationsexperimente und Rationalisierung in den 60er Jahren, über die erste Debatte über autonome Arbeitsgruppen in den 70er Jahren, Qualitätszirkel und Problemlösung in Gruppen in den 80er Jahren, bis zu einem gesteigerten Interesse an Personen als technologische Produktionsressource in den 90er Jahren. Heute wird die Diskussion beherrscht von Theorien über »anthropozentrische Technologie«, »Human Resource Management« und »Schlanke Produktion«. Obwohl sich die Definitionen und Bewertungen der Inhalte dieser Konzepte beträchtlich unterscheiden, ist allen gemeinsam, daß sie den Arbeitnehmer als wertvolles Kapital für das Unternehmen und nicht lediglich als notwendigen aber jederzeit ersetzbaren Kostenfaktor betrachten.

Der Grund für diese Entwicklung liegt in den ständig steigenden Anforderungen des Wettbewerbs. Um die internationale Wettbewerbsfähigkeit aufrecht zu erhalten, müssen die Unternehmen Strategien anwenden, die Flexibilität, Qualität, garantierte Lieferungen und kurze Marktwege sichern. Im Vergleich zu der traditionellen industriellen Produktion vergangener Zeiten sind die daraus folgenden Anforderungen an die Anpassungsfähigkeit und die Kooperationsbereitschaft der Arbeiterschaft extrem.

Ohne bedeutende Änderungen am »Sozialvertrag« zwischen Arbeitgebern und Arbeitnehmern, ist es der Arbeiterschaft nicht möglich, diesen Anforderungen gerecht zu werden. Die Arbeitgeber erwarteten zunehmend, daß die Arbeitnehmer mehr Verantwortung für die tägliche Produktion und die kontinuierliche Verbesserung derselben übernehmen. Andererseits erwarten die Arbeitnehmer von dem Unternehmen, daß sie mit der dafür notwendigen Kompetenz ausgestattet werden, und daß die notwendigen Ausbildungsmöglichkeiten vorhanden sind in Verbindung mit einem hohen Grad an Beschäftigungssicherheit. Ein Anstieg der Reziprozität, Interdependenz und Obligation zwischen dem Unternehmen und seinen Beschäftigten ist eine offensichtliche Folge dieser Entwicklung.

Dies ist eines der vieldiskutierten Themen in der dänischen Debatte, da die wachsende Interdependenz zwischen dem Unternehmen und seinen Beschäftigten den Gegensatz zu den etwa 300-350.000 Arbeitslosen in Dänemark verstärkt. Dies ist außerdem ein interessantes Problem in Diskussionen über strategische und strukturelle Überlegungen innerhalb der Gewerkschaftsbewegung.

Die dominierende Gewerkschaftsstrategie in Verbindung mit den Entwicklungen innerhalb von Managementtheorien und -systemen kann in dem »Konzept der Arbeitsentwicklung« zusammengefaßt werden. Inspiriert durch die schwedische Gewerkschaftsbewegung arbeitet der Dänische Gewerkschaftsbund seit 1991 an einer konkreten Definition dieses Konzeptes, um seinen Mitgliedsverbänden einen genauen, verständlichen Inhalt zu präsentieren. Die Zentralorganisation der industriellen Arbeitnehmer Dänemarks beteiligt sich an dieser Arbeit, um sicherzustellen, daß die tatsächlichen Bedingungen der Herstellungsbetriebe, die im internationalen Wettbewerb stehen, Berücksichtigung finden.

Die Trennlinie in der dänischen Gewerkschaftsdebatte über das »Konzept der Arbeitsentwicklung« entsteht durch die Frage, ob man mit einem sehr ehrgeizigen, fast utopischen Konzept arbeitet, das nur eine sehr langfristige Vision sein kann, oder ob man auf eine sehr pragmatische Interpretation hinarbeitet, die unverzüglich in lokalen Vereinbarungen und Tarifverhandlungen umgesetzt werden kann. Über diese Frage wurde noch nicht abschließend entschieden.

Speziell betreffen die Meinungsunterschiede Themen wie zum Beispiel das Weisungsrecht der Arbeitgeber, oder deren Recht, die Arbeit zu verteilen, wie es in den aktuellen Vereinbarungen vorgesehen ist (inklusive Einstellung und Entlassung), sowie die Frage, ob der Einfluß der Arbeitnehmer auf die Produkt- und Geschäftsstrategie des Unternehmens ebenfalls Teil des »Konzepts der Arbeitsentwicklung« ist.

Vom utopischen Standpunkt aus betrachtet ist die Antwort ein klares JA, während sie vom pragmatischen Standpunkt aus NEIN lautet. Grundlage der Antwort des Zentralverbandes der industriellen Arbeitnehmer Dänemarks ist die pragmatische Sehweise, nach der die Entwicklungsarbeit als Teil der lokalen Vereinbarungen umgesetzt werden soll. Die Produktionsgruppen bei Grundfos können als Schritt in diese Richtung angesehen werden.

Die pragmatische Sehweise ist außerdem eine Grundbedingung für die Projektzusammenarbeit, die die Zentralorganisation der industriellen Arbeitnehmer Dänemarks und die dänische Organisation der industriellen Arbeitgeber in den letzten 10 Jahren praktizierten. Dieses Projekt arbeitete mit Projekttiteln, die die Zusammenarbeit in den einzelnen Unternehmen auf Gebieten wie zum Beispiel der Planung von Bildungs- und Ausbildungsmaßnahmen, der Qualitätsentwicklung und der kontinuierlichen Produktivitätsverbesserung betreffen.

Im allgemeinen muß jedoch gesagt werden, daß die dänische Debatte über dieses Thema, in Ermangelung eines international qualifizierten dänischen Forschungsumfeldes auf dem Gebiet der »fortschrittlichen Formen der Arbeitsorganisation«, von Meinungen von Beratern geprägt war. Daher beruhte die dänische Debatte zu einem großen Teil auf mehr oder weniger gut fundierten Versuchen, die internationalen Ergebnisse auf die »dänische Situation« zu übertragen, sowie auf Versuchen aufgrund isolierter dänischer Ergebnisse allgemeine Aussagen zu treffen, ohne, daß ein allgemein akzeptierter Interpretations- und Analyserahmen auf diesem Gebiet existierte.

»*Die Praxis war schlimmer als wir erwarteten hatten*«[1]

Produktionsgruppen bei Alestrup

Grundfos, Dänemark

Fallstudie über neue Formen der Arbeitsorganisation

Grundfos – Struktur und Strategie

Grundfos ist eine weltweit operierende Gruppe, wie aus der beigefügten Liste zu entnehmen ist.

Die Gruppe gehört zum Besitz der Poul Due Jensen-Stiftung, die ihren Sitz in Dänemark hat, während die Muttergesellschaft, Grundfos Holding AG, ihren Sitz in der Schweiz hat. Dieses Unternehmen besitzt die anderen Unternehmen inklusive Grundfos Danmark A/S, den Gegenstand dieser Studie.

Die Gruppe beschäftigt insgesamt 8.200 Arbeitnehmer, von denen 4200 in Dänemark beschäftigt sind.

Die Produktion in Dänemark findet in 6 Betrieben statt, von denen einer der Betrieb in Alestrup ist. Die einzelnen Betriebe genießen ein hohes Maß an Unabhängigkeit bezüglich der Organisation ihrer Produktion, sind jedoch zentral festgelegten Produktionszielen unterworfen. Diese Studie beschäftigt sich in erster Linie mit den Erfahrungen mit Änderungen der Arbeitsorganisation bei Alestrup. Der Betrieb in Alestrup wird in einem anderen Teil dieser Studie ausführlicher beschrieben.

1 Zitat aus einem Interview mit einem Beschäftigten der ersten Produktionsgruppe

Die Unternehmensstrategie von Grundfos beruht ganz allgemein auf einer Reihe von Prinzipien, die immer respektiert werden:

- Das Unternehmen verfügt über eine vergleichsweise kleine Produktpalette; es werden jedoch ständig neue Modelle entwickelt. Das Unternehmen führt seine eigene Forschung und Entwicklung bezüglich der Produktion und der Verfahren durch.
- Das Unternehmen produziert soviel wie möglich selbst, um alle Aktivitäten und Verfahren unter Kontrolle zu behalten. Die Anzahl der beschäftigten Subunternehmen ist, verglichen mit der Gesamtproduktion des Unternehmens, sehr gering.
- Die Managementmethoden beruhen auf klaren, langfristigen Zielen.
- Das Unternehmen arbeitet systematisch auf die Überwindung von Abgrenzungen hin, unter anderem durch ein gut entwickeltes Ausbildungssystem.
- Das Unternehmen versucht, unabhängig von gesellschaftlichen Einflüssen bleiben, indem es sich zum Beispiel nicht von verschiedenen öffentlichen Subventionsprogrammen abhängig macht. Gleichzeitig gibt das Unternehmen jedoch zu, eine gewisse Verantwortung gegenüber dem lokalen Gemeinwesen zu haben, indem es Behindertenwerkstätten für Arbeitnehmer mit reduzierter Arbeitsfähigkeit einrichtet usw.

Seit Mitte der 80er Jahre räumte die Grundfos-Gruppe der Entwicklung der Organisation große Bedeutung ein: der Qualifikationen und Motivation der Beschäftigten, der Zusammensetzung der Arbeit und der Art der Arbeitskoordinierung. Das bedeutet nicht, daß die technische Entwicklung vernachlässigt wird – der geschäftsführenden Direktor Jorgen Madsen beschreibt dies folgendermaßen:

> In der Mitte der 80'er Jahre bestand unsere Philosophie in der Konzentration auf Technologie und Investitionen in Rationalisierungsmaßnahmen. Das war damals notwendig, aber es stellte sich heraus, daß es nicht genug war. Man muß zudem die Beschäftigten motivieren; da muß ein Gleichgewicht herrschen. Aber wir investieren immer noch in Rationalisierungsmaßnahmen und neue Technologien. In dieser Haushaltsperiode haben wir für diese Zwecke 28 Millionen Dänische Kronen vorgesehen und im letzten Rechnungsjahr stieg die Produktivität aufgrund von Rationalisierungsmaßnahmen um 8,7%. Außerdem erwarten wir ein drei-prozentiges Wachstum alleine als Folge des Bonus-Systems.

In der Mitte der 80er Jahre fand jedoch ein Orientierungswechsel statt. Eine wesentlich stärker ausgeprägte Konzentration auf die »weichen« Faktoren der technologischen Entwicklung wie zum Beispiel Managementformen, Entgeltsysteme, Qualifikationen und die Motivation der Beschäftigten war festzustellen. Es wurde schon früher versucht, Inhalte und Arbeitsorganisation zu entwickeln, damals aber viel stärker »von oben« und auf einer anderen Grundlage:

> Wir haben schon früher versucht, mit autonomen Gruppen zu arbeiten, aber in den 70er Jahren war dies ein Mißerfolg. Weder die Qualifikationen noch die Kooperationsbeziehungen waren reif dafür. In Wirklichkeit wollte niemand, daß die Beschäftigten die Ver-

antwortung übernehmen. Alle hatten ein gesteigertes Interesse daran, »daß du dein Hirn ausschaltest«.
(Geschäftsführender Direktor Jörgen Madsen)

Seit der Mitte der 80er Jahre ist für die Entwicklung kennzeichnend, daß sie kooperativ von Management und Arbeitnehmern geschaffen wird. Als einen zentralen Faktor für die engere Kooperation und die größere Bedeutung, die der Motivation eingeräumt wird, weist der Produktionsleiter Steen Ejlersen auf seinen Vorgänger hin:

> Was die neuen Formen der Kooperation anbelangt, müssen wir in das Jahr 1985 zurückgehen, als mein Vorgänger in Dänemark wirklich Alarm schlug wegen der Einführung neuer Technologien. Er sagte, daß Technologie nicht alle unsere Probleme löst, sondern daß die wichtigste Ressource hierfür die Arbeitnehmer sind, und daß wir uns viel stärker auf die Ausbildung unserer Arbeitnehmer konzentrieren sollten.
>
> Er sah, daß sich Management und Arbeitnehmer konträr gegenüber standen und er wollte diesen Graben schließen – denn schließlich waren es die Arbeitnehmer, von denen das Funktionieren der neuen Technologie abhing.
>
> Also wurde eine Strategie entwickelt, die darauf abzielte, daß sich die Arbeitnehmer am Arbeitsplatz wohlfühlen, das Entwicklungspotential sehen und sich selbst einbringen können.

Im Zentrum stand die Arbeitszufriedenheit – eine Kehrtwende im Vergleich zu früheren Zeiten, als »sie sich nicht ausschließlich auf die Technologie konzentrierten«, wie es Jörgen Madsen ausdrückte. Das Jahr 1985 wird als bedeutender Wendepunkt angesehen und der Personalumschlag als der entscheidende Parameter für den Wandel betrachtet.

> Der Grund dafür war eindeutig der hohe Personalumschlag: 37% im Jahr 1985. Ursache des Elends war der Personalumschlag: er schuf höhere Kosten für Bildung, Ausbildung, Reparaturen und Wartung. Die Methode, die angewandt wurde, um den Personalumschlag und damit die Kosten zu reduzieren, bestand darin, die Mitarbeiter zu motivieren, d.h. man wollte, daß die Leute gerne bei Grundfos sind.
> (Geschäftsführender Direktor Jörgen Madsen)

Der Wandel, der 1985 begann, kann als spezielle Art von Grundfos angesehen werden, personelle und organisatorische Konsequenzen aus der Marktorientierung, die nun beherrschend wurde, zu ziehen. Die ständig steigenden Anforderungen des Marktes an Qualität, d.h. Übereinstimmung mit den Kundenwünschen – wie individuell und wechselnd sie auch sein mögen, stellt Ansprüche sowohl an die Personalpolitik als auch an die Produktionsstruktur.

> 1985 begann ein Wandel: »Der Kunde ist König«. Im Vergleich zu den Jahren 1977-1985, als wir uns an der Produktion orientierten, orientieren wir uns nun stärker am Markt.
>
> Außerdem findet ein Wandel in der Einstellung des Unternehmens statt: die Einstellung gegenüber personeller Änderungen.
>
> Es wurde uns klar, daß es wichtig ist, zu Änderungen bereit zu sein, und daß dies nicht mit einem hohen Personalumschlag vereinbar ist. Dies führte zu unserem »dänischen Ausbildungsrekord«
> (Personalchef Jörn Henriksen)

Der Strategieprozeß der lokalen Vertrauensleuteorganisation (local shop steward organisation)

Unter den Gewerkschaftsvertretern bei Grundfos war zur gleichen Zeit ein Prozeß im Gange, der zu einer sehr viel aktiveren Partizipation und zu einem größeren Einfluß auf die Entwicklung des Unternehmens führen sollte. Von 1987 an fanden eine Reihe von Kursen, Seminaren und Treffen statt, an denen auch ein externer Berater teilnahm, der später auch noch eine Rolle bei der Einführung von Produktionsgruppen im Betrieb in Alestrup spielen sollte[2]. Die Diskussionen, die bei den Seminaren und Treffen der lokalen Vertrauensleuteorganisation und in den Ausschüssen stattfanden, ließen die Ideen zur Entwicklung der Arbeitsorganisation, die dem einzelnen Mitglied größeren Einfluß sichert, reifen.

1993 formulierte die Vertrauensleuteorganisation eine Reihe von »Visionen« mit entsprechenden Zielen, Strategien und Aktionsplänen. In dem Abschnitt über Personalpolitik steht:

> Vision für eine Personalpolitik
>
> Streben nach Beschäftigungssicherheit durch stabile Beschäftigungsverhältnisse und ein gutes Arbeitsklima, sowie nach Einfluß des Arbeitnehmers auf seine eigenen Ziele und seine eigene Entwicklung.
>
> Schaffung von Rahmenbedingungen durch die der Arbeitnehmer die Möglichkeit erhält, durch Ausbildung und Arbeitsengagement mehr Verantwortung und Einfluß auf die Planung und Durchführung der Arbeit entsprechend den Unternehmenszielen zu bekommen.
>
> Verbesserung der Lebensqualität der Arbeitnehmer durch Maßnahmen, die das Bewußtsein für ergonomische Gesichtspunkte, Gesundheit und das Wohlergehen bei der Arbeit schärfen.
>
> (...)
>
> Ziele
>
> Schaffung von Bedingungen, die einen offeneren Dialog zwischen Management und Arbeitnehmern ermöglichen.
>
> Mehr Delegation von Aufgaben und Verantwortung, so daß alle Arbeitnehmer nicht nur an der Verrichtung ihrer Arbeit beteiligt sind, sondern auch an deren Planung, Vorbereitung und Kontrolle.
>
> Die Arbeitnehmer sollen die Möglichkeit haben, bei der jährlichen Befragung ihre eigenen Wünsche nach Ausbildung und Personalentwicklung beeinflussen zu können.

Als eine Folge dieser Wünsche nach Entwicklung der Arbeit bei Grundfos steht in dem entsprechenden Aktionsplan der Vertrauensleuteorganisation, daß es wünschenswert wäre, »ein Experimentierfeld zu schaffen, in dem das Modell autonomer Gruppen 1994 getestet wird«. Die Vertrauensleuteorganisation sieht die Entwicklung von Produktionsgruppen im Betrieb in Alestrup also ein-

---

2 Siehe den Abschnitt »Hintergrund« in dem Kapitel über das Alestrup-Projekt.

deutig als eine Folge des Strategieprozesses an, und der derzeitige gemeinsame Gewerkschaftsdelegierte[3] spielte für den Verlauf der Ereignisse eine wichtige Rolle.

Die neue betriebliche Organisation

Die Bemühungen der Vertrauensleuteorganisation und des Managements bezüglich der Weiterentwicklung der Arbeitsorganisation sind folglich fast identisch. Das Grundfos-Management will eine »flache« Organisation, bei der die Kundenwünsche im Zentrum stehen, mit einer schnellen Reaktivität und einer kurzen Zeitspanne zwischen Auftragserteilung und Auftragserfüllung. Das Management leitete diese Entwicklung 1985 ein. In diesem Zusammenhang sollte die Einstellung des Managements gegenüber der Entwicklung von Produktionsgruppen im Betrieb in Alestrup untersucht werden.

> Wir sind sehr interessiert an einer Neugestaltung der innerbetrieblichen Verfahren, die neben anderen Dingen nach Abgrenzung verlangt. Unsere Kunden wollen, daß eine einzelne Person in der Lage ist, einen Auftrag anzunehmen, durchzuführen und zu versenden. Die interessante Frage ist nun, wie man dieses Verfahren am einfachsten gestaltet und dies wird in einer traditionellen Organisation nicht möglich sein. Wir brauchen eine flache Organisationsstruktur, die sich nach den Kundenwünschen richtet. In diesem Sinne sind Produktionsgruppen ein Schritt in die richtige Richtung. Es gibt eine Gruppe, die sich auf die Produktion entsprechend den eingegangenen Aufträgen konzentriert. Dann müssen wir die Planung und den Verkauf hinzufügen, so daß alles ohne Unterbrechung und Stillstand abläuft.
> (Geschäftsführender Direktor Jörgen Madsen)

In der »traditionellen Organisation« finden Planung und Durchführung getrennt statt. Wenn ein Kunde Korrekturen verlangt, werden die Kosten für indirekte Arbeit – Aufsichtspersonen – im Vergleich zur direkten Arbeit ansteigen. Anders ausgedrückt, es ist möglich, Kosten zu reduzieren, indem man den Arbeitnehmern größere Verantwortung bei der Kontrolle und Koordination der Produktion einräumt. Dieser Aspekt bestimmt die Einstellung gegenüber Produktionsgruppen mit:

> Produktionsgruppen sind definiert als Gruppen, in denen die Arbeitnehmer so weit wie möglich die Funktion des Meisters übernehmen und der Meister nur noch eine Service-Funktion ausübt. Folglich haben wir mehr Arbeitnehmer pro Meister, was Teil unserer Strategie ist.
> (Geschäftsführender Direktor Jörgen Madsen)

Das Alltags-Geschäft überlassen wir unseren nach Stundenlohn bezahlten Arbeitnehmern.

> Man kann sagen, daß das Ziel darin besteht, die Arbeitnehmer so unabhängig zu machen, daß sie sich selbst beschäftigen können. Wie weit sollten wir in Bezug auf andere Aufgaben, die sie durchführen können, gehen? Ich glaube durch die Nutzung von Informa-

---

3 Der gemeinsame Gewerkschaftsdelegierte Per Lökken trat am 1. August 1994 zurück.

tionstechnologie werden sie auch in der Lage sein, Aufträge zu bestätigen, zu planen, Qualitätsstandards festzulegen und Lieferungen sicherzustellen. Ich denke sogar, daß wir einen Punkt erreichen können, an dem sie Arbeitnehmer einstellen und entlassen können, vielleicht nicht ganz selbständig, aber was ich meine ist, daß es keine Grenze gibt – nur unsere Vorstellung setzt die Grenzen.

Wie weit wir kommen, ist nur eine Frage der Fähigkeiten der nach Stundenlohn bezahlten Arbeitnehmer. Es kommt darauf an, in welchem Maße sie fähig sind diese Aufgaben zu übernehmen. Für mich gibt es diesbezüglich keine Grenzen.
(Produktionsleiter Steen Ejlersen)

In der Produktionsstruktur, die die Marktorientierung impliziert, geraten die Abgrenzungen – sowohl die »horizontale« Trennung (zwischen unterschiedlichen Gruppen qualifizierter und unqualifizierter Arbeiter) als auch die »vertikale« Trennung (zwischen Arbeitern und Angestellten) unter starken Druck. Zudem erklärte Grundfos den Abgrenzungen den Krieg. Der Geschäftsführende Direktor sagt: »Wir alle stimmen überein, daß die Berufsgruppen eine Plage sind und wir werden versuchen, diese zu eliminieren.« Der Produktionsleiter formuliert dies folgendermaßen: »Sobald man Abgrenzungen hat, hat man Barrieren; es macht keinen Unterschied, ob Arbeiter oder Angestellte betroffen sind.«

Die Vertrauensleuteorganisation bei Grundfos tat einen Schritt in die gleiche Richtung, indem sie sich selbst das Ziel setzte, 1997 nur noch eine einzige industrielle Vereinigung zu haben. Im April 1994 begann eine gewerkschaftsübergreifende Zusammenarbeit, in deren Rahmen die unterschiedlichen Abteilungen des Betriebes ihre Gewerkschaftsvertreter unabhängig von der Gewerkschaftsmitgliedschaft wählten.

Bei der Entwicklung einer stärker marktorientierten Organisation und der Überwindung der Abgrenzungen war die Ausbildungspolitik ein wichtiges Werkzeug.

Ausbildungspolitik

Anfang der 80er Jahre wurde ein Ausbildungsprogramm implementiert. Zu Beginn bestand eine direkte Verbindung zwischen der Ausbildung und den Löhnen. Nach der Meinung des Geschäftsführenden Direktors war dies jedoch kein Erfolg: »Es hatte keinen positiven Effekt«. Der Produktionsleiter stimmt dem zu:

> Anfangs steckten wir Geld in das Ausbildungsprogramm. Das bedeutet, daß man bis zu zwei Kronen mehr in der Stunde verdienen konnte, wenn man das Programm abgeschlossen hatte. Gott sei Dank nahmen wir diese Regelung aus dem System wieder heraus.
> (Steen Ejlersen)

Stattdessen wurden die Löhne mit der Hierarchie der Arbeitsgruppen verknüpft – von denen es insgesamt sechs gibt. Die Aufgaben wurden aufgeteilt nach ihrer Komplexität und durch das Ausbildungssystem konnte sich der einzelne Arbeitnehmer in immer höhere Arbeitsgruppen hocharbeiten bis zur Arbeitsgruppe sechs, die theoretisch nach ein paar Jahren Arbeit im Unternehmen erreicht werden kann. Heute sind Lohnerhöhung mit dem Aufstieg von einer niedereren in eine höhere Arbeitsgruppe verknüpft. Das Ausbildungssystem wurde in Zusammenarbeit mit den Gewerkschaftsvertretern in einem Ausschuß entwickelt, in dem beide Seiten gleich repräsentiert sind.

Arbeitsbeschreibungen sind bei Grundfos für alle Arbeitsplätze verfügbar, so daß sich die Arbeitnehmer über die Anforderungen in den einzelnen Arbeitsgruppen informieren können. Um in eine andere Arbeitsgruppe aufzusteigen, müssen zwei Bedingungen erfüllt sein: Der Arbeitnehmer muß die nötige Qualifikation besitzen und die Stelle muß in der fraglichen Arbeitsgruppe verfügbar sein. Die Ausbildungsabteilung erstellte Ausbildungspläne für jeden einzelnen Arbeitnehmer, die zeigen wie er/sie die notwendigen Qualifikationen erwerben kann, um in eine höhere Arbeitsgruppe aufzusteigen. Gleichzeitig bot das Unternehmen neue Kurse an, die speziell vom Zusatz-Ausbildungsausschuß der Metallindustrie (Metal Industry's Supplementary Training Committee) entwickelt wurden.

Der Meister erstellt einen Ausbildungsplan für jeden Arbeitnehmer, die Ausbildung innerhalb und außerhalb des Betriebes inbegriffen:

> Was wir außerdem von Beginn an forderten, war, daß jeder Beschäftigte einen Ausbildungsplan haben muß. Dieser Ausbildungsplan kann ein leeres Blatt Papier sein, was in diesem Fall bedeutet, daß die Ausbildung, die du als Arbeitnehmer benötigst »in-job training« ist. (Was übrigens der wichtigste Teil der ganzen Ausbildung ist.) Ein Ausbildungsplan beinhaltet nicht notwendigerweise den Besuch von Kursen.
> (Produktionsleiter Steen Ejlersen)

Das Arbeitsgruppensystem überwindet die alte Hierarchie zwischen ausgebildeten und ungelernten Arbeitern. Der Manager sagt, daß es bei Grundfos viele Beispiele dafür gibt, daß ein ungelernter Arbeiter in Arbeitsgruppe sechs vorstieß. Mit den Worten des Produktionsleiters: Wir haben Arbeitnehmer, die als ungelernte Arbeiter begannen und heute zu unseren besten Kräften zählen.

Zu Beginn wurden 5% der vorgeschriebenen Zeit für die externe Ausbildung verwendet. Heute ist die Zahl etwas niedriger: 2,7% der Arbeitszeit wird für Ausbildung verwendet. Dem Personalchef zufolge stehen in erster Linie die beruflichen Fähigkeiten im Mittelpunkt der Ausbildungspolitik. Dann folgen die sogenannten »weichen« Qualifikationen in Bezug auf Kooperation usw. Die Ausbildungspolitik ist in der Hinsicht konsequent, als daß das Unternehmen nicht mehr staatlich subventionierte Kurse als Puffer in Verbindung mit einem Produktionsrückgang und einer sich daraus ergebenden Überkapazität an Personal benutzt.

> Wenn früher Leute zu Ausbildungskursen geschickt wurden, geschah dies häufig, weil man sich sagte: Gut, wir haben jetzt nicht genug zu tun, also können wir die Beschäftigten zu einem Kurs schicken. Dann gab es wieder genügend Arbeit – und zurück waren

sie. Diese Politik wurde aufgegeben. Wenn Ausbildungsmaßnahmen für Arbeitnehmer geplant sind, gehen sie zu ihren Ausbildungskursen, egal ob wir gerade viel zu tun haben oder nicht. Aber der erste Schritt ist der schwerste: wir hatten viele Probleme.

Die Manager aller Ebenen müssen in stärkerem Maße strategisch denken, anstatt in »Hier-und-Jetzt-Produktions« – Denkschemata. Sie müssen sich Gedanken machen, welche Qualifikationen wir unseren Mitarbeitern vermitteln wollen, um ihnen eine Beförderung zu ermöglichen oder sie zu befähigen, eine größere Bandbreite an Aufgaben verrichten zu können.
(Produktionsleiter Steen Ejlersen)

Das Ausbildungssystem wurde vor ein paar Jahren modernisiert und es wird immer wieder betont, daß es regelmäßig überarbeitet werden muß, auch wenn es heute im allgemeinen zufriedenstellend funktioniert. Die Überarbeitung findet in Betriebsausschüssen mit Vertretern der Arbeitgeber- und Arbeitnehmerseite statt. Daher wandelten sich die Aufgaben der Personalabteilung. Diese Abteilung wurde 1980 gegründet und war damals sehr administrativ ausgerichtet. Heute umfaßt der Aufgabenbereich die Rekrutierung, Ausbildung und Entlassung, sowie die Mitarbeiterentwicklung. Er besitzt eine starke Position innerhalb der Organisation: der Personalbereich ist einer von fünf Bereichen – und ist integriert in die strategische Entwicklung von Grundfos; der Personalchef nimmt an Sitzungen des Verwaltungsrates teil.

Die Abteilung ist jedoch nicht sonderlich stark in das Projekt über Arbeitsgruppen und »Ausbildungsrunden« im Betrieb in Alestrup involviert, sondern ist eher an dem allgemeinen Projekt, das die neue Position der Meister betrifft, beteiligt.

Das Lohnsystem

Das Lohnsystem spielte ebenfalls eine Rolle bei den Bemühungen von Grundfos, die Aufträge durch eine horizontale Koordination der Produktion so schnell und mit so wenig Problemen wie möglich zu erledigen. Der Geschäftsführende Direktor sagt, daß sich die Leute in den Bonus-Gruppen durch die Einführung des Bonus-Systems und der Gewinnbeteiligung stärker als vorher bei der Materialbeschaffung, der Änderung der Werkzeuge usw. gegenseitig helfen. Diese Entwicklung wurde wahrscheinlich durch den moderaten Anstieg der fixen Lohnbestandteile begünstigt.

Gründe für die Änderung der traditionellen Trennung der Funktionen

Viele Unternehmen brechen gegenwärtig die traditionelle Trennung der Funktionen, wie zum Beispiel die Trennung zwischen Qualitätskontrolle und Produktion, zwischen der Koordination (Management) und der eigentlichen Produktion oder zwischen Instandsetzung/Wartung und Produktion usw. auf. Im allgemeinen lassen sich die Gründe hierfür in drei Kategorien einteilen, und zwar die Rücksichtnahme auf:

- die Produktivität im allgemeinen
  Schlüsselwort ist der größere Bedarf nach Flexibilität und Wandel, der durch die Marktorientierung und der damit verbundenen schnellen Durchführung von Aufträgen entstand.

- Arbeitszufriedenheit, Arbeitsumfeld
  Es besteht allgemeiner Konsens, daß eine zu starke Konzentration auf reine Produktionsaufgaben ohne Abwechslung oder Herausforderung eine geringe Arbeitszufriedenheit erzeugt. Und man fand heraus, daß eine einseitige körperliche Belastung zu dauerhaften Schäden führen kann.

- Partizipation, Beteiligung, Kooperation – »Demokratie am Arbeitsplatz«
  Eine Spezialisierung, die »fragmentierte Arbeit« erzeugt, die nur aus ein paar Handlungen in kurzen Zyklen besteht, erschwert es dem Individuum nach Meinung einiger Wissenschaftler, die Wechselbeziehungen der Produktion zu erkennen, und seinen Einfluß in der täglichen Arbeit sowie in der Gesellschaft als Ganze geltend zu machen.

Die Ursache hierfür könnte in den nicht notwendigerweise identischen Bemühungen von Management und Arbeitnehmern liegen. Nach Ansicht des Managements ist entscheidend, daß eine größere Beteiligung der Arbeitnehmer an der Leitung des Unternehmens und an Innovationen im Unternehmen eine größere Akzeptanz der Entwicklung schaffen kann, und zudem Wissen und Ideen, die sich aus der Erfahrung und den detaillierten Kenntnissen der Arbeitnehmer ergeben, beisteuern kann. Der japanische Ausdruck KAIZEN – kontinuierliche Verbesserung – ist der Schlüssel hierfür. Für die Arbeitnehmer bedeutet eine verstärkte Beteiligung auch Machtzugewinne – und eine Zunahme der Kontrolle der täglichen Arbeit in bezug auf die Entwicklung des Unternehmens. Darüber hinaus können die Arbeitnehmer den Einsatz von erweitertem Wissen, Einfluß und Qualifikationen in der Produktion dazu nutzen, das Management zu mehr Kooperation und Zugeständnissen zu bewegen.

In Verbindung mit der Entwicklung bei Grundfos leuchten alle drei oben genannten Gründe ein. Sie sind interdependent:

> Natürlich ist die Produktivität der wesentliche Faktor für das Unternehmen: »steigende Gewinne, Wachstum und steigende Produktivität, das sind die Ziele. Motivierte Mitarbeiter sind das Mittel.«
> (Geschäftsführende Direktor Jörgen Madsen)

> Wir haben die Grenze der Managementmethode, bei der dir der Meister sagt, was du zu tun hast, erreicht. Wir können auf diese Art und Weise unsere Produktivität nicht steigern, wir können unsere Qualität oder unsere Lieferfähigkeit nicht verbessern.
> (Betriebsleiter Bjarne Neiggard)

Das Management will Effizienz durch Flexibilität schaffen, aber es ist offensichtlich, daß es auch eine Frage der Arbeitszufriedenheit ist.

> Wir wollten weg von der Situation, daß es einen Arbeiter gibt, der die Maschine umrüstet und einen anderen der sie bedient und wenn eine Serie beendet ist, verläßt der Bediener die Maschine und der erste Arbeitnehmer rüstet sie wieder um. Das ist es, was wir ändern wollten. Weil es in deinem eigenen Interesse sein sollte, dich mit der Maschine auszukennen, die du bedienst, und daß du in der Lage bist, diese selbst umzurüsten.
> (Produktionsleiter Steen Ejlersen)

Das Management bringt den Inhalt einer Aufgabe klar in Verbindung mit Absentismus, so daß Arbeitszufriedenheit auch etwas mit Kostensenkung zu tun hat:

> Ungelernte Arbeiter fehlen öfter wegen Krankheit. Das trifft vor allem auf die Arbeitsgruppe zwei und junge Arbeitnehmer mit uninteressanten Aufgaben zu. Das ist keine Frage der Überanstrengung oder des »Verbrauchtseins« – die älteren Arbeiter sind nicht so oft abwesend wie die jüngeren. Es ist schlicht eine Frage der Motivation. Und es besteht ein offensichtlicher Zusammenhang zwischen Arbeitsinhalt und Verantwortung – und dem Fernbleiben vom Arbeitsplatz. Je interessanter und verantwortungsvoller die Aufgabe, desto geringer ist die Abwesenheitsrate. Weniger Herausforderungen und Anforderungen durch die Arbeit bedeuten eine geringere Motivation. Der Personalausschuß unter den gemeinsamen Kooperationsausschüssen beschäftigte sich vier Jahre mit diesem Problem, indem er Interviews, Abteilungstreffen usw. durchführte. Wir haben Motivationszentren usw. eingerichtet und gingen in dieser Richtung so weit wir konnten. Daher geht der Weg, den wir einschlagen müssen, in Richtung höhere Anforderungen, größere Motivation und mehr Beteiligung. In dieser Hinsicht ist die Produktionsgruppe ein phantastisches Mittel, da sie an alle Mitglieder der Gruppe Anforderungen stellt. Ich bin sicher, daß dies zu erhöhter Motivation und damit zu einer geringeren Abwesenheitsrate führen wird.
> (Geschäftsführender Direktor Jörgen Madsen)

Zur selben Zeit setzte sich die Vertrauensleuteorganisation selbst eine Reihe von Zielen für die Entwicklung der Arbeit ihrer Mitglieder. Sie sollen die Möglichkeit zur persönlichen und beruflichen Entwicklung haben, um mehr Verantwortung übernehmen zu können, und mehr Einfluß auf die Arbeitsplanung im Betrieb zu haben. Der gemeinsame Gewerkschaftsvertreter sagt: »Die Grundlage ist Lebensqualität – was das Individuum fühlt ist Lebensqualität.«

Der Einfluß kann innerhalb einer Struktur entwickelt werden, die sich in vielerlei Hinsicht in den letzten Jahren gefestigt hat. Bei Grundfos werden eine ständig steigende Zahl von Messungen vorgenommen und die Ziele, die den vergleichsweise autonomen, dezentralen Einheiten als Maßstab dienen, werden zentral festgelegt.

Zuerst wurde ab Mitte der 80er Jahre der Personalumschlag und andere Personalbeziehungen systematisch gemessen. 1987 wurde eine Meinungsumfrage durchgeführt, in der die Arbeitnehmer aufgefordert wurden, 40-50 Schlüsselfragen zu beantworten. Auf dieser Grundlage wurden Aktionspläne eingeleitet, um die Bedingungen zu verbessern. Eine ähnliche Umfrage 1991 zeigte einen großen Fortschritt – Messungen anhand des Bonus-Systems ergaben für den selben Zeitraum ein Produktivitätswachstum von annähernd 33%. (Die Produktionsstrategie verlangt ein jährliches Produktivitätswachstum von mindestens 5%.) Des weiteren wurden eine Reihe von Parametern in der Produktion gemessen.

> 1985-86 begannen wir, Ziele für eine Reihe von Dingen aufzustellen. In bezug auf die Produktion ist für uns der wesentlichste Punkt die Überwachung der Zeitpläne, d.h. die Zufriedenheit unserer Kunden hat oberste Priorität, was bedeutet daß wir in der Lage sein müssen, rechtzeitig zu liefern. Die Einhaltung der Lieferfristen ist eines der Ziele, denen wir sehr hohe Priorität einräumen. Als wir mit den Messungen zur Berechnung der Quote rechtzeitiger Lieferungen begannen, lag die Rate bei 50-60%. Indem wir uns selbst ein Ziel setzten und dieses Ziel jedes Jahr höher steckten, erreichten wir eine Rate der rechtzeitigen Lieferungen von 98-100%. Wir berechnen dies jede Woche. Wenn nur eine Pumpe in einer Serie von zum Beispiel 10 000 Pumpen fehlt, d.h. wir haben 9 999 Pumpen geliefert, dann wird dies als eine verspätete Lieferung gezählt.
> (Produktionsleiter Steen Ejlersen)

So ergab sich ein höheres Maß an Kontrolle bezüglich des Produktionsvorgangs. Überwachung und »vertikale« Koordination konnten ersetzt werden durch »horizontale« Koordination sowie gesteigerten Einfluß und Verantwortung der Arbeitnehmer. Die Entwicklung der Produktionsgruppen wird vom Geschäftsführenden Direktor als natürlicher Schritt einer Entwicklung betrachtet, die noch von weiteren Bemühungen, den Arbeitnehmern größere Verantwortung bei der Entwicklung des Unternehmens zukommen zu lassen, unterstützt wird:

> Zum Beispiel das »Speed-Up«-Programm, das kurz nach Whitsun initiiert wurde. Wir sagen den Arbeitnehmern: »Es reicht nicht mehr, zu sagen, daß wir dies bereits vorgeschlagen haben«. Nun habt ihr auch die Verantwortung für die Ausführung und Weiterentwicklung der Vorschläge.
> (Geschäftsführende Direktor Jörgen Madsen)

Dies ist das erste mal, daß das Top-Management von Grundfos die Mitarbeiter offiziell aufforderte, Verantwortung zu übernehmen, um zunächst ihren eigenen Arbeitsbereich, dann den ihrer Abteilung und letztlich andere Bedingungen, die ihre Arbeit beeinflussen zu verbessern. Nach den Worten des Produktionsleiters ist der Grund hierfür:

> daß wir glauben, daß ein enormes Verbesserungspotential nicht nur hier in Dänemark, sondern auch in unseren anderen Unternehmen im Ausland existiert (...). Eine Formalisierung dieser Struktur und die Aufforderung an die Arbeitnehmer, Verantwortung zu übernehmen, haben wir vorher noch nie propagiert. Wir waren der Meinung, daß es im Verantwortungsbereich des Managements liegt, Ideen zu entwickeln.
> (Produktionsleiter Steen Ejlersen)

Laßt Tausend Blumen blühen

Die Argumente für eine Weiterentwicklung der Organisation bei Grundfos deuten gleichzeitig auf die Kriterien des Erfolgs der Änderungen hin.

Geringere Kosten oder gesteigerte Gewinne als eine Folge des Wandels bei Parametern wie zum Beispiel:

- Personalumschlag
- Absentismus
- Das Verhältnis zwischen direkter und indirekter Arbeit
- Produktivität
- Garantierte Lieferfristen
- Beteiligung der Belegschaft an innovativen Prozessen

sowie (als ein Mittel in Verbindung mit den oben angeführten Punkten)

- Gestiegene Arbeitszufriedenheit

Die Vertrauensleuteorganisation weist auf allgemeine Ziele hin wie zum Beispiel:

- Gesteigerte Lebensqualität für den einzelnen Arbeitnehmer
- Gesteigerte Einflußmöglichkeiten in bezug auf die persönliche und die berufliche Weiterentwicklung.

Es sollte betont werden, daß Grundfos nicht mit »Modellen« oder Beratern arbeitet, höchstens einmal bei der Einführung von Projekten.

Zur Zeit gibt es bei uns neun Produktionsgruppen. Sie unterscheiden sich voneinander und entstanden spontan an unterschiedlichen Orten, was zu begrüßen ist, weil das die Art ist, wie wir arbeiten möchten. Die Ergebnisse der Produktionsgruppen bilden die Grundlage der Entscheidung, daß jeder Arbeitnehmer vor dem ersten Mai 1995 Mitglied einer Produktionsgruppe sein muß. Wir haben noch nicht über das endgültige Modell entschieden, aber alle Produktionsgruppen zielen auf die Änderung der Organisation ab, indem sie ihr eine flache Sruktur geben, mehr Verantwortung übernehmen und eine gesteigerte Beteiligungsrate aufweisen – und dies bedeutet für Grundfos größere Gewinne.

Alle Produktionsgruppen waren am allgemeinen Anstieg der Produktivität beteiligt. Und darüber hinaus machten einige von ihnen einen riesigen Schritt nach vorne, was allein auf den größeren Willen, zu arbeiten und der gesteigerten Beteiligungsrate zurückzuführen ist.

Die Produktionsgruppen wählten unterschiedliche Arten um zu starten. Die Erfahrung bei Alestrup mit dem Drei-Tage-Kurs war positiv, aber andere Produktionsgruppen wandten andere Methoden an, indem sie beispielsweise erst die Gruppen gründeten und dann später einen Kurs zur Vertiefung abhielten.

In ein paar Jahren wird sich bei Grundfos ein Muster von Produktionsgruppen herausgebildet haben, die sich nach außen hin stark ähneln, aber intern Unterschiede aufweisen, je nach der Art der Produktion und den Erfahrungen und Wünschen der Mitglieder.

Und es ist wichtig, daß sich die Produktionsgruppen tatsächlich unterscheiden, da die Anforderungen in der Produktion unterschiedlich sind – man denke nur an die Bearbeitung der Gußteile einerseits und die elektronische Produktion andererseits.
(Geschäftsführende Direktor Jörgen Madsen)

Das Alestrup-Projekt

Grundfos ist unterteilt in sechs sich selbst verwaltende Betriebe, »die tun können was sie wollen.« Aber selbstverständlich werden sie an ihren Ergebnissen gemessen und müssen die Maßnahmen, die sie ergreifen, rechtfertigen. Das Projekt der Einführung von Produktionsgruppen bei dem Betrieb in Alestrup wurde daher sehr selbständig mit einem hohen Maß an Freiheit eingeleitet und durchgeführt.

Der Betrieb in Alestrup produziert große Tauchpumpen, Zentrifugalpumpen und Drucksysteme. Der Betrieb beschäftigt etwas weniger als 150 ungelernte Männer und Frauen und 40 qualifizierte Arbeiter.

Hintergrund

Der Wandel, der bei Grundfos Mitte der 80er Jahre stattfand wurde ausgelöst durch den hohen Personalumschlag, der als Indiz für eine geringe Arbeitszufriedenheit angesehen werden kann. Unzufriedenheit – auch in Form von Streiks – spielen eine Rolle in der Geschichte der Produktionsgruppen in Alestrup.

Im Februar 1991 wird Bjarne Neiggard Betriebsleiter in Alestrup. Er hatte diese Position ein paar Jahre vorher schon einmal inne und seine Art des Managements verursachte schon früher Konflikte. Es herrschte eine Atmosphäre des Mißtrauens und der Unzufriedenheit, die in einem Streik gipfelte, als eine Änderung des Produktsortiments dazu führte, daß einige Arbeitnehmer versetzt werden mußten.

Um weiter zu kommen etabliert der Betriebsleiter einige neue Kommunikationskanäle: »Kummerkästen« werden in der Werkstatt angebracht. Jeder kann Beschwerden aufschreiben und in die Kästen stecken. Einmal in der Woche finden dann Kooperationstreffen statt, in denen es um diese Beschwerdezettel geht. An diesen Treffen nehmen das Management, ein Vertreter der Meister, Gewerkschaftsvertreter und »Kontaktpersonen« teil. Dabei handelt es sich um eine Person aus dem Bereich jedes Meisters, die als »Vermittler« zwischen Meister und Arbeitnehmer fungiert, falls sich letztere »unbehaglich fühlen oder sich nicht selbst trauen, ihr Anliegen vorzubringen«.

> Beim ersten Treffen, das wir abhielten, war der Kasten so voll, daß die letzten Beschwerdeschreiben kaum mehr rein paßten.
> (Betriebsleiter Bjarne Neiggard)

Die Zettel wurden laut vorgelesen und die Beschwerden dann behandelt. Protokolle der Treffen und Aktionspläne wurden im Betrieb ausgehängt und die Probleme wurden in der Praxis behoben. Nach und nach sank die Anzahl der Beschwerden und der Treffen, aber das Verfahren setzte etwas in Gang, was der Betriebsleiter folgendermaßen beschreibt: »wir begannen darüber nachzudenken, ob die Dinge auch anders erledigt werden können als auf die konventionelle Art der ›Leitung und Verteilung der Arbeit‹ und fragten uns, ob diese Art, die Dinge zu erledigen, überhaupt noch aktuell ist.«

Eine Berufspsychologin, die auch an der Einführung autonomer Gruppen in anderen Unternehmen beteiligt war, wurde zu einem Treffen eingeladen. Es handelt sich dabei um die gleiche Beraterin, die die Vertrauensleuteorganisation bei der Entwicklung eines gemeinsamen Standpunktes bezüglich der Weiterentwicklung der Arbeit unterstützte. Sie machte Vorschläge für mehr Selbstbestimmung der Arbeitnehmer – im extremsten Sinne des Wortes.

> Sie sagte auch einige Dinge, die sich für mich recht merkwürdig anhörten. Zum Beispiel sagte sie, daß die Leute auch etwas anderes produzieren können, wenn sie keine Pumpen herstellen möchten: Lenkstangen oder Vogelkäfige. Selbst wenn sie lieber Karten spielen als Pumpen herstellen, sieht sie darin kein Problem, wenn sie sich nur darauf einigten.
> (Betriebsleiter Bjarne Neiggard)

Das Treffen bringt die Ideen weiter voran und kurz danach wird der Versuch gestartet, eine Art autonome Gruppe mit ein paar Fließbandarbeitern zu gründen, deren Arbeit sich recht gut nachvollziehen läßt. Die Gruppe weigerte sich jedoch, die Arbeiter wollten nicht teilnehmen.

Die Idee kam wieder auf als die Arbeitgebervereinigung, der Verband der Dänischen Industrie, im Mai 1993 einen Bericht veröffentlichte, in der über Erfahrungen von Unternehmen mit japanisch inspirierten Versuchen, Arbeitnehmer an der Entwicklung des Unternehmens zu beteiligen, berichtet wird. Der Bericht wurde für die Meister erstellt und die darin enthaltenen Ideen behandeln etwa die selben Fragen, nun aber in bezug auf die zukünftige Rolle des Meisters.

Schließlich hört der Betriebsleiter von einem Vorschlag für eine neue Art der Ausbildung, die den Titel »Produktionsgruppen« trägt und im Rahmen des Arbeitsmarktausbildungsprogramms entwickelt wurde. Er kontaktiert die Ausbildungsabteilung von Grundfos und bis Ende des Jahres 1993 hatte er eine Reihe experimenteller Kurse für den Betrieb in Alestrup eingeführt. Die Idee ist, bis zum Ende des Jahres 1995 alle elf Bonus-Gruppen des Betriebes in Alestrup in Produktionsgruppen umzuwandeln. Die Größe der Bonus-Gruppen variiert von sechs bis zu sechzehn/siebzehn Leuten. Der Umfang der Kontrollaufgaben variiert ebenfalls: Die Kontrolle im Bereich der maschinellen Fertigung ist schwieriger als im Bereich der Montage.

In Verbindung mit dem Strategieprozeß der Vertrauensleuteorganisation diskutierten die Gewerkschaftsvertreter sehr lange über die Idee der autonomen Gruppen. Im Betrieb in Alestrup diskutieren sie nun auch das aktuelle Projekt bei wöchentlichen Treffen mit den Meistern. Ein Diskussionspunkt bezog sich auf die Erfolgskriterien für die Gruppen und man kam überein, zunächst mit den »leichtesten« Gruppen zu beginnen, d.h. mit den Gruppen, die bereits am unabhängigsten arbeiten, da dort die Erfolgschance am größten ist. Die Gewerkschaftsvertreter waren jedoch nicht an der Entscheidung darüber, mit welchen konkreten Gruppen begonnen wird, beteiligt.

Zum Zeitpunkt der Untersuchung bestanden drei Produktionsgruppen und eine vierte hatte gerade an einem Kurs teilgenommen.

Vor dem ersten Kurs wird ein halbtägiges Seminar abgehalten, in dessen Verlauf das Management die allgemeine Entwicklung der Rolle des Managements bei Grundfos erörtern wird.

Der Wandel hin zu Produktionsgruppen

Die Produktionsgruppen bei Grundfos befinden sich eindeutig in einer Übergangs- und Entwicklungsphase, in der sich die eigentliche Arbeit noch nicht sehr verändert hat. (Dies wird im Zusammenhang mit einem anderen Projekt geschehen, bei dem vom Prozeß- zum Produkt-Layout übergegangen wird. Dieses Projekt wird jedoch durchgeführt, ohne mit dem Produktionsgruppenprojekt verbunden zu sein.)[4]

> Die Produktionsgruppen übernehmen die Verantwortung für die Produktion, die in der Gruppe stattfindet: also für die fristgerechte Lieferung. Sie übernehmen die Verantwortung für die Entwicklung der Produktivität, und dafür, daß die Qualität den gesetzten Standards entspricht. Eigentlich erledigten sie viele dieser Dinge schon vorher, allerdings eher informell. Und wenn die Dinge kritisch wurden, lag die Verantwortung ohnehin beim Meister.
> (Betriebsleiter Bjarne Neiggard)

Anders ausgedrückt stellt die Ausbildung eine Art »ideologischer Meilenstein« dar. Sie markiert den Wandel zur formalen Verantwortung der Arbeitnehmer und muß die Teilnehmer in die Lage versetzen, die Probleme, die sich eventuell aus dem Übergang von der »vertikalen« zur »horizontalen« Koordination und Kontrolle ergeben, bewältigen zu können, da die Verantwortung für die Produktion nun wirklich auf ihren Schultern ruht.

Einer der Meister, der an der Einführung der ersten Gruppen beteiligt war, erklärte, daß die Idee der Ausbildungskurse darin bestand, den Status der Produktionsgruppen einem kulturellen Wandel zu unterziehen, was einem Meilenstein der Entwicklung gleich käme: »Leute schrieben, daß sie diese Dinge nun selbst taten, wodurch sie sich auch für sie verantwortlich fühlten.« Die Arbeit selbst hat sich nicht wirklich verändert: »Die Produktionsgruppe ist nichts anderes als das, was wir schon die ganze Zeit über praktizierten – nur vorher hatte das noch keinen Namen.«

---

[4] Siehe die Beschreibung des Geschäftsführenden Direktors Jörgen Madsen in dem Abschnitt »Die neue betriebliche Organisation«.

Gleichzeitig mit dem Wandel hin zum Status der Produktionsgruppe werden auch die Rahmenbedingungen für die Gestaltung der Arbeitszeit verändert. Es werden flexible Arbeitszeiten für jene Gruppen eingeführt, die diese noch nicht hatten. Diese Regelung bewirkt, daß die Arbeitnehmer bis zu 40 Stunden anhäufen können, indem sie mehr als die normalen 37 Stunden in der Woche arbeiten und diese Zeit dann in Form von Freizeit abgelten. Dadurch erlangen die Gruppen eine unmittelbare Flexibilität, was die Kapazität anbelangt.

Die Kurse und die »Gruppenbäume«

18 Leute nehmen an dem ersten dreitägigen Kurs teil: sie bilden zwei Bonusgruppen, die idealerweise zu einer Produktionsgruppe zusammengefaßt werden. Alle drei Schichten und Meister nehmen teil.

Bevor die Teilnehmer zu dem Kurs gehen, wird zu ihrer Information eine Infomappe über den Kurs in der Firma verteilt.

Im Kurs selbst wird die Gruppe dann mit den Zielsetzungen vertraut gemacht, die das Management ihr offen darlegen will:

> Aufgrund einer positiven Entwicklung, Arbeitnehmerbeteiligung und -kompetenz, Produktivität und Qualität, sowie Lieferzeiten und Kosten, sollte die Produktion eine verbesserte Wettbewerbsfähigkeit aufweisen. Das Ziel innerhalb der Produktionsgruppen besteht darin, den Arbeitsinhalt für jeden Einzelnen zu entwickeln – beide Seiten müssen davon profitieren, nicht nur eine.
> (Betriebsleiter Bjarne Neigaard)

Es wird deshalb betont, daß die Zielsetzungen gegenseitigen Interessen entspringen. Der Betriebsleiter macht Vorschläge für in diesem Zusammenhang zu diskutierende Punkte:

- Wie soll die Kommunikation zwischen den Gruppen und dem Meister aussehen?
- Die Entwicklung von Qualifikationen
- Wie kann die Entstehung von »informellen Führern« verhindert werden?
- Die Handhabung der Lieferzeiten
- Soll der Leiter in die Formulierung der Gruppenziele eingreifen; wenn ja, wann?
- Die Bereitstellung von Informationen über die Arbeitsaufgaben für die Gruppe
- Die Handhabung von Konflikten.
- Wie kann dem Bedarf nach einer Anpassung der Kapazität begegnet werden?

> Was passiert, wenn deine Kapazität größer wird. Das ist eine wirklich tolle Sache und dann brauchen wir mehr Leute und wir suchen die aus, die wir mögen, die Guten, die uns Profit bringen können – aber was passiert, wenn es gerade anders herum ist, wer muß die

Gruppe verlassen, wie verhältst du dich in dieser Situation?
(Betriebsleiter Bjarne Neigaard)

- Die Handhabung des Absentismus und flexibler Arbeitszeiten.

Der Betriebsleiter schlägt vor, daß die Treffen, die notwendig werden, wenn die Arbeitnehmer selbst für die Koordination usw. verantwortlich sind, irgendwie formalisiert werden.

Außerdem hebt er die Tatsache hervor, daß die Tagesordnung offen ist: wenn die Gruppe es für nötig hält, können andere Punkte als die vorgesehenen aufgegriffen werden.

Im Verlauf der Diskussion, die der Präsentation des Managements folgt, findet die Gruppe heraus, welche Mittel, fachliche und persönliche, sie in bezug auf die externen Ziele und Rahmenbedingungen besitzt. Eine Reihe von »internen Regeln« werden ausgearbeitet und es wird beschlossen, welche Gebiete durch gruppeneigene Ressourcen abgedeckt werden können, und welche Zielsetzungen verfolgt werden sollten. Am letzten Tag wird ein Aktionsplan erstellt und symbolisch durch eine Zeichnung auf einem Poster dargestellt: ein Baum mit einer Anzahl von »Blasen«, mit dessen Hilfe die Gruppe zeigen kann, wo sie in bezug auf Qualität, Produktionszeiten etc. steht. Zugutzerletzt wird das Poster von allen Teilnehmern unterschrieben, auch vom Management, um den Wandel zu einer anderen Einstellung und einem neuen Status so sichtbar und symbolisch wie nur möglich darzustellen.

Anders ausgedrückt können die Gruppen ihren Weg zu den verschiedenen Ziel-Ebenen diskutieren und jeweils ihr eigenes Tempo in der Entwicklung wählen. Der Begriff »Produktionsgruppe« kann für sehr unterschiedliche Arten von Aufgaben stehen, je nach Einstellung der Gruppe. Dieser Punkt wurde von der Vertrauensleuteorganisation besonders hervorgehoben, indem sie auf die Gefahr des »Verlustes von Leuten« als Folge eines zu schnellen Wandels hinwiesen.

Zudem hatte die Tatsache, daß sie das Tempo selbst bestimmen können, wahrscheinlich einen großen Einfluß auf die Neigung der Leute anzufangen. Offensichtlich ohne etwas von der Rolle der Vertrauensleuteorganisation in bezug auf das Projekt zu wissen, sagt ein Arbeiter:

Die Produktionsgruppen entstanden durch eine Managemententscheidung, sie auszuprobieren – die Arbeiter hatten sie nicht selbst verlangt. Am Anfang waren die Leute skeptisch, aber andererseits war es möglich, Produktionsgruppen nach unseren eigenen Vorstellungen zu bilden.

Beispiele für zukünftige Wünsche waren:

Ein Telefon für die Gruppe und die Möglichkeit, sich mit anderen Abteilungen in Verbindung setzen können, wenn Teile fehlen – dies wurde inzwischen zugesagt. Man einigte sich darauf, die Zeiten auf den »P-cards« einzuhalten. Es wurde ziemlich viel über gleiche Bezahlung diskutiert, aber es kam zu keiner Einigung.

Oder:

Die Arbeiter wollten selbst bestimmen, welche Plätze zu besetzen sind. Sie wollten die Leute an den Plätzen selbst ausbilden und ihnen erklären, wie sie die Arbeit machen sollen. (Das war früher Aufgabe des »Springers«). Sie wollten mehr Verantwortung bei der Planung welche Aufträge zu erfüllen sind. Sie wollten die Möglichkeit haben, das Logbuch jeder Maschine einsehen zu können, um zu prüfen, ob es irgendwelche Probleme gab, die zu beachten sind.

Schließlich ist es auch möglich, »den Baum« zu revidieren. Eine der Gruppen nannte als Ziel ausdrücklich die Revision »des Baumes« und im Hinblick auf den geplanten Wechsel zu einem Produkt-Layout und den daraus folgenden möglichen Personalbewegungen zwischen den Gruppen, wird dies ganz offensichtlich notwendig sein. Eine Gruppe besuchte bereits ein großes außerbetriebliches Treffen, um ihre Zielvorstellungen anzupassen und ihre Probleme anzupacken.

Die Aufgaben und Ressourcen der Gruppen

Die Unabhängigkeit der Produktionsgruppen basiert hauptsächlich darauf, daß sie die Qualitätsabteilung, den Reparaturdienst und die Manager unterer und mittlerer Ebenen selbst kontaktieren.

Um ihre Aufgaben zu erfüllen, halten die meisten Gruppen kurze Treffen am Morgen (5-10 Minuten), kurze wöchentliche Treffen, an denen die Schichten, die Meister und die Manager der unteren und mittleren Ebene teilnehmen und schließlich längere »große meetings« (ein paar Stunden oder länger) ab, wenn diverse Probleme gelöst werden müssen.

Unabhängig von der reibungslosen Durchführung dieser Aufgaben in der Gruppe, würden die Meister gerne noch einen Schritt weiter gehen und der Gruppe Verantwortung für finanzielle Bereiche und Teile des Budgets, die Beurteilung von Arbeitern im Hinblick auf die Festlegung von Gehaltsstufen – es wird für den Meister zunehmend schwieriger, alle Leute »zu kennen« – sowie auch für die Einstellung und Entlassung von Leuten übertragen. Im Zusammenhang mit der Beurteilung von Arbeitnehmern im Hinblick auf die Festlegung der Gehälter, meint ein Meister, daß das Entgeltsystem wahrscheinlich geändert werden müßte: »Die persönlichen Aspekte sollten genauso zählen wie die fachlichen. Dann bekommst du eine gute Gruppe.«

Ein Arbeiter der Produktionstechnologieabteilung deutet an, daß den Produktionsgruppen vergleichsweise mehr Mittel zur Verfügung gestellt werden sollten: »Wir wollen, daß die Produktionsgruppen funktionieren. Deshalb ist es einfach für sie, mit ihren Vorschlägen durchzukommen. Die Initiative wird den Arbeitnehmern überlassen. Und die Produktionsgruppen sind interessierter am Betrieb.«

Schließlich haben die Arbeitnehmer des Betriebes in Alestrup die Möglichkeit, an einem 16-wöchigen Grundlagenkurs, einer sogenannten »Ausbildungsrunde« für Beschäftigte und Arbeitslose teilzunehmen, was jedoch nicht in direktem Zusammenhang mit dem Arbeitsgruppen-Projekt steht.

Zur Zeit der Untersuchung wurde ein Kurs für zwölf Teilnehmer abgehalten, davon kamen sieben von Grundfos und die restlichen fünf waren Arbeitslose, die das Grundfos-Ausbildungsprogramm mit der Aussicht auf Beschäftigung absolvierten. Die nächste Gruppe von zwölf Personen hatte gerade die Hälfte der Ausbildungsrunde absolviert. Die Vertrauensleuteorganisation war Mit-Initiator dieses Projekts. Das Besondere an den Kursen ist die Tatsache, daß die Arbeitnehmer die Kurse entsprechend ihren Bedürfnissen selbst planen und so die persönliche Entwicklung unterstützt wird, was vielleicht wichtig werden könnte beim Übergang zu Produktionsgruppen.

Der Personalchef formuliert es folgendermaßen: »Viele bringen nicht die notwendigen Voraussetzungen mit, um zu Lernen. Die Einsicht, daß Leute Angst haben könnten, einen Kurs zu besuchen, war anfangs nicht vorhanden.«
In diesem Zusammenhang meinte der Produktionsleiter über die Rolle der Vertrauensleuteorganisation:

> Per Lökken (der gemeinsame Gewerkschaftsdelegierte) hatte eindeutig großen Einfluß auf den Fortschritt, den wir in Alestrup erzielten – sogar mehr als wir verkraften konnten. Ich denke hier besonders an die sogenannte Erwachsenenbildung. Ich habe inzwischen darüber nachgedacht – wieso funktioniert dies so gut? Höchstwahrscheinlich ist der Hintergrund der, daß wir, die wir nicht nach der Hauptschule aufhörten, sondern eine weiterführende Schule besuchten, es gewohnt sind, den Zusammenhang zwischen Dingen zu erkennen. Dagegen finden es Arbeitnehmer, die vielleicht Schwierigkeiten hatten, die Hauptschule zu absolvieren und daher ihren Horizont nicht genug erweiterten, womöglich als schwieriger, umfassendere Aufgaben zu erfüllen und die Möglichkeiten zu erkennen, die diese bieten. In bezug auf die Erwachsenenbildung oder die Ausbildungsrunde, die wir gerade starteten, war es eindeutig Per Lökken, der unseren Betriebsleiter überzeugte, der seinerseits mich überzeugte, daß es einen Versuch wert sei.

Der oben erwähnte Betriebsleiter sagt:

> Wir hatten diese Grundlagenkurse und eines der Teams war bei einer »Open-Air-Aktivität«, wie sie es nennen – das bedeutet auf Bäume zu klettern usw. – und die Reaktion war unglaublich positiv. Natürlich kann man fragen, was dies mit der Herstellung von Pumpen zu tun hat – es hat sicher etwas mit der Entwicklung von Leuten zu tun und vielleicht gerade bei denen, die nicht viel Selbstvertrauen haben und die Schwierigkeiten haben, in der Gruppe zu arbeiten. Vielleicht sind diese gut, wenn es darum geht, auf Bäume zu klettern. Dadurch schöpfen sie Mut und funktionieren danach vielleicht auch besser in der Gruppe.«
> (Betriebsleiter Bjarne Neiggard)

Diese Verbindung wird auch vom Geschäftsführenden Direktor zugegeben, wenngleich er noch einige Vorbehalte hat:

Das Management änderte seine Einstellung gegenüber der Grundlagenausbildung. Vorher dachte man, daß nur eine arbeitsplatzbezogene Ausbildung von Grundfos bezahlt werden sollte, sowie die Grundvoraussetzungen für die Absolvierung der arbeitsplatzbezogenen Ausbildung, wie zum Beispiel Lesen und Rechnen. Wir hatten individuelle Aktionspläne. Dies war der Tatsache zuzuschreiben, daß vorher (vor 1985) das Ausbildungssystem als Puffer benutzt wurde – d.h. die Arbeitnehmer wurden nicht ausgebildet, weil deren Qualifikation benötigt wurde, sondern aufgrund freier Kapazitäten. Um diesen Umschwung zu verdeutlichen, wurde an diesen Voraussetzungen sehr streng festgehalten.

Inzwischen kann man den sogenannten »Ausbildungsrunden« offener gegenüber stehen, weil sie zu den neuen Tätigkeitsfeldern und Produktionsgruppen passen. Allerdings fällt es mir immer noch schwer zu akzeptieren, daß »haute cuisine« ein Teil davon ist – das mag ja Spaß machen, aber es sollte nicht während der Arbeitszeit stattfinden. Aber es wird eben argumentiert, daß Kochen als solches die Kooperation und Kreativität fördert – wobei ich dies lieber in der Produktion verwirklicht sehen würde.

Erfahrungen aus dem Verlauf der Ereignisse[5]

In bezug auf den Kurs sagten zwar viele Personen, daß er gut war, aber einige deuteten auch an, daß die Form desselben zunächst Enttäuschung hervorrief, da er zugunsten einer selbständigen Inhaltsgestaltung sehr offen gehalten wurde. Das war jedoch genau die Idee, die dahinter stand: es sollten tatsächlich nur die Rahmenbedingungen für den Meinungs- und Gedankenaustausch der Teilnehmer bereitgestellt werden. Dies entspricht wahrscheinlich nicht dem geläufigen Bild von Kursen, aber vieles deutet darauf hin, daß es dennoch eine geeignete Form der Durchführung ist. Nicht zuletzt auch deshalb, weil der Mangel an Offenheit und Kooperation in Verbindung mit den Produktionsgruppen auf der »Problemliste« ganz oben stand – offensichtlich scheinen viele Personen Übung in Sachen »soziale Kompetenz« nötig zu haben.

---

5 Methode: Wir befragten neunzehn Personen über ihre Erfahrungen mit dem Wechsel zu Produktionsgruppen – und über ihre Teilnahme an der »Ausbildungsrunde«. Acht davon waren Mitglieder von drei verschiedenen Produktionsgruppen, die seit Woche 10, 1994 gegründet wurden.
Es handelt sich dabei um qualitative Interviews die mit Hilfe eines Leitfadens durchgeführt wurdenbasierend auf strukturierten Fragen. Die verschiedenen aufgelisteten Antworten sind also nicht als Antworten auf identische Fragen formuliert worden, sondern stellen eine Zusammenfassung und Kategorisierung der deutlich gewordenen Einstellungen in den verschiedenen Interviews dar. Beobachtungen der Arbeit wurden nicht durchgeführt, da sich die Arbeit selbst, wie bereits erwähnt, bisher nicht sehr veränderte.

Als aus dem Kurs gewonnenen Nutzen wurde genannt:
- Man lernte, Probleme selbst zu lösen. Davor war man gewohnt, den Meister zu fragen. Im Kurs bekam man immer gesagt, man solle das Problem selbst lösen.
- Man lernt sich gegenseitig besser kennen, was die Kooperation vereinfacht.
- Man setzt Ziele fest, die die Produktionsgruppe gemeinsam erreichen will – in der Form des ›Baumes‹.

Produktionsgruppenmitglieder (8 Interviews)

	Gut	Schlecht	Beides
Einschätzung des Kurses	4		3

	Positiv	Negativ	Weder/Noch
Einstellung gegenüber den Zielen der Änderung	3		
Einstellung ggenüber den laufenden Produktionsgruppen	2	»die anderen in der Produktionsgruppe sind skeptisch«	2

	Vorteile der Produktionsgruppe
Mehr Freiheit, weniger Überwachung, Unabhängigkeit, Planung, mehr Einfluß bei der Alltagsgestaltung	6
Größere Verantwortung	5
Flexible Arbeitszeiten	4
Größerer Einblick, Kenntnisse	3
Bessere Kooperation	3

Probleme mit den Produktionsgruppen

Offenheit und Kooperation in den Gruppen/Schichten	6
Mangel an Wissen und beruflicher Qualifikation (z.B. Ausbildung)	2
Mangel an bezahlter Zeit für Treffen	2
Zu viel Verantwortung	2
Das Lohnsystem im allgemeinen	3
Zu hohes Arbeitstempo	1
Schikanierung aufgrund des Arbeitstempos	1
Zu wenig Rotation	1
Mangel an Spezialisierung	1
Mangel an Führern	1
Informelle Führer	1
Geschwindigkeit der Änderung	1

Der schwierige Übergang

Die Meister heben hervor, daß die Entwicklung hin zu Produktionsgruppen ein stetiger Prozeß war, an dessen Ende die eigentliche Gründung der Gruppen als letzter Schritt stand. Dadurch arbeiten die Produktionseinheiten, die noch keine Produktionsgruppen im eigentlichen Sinne eingerichtet haben, innerhalb ihres Produktionsprozesses sehr unabhängig. Es läßt sich also festhalten, daß die Arbeitsaufgaben sich kaum veränderten, dafür aber die Einstellung. Wie bereits erwähnt, beeinflußte das allein schon die Ergebnisse der Gruppe. Die Mehrzahl der befragten Arbeiter gab an, daß sie nicht den Eindruck haben, als hätte sich ihre Arbeit sehr verändert: »Abgesehen von der Tatsache, daß wir jetzt dafür verantwortlich sind, den Auftrag rechtzeitig fertigzustellen, hat sich nicht viel geändert. Wir denken mehr darüber nach. Ich glaube wir arbeiten härter.«

Doch auch wenn die Arbeitsaufgaben sich noch nicht sehr verändert haben, ist es ganz sicher nicht einfach. Es besteht ein Unterschied zwischen den angedeuteten positiven Einstellungen gegenüber den Zielen des Wandels zu Produktionsgruppen und der Art, wie die eigentlichen Gruppen dann von den Arbeitern empfunden werden: Theorie ist eine Sache, Praxis die andere – und »die Praxis war schlimmer als wir erwartet hatten«, »die Praxis ist hart« – und – in den Worten des Meisters: »Es war sehr leicht, einfach die Blasen im Baum auszufüllen – aber im wirklichen Leben, wenn du zurückkommst, ist es anders. Wir dachten, daß wir nach einem Monat alles selbst tun könnten. Aber das war nicht möglich.«

Andererseits entpuppt sich gerade das, was als schwer und problematisch angesehen wird als Vorteil, sobald es gemeistert wurde: zum Beispiel Kooperation. Mehrere Personen weisen darauf hin, daß sich die Kooperation verbessert hat – allerdings erst nach einer harten Zeit des Übergangs. Die Probleme mit der Kooperation veranlaßten den Meister dazu, sich einzuschalten und eine Untersuchung zum Arbeitsklima durchzuführen. Diese ergab, daß zwei Drittel der Gruppe Konflikte scheuten. Sie mußten lernen offener zu sein.

Auf dieselbe Art wurde die gewachsene Verantwortung als etwas sehr Positives hervorgehoben – aber gleichzeitig war es schwer zu lernen, damit umzugehen. Einer der Arbeiter sagt, das Beste an den Produktionsgruppen sei die Tatsache, daß man mehr Verantwortung erhält:

> Du kannst deine eigenen Entscheidungen treffen. Keiner redet dazwischen. Wir bekommen keine Vorgaben vom Meister und er kommt nicht zu dir her und schreit dich an.
>
> Gleichzeitig sagt er, daß das Schwierige daran ist, zu lernen Verantwortung zu übernehmen, Vorgaben zu beachten etc.

Dadurch wird der Übergang schwierig. Was sind die Bedingungen für den Übergang? Ein Meister und ein Arbeiter zeigen sich besorgt über das Tempo des Wandels. Man braucht Zeit, um sichergehen zu können, daß nicht zu viele Leute auf der Strecke bleiben. Das wurde auch von der Vertrauensleuteorganisation festgestellt.

Das Lohnsystem

Wie bereits erwähnt, einigte man sich darauf, mit den »einfachsten« Gruppen zu beginnen. Deshalb waren die Probleme bezüglich der Kontrolle in den einzelnen Gruppen verschieden. Daraus ergeben sich wahrscheinlich auch unterschiedliche Bedingungen für die Produktivitätsentwicklung. Die letzte Gruppe mußte laut Meister »erst einmal herausfinden, wie die Produktion kontrolliert werden kann.« Die erste Gruppe hatte es somit leichter und vielleicht trug das zu ihrer eindeutig höheren Zulage bei – was für die späteren Gruppen nicht so eindeutig war. Einige mußten sogar einen Rückgang der Zulagen hinnehmen. Vielleicht hängt das damit zusammen, daß sie mehr Zeit für die Treffen verwendeten, die inzwischen notwendig waren, um die Aufgaben im Bereich der Kontrolle und der Koordination zu bewältigen – Treffen, die nicht außerhalb der Arbeitszeit abgehalten wurden. (Ein weiterer Faktor ist die Tatsache, daß die Arbeiter die Aufgabe der Umwandlung nicht sofort übernehmen können, ohne gleichzeitige finanzielle Einbußen hinnehmen zu müssen.)

Verschiedene Probleme in Verbindung mit dem Lohnsystem wurden weit oben auf der Problemliste der Produktionsgruppenmitglieder angesiedelt.

Das Lohnsystem war auch Ursache für eine Reihe anderer Probleme: Kooperationsschwierigkeiten unter den Schichten, dem Mangel an Rotation und einem zu hohen Arbeitstempo.

Mehrere Personen erwähnten die Härten der Nachtschicht:

> Wir haben auch Probleme der Schichten untereinander gesehen – vor allem in der zweiten Produktionsgruppe. Die flexiblen Arbeitszeiten wurden dazu genutzt, Aufgaben aus der Nachtschicht herauszunehmen, so daß den Leuten die nötige Routine für die verschiedenen Aufgaben fehlte, weshalb sie dann keine Zulage verdienen konnten.

Die meisten Produktionsgruppen hatten sich auf ein Rotationsprinzip geeinigt – woran auch die Firmenleitung sehr interessiert ist. Der Geschäftsführende Direktor sagte über das Rotationsprinzip: »Heutzutage benutzen wir Rotation in allen Produktionsbereichen mit doppelter Absicht: um die Arbeit für die Arbeitnehmer interessanter zu machen, und um den Arbeitnehmer wertvoller für Grundfos zu machen. Allerdings wird sie auf sehr unterschiedliche Weise verwirklicht.«

Als die beiden Bonusgruppen, die am ersten Kurs teilgenommen hatten, zurückkamen und versuchten, künftig in verstärktem Maße die Rotation durchzuführen – um die Arbeitsbedingungen in einer der Gruppen, deren Arbeit bisher eher monoton war, zu verbessern – wurden sie bald mit Problemen aufgrund von Arbeitsdruck konfrontiert, »was zur Folge hatte, daß weder genügend Zeit noch Kraft vorhanden war, um an der Rotation als Grundprinzip festzuhalten. Diejenigen, die eine Arbeit am besten beherrschen, führten diese auch aus, anders hätten die Ziele nicht erreicht werden können.«

Der Meister sagt, daß er »versucht hat, einen festen Rotationsplan zu erstellen, aber der ist vergessen, sobald sie viel zu tun haben. Sie tendieren zur Spezialisierung.« Als Beispiel nennt er eine Gruppe, die mit doppelter Geschwindigkeit arbeitete, um ihr Ziel zu erreichen. »Sie wurden auf die Gefahren ihres Handelns aufmerksam gemacht (...) Einseitige, immer gleiche Arbeit ist ein Punkt, auf den der Meister ihre Aufmerksamkeit lenken muß.«

Die Gewerkschaftsvertreterin, die vor kurzem Mitglied einer Produktionsgruppe wurde, sagt, daß in ihrer Gruppe versucht wurde, aus früheren Fehlern zu lernen. Vor allem was die Kooperation anbelangt, da diesbezüglich die Tendenz bestand, sich gegenseitig wegen der Arbeitsgeschwindigkeit zu schikanieren. Das hängt nicht mit sich verändernden finanziellen Interessen der Arbeitnehmer zusammen, schließlich bleibt das Lohnsystem unverändert. Aber die Gruppe hat offiziell die Verantwortung für das Erreichen der Produktionsziele übernommen, wodurch der Gruppenzwang spürbar wurde. Oder, wie es die Gewerkschaftsvertreterin ausdrückt: »Wenn du in eine Gruppe kommst wirst du automatisch aggressiver: irgend jemand hängt immer faul herum.«

Arbeitszeit

Abgesehen von der Arbeitsgeschwindigkeit konnten die Produktionsgruppen ihre Leistung auch durch flexible Arbeitszeiten beeinflussen. Die gewachsene Verantwortung der Gruppenmitglieder bewirkte, daß die Kapazitätsgrenzen durch die Organisation in Gruppen nach oben verschoben wurden. In den Worten des Meisters: »Wenn es noch etwas zu tun gibt, bleibst du da – und dann arbeitest du mit flexibler Arbeitszeit.«

Andererseits erhielten die Gruppenmitglieder dadurch größere Selbstbestimmung bezüglich ihrer Freizeitplanung. Es ist möglich, Stunden zu akkumulieren und dann einen ganzen Tag frei zu nehmen. Anfangs sah es Grundfos nicht gerne, wenn Leute den Freitag frei nahmen, aber inzwischen wird das akzeptiert, da »wir es akzeptieren müssen, wenn die Arbeitnehmer andererseits härter arbeiten,« wie sich ein Meister ausdrückt.

Es ist sehr wichtig, die eigene Freizeit kontrollieren zu können, wie ein Arbeitnehmer sagt:

> »Das Wichtigste bisher war die Einführung flexibler Arbeitszeiten. In der Praxis bedeutet das, daß man keine Probleme hat, die Schichten zu tauschen und in die Tagesschicht zu kommen – man muß nicht erst darum ›betteln‹.«

Die Arbeit und »Regeln« der Koordination

In bezug auf die Arbeit wird als Hauptgewinn die verstärkte Selbstbestimmung angesehen – egal ob in größerem oder geringerem Ausmaß. Es gibt weniger Aufsicht und auch weniger Befehle und jeder ist damit zufrieden.

Die Meister bewerten diese Entwicklung allesamt äußerst positiv. Allerdings beobachten sie, daß die Gruppen die Verantwortung scheuen, wenn Probleme auftauchen. Und vielleicht sind die »Regeln«, an die die Gruppen sich halten, in Wirklichkeit härter als die Bedingungen, die der Meister sonst schaffen würde. Einer der Skeptiker unter den Arbeitern (der selbst bisher noch nicht in einer Produktionsgruppe gearbeitet hat) nennt das Risiko von »selbsternannten Führern, die die beste Arbeit für sich selbst reservieren, so daß das schwächste Mitglied die schlechteste Arbeit bekommt. Ein Meister wäre in der Arbeitsverteilung neutraler.«

Die Diskussion über »die Regeln« ist zu weiten Teilen eine ethische Diskussion. Der befragte Meister, in dessen Bereich der Wandel zur Produktionsgruppe noch nicht vollzogen wurde, hebt hervor, wie wichtig es ist, sich auf diese »ethischen Fragen« durch Diskussionen der Gruppenmitglieder untereinander vorzubereiten.

Nicht-Mitglieder von Produktionsgruppen (6 Interviews)

	Positiv	Negativ
Einstellung gegenüber den Zielen des Wandels	2	
Einstellung gegenüber den Produktionsgruppen		2

Wünsche und Erwartungen an die Arbeit/Produktionsgruppen	
Mehr Freiheit, weniger Überwachung	5
Unabhängigkeit, Planung, mehr Einfluß bei der Alltagsgestaltung	
Größere Verantwortung	1
Flexible Arbeitszeiten: Mehr Einfluß bei der Planung der Freizeit	2
Abwechslungsreichere Arbeit und Arbeitsinhalte	2
Mehr Einblicke und Kenntnisse	1
Bessere Kooperation	2

Erwartete Probleme mit den Produktionsgruppen	
Widerstand einiger Gruppen gegen den Wandel	1
Tempo des Wandels	1
Mangel an Wissen und beruflicher Qualifikation (Ausbildung)	1
Zu viel Verantwortung	2
Lohnsystem im Allgemeinen	2
Schikanierung aufgrund des Arbeitstempos	1
Informelle Führer	1
Offenheit und Kooperation in den Gruppen/Schichten	1

Er ist sich zudem der Probleme bewußt, die auftreten können, wenn Arbeitnehmer von einer Produktionsgruppe in eine andere versetzt werden. Aufgrund der Auftragsschwankungen in bezug auf die verschiedenen Arten von Pumpen ist es oft notwendig, Leute zu versetzen. In andere Gruppen zu wechseln ist, nach

Angaben einer der Meister, schwer für die Leute. Du trittst einer neuen Gruppe bei, hast aber nicht an der Gestaltung des »Baumes« dieser Gruppe mitgewirkt, weshalb es nicht sicher ist, daß du die Regeln dieser Gruppe akzeptieren kannst. (Allerdings haben die meisten Gruppen Regeln für die Handhabung von Versetzungen.) Die meisten Gruppen entscheiden selbst, wer von ihnen versetzt werden soll. Aber aufgrund des Bonussystems[6] führt dies manchmal zu der Versetzung »der Schwachen«. Es gibt also ein Risiko verringerter Flexibilität besteht, das bedacht werden sollte.

Eine Person, die für die Instandhaltung in der Abteilung zuständig ist, macht auf ein anderes Problem aufmerksam: den Mangel an Spezialisierung als Folge der Generalisierung der Aufgaben. Es ist vorgesehen, daß der »Springer« der Gruppe kleinere alltägliche Reparaturen ausführt. Dem steht der Instandhaltungsspezialist skeptisch gegenüber, da es sich auf die Qualität der Reparaturen auswirken könnte, wenn »fünf verschiedene Leute die selbe Maschine reparieren.«

Andererseits hat er jedoch den Eindruck, daß die Arbeiter, als Folge der Produktionsgruppen, seltener wechseln – sie kennen dadurch die Maschinen ihrer Gruppe immer besser, was wiederum die Beziehung von Arbeitern und Instandhaltungsspezialisten verbessert.

Ergebnisse

Die Firmenleitung erwartete die besten Ergebnisse im Bereich der Produktivität und ihre Erwartungen wurden mehr als erfüllt.

In den ersten drei Bonusgruppen stellte sich eine Produktivitätssteigerung bereits in der ersten Periode ein. Der Betriebsleiter gab zu, daß »es tatsächlich einfacher war als erwartet.«

Wie bereits erwähnt variiert die Produktivitätsentwicklung je nach den unterschiedlichen Ausgangssituationen der Gruppen bezüglich der Komplexität der Kontroll- und Koordinationsaufgaben, sowie in bezug auf die Erfahrungen mit der Handhabung derselben.

Gleichzeitig war es jedoch auch ein Fall eines typischen Hawthorne-Effektes:[7]

---

6 Der gemeinsame Gewerkschaftsdelegierte erklärt, daß die Zulage wie folgt verteilt wird: die Arbeit wird in Einheiten eingeteilt und gemessen, d.h. pro autonomer Gruppe, aber das Geld wird je nach Produkt verteilt, das sieben Produktionsgruppen umfassen kann, die alle die gleiche Zulage bekommen. Damit wird versucht, die Flexibilität unter den Produktionsgruppen zu erhalten.

7 Ein Effekt, der nicht auf die eigentlichen Veränderungen der Arbeitsbedingungen zurückzuführen ist, sondern einzig und allein auf die Aufmerksamkeit, die der Produktivität gewidmet wird. Der Name stammt von einer Untersuchungsreihe in den USA, die den Einfluß unterschiedlicher Beleuchtungsverhältnisse auf die Arbeitsleistung zum Gegenstand hatte.

> Seit ich angefangen habe, diesen Dingen mehr Bedeutung beizumessen, ist die Produktivität in der gesamten Firma gestiegen – (um ein paar Prozent) – und ich glaube nicht, daß dies allein auf die Produktionsgruppen zurückzuführen ist. Vielmehr ist es die Aufmerksamkeit, die diesem Aspekt gewidmet wird und die ganze Atmosphäre im Betrieb, die diese positive Entwicklung mit sich bringen.
> (Firmenleiter Bjarne Neigaard)

Bei den indirekten Kosten in Form der Gehälter des Aufsichtspersonals, gab es keinerlei Einsparungen bei der Firma in Alestrup. Es wird vermutet, daß auf diese Gruppe in Verbindung mit dem Wandel vom Prozess- zum Product-Layout neue Aufgaben zukommen, da dann ein Teil der Funktionen dezentralisiert sein wird: Planung, Lager etc.

Was die Arbeitszufriedenheit und die Arbeitsbedingungen anbelangt ist die Entwicklung offensichtlich sehr komplex. Es ist zu früh, um darüber ein Urteil abzugeben. Für eine gewisse Zeit nahm das Maß an Arbeit sicherlich in einem solchen Umfang zu, daß darunter die Arbeitsbedingungen litten. Andererseits entwickelte sich über die Zeit auch ein höheres Ausmaß an Kontrolle: die Möglichkeit, die eigene Arbeit zu planen. Diesbezüglich waren die Leute sehr zufrieden. Die Produktionsverantwortung stieg und mit ihr die Anforderungen an die Problemlösung. Wie sich das auf die Arbeitsbedingungen auswirkt hängt davon ab, wie jeder einzelne auf diese Entwicklung vorbereitet ist. Aber die Entwicklung schaffte ein Aufgabenpotential, das das Ziel der Vertrauensleuteorganisation, den Einfluß auf die persönliche und berufliche Entwicklung zu erleichtern, erfüllt. In diesem Zusammenhang ist die Initiative der Vertrauensleuteorganisation bezüglich des Zugangs zur Erwachsenenbildung sehr wichtig, da diese die Gefahr von Streß als Folge zunehmender Anforderungen am Arbeitsplatz verringert.

In Verbindung mit der Beteiligung des Personals an der Produktionsentwicklung und dem Einfluß der Belegschaft haben wir sowohl Beispiele für gute Rationalisierungsvorschläge von Seiten der Arbeitnehmer gesehen, die inzwischen implementiert wurden, als auch Beispiele für gute Ergebnisse bezüglich der Entwicklung der Arbeitsbedingungen aufgrund der neuen Kommunikationskanäle und der größeren Offenheit, die den Arbeitnehmern als Folge der Entwicklung entgegengebracht wird. Es ist offensichtlich, daß die Vertrauensleuteorganisation ein wünschenswerter Partner für die Zusammenarbeit mit dem Management ist.[8] Folglich erscheint es so, als wandelte die Gewerkschaft eine auf Regeln gestützte Macht in Einfluß um, der eher auf dem Interesse der Firmenleitung an Kooperation basiert:

> Eine unglaublich gute Entwicklung der Produktivität in den zurückliegenden 16 Wochen und das Mittel – oder der halbe Weg zum Erfolg – sind die guten Beziehungen innerhalb der Firma, das Vertrauen zwischen den Beschäftigten und dem Management, das nach

---

[8] Natürlich wachsen unsere Bäume nicht in den Himmel: »Wir beziehen die Arbeitnehmer kaum in die Geamtentwicklung der Firma ein« – Jörgen Madsen, Geschäftsführender Direktor

meinem Empfinden gestiegen ist. Wenn es uns nicht gelingt, dieses Vertrauen aufzubauen, dann können wir den Rest gleich vergessen.
(Firmenleiter Bjarne Neigaard)

Jeglicher Fortschritt hängt von gegenseitigem Vertrauen ab. Unternehmen, in denen Mißtrauen zwischen Arbeitnehmern und Management, oder unter den Beschäftigten herrscht, können auf lange Sicht nicht überleben, es sei denn sie lösen dieses Problem.
(Produktionsleiter Steen Ejlersen)

Der Sinn dieser Strategie ist der Basis der Vertrauensleuteorganisation jedoch nicht – oder zumindest noch nicht – klar genug. Die meisten der befragten Arbeiter erkannten nicht, welch große Rolle die Vertrauensleuteorganisation im Zusammenhang mit dem Produktionsgruppenmodell und dessen spezieller demokratischer Ausprägung bei Alestrup spielte: dem hohen Grad an Einfluß der Beteiligten auf »Regeln«, das Ausmaß des Ehrgeizes etc.

Die Vertrauensleuteorganisation selbst sagt, daß die Informationskanäle, die normalerweise genutzt werden, unter der geringen Teilnahme leiden – die Treffen finden außerhalb der Arbeitszeit statt. Für die Zukunft wäre es daher wünschenswert, daß die Vertrauensleuteorganisation Zugang zu neuen Informationskanälen erhält, um ihre Ansichten vertreten zu können: z.B. die Treffen, auf denen die Firmenleitung die Arbeitnehmer informiert. Die Vertrauensleuteorganisation hat daher einen Plan für den Informationsausschuß erstellt. Eines der darin formulierten Ziele ist, »sicherzustellen, daß die B-Seite des Ausschusses mehr Einfluß auf die Arbeit des Informationsausschusses erhält (...) um Information an die Organisation der Gewerkschaftsvertreter weiterzuleiten.«

Die Gewerkschaften über Produktionsgruppen bei Alestrup

Die Allgemeine Arbeiter Gewerkschaft in Dänemark, repräsentiert durch ihren früheren Vorsitzenden Karl Mikkelsen, steht der Entwicklung hin zu Produktionsgruppen grundsätzlich positiv gegenüber. Sie verleiht den Mitgliedern mehr Verantwortung und Beteiligung, was zu begrüßen ist. Gleichzeitig betont er jedoch, daß ein solches Projekt immer von den Menschen abhängt, die die Entwicklung durchmachen müssen, was bedeutet, daß der Entwicklung genügend Zeit gegeben werden muß, um sicher zu gehen, daß keiner dabei auf der Strecke bleibt.

Die lokale Verwaltungsstelle der Gewerkschaft wurde in Verbindung mit dem eigentlichen Projekt bei Grundfos nicht konsultiert. Sie begrüßen das Projekt, aber Karl Mikkelsen glaubt, daß es für die daran beteiligten Menschen zu schnell geht. Er hat Angst davor wie die Situation in zwei oder drei Jahren aussehen könnte: sind die Schwächsten bis dahin ausgesiebt worden? Das war bisher nicht Firmenpolitik von Grundfos und Mikkelsen findet, daß mehr Anstrengungen unternommen werden sollen, um den Leuten notwendige, individuelle Angebote zu machen: »es gibt Individuen, die stärkere Betreuung brauchen.«

Mikkelsen erwähnt auch das Problem der Führung in zwei Bereichen: Er glaubt nicht an das Modell mit rotierenden Gruppenkoordinatoren – »einer muß die Führung übernehmen.« Und er sieht ein Problem darin, daß die Führungsaufgabe nicht bezahlt wird – in dem Sinne, daß die Leute nicht für die Treffen bezahlt werden und keine Zulagen erhalten, wenn die Treffen über die üblichen Arbeitszeiten hinausgehen.[9]

---

[9] Die Vertrauensleuteorganisation stellte fest, daß man ein Recht auf Bezahlung hat, wenn die Firmenleitung die Notwendigkeit der Treffen anerkennt. Die Bezahlung beträgt 160 dänische Kronen.

Forschungsinformation
Gemeinsames Internationales Projekt über Neue Formen der Arbeitsorganisation
Eingereicht von MSF (Gewerkschaft der Angestellten im privaten Sektor)
Der ›New Deal‹ bei Rover

Autor: Colin Adkins MSF Forschungsdirektor
August 1994

Hergestellt von der MSF Forschungsabteilung. Für mehr Informationen über MSF Forschung wenden Sie sich bitte an: Hilary Benn, Head of Research, MSF, 64-66 Wandsworth Common North Side, London SW18 2SH, Tel: 081 871 2100, Fax: 081 877 1160

1. Neue Formen der Arbeitsorganisation. Wie ist der momentane nationale Stand
- Wie wichtig ist die Debatte über neue Formen der Arbeitsorganisation
- Die wichtigsten Merkmale, die in der Debatte angesprochen wurden

    1.1 Was passiert?
    1.2 Neues Management in der Herstellung
    1.3 Das ›Alte‹ Management
    1.4 Das ›Neue‹ Management
    1.5 Warum benutzen Arbeitgeber das Neue Management?
    1.6 Altes gegen Neues Management: Rhetorik versus Realität
    1.7 Was für Auswirkungen hat das Neue Management?

- Gibt es von der Regierung initiierte nationale Programme
- Beteiligen sich Arbeitnehmer und Gewerkschaften an der Debatte
- Darstellung der führenden Unternehmen in den Wirtschaftsmedien

    1.8 Der erweiterte Kontext
    1.9 Die Ansicht der MSF

2. Merkmale des für die Studie ausgewählten Unternehmens
- Firmenname, Firmengröße hinsichtlich Umsatz und Anzahl der Arbeitnehmer
- Produktpallette

- Eigentum
- Profil und Image des Unternehmens
- Gründe für die Wahl des Unternehmens für diese Studie

    2.1 Die Rover-Gruppe
    2.2 Produktpallette
    2.3 Jüngste Entwicklungen
    2.4 Warum Rover untersucht wird

3. Art und Umfang des Organisationswandels
- Die eingeführten Änderungen
- Der Änderungsprozeß und die Rolle der Gewerkschaften
- Gründe und Antriebskräfte für den Wandel
- Der Einsatz von Beratern und Experten
- Die Ergebnisse aus der Sicht des Managements

    3.1 Absolute Qualitätssteigerung
    3.2 Änderungsvorschläge
    3.3 Der »New Deal«
    3.4 Bedingungen
    3.5 Arbeitsplätze auf Lebenszeit ?
    3.6 Weitere Fortschritte

4. Erfahrungen der Gewerkschaft
- Einstellung der Gewerkschaft zum Änderungsprozeß und ihre Beteiligung an demselben
- Erfahrungen der Gewerkschaft aus der Sicht der Basis, der örtlichen und der zentralen Führung
- Die Ergebnisse aus Gewerkschaftssicht

    4.1 Veränderungen im größeren Kontext
    4.2 Die Rahmenbedingungen für eine Vereinbarung
    4.3 Reaktionen auf den »New Deal«
    4.4 Der »New Deal« in der Praxis
    4.5 »New Deal« bei Rover - das alte Lied
    4.6 Die Ansicht der Gewerkschaft

Anhang

Appendix Eins: Zahl der Verkauften Autos in Großbritannien nach Marken
Appendix Zwei: Zahl der Verkauften Autos in Großbritannien nach Herstellern
Appendix Drei: Zahl der verkauften Autos in Europa nach Herstellern
Appendix Vier: Ergebnis der Umfrage zu den Neuen Managementtechniken

1. Neue Formen der Arbeitsorganisation. Wie ist die momentane internationale Situation?

- Wie wichtig ist die Debatte über neue Formen der Arbeitsorganisation
- Die wichtigsten Merkmale, die in der Debatte angesprochen wurden

»Die letzten Jahre brachten die Einführung des ›human resources management‹. Dieser Ansatz zielt direkter auf jeden Einzelnen ab, der nicht nur seine Fähigkeiten verbessern, sondern auch seine Einstellung überdenken und ändern soll – um die Qualität von Produkt und Service zu verbessern und verstärkt auf Verbraucherwünsche einzugehen. Dieser Versuch, die Aufmerksamkeit vom Kollektiv abzuwenden, könnte sich als die größte Herausforderung für die Gewerkschaften in den kommenden Jahren herausstellen.« Tarifverhandlungsstrategie des TUC für die 90er Jahre.

In den 80er Jahren führten die Arbeitgeber vor allem in der Fertigungsindustrie eine ganze Reihe neuer Managementtechniken ein. In jüngster Zeit beginnt sich diese Revolution im Management auf die öffentlichen und freiwilligen Sektoren auszuweiten. Wie sehen diese neuen Techniken aus und wie unterscheiden sie sich vom früheren Vorgehen?

1.1 Was passiert?

Während noch viel über die genaue Natur des Neuen Managements debatiert wird, ist bereits klar, daß die Änderungen in der Art, wie die Arbeitgeber das Management handhaben, bis zu einem gewissen Grad alle Sektoren berührt, die MSF abdeckt.

- Im Fertigungs- und Konstruktionsbereich gab es umfassende Änderungen der Produktionsmethoden und die neuen Ansätze scheinen sich recht gut eingeführt zu haben.
- Im Gesundheitswesen zeigen sich grundlegende Änderungen, vorangetrieben durch die marktorientierten Reformen der Regierung.
- Im Finanzwesen führt die rasante Entwicklung von Informationstechnologien und Kommunikationssystemen zu weitverbreiteten Veränderungen der Funktionsweise von Unternehmen.
- Leistungsbezogene Bezahlung und ähnliche individualisierte Ansätze der Arbeitsbeziehungen betreffen die Mitglieder in so unterschiedlichen Bereichen wie Versicherung, Hochtechnologie, Gesundheitswesen und Bildung.
- Veränderungen der Arbeitsmethoden, vor allem die Einführung von Gruppenarbeit, sind in allen Sektoren üblich.
- Die Restrukturierung, Reorganisation und Eliminierung einiger Managementebenen sind ebenfalls gängige Erscheinungen.

- Qualitätskonzepte stehen jetzt im Mittelpunkt von fast allen Arbeitsplätzen, die von MSF erfaßt werden; vom »Der Kunde/Klient ist König-Konzept« des freiwilligen Sektors und des Gesundheitswesens bis zur Einführung des Total Quality Managements (TQM) im Fertigungsbereich.

1.2 Das »Neue Management« im Fertigungsbereich

Die Fertigungsindustrie war bereits im Vorfeld an der Implementation neuer Managementkonzepte beteiligt. Durch eine Reduzierung der Beschäftigtenzahlen und den vermehrten Einsatz neuer Technologien; der Steigerung von Produktivität und Qualität durch die Einführung von in Japan entwickelten Herstellungsmethoden; sowie durch Auslagerung oder der Beschäftigung von Subunternehmen zur Erledigung von Nebentätigkeiten wurde versucht internationale Produktionsniveaus zu erreichen. Die Natur der Arbeit verändert sich in vielen Unternehmen radikal.

1.3 Das »Alte« Management

Ungefähr von Beginn unseres Jahrhunderts an bis in die 1980er Jahre hinein gründete der Großteil der Managementtheorien in den Ideen Frederick Taylors, einem amerikanischen Ingenieur, der Arbeitsabläufe wissenschaftlich untersuchte. Taylor glaubte, daß:

> »dem Arbeiter jede Minute genau gesagt wird, was er tun soll und wie er es zu machen hat und daß jegliche Abweichung von den Anordnungen durch den Arbeiter den Erfolg gefährdet.«

Henry Ford, der das Fließband einführte, übernahm die Ideen Taylors. Die arbeitenden Menschen wurden als kleine Rädchen in einem System betrachtet, auf das sie keinerlei Einfluß hatten. Ihre Arbeit wurde zerstückelt in kleine sich ständig wiederholende Handgriffe. Charlie Chaplins Film »Moderne Zeiten« gibt uns eine anschauliche Darstellung dieses Systems.

Die Hauptmerkmale dieses Ansatzes waren:

- Hochfragmentierte Arbeit, d.h. jeder Arbeiter führte einen einzigen, sich wiederholenden Handgriff aus, isoliert von ihren oder seinen Kollegen.
- Ein hoher Grad an Disziplin und Überwachung unter Erwartung absoluter Gehorsamkeit.
- Motivation durch Bestrafung.
- Keinerlei Möglichkeiten, eigene Entscheidungen zu treffen oder etwas zu lernen.
- Keine Identifikation mit dem Endprodukt oder der Arbeit.

- Erhebliche Kontrolle durch das Management.
- Die einzige Belohnung für die Arbeit war Geld.

Unter diesem System waren die Leute verständlicherweise unglücklich. Viele traten den Gewerkschaften bei. Als Reaktion darauf entwickelten Mangement-Theoretiker eine Überlebensstrategie, die als Konfliktinstitutionalisierung bekannt wurde, ein Ansatz, der bis in die frühen 80er Jahre für alle Arten von Beschäftigung die Regel war.

Die Konfliktinstitutionalisierung wird wie folgt beschrieben:

> »...das Unternehmen setzt sich nach allgemeiner Ansicht aus einer Vielzahl von Interessengruppen zusammen, vor allem jedoch aus zweien, Arbeit und Management, von denen beide unterschiedliche Ziele verfolgen. Einige der Zielsetzungen stehen miteinander in Konflikt, während andere sich ergänzen und beide Interessengruppen haben genügend Macht, um sich gegenseitig zu schaden. Die Gewerkschaften werden als die legitimen Reräsentanten der Arbeiterseite angesehen und Konflikte...werden nach Möglichkeit durch Verhandlungen und Kompromisse beigelegt, und, wenn das nicht funktioniert, durch offene Machtanwendung. Diese Ansicht ist typisch für ausgebildete Personalmanager in großen Firmen, die immer betonen »meine Tür steht jederzeit offen«, und die sich in jeder Angelegenheit mit den Gewerkschaften treffen und verhandeln wollen, um zu zeigen, daß sie sie anerkennen.«
>
> *Dr. John Fisher*, Universität Surrey

1.4 Das »Neue« Management

> Wir werden gewinnen und ihr werdet verlieren, weil die Ursache für eure Niederlage in euch selbst liegt. Ihr glaubt geschäftlicher Erfolg beruht auf eurer Fähigkeit, die Ideen der Chefs in die Hände der Arbeiter zu legen.
>
> Wir glauben, daß die geschäftlichen Umweltbedingungen der Zukunft derart feindlich und komplex sein werden, daß man nur noch erfolgreich sein kann, wenn man das intellektuelle Potential des ganzen Unternehmens nutzt.
>
> *M. Matsushita*, Leiter eines japanischen Elektronikunternehmens

Das neue Management unterscheidet sich stark von den früheren Vorgehensweisen. Der Ansatz des *»Human Relation Management«* (HRM) basiert auf der Arbeit einiger amerikanischer und japanischer Denker, die behaupten, daß Menschen bessere Arbeit leisten, wenn sie in die Planung und Organisation ihrer Arbeit einbezogen werden und wenn sie das Gefühl haben, daß ihre Arbeit Sinn und Zweck hat. Anders ausgedrückt liegt die eigentliche Herausforderung also darin, die Leute zu motivieren, so daß sie wirklich zur Arbeit gehen *wollen*.

Diese neuen Managementtechniken treten gewöhnlich in »Paketen« zusammengefaßt auf. Die Pakete haben Namen wie:

»Human Resource Management«

»Total Quality Management«

Programm für die Kundenbetreuung

Beteiligung der Arbeitnehmer
»Lean Production«
»Re-Engineering«

In einigen Unternehmen wurde ein spezieller Name eingeführt: zum Beispiel »Rover von morgen«. Der Inhalt der einzelnen Pakete kann variieren, aber ein roter Faden zieht sich durch alle hindurch und macht das aus, was als »die Große Idee der 90er« bezeichnet wurde. Es handelt sich dabei um:

- den Drang nach Qualität und Effizienz

  Ein starkes Engagement für Qualitäts- und der Kundenbetreuungskonzepte, der Kunde steht im Mittelpunkt und alles soll gleich beim ersten mal funktionieren. Die Restrukturierung und Reorganisation ist ein Zeichen dafür, daß alle Aktivitäten dem Ziel der Qualität untergeordnet werden. Das Erstellen einer Auftragsliste oder einer Kundenkartei ist häufig der erste Schritt in Richtung Qualitätsmanagement.

- Änderungen in der Organisationsstruktur und den Arbeitsbeziehungen

  Die Schaffung eines Unternehmens, das »schlanker, fitter und flacher« ist. Dies bedeutet häufig den Verzicht auf einige Managementebenen, den Wandel der Rolle des Aufsichtspersonals und die Einführung von Gruppenarbeit. Strukturelle Änderungen dieser Art können sich auch auf die Arbeitsbeziehungen auswirken. Unter Umständen werden sie von einer zunehmenden Individualisierung der Beziehungen zwischen Arbeitgeber und Arbeitnehmer begleitet – zum Beispiel über Beurteilungssysteme oder leistungsbezogene Bezahlung usw. – und führen weg von Kollektivverhandlungen hin zu mehr individueller Verständigung.

- Änderungen in Produktionssystemen oder Arbeitsmethoden

  Die Einführung von Konzepten wie »Just-in-time«, kontinuierliche Verbesserung, Flexibilität und »Multi-skilling«. Die Arbeit (nicht so sehr die Arbeitsplätze) werden standardisiert. Verschwendung muß eliminiert, Kosten reduziert und stetige Verbesserung realisert werden. Nachdem diese Konzepte heute schon in den Fertigungsbereichen weitverbreitet sind, werden sie zunehmend auch in so verschiedenen Bereichen wie dem Banken- und dem Finanzwesen, dem Gesundheits- und Bildungswesen, sowie dem freiwilligen Sektor (mit einigen Anpassungen) eingeführt.

- Gemeinsame Ideologie

  Management und Gewerkschaften sind vereint in ihrer Opposition gegen die Konkurrenz. Dadurch wird ein Gefühl gemeinsamer Bestimmungen und Ziele gefördert.

- Flexibilität

  Funktionale Flexibilität erfordert Vielseitigkeit von seiten der Arbeiter. Jede Person muß in der Lage sein, eine Reihe verschiedener Aufgaben auszuführen. Numerische Flexibilität, das heißt, die Zahl der Arbeiter wird der Nachfrage angepaßt, führte zu einem Anstieg befristeter Kurzzeitverträge, saisonaler und temporärer Arbeit, Teilzeitarbeit und anderen atypischen Beschäftigungsformen.

- Gruppenarbeit

  Die Arbeit wird von Gruppen, bestehend aus vielseitig befähigten (»multiskilled«) Individuen, ausgeführt. Die Gruppe ist auch für die Lösung von Problemen und die Entwicklung besserer Arbeitsmethoden verantwortlich.

Neues Management – worum geht es dabei?

Arbeitsmethoden und Organisation	*Belohnungen*
Flexibilität	Leistungsbezogene Bezahlung
Gruppenarbeit	Bezahlung je nach Kompetenz
»Just-in-time«	Leistungszulage
Flachere hierarchische Strukturen	»Single Status«
»Total Quality Management« (TQM)	
Arbeitnehmerbeteiligung	
Qualität des Arbeitslebens	
Qualitätsnetzwerke	

Kommunikation	*Repräsentation*
Einsatzbesprechungen in der Gruppe	Gemeinsame Konsultationen
Kaskadenförmige Einsatzbesprechungen	Dezentralisierte Verhandlungen
Informationsgruppen	Einzelgewerkschaftliche Abkommen
Informationsbriefe	Abkommen über den Verzicht auf Streiks
Videos	Prinzip der »Pendel-Schlichtung«
Meinungsumfragen	Unternehmensräte

Quelle: nach Dr. John Kelly, LSE

1.5 Warum benutzen Arbeitgeber das Neue Management?

Arbeitgeber übernehmen diese neuen Ansätze hauptsächlich aus vier Gründen:

- Die Hauptantriebskraft ist der Wunsch, Effizienz und Effektivität zu steigern. Damit können Änderungen des Produktionssystems (zum Beispiel das Prinzip der stetigen Verbesserung, Flexibilität, »Just-in-time« usw.) oder Kostenreduzierung zur Steigerung der Konkurrenzfähigkeit verbunden sein.
- Das Verlangen, durch eine Individualisierung des Arbeitgeber-Arbeitnehmer-Verhältnisses die Struktur der Arbeitsbeziehungen zu verändern. Dies kann eine Änderung der Nutzung der Arbeitskräfte innerhalb des Unternehmens, die Einführung von Gruppenkonzepten oder eine Änderung der Aufsichtspraktiken und -strukturen beinhalten. Diese Veränderungen könnten durch den Wunsch vorangetrieben werden, die Gewerkschaften ins Abseits zu drängen und ihren Einfluß zu beschneiden sowie jegliche Art von Kollektivverhandlungen zu unterbinden. Doch auch wenn einige Arbeitgeber manchmal behaupten, die Gewerkschaften würden der Steigerung von Effizienz und Effektivität im Wege stehen, haben viele Untersuchungen gezeigt, daß die Beteiligung der Gewerkschaften auch häufig mit hoher Produktivität und Effizienz in Verbindung gebracht wird.
- Trend des Monats. Es hat den Anschein, daß es manchen Arbeitgebern lediglich darum geht, nach außen hin den »Management-Trend des Monats« zu übernehmen, indem sie einfach die Schritte ihre Konkurrenz nachahmen. In solchen Fällen liegt wahrscheinlich keine gut durchdachte, schlüssige Strategie und keine koordinierte Vorgehensweise vor.
- Schönheitskur – der alte Wein in einer neuen Flasche. Manchmal sind diese Veränderungen nur rein kosmetischer Natur. Die Umbenennung des Personalleiters in einen »Human Resource Manager« ändert an der Einstellung des Arbeitgebers nur wenig. Oft bleibt es einfach bei den Änderungen der Titel.

1.6 Altes gegen Neues Management: Rhetorik versus Realität

»Einige der neueingeführten Techniken scheinen aus der Sicht der Arbeitnehmer positive Auswirkungen zu haben, und tatsächlich können einige der Techniken die Qualität des Arbeitslebens für einige Arbeiter wirklich steigern.

Einige der negativen Effekte können jedoch auch zu einer Verschlechterung der Arbeitsbedingungen und zu verstärktem Druck auf einzelne Arbeiter führen, was wiederum mehr Konkurrenz innerhalb und zwischen den einzelnen Gruppen oder Arbeitssektionen zur Folge hat. Zudem können die negativen Effekte die Gewerkschaften in eine schwächere Position bringen, da die Arbeiter angehalten werden, ihre Probleme individuell zu betrachten und Lösungen eher mit dem Unternehmen als im Gespräch untereinander oder mit der Gewerkschaft zu suchen.«
Neue Gewerkschaftsstrategien, *Greg Coyne* und *Hugh Williamson*

Der alte Ansatz	*Die neue Theorie*	*Die neue Praxis*
\multicolumn{3}{c}{*Die Einstellung des Managements gegenüber seinen Beschäftigten*}
Arbeitnehmer erwarten von ihrer Arbeit nichts als ihren Lohn. Sie meiden Verantwortung und benötigen Aufsicht und Zwang.	Arbeitnehmer wollen anspruchsvolle Aufgaben und streben nach Verantwortung und Autonomie, wenn das Management es zuläßt.	Arbeitnehmer erwarten von ihrer Arbeit nichts als ihren Lohn. Sie meiden verantwortung und benötigen Aufsicht und Zwang.
\multicolumn{3}{c}{*Gestaltung der Arbeitsplätze*}
Die Arbeit der Arbeitnehmer beschränkt sich auf eine eingegrenzte und klar vorgeschriebene Aufgabe. Verbesserungsvorschläge, bezüglich des Arbeitsablaufs werden nicht unterstützt.	Wenn möglich stellt die Arbeit hohe Ansprüche an verschiedene Fähigkeiten der Arbeitnehmer und wird in Gruppen erledigt. Die Arbeitnehmer werden ermutigt, Verbesserungsvorschläge einzubringen.	Die Aufgabenbeschreibungen werden sehr allgemein gehalten und die Arbeitnehmer müssen eine Vielzahl von Aufgaben erledigen.
\multicolumn{3}{c}{*Die Organisationsstruktur*}
Pyramidenförmige Aufsichtsstruktur. Die Verantwortung verteilt sich auf verschiedene Ebenen.	Relativ »flache« Struktur mit nur wenigen Ebenen. Die Arbeitnehmer werden ermutigt, Vorschläge zu machen und Veränderungen durchzuführen.	Die Arbeitnehmer sind befugt, Entscheidungen zu treffen und dann auch die Verantwortung für die Konsequenzen zu übernehmen.
\multicolumn{3}{c}{*Ausbildung und Arbeitsplatzsicherheit*}
Arbeitnehmer sind entbehrlich und können freigesetzt werden, wenn das Geschäft nachläßt. Es gibt kaum Umschulungsprogramme für andere Aufgaben/Berufe.	Der Arbeitnehmer wird als wertvolle Ressource angesehen und für neue Aufgaben ausgebildet. Entlassungen werden wenn möglich vermieden.	Anstelle von langfristig beschäftigten Arbeitnehmern wird auf befristet Beschäftigte oder Subunternehmer zurückgegriffen.
\multicolumn{3}{c}{*Festlegung der Bezahlung*}
Die Bezahlung ist stellenbezogen und wird nach einem bestimmten Arbeitsbewertungs- oder klassifikationssystem ermittelt.	Die Bezahlung hängt von den verlangten Fertigkeiten ab. Um das Engagement zu fördern gibt es Gruppenanreizsysteme und Gewinnbeteiligung.	Die Bezahlung wird individualisiert. Gehaltserhöhungen werden vor allem aufgrund von Marktvergleichen, der Leistung und der Laune des Managements bestimmt.

	Arbeitsbeziehungen	
Die Interessen von Gewerkschaft und Management werden als unvereinbar angesehen. Die Beziehung wird durch Konflikte bestimmt.	Die Betonung liegt auf gemeinsamen Interessen. Das Management liefert geschäftliche Informationen und die Arbeitnehmer übernehmen einen Teil der Verantwortung für den Erfolg der Geschäfte.	Kann als Hindernis angesehen werden. Personalfunktionen werden den Linienmanagern übertragen.

1.7 Welche Auswirkungen hat das Neue Management?

Das neue Management versucht die Funktionsweise von Organisationen und die Behandlung der Arbeitnehmer zu verändern. Der folgende Abschnitt befaßt sich mit den Auswirkungen dieses neuen Ansatzes und hebt die möglicherweise daraus entstehenden Probleme hervor.

- Was die Arbeitgeber sagen und was sie tatsächlich tun
  – Minimalisierung der Differenz

Zwischen Theorie und Praxis kann es eine Kluft geben. Die Theorie betont immer wieder, daß der Arbeitnehmer als die wertvollste Ressource des Unternehmens angesehen werden muß. Aber nicht alle Arbeitgeber verhalten sich auch dementsprechend in der Praxis; beispielsweise investieren die meisten von ihnen zu wenig in die Ausbildung der Arbeiter und die Entwicklung derer Fertigkeiten.

Ein Widerspruch kann sich auch zwischen der wohlklingenden Sprache eines Abkommens oder einer Vereinbarung – die manchmal geradezu absurde Formen annimmt, zum Beispiel wenn Entlassungen als Freisetzungen bezeichnet werden – und der Einstellung des Arbeitgebers gegenüber den Gewerkschaften ergeben. Da als Schwerpunkt offensichtlich das Erreichen von Übereinstimmung angesehen wird, läge es nahe, wenn eine konstruktive Beziehung mit den Gewerkschaften zu suchen. Aber manchmal liegt die eindeutige Botschaft des neuen Stils in der Frage, ob es überhaupt noch eine Aufgabe für die Gewerkschaften gibt.

Die Schwierigkeiten müssen nicht immer entstehen. Viele der Zielsetzungen werden von uns geteilt; so wollen wir beispielsweise, daß unsere Mitglieder für erfolgreiche, gut funktionierende Unternehmen arbeiten. Aber wir wollen zudem, daß sie für Unternehmen arbeiten, die anstelle von Kostensenkungen zu Lasten der Arbeitnehmerrechte und der Arbeitsplatzsicherheit Langzeitinteressen und -Investitionen anstreben.

- Der Einfluß auf die Unternehmensstrategie

Viele Unternehmen legen ihre Zielsetzungen jetzt in Auftragsberichten dar. Diese behandeln in der Regel vorrangig Themen wie Qualität, Kundenbertreuung und Engagement, um hervorragende Produkte und Leistungen sicherzustellen. Der Bericht soll zudem die Eckdaten der Unternehmensaktivitäten definieren.

Auftragsberichte können harmlos und absichtlich unstrittig formuliert sein. Außerdem können sie unter Umständen recht wenig mit den wirklichen strategischen Zielsetzungen des Unternehmens zu tun haben; wie beispielsweise der Steigerung der Marktanteile für seine Produkte, der Konzentration auf die profitträchtigsten Geschäfte oder der Kostenreduzierung – vor allem der Arbeitskosten. All diese Ziele haben direkte Auswirkungen für die Arbeitnehmer.

- Der Einfluß auf die Managementstrukturen und die Unternehmenspolitik

Ein Hauptcharakteristikum des neuen Stils der Unternehmensleitung ist Dezentralisierung. Managern wird mehr Autonomie in Bereichen wie der Finanzplanung oder der Personalpolitik eingeräumt. Wenn viele bisherige Funktionen der traditionellen Personalabteilungen auf einmal in den Aufgabenbereich einzelner Manager fallen, kann dies zu widersprüchlichen Anwendungen der bisherigen Personalpolitik führen, wodurch Probleme für die Gewerkschaftsvertreter entstehen.

Weitere Veränderungen können den Abbau von Hierarchieebenen und die Übertragung von Befugnissen umfassen. Der Abbau von Hierarchieebenen – d.h. die Reduzierung von Manager- oder Vorgesetztenebenen – kann zu einer Abnahme der Aufstiegsmöglichkeiten führen, während die durch die Übertragung von Befugnissen Verantwortung verstärkt auf untere Managementebenen verlagert wird, ohne allerdings den Lohn der so »ermächtigten« Arbeitnehmer der neuen Situation anzupassen. Natürlich kann eine solche Übertragung von Befugnissen dem einzelnen auch mehr Kontrolle über seine Arbeit verleihen und für mehr Zufriedenheit am Arbeitsplatz sorgen. Aber genausogut kann sie auch mehr Streß und Arbeit für den einzelnen bedeuten.

In Fällen, in denen Arbeitgeber versuchen, eine loyale und engagierte Kernbelegschaft herauszubilden, kann es zu unerwünschten Wirkungen für die Randbelegschaft kommen. Routinearbeiten könnten von Aushilfsarbeitern und Arbeitern mit Kurzzeitverträgen übernommen werden, oder durch Fremdfirmenbeschäftigung ganz ausgelagert werden. Sogar für Arbeiter, die der Kernbelegschaft angehören, kann der Abbau von Hierarchiebenen zu einer Verringerung der Aufstiegschancen führen.

Mit diesem Thema hängt auch die Idee des Arbeitsplatzes auf Lebenszeit zusammen. Diese findet sich in einigen japanischen Unternehmen und ist Teil des in Kapitel 2 beschriebenen Rover-Abkommens. In Bereichen wie beispielsweise dem Finanzsektor, in denen die Unternehmen Arbeitnehmer traditionellerweise lebenslang beschäftigten, ist dies jedoch nicht mehr der Fall.

- Das Individuum und die Gruppe

Die Bedeutung, die dem einzelnen Arbeitnehmer zukommt kann vor allem bei leistungsbezogener Bezahlung zu einer Konkurrenz führen, die nicht förderlich für die Gruppenarbeit ist. Einerseits erwartet das Management von ihren Arbeitern Flexibilität und multifunktionale Qualifikationen, also Arbeitskräfte, die sich wechselnden Umständen anpassen und effektiv zusammenarbeiten können. Andererseits will es individuelle Leistungen belohnen. Darin liegt vielleicht der größte Widerspruch des neuen Managements.

Das Problem hängt eng mit der Motivation zusammen, was jahrelang als Rechtfertigung für eine ganze Reihe von Veränderungen im Managementbereich diente. In der Praxis schafften sie es jedoch kaum, das Personal zu motivieren. Eine aktuelle MSF-Umfrage unter Angestellten des Finanzsektors ergab, daß weniger als 16% der Befragten glauben, das Management motiviere das Personal gut. Nur 18% von ihnen waren der Ansicht, daß man Informationen des Managements trauen könnte, nur 20% sind der Meinung, daß Unternehmen ihre Arbeitnehmer mit Respekt behandeln und lediglich 15% hatten das Gefühl, daß die Handhabung der Beförderungen fair abläuft.

Fairneß, Ehrlichkeit und Respekt sind offensichtlich die richtigen Wege, um das Personal zu motivieren, aber im Management wird dies nicht immer so gesehen – sei es nun alt oder neu.

Lernen kann man daraus die Tatsache, daß man immer genau vergleichen muß zwischen dem, was das Unternehmen *behauptet* zu tun und dem, was es *tatsächlich in der Praxis tut*.

- Gibt es von der Regierung initiierte nationale Programme
- Beteiligen sich Arbeitgeber und Gewerkschaften an der Debatte
- Darstellung der führenden Unternehmen in den Wirtschaftsmedien

1.8 Der erweiterte Kontext

All diese Veränderungen sind in Großbritannien natürlich vor dem Hintergrund hoher Arbeitslosigkeit, nicht nachlassender Angriffe auf die Rechte der Gewerkschaften, der gezielten De-Regulierung des Arbeitsmarktes und der Verweigerung von Arbeitnehmerrechten zu sehen. Die Notwendigkeit, Vollbeschäftigung zu erreichen und eine ausgeglichene Beziehung zwischen Arbeitgeber und Arbeitnehmern wieder herzustellen, hat bei MSF Top-Priorität. Dies ist auch notwendig, wenn die Arbeitnehmer als gleichberechtigte Partner im Umgang mit den Veränderungen am Arbeitsplatz angesehen werden sollen.

1.9 Die Ansicht der MSF

MSF will auf die bedeutenden Veränderungen, die auf dem Arbeitsmarkt zu beobachten sind reagieren und ist in einer einmaligen Position, diese auch mitzubestimmen. Fast die Hälfte aller MSF-Mitglieder arbeitet in einer ganzen Reihe unterschiedlicher Berufe in der Fertigungsindustrie, beispielsweise als Ingenieure, Wissenschaftler, Technologen, Forscher, Facharbeiter, Zeichner und Manager.

Die andere Hälfte – ein wachsender Anteil unserer Mitglieder – sind Angehörige eines freien oder akademischen Berufes, die von Universitäten, Handelsgesellschaften, dem freiwilligen Sektor, Finanzunternehmen und im nationalen Gesundheitswesen (wo wir das wissenschaftliche Personal, Klinikpsychologen, Sprachtherapeuten, Apotheker, Sozialarbeiter, Schwestern in Psychiatrien, Ärzte und Vertreter anderer Berufe vertreten) beschäftigt werden.

In all diesen Sektoren beobachtete die MSF die Ein- und Durchführung neuer Produktions- und Managementtechniken, die weitreichende Veränderungen für Art und Bezahlung der Arbeit unserer Mitglieder mit sich brachten. MSF versucht nicht nur, positive Beiträge zur Bewältigung dieser Veränderungen am Arbeitsplatz zu leisten, sondern verteidigt auch Bezahlung und Arbeitsbedingungen der Arbeitnehmer genauso wie die Qualität und Professionalität, die unsere Mitglieder in die Arbeit einbringen.

- Vorteile durch die Veränderungen

In der Regel sehen die Arbeitgeber der Sektoren, in denen unsere Mitglieder beschäftigt sind, neue Produktions- und Managementtechniken wie »Lean Management« oder »Human Resource Management« als Methode an, eine geglückte Verbindung von Effizienz, Qualität, sowie Kosteneffektivität von Service, Produkt und Produktion zu garantieren.

Arbeitgeber erwarten von ihren Arbeitnehmern Flexibilität beim Arbeitseinsatz. Die Einführung von Gruppenarbeit und das Zusammenbringen verschiedener Fähigkeiten zielen darauf ab, den Nutzen verschiedener Qualifikationen, von Sachverstand und Fertigkeiten zu maximieren und so das Niveau von Produktivität und Service zu verbessern. MSF begrüßt an den Veränderungen vor allem Aspekte wie die Erweiterung und den zunehmenden Austausch von Fähigkeiten auf Leitungs- und Nicht-Leitungsebenen und die volle Nutzung und Entwicklung von Kreativität, Wissen und Fähigkeiten, die die Belegschaft zu bieten hat.

Das Engagement für Innovationen und die ständige Verbesserung von Service oder Produkt, die verstärkte Einbeziehung der Arbeitnehmer und die wachsende Verantwortung und Motivation letzterer, die dem Arbeitgeber Wettbewerbsvorteile auf dem Arbeitsmarkt verschafft, sind Entwicklungen, die MSF ebenfalls begrüßt.

- Qualitätssicherung durch Wandel

Für Gewerkschaften ist es natürlich von großer Bedeutung, daß sie eindeutig festlegen, wie sie auf positive, und gegebenenfalls auch in fortschrittlicherer Weise als die Arbeitgeber, reagieren können. Denn wir sind überzeugt, daß Arbeitgeber in Großbritannien Verbesserungen in der Produktivität, der Kundenbetreuung und der Wettbewerbsfähigkeit nicht auf billige Weise erreichen können, durch eine Politik, die auf kurzfristige Kostenkürzungen mittels Entlassungen, Arbeitsverdichtung oder durch die Schaffung von unnötiger Unsicherheit für die berufliche Laufbahn des einzelnen.

Tatsächlich sind Lean Production Konzepte und »Human Resource Management Techniken von einer erfahrenen und gut ausgebildeten Belegschaft abhängig, um gut funktionieren zu können. Gemäß unserer Erfahrungen stellt sich Erfolg eher ein, wenn Arbeitgeber Engagement zeigen in Bereichen der Ausbildung, bei der Entwicklung und dem Austausch von Fähigkeiten, in Bezug auf Gruppenarbeit, Arbeitnehmerkonsultation und, ganz wichtig, bei der leistungsbezogenen Bezahlung der Arbeitnehmer. Zusammengefaßt bedeutet das, daß Erfolg durch Qualitätssicherung erreicht wird.

Erfolg kann sich weder durch breit angelegte und häufige Entlassungswellen anstelle von Investitionen; noch durch Arbeitsverdichtung für eine überstrapazierte Belegschaft anstelle einer Firmenpolitik, die die vorhandenen Fähigkeiten geschickt aufteilt; und auch nicht durch willkürliche und variable Lohnsysteme einstellen. Eine solche Firmenpolitik führt direkt zu einer geringer motivierten und weniger effizienten Belegschaft.

- Wandel durch Konsultation

Unsere europäischen Konkurrenten gehen weitgehend davon aus, daß der Erfolg von Veränderungen in der Arbeitsgestaltung oder -organisation von der Fähigkeit der Arbeiter abhängt, auf diesen Wandel positiv zu reagieren. Die MSF-Mitglieder aller Industriezweige, in denen wir organisiert sind, mußten Veränderungen ihrer Arbeitszeit, ihrer Arbeitsinhalte und der Art der Aufgabenerfüllung, den Wandel traditioneller Verantwortungsgebiete, sowie der Aufsichts- und Kommunikationsmethoden und natürlich des Lohnsystems erfahren.

Ohne umfassende Beratungen mit Gewerkschaften, die die Mitarbeitergruppen repräsentieren, kann das Management derartige Veränderungen nicht durchsetzen. Denn in der Tat können aufgezwungene Veränderungen immer nur zu begrenztem Erfolg führen.

- Bezahlen für den Erfolg

Da MSF weite Teile der britischen Industrie- und Dienstleitungssektoren umfaßt, hat die Gewerkschaft beträchtliche Erfahrungen mit den Auswirkungen der neuen Arbeitsmethoden auf die Arbeitnehmer aber auch auf die Effizienz, die Produktivität und die Qualität des Services. Die Gewerkschaft befindet sich außerdem in einer hervorragenden Position, um die Effektivität neuer Lohnsysteme zu beurteilen, und sie verfügt über ausreichend Information, um Verhandlungen über gerechte Entgeltsysteme zu initiieren.

In der Automobilindustrie, sowie im Fertigungsbereich ganz allgemein, haben neue flexible Arbeitsmethoden die Fähigkeiten von Arbeitern, die innerhalb des Betriebes unterschiedliche Positionen bekleiden, vereint, häufig mit dem Effekt, daß durch neue einheitlichere Entlohnungsstrukturen die Grenzen zwischen manueller und nicht-manueller aufgelöst wurden. Unserer Erfahrung nach kann ein Entlohnungssystem, das bestimmten ausgebildeten Arbeitnehmern Aufstiegsmöglichkeiten bietet und den Weg durch die Hierarchieebenen öffnet, nur erfolgreich sein kann, wenn es die volle Bandbreite und das ganze Potential der Fähigkeiten eines Arbeitnehmers berücksichtigt. Ein solches System sollte nie auf Kosten der geringer qualifizierten Arbeitnehmer eingeführt werden.

Anstelle von generellen Lohnerhöhungen, können sich Arbeitgeber auch für die Einführung leistungsbezogener Entgeltsysteme oder eines Schemas zur Bezahlung je nach Kompetenz entscheiden. MSF hat ausführliche und umfassende Erfahrungen in der Überwachung leistungsorientierter Entgeltsysteme. Unsere Forschungen und Umfragen im Finanzsektor, in dem viele unserer Mitglieder von leistungsbezogenen Bezahlungssystemen betroffen sind, ergaben, daß solche Systeme meistens ihr Ziel verfehlen. Sie schafften es weder, die Leistung der Arbeitnehmer widerzuspiegeln, noch gelang es ihnen, die Arbeitnehmer zu motivieren. Während sich Arbeitgeber in einigen Bereichen wie beispielsweise dem Gesundheitswesen oder dem Freiwilligen Sektor, in denen wir ebenfalls eine beträchtliche Anzahl von Mitgliedern organisieren, mit dem Gedanken tragen, leistungsorientierte Lohnzahlungen einzuführen, zieht der Finanzsektor bereits andere System der Vergütung in Erwägung.

Im Bereich des nationalen Gesundheitswesens können lokalisierte und individualisierte Lohnverhandlungen nicht als Garantie für die Kontinuität der beruflicher Standards und eine Verbesserung der Serviceleistungen dienen, weil Trusts diese Entwicklung mit Sicherheit dazu ausnutzen werden, ihre Lohnkosten zu senken. MSF investiert bereits in eine landesweite Strategie, die es ermöglichen soll, die Veränderungen bei der Bezahlung und deren Effekte auf beruflicher Standards zu beobachten, um unsere lokalisierten Verhandlungen immer auf dem neuesten Stand zu halten.

Wenn es um Veränderungen des Entgeltsystems geht, ist es für MSF von größter Wichtigkeit, daß Status, Bezahlung und Vergünstigungen unserer Mitglieder, die von ihrem Professionalismus und ihrem Grad an Verantwortung abhängen, nicht in Folge der Reorganisierung gekürzt werden.

Einmal mehr zeigen unsere Erfahrungen, daß die in bezug auf Arbeitnehmermotivation und -leistung erfolgreichsten Lohnsysteme diejenigen sind, die in Zusammenarbeit mit der MSF eingeführt wurden, und die auf gerechte Weise Qualifikation, Verantwortung und Fähigkeit des Arbeitnehmers widerspiegelt.

- Flexibilität für alle

Zahlreiche Arbeitgeber versuchen auch, die für die Arbeitnehmer vertraglich festgelegte Arbeitszeit zu flexibilisieren; was Maßnahmen wie Teilzeit-, Kernzeitarbeit und pro Jahr festgelegte Arbeitsstunden beinhaltet. Veränderungen der Arbeitsstrukturen und der ausschlaggebenden Kriterien für die Bezahlung der Arbeitnehmer, zählen zu den Hauptanliegen der MSF, vor allem, wenn es um die Auswirkungen geht, die solche Änderungen für Frauen haben, die einen immer größeren Teil unserer Mitglieder ausmachen.

Für uns ist wichtig, daß Flexibilität nicht für einen bestimmten Teil der Belegschaft die Möglichkeit schmälert, auf derselben Basis wie ihre Kollegen voll am Arbeitsprozeß teilzuhaben. Einige, von Arbeitgebern als flexibel betrachtete Systeme sind für einige Arbeitnehmer eindeutig nicht praktizierbar. So werden Frauen und berufstätige Eltern durch das System der jährlich festgelegten Arbeitszeit, eindeutig diskriminiert, da sie häufig nicht in der Lage sind, länger oder auf Abruf zu arbeiten.

Neue Arbeitsmuster sollten die Realität und Bedürfnisse berufstätiger Eltern beachten. Für sie bedeutet Flexibiltät die Möglichkeit, entweder weniger oder nach dem Prinzip der Arbeitsplatzteilung arbeiten zu können. Das beinhaltet, daß berufstätige Eltern in familiären Not- oder Krisenzeiten Familienurlaub nehmen können, um für abhängige Angehörige sorgen zu können.

Arbeitgeber betrachten häufig auch die Vergabe bestimmter Leistungen an Fremdfirmen (contracting-out) als Mittel zur Flexibilisierung. Aber die Auslagerung der für das Unternehmen nicht im Zentrum des Interesses stehenden Leistungen bringt meist einen Rückgang von Lohn, Vergünstigungen und Arbeitsplatzsicherheit mit sich, was sich vor allem auf farbige Arbeiter und andere ethnische Minderheiten unverhältnismäßig stark auswirken würde, da vor allem sie in Bereichen arbeiten, die für Fremdfirmenbeschäftigung in Frage kommen.

Aufgrund solcher Veränderungen müssen wir hart für die Interessen unserer Mitglieder kämpfen.

Andererseits eröffnen einige Veränderungen im Rahmen des neuen Managements neue Möglichkeiten für bisher stets benachteiligte Teile der Arbeiterschaft. Das Management sollte die Chance nutzen, um gezielte Ausbildungs- und Fortbildungsangebote einzuführen und die bisher geltenden Beförderungsstrukturen neu zu überdenken.

Der Trend hin zur Verbindung mehrerer Qualifikationen (skill mixing) ermöglicht es Frauen und Schwarzen sowie anderen ethnischen Minderheiten Fortschritte zu erzielen, wo sie früher nicht weiter kamen. Außerdem ist Gruppenarbeit, (die für viele Männer noch neu ist) für Frauen bereits eine gewohnte und effektive Arbeitsweise.

- MSF arbeitet für die Zukunft

In diesen Zeiten des Wandels ergeben sich für MSF daher drei Schlüsselüberlegungen.

Erstens ist eine erfolgreiche Einführung neuer Arbeitsmuster und Entgeltsysteme, die auf eine Maximierung der Fertigkeiten der Belegschaft abzielen, um die Produktivität oder die Serviceleistungen zu verbessern, nur durch Kooperation innerhalb der Arbeiterschaft möglich. Diese Kooperation kann wiederum durch Beratungen mit Gewerkschaftsvertretern gesichert werden.

Zweitens wollen wir sicherstellen, daß Qualität und Professionalismus, die unsere Mitglieder in die Arbeit einbringen, sich auch weiterhin in ihrer Position, im Bereich der Arbeitsplatzsicherheit und in ihrer Bezahlung widerspiegeln.

Und drittens wollen wir darauf achten, daß jegliche Veränderungen im Bereich der Arbeitsorganisation und des Entgeltsystems dazu genutzt werden, um traditionelle Benachteiligungen, denen sich Frauen, Schwarze, ethnische Minderheiten, sowie Behinderte ausgesetzt sehen, zu beseitigen.

2. *Merkmale des für die Studie ausgewählten Unternehmens*

- Firmenname, Firmengröße in bezug auf Umsatz und Anzahl der Arbeitnehmer
- Produktpallette
- Eigentumsverhältnisse
- Profil und Image des Unternehmens
- Gründe für die Wahl dieses Unternehmens für die Studie

2.1 Die Rover-Gruppe

Die Rover-Gruppe verfügt über eine Managementstruktur, in der alle Geschäftstätigkeiten von gesonderten Handelsabteilungen, die für Autos und spezielle Vier-Rad-Produkte der Gruppe zuständig sind, abgedeckt werden.

»Rover Cars« ist für die weltweite Vermarktung der Automobilproduktpallette des Unternehmens zuständig und »Land Rover« vertreibt die Wagen des Unternehmens mit Vierradantrieb auf der ganzen Welt.

Unternehmensstruktur der Rover-Gruppe

Birmingham
Rover Group Ltd
International House
Bickenhill Lane, Bickenhill
Birmingham B37 7HQ
Tel.: 021 - 782 8000 Fax: 021 - 781 7000

Coventry
Rover Cars
Commercial Division
Canley Road
Coventry CV5 6QX
Tel.: 0203 670111 Fax: 0203 714815

Solihull
Land Rover
Commercial Division
Lode Lane
Solihull B92 8NW
Tel.: 021 - 722 2424 Fax: 021 - 742 1927

Die Rover-Gruppe ist Großbritanniens größter Automobilhersteller mit einer Produktion von einer halben Million Wagen pro Jahr. Die Gruppe entwirft, produziert und vermarktet Kleinwagen, Autos der Mittel- und der gehobenen Klasse, sowie Lieferwagen und Wohnmobile (car-car derived vans) und spezielle Fahrzeuge mit Vierradantrieb.

Als die Regierung im August ihre Aktienmehrheit an der Britischen Aerospace (Bae) verkaufte, wurde die Gruppe Tochtergesellschaft der BAe. Das Unternehmen besitzt 20 Prozent der Aktien der britischen Fertigungsbetriebe der Honda Motor Company. 1994 verkaufte die BAe Rover für 800 Millionen englische Pfund an den deutschen Automobilhersteller BMW.

Mit einem jährlichen Umsatz von 4.300 englischen Pfund und Exporten im Wert von 1.700 Millionen englischen Pfund ist die Rover-Gruppe Großbritanniens führender Automobilhersteller. Sie ist mit ihren Fahrzeugen weltweit auf 100 Märkten vertreten. Die Position des Unternehmens im Vergleich mit anderen Fahrzeugproduzenten kann den Tabellen im Anhang entnommen werden.

Einige Fakten und Zahlen

Fahrzeugverkauf

Im Ganzen kam Rover beim Fahrzeugverkauf auf 442.000 Einheiten, von denen 368.500 Einheiten auf Rover Cars und 73.500 auf Land Rover Verkäufe entfielen.

Fahrzeugproduktion

Die Gesamtproduktion umfaßte 430.200 Einheiten. Davon waren 362.000 Einheiten Automobile und Vans und 68.200 waren vierradbetriebene Fahrzeuge.

Verkaufseinnahmen

1992 beliefen sich die Gesamteinnahmen aus dem Verkauf auf 4.301 Millionen englische Pfund[1], womit das Unternehmen seine Stellung als Großbritanniens führender Automobilhersteller verteidigte.

1 konsolidierte Angaben

Exporteinnahmen

Die Exporteinnahmen beliefen sich auf 1.743 Millionen englische Pfund[2], wobei 41 Prozent Produktion der britischen Rover-Gruppe für den Exportmarkt bestimmt waren.

Beschäftigung

Die Rover-Gruppe beschäftigt in Großbritannien und seinen internationelen Betriebsstätten auf der ganzen Welt direkt etwa 33.000 Menschen (Ende 1990 - 42.000; 91 - 38.000; 92 - 35.000). Weitere 110.000 Menschen arbeiten in den Zulieferbetrieben der Rover-Gruppe und bei den 2.500 Roververtretungen und -verkaufsstellen, die die Fahrzeuge des Unternehmens weltweit vertreiben.

Standorte der Rover-Gruppe in Großbritannien

Bargoed
Press- und Einzelteile

Bickenhill
Hauptsitz der Gruppe, Teile des Land Rovers

Canley
Handelsabteilung von Rover Cars; Entwurf , Konzeption und Produkttechnik

Cowley
Produktion von Rovers Fahrzeugen der Exekutivklasse, dem Rover 800, Rover 600, MG RV8, dem Maestro und Montenegro; Instrumentenherstellung, Karrosserietechnik, Service und Abteilung für Produktentwicklung.

Longbridge
Montage der Rover 200, Rover 400, Metro und Mini; Produktion von Motoren, Getrieben und der Güsse.

Solihul
Produktion sämtlicher Land Rover Modelle; Produktion von Motoren, Getrieben und sonstiger Einzelteile; Handelsabteilung von Land Rover.

Swindon
Karroseriepresswerk.

2 konsolidierte Angaben

2.2 Produktpallette

Range Rover, Discovery (drei- und fünftürig), Defender 110, Defender 90 (auch als Cabriolet), Rover 800 (Limousine und Coupe), Rover 600, Rover 400, Rover 200 (auch als Coupe), Metro, Mini, Maestro, Montegro, MG RV8.

2.3 Jüngste Entwicklungen

In den zurückliegenden fünf Jahren machte Rover eine bemerkenswerte Wende durch. Produktivität und Qualität stiegen enorm. 1991 lag der jährliche Output noch bei 10 Fahrzeugen pro Arbeiter. Inzwischen liegt die Zahl bei 30 Fahrzeugen pro Arbeiter. 1993 stieg die Fahrzeugproduktion in den ersten neun Monaten um 2.5 Prozent (von 250.720 auf 256.902). Vor allem die Produktion der Range Rover/Discovery Version stieg extrem um 31.1 Prozentpunkte an (von 27.002 auf 35.390). Dieser Erfolg läßt sich daran messen, daß sich Honda für die Vermarktung in Japan sehr stark am Discovery orientierte.

Rover war der einzige europäische Hersteller von Großwagen, der 1993 einen Verkaufszuwachs verzeichnen konnte. Auch wenn dies vor allem auf die Expansion des britischen Marktes und auf die Tatsache zurückzuführen ist, daß Rover weniger stark auf den von der Rezession stärker betroffenen Märkten auf dem europäischen Festland vertreten ist, handelt es sich dabei dennoch um einen bemerkenswerten Erfolg. In den letzten Monaten des Jahres 1993 überstieg Rovers Anteil am britischen Markt den von Ford (Jaguar nicht mitgerechnet).

Die Belegschaft reagierte auf die Wettbewerbsherausforderung, indem sie Rovers »New Deal« zustimmte. Als Gegenleistung dafür, daß das Unternehmen zusicherte, keine Zwangsentlassungen durchzuführen, konnten viele neue Produktionsmethoden eingeführt werden. Das wurde als Arbeitsplatz auf Lebenszeit für all jene, die daran interessiert sind, interpretiert.

Trotz dieser Erfolgsmeldungen weisen Rovers Ergebnisse seit drei aufeinanderfolgenden Jahren Verluste vor Abzug der Steuer auf. 1990 war das letzte Jahr, in dem Rover einen Gewinn von 65 Millionen englischen Pfund vor Abzug der Steuer verbuchen konnte. Für 1993 wird jedoch erwartet, daß Rover seine Kosten decken kann.

Markttechnisch betrachtet, macht der Kauf von Rover durch BMW Sinn. BMW kann auf diese Weise seine Produktpallette in den mittleren Bereichen ausweiten, und Rover wird in den Märkten der USA und des europäischen Festlandes verstärkt Fuß fassen können. Der größte Vorteil für BMW ist jedoch der Erwerb von »Land Rover«.

2.4 Warum Rover untersucht wird

Während der vergangenen zehn Jahre geriet die Gewerkschaftsbewegung unter anhaltenden Druck vonseiten der Politik, der Industrie und der Unternehmen. Mit der Einführung neuer Managementtechniken wurde eine doppelte Absicht verfolgt. Zum einen soll die Wettbewerbsfähigkeit des Unternehmens verbessert werden, zum anderen soll die Stellung der Gewerkschaften geschwächt werden.

Nach Ansicht von extrem rechts stehenden Ideologen behindern die Gewerkschaften die Steigerung der Unternehmensleistung. Somit wurden sie im Rahmen von mehr auf Konkurrenz ausgerichteten Weltmärkten zu einem Anachronismus. Sie behaupten, die neuen Managementformen würden eine »höhere Form« der Belegschaftspartizipation im Unternehmen anstreben.

Der Fall bei Rover beweist das Gegenteil, indem die Rolle der Gewerkschaften in Zeiten des Wandels klarer definiert wird und gleichzeitig die einzigartige Unabhängigkeit der Gewerkschaftsorganisation erhalten bleibt. Der Rover-Ansatz ist demokratischer und stärker am Ideal der Sozialpartnerschaft ausgerichtet.

»Innerhalb der Rover-Gruppe ist es lange Tradition, die Gewerkschaften anzuerkennen. Trotz des landesweiten Trends rückläufiger Mitgliederzahlen und die damit zusammenhängende allgemein zu beobachtende Verringerung der Einflußmöglichkeiten der Gewerkschaften, glauben wir, daß die anerkannten Gewerkschaften bei Rover eine positive Rolle innerhalb des Unternehmens spielen können.

Nach Implementation unserer »New Deal«-Übereinkunft werden die Vorteile, die einzelgewerkschaftliche Tarifverhandlungen und Konsultationen für beide Seiten haben, immer offensichtlicher. Die Gewerkschaften spielen eine wichtige Rolle, indem sie nicht nur die grundlegenden Leistungen der neuen Vereinbarung sowohl für das Unternehmen als auch für ihre Mitglieder anerkennen, sondern auch indem sie zudem ihre positiven Eindrücke an ihre Mitglieder weitergeben.«

Aussage George Simpsons, Vorsitzender der Rover-Gruppe, vor dem Ausschuß für Beschäftigungsfragen des Unterhauses

3. Art und Umfang des Organisationswandels

- Die eingeführten Änderungen
- Der Änderungsprozeß und die Rolle der Gewerkschaft
- Gründe und Antriebskräfte für den Wandel
- Der Einsatz von Beratern und Experten
- Die Ergebnisse aus der Sicht des Managements

3.1 Absolute Qualitätssteigerung

Angesichts ernstzunehmender Konkurrenz überholte die in Großbritannien angesiedelte Rover Motorherstellergruppe seine Arbeitspraktiken von Grund auf. Als Folge des »New Deal« Abkommens wurde der Schwerpunkt verstärkt auf Arbeitsmethoden japanischer Prägung gelegt, wie beispielsweise Gruppenarbeit, volle Flexibilität und die Idee ständiger Verbesserungen. Im Gegenzug dazu boten diese Arbeitsmethoden jedoch auch erhöhte Arbeitsplatzsicherheit und Schutz vor kurzfristiger Beschäftigung.

Die Veränderungen, die der »New Deal« der Rover-Gruppe mit sich brachte, können als Höhepunkt des Reformversuchs der letzten Jahre bezüglich der Arbeitsbeziehungen und der Arbeitspraktiken angesehen werden.

1987 führte das Unternehmen ein sogenanntes Programm zur absoluten Qualitätssteigerung (»Total Quality Improvement«, TQI) ein. Die Arbeitnehmer wurden in einem viertägigen Kurs über absolute Qualität geschult und erhielten außerdem ein Handbuch, in dem die Grundprinzipien von TQI zusammengefaßt sind. Dazu zählen Arbeitsabläufe, die auf die Verhinderung von Qualitätsmängel anstatt auf deren Korrektur ausgerichtet sind und Ansätze eines »Null-Fehler-Managements«.

Die Gruppenarbeit wurde von Rover ungefähr zur selben Zeit wie das TQI-Programm eingeführt, wurde seither aber einigen Veränderungen unterzogen. Gemäß früherer Abkommen arbeiteten ungefähr 30, nach Stunden bezahlte Arbeitnehmer unter einem Vorarbeiter, der einem leitenden Vorarbeiter unterstellt war, der wiederum Anweisungen von einem Linienmanager erhielt.

Später wurde dann die Rolle des Vorarbeiters bzw. des leitenden Vorarbeiters durch sogenannte »Zellen« ersetzt, die gewöhnlich aus zwei Teams mit je 40-50 Arbeitern bestanden, an deren Spitze ein Gruppenleiter steht. Zum ersten mal waren die Gruppenleiter damit nach Stundenlohn bezahlte Arbeitnehmer, die am Fließband arbeiteten.

Die Gruppenführer waren Arbeitnehmer, die auf eine Stufe mit den Managern gestellt wurden und die Zellen stützen sich auf die Sachkenntnis von Einrichtern (»facilitators«), oft Produktionstechniker oder qualifizierte Arbeitskräfte. Unter den neuen Strukturen entstanden keine neuen Arbeitsplätze im Bereich der Aufsicht und die ehemaligen Vorarbeiter wurden Einrichter oder erhielten eine Abfindung.

3.2 Änderungsvorschläge

Im September 1991 schlug das Rover-Management vor, daß zwischen dem Unternehmen und seinen 35.000 Arbeitnehmern ein neuer Vertrag, ein »New Deal«, geschlossen werden soll. Diese Vorschläge konzentrierten sich vor allem auf folgende Punkte:

- der Gruppenarbeit und der stetigen Verbesserung soll mehr Bedeutung zukommen
- volle Flexibilität;
- Arbeitsplatzsicherheit;
- eine einheitliche Struktur der Arbeiter- und Angestelltenpositionen;
- angepaßte Gewerkschaftsabkommen;
- aktualisierte Abkommen über das Vorgehen bei Tarifverhandlungen.

Für was braucht man Veränderungen?

- Wir benötigen eine Belegschaft, die sich durch Individuelles und kollektives Engagement für das Unternehmen auszeichnet.
- Da die Umsätze der Industrie weltweit in einer Krise stecken, kennen wir alle die Wirkungen der Motorindustrie.
- Die nordamerikanischen Erfahrungen mit japanischen Betriebsverlagerungen waren alarmierend: 10 der größten einheimischen Betriebsstätten wurden zwischen 1987 und 1990 geschlossen, weitere Schließungen folgten in jüngster Zeit.
- Wir beobachten eine wachsende Zahl und schnell durchgeführte Betriebsverlagerungen japanischer Unternehmen wie Nissan, Toyota und Honda. Innerhalb von 15-18 Monaten werden in einer Industrie, die ohnehin schon unter chronischer Überkapazität leidet, 500.000 neue Kapazitätseinheiten entstehen.
- Wir glauben alle daran, daß wir besser sein können als die uns gegenüberstehende Konkurrenz und das, was wir in jüngster Zeit in Longbridge erreicht haben, demonstriert dies.
  - Das Qualitätsniveau verbessert sich ständig
  - Die Produktivität steigt
  - Der Ausschuß nimmt immer mehr ab
  - Die Leistungsbeurteilung durch Kunden wird besser.
- Die Botschaft ist somit klar – wenn wir überleben wollen, müssen wir in unserer Effektivität, Qualität, Produktivität, Flexibilität und Arbeitnehmerbeteiligung konkurrenzfähige Niveaus erreichen. Denn merke: die Konkurrenz schläft nicht.

Auszug aus »Rover von morgen – das Handbuch für Manager« (»Rover Tomorrow – Managers Handbook«)

Die Vorschläge spiegelten die Sorgen des Managements bezüglich der Kapazitätszunahmen, die japanische Anleger wie Toyota und Nissan verkündeten. Das Unternehmen glaubte außerdem, daß die Grenzen der Produktivität mit den bisherigen Arbeitspraktiken erreicht sind und deshalb ein neuer Ansatz nötig wird, den der »New Deal« ermöglichen soll. Es sollte auch erwähnt werden, daß Rovers Vorstellungen zum »New Deal« sich teilweise am Beipiel von Honda orientierten, einem Unternehmen mit dem Rover enge Geschäftsverbindungen aufgebaut hat.

3.3 Der »New Deal«

Der Vertrag, der am 16. April 1992 in Kraft trat, wurde vom Rover-Management und dem gemeinsamen Verhandlungsgremium mit Mitgliedern aus der Belegschaft und den Arbeitergewerkschaften, unter anderem auch der MSF, unterzeichnet. Die Ziele des Vertrags lauten wie folgt:

- stetige Verbesserungen für jeden in der Firma
- Die Aufhebung sämtlicher Überstundenrestriktionen
- Absolute Flexibilität, abhängig vom Ausbildungsgrad, sowie von Gesundheits- und Sicherheitsüberlegungen;
- Beteiligung an Diskussionsgruppen, »Qualitätsaktionsgruppen« (quality action teams, Vorschlagsprojekten und anderen Aktivitäten, die die Unternehmensleistung verbessern sollen; und
- die möglichst weitgehende Übertragung von Autoriät und Verantwortlichkeit auf die Arbeiter, die die Arbeit erledigen. Gruppen werden für die Qualität, die routinemäßigen Instandhaltungsarbeiten und das Wirtschaften verantwortlich sein und werden bezüglich der Gestaltung und Ausrüstung der Werke und Büros, des Verfahrensverbesserungen, der Kostenreduzierung, der Kontrolle über Werkzeuge und Materialien, der Arbeitsverteilung, dem Aufgabenwechsel und dem gegenseitigen Einlernen mitbestimmen können.

Hauptziele

Die folgenden Punkte fassen unsere Hauptziele, basierend auf Schätzungen über die weltweit besten Praktiken, zusammen. Mit ihrer Hilfe wollen wir in der Lage sein, mit den Besten konkurrieren zu können:

- Lieferung für den Verkauf (»Deliver to Sales«), Wagen mit weniger als einem Fehler pro Einheit, gemessen über einen Zeitraum von zwölf Monaten.
- Steigerung der Produktivität bis zum Titel »Bester seiner Klasse«.
- Das Erreichen von 100% eines Verkaufsprogrammes mit 98% Leistung in Reihenfolge und Mischung.
- Kontrolle der noch nicht fertiggestellten Wagen »außer der Reihe«, mit dem Ziel, diese innerhalb von zwei Tagen für den Verkauf bereit zu haben, wobei darauf geachtet werden muß, daß kein Auto älter als eine Woche ist.

- Nach dem Herausbringen eines neuen Wagens soll innerhalb von vier Monaten zur normalen Produktivität und innerhalb von einem Monat zur gewohnten Qualität übergegenagen werden.

Auszug aus »Rover Tomorrow – Managers Handbook«

3.4 Bedingungen

- Die Einführung dieser neuen Arbeitspraktiken werden begleitet von den folgenden Veränderungen der Arbeitsbedingungen:
- die allmähliche Abschaffung des »Stempelns«;
- die Einführung einer einheitlichen Lohnfortzahlung im Krankheitsfall;
- das Unternehmen sorgt für regelmäßige ärztliche Untersuchungen;
- die Arbeitskleidung wird vom Unternehmen gestellt;
- einheitliche Versorgung mit Speisen und Getränken
- die Arbeiter haben die Möglichkeit, einen Teil des ihnen pro Jahr zustehenden Urlaubs außerhalb der offiziellen Betriebsferien zu nehmen.
- die Bezahlung erfolgt durch wöchentliche Überweisungen;
- Keine Arbeitseinstellung; und
- Sicherheit des Arbeitsplatzes.

Die Bestimmungen zur Arbeitseinstellung und zur Kurzarbeit besagen, daß »für den Fall, daß für die gesamte Wochenarbeitszeit, oder für einen Teil davon, keine Arbeit da ist, alle Arbeitnehmer andere sinnvolle Aufgaben erhalten und dafür ihren üblichen Standardlohn bezahlt bekommen, einschließlich entsprechender Schichtzulagen für ihre Grundarbeitszeit. Voraussetzung dafür ist, daß:

- der Arbeitnehmer gewillt und in der Lage ist zu arbeiten und dafür zur Verfügung steht; und
- der Arbeitnehmer sich nicht an Arbeitskampfmaßnahmen beteiligt.

3.5 Arbeitsplätze auf Lebenszeit?

Der Aspekt, der den größten Unterschied des »New Deal« bezüglich der Arbeitsbedingungen und -praktiken zu seinen britischen Konkurrenten ausmacht, ist eine Regelung, die von mancherorts als Angebot für einen Arbeitsplatz auf Lebenszeit nach japanischem Vorbild interpretiert wurde. Die Vereinbarung legt fest, daß »Arbeitnehmer, die für Rover arbeiten wollen, auch bei Rover bleiben können.« Das klare Ziel ist, Zwangsentlassungen durch das Zurückgreifen auf Umschulungen, freiwillige Kündigungen und Möglichkeiten zum Vorruhestand zu verhindern.

3.6 Weitere Fortschritte

Weitere wichtige Bestimmungen des »New Deal« umfassen die Zusage des Managements und der Gewerkschaften, vertragswidrige Arbeitskampfmaßnahmen zu vermeiden, sowie die Einführung von einzelgewerkschaftlichen Verhandlungen und die Zusicherung, eine einheitliche Einstufungsstruktur für die gesamte Belegschaft einzuführen.

Außerdem wurden die Konsultationsstrukturen für Vertreter anerkannter Gewerkschaften verbessert, um ein bestmögliches Verständnis für das Agieren des Unternehmens, den Wettbewerb und Konkurrenzstandards, Produkt- und Unternehmenspläne, sowie für alle Betätigungsfelder, die das Unternehmen und seine Arbeitnehmer betreffen, zu erzielen. Zweimal jährlich findet eine Sitzung mit nationalen Offiziellen und Arbeitnehmervertretern aus dem gemeinsamen Verhandlungsgremium statt, um eine Evaluation der Unternehmensaktivitäten sowie einen Ausblick durchzuführen.

4. Erfahrungen der Gewerkschaft

- Einstellung der Gewerkschaften zum Änderungsprozeß und ihre Beteiligung an demselben
- Erfahrungen der Gewerkschaft aus der Sicht der Basis, der örtlichen und der zentralen Führung
- Die Ergebnisse aus Gewerkschaftssicht

4.1 Veränderungen im größeren Kontext

Bezüglich des Änderungsprozesses bei Rover gab es zahlreiche, sich teilweise widersprechende Ansichten. Diese reflektieren die Kombination verschiedener Zwänge auf der Ebene der Regierung, der Makroökonomie und der Industrie. Zusammen bildeten sie die materielle Basis für eine Übereinkunft über den »New Deal« von Rover. Sie können wie folgt kurz zusammengefaßt werden:

Regierungsebene:

- eine konservative Regierung, deren Politik nach dem laissez-faire-Prinzip auf Marktöffnung ausgerichtet ist;
- eine Gesetzgebung, die nach und nach die Rechte der Gewerkschaften beschnitt.
- politische Maßnahmen, die ausländische Investoren, vor allem aus Japan, anziehen sollten.

Makroökonomische Ebene:

- die Effekte durch die Einführung des Einheitlichen Europäischen Binnenmarktes und die Schritte zur Aufhebung von Handelsbarrieren und wettbewerbsbeschränkenden Vereinbarungen;
- der Rückgang der wirtschaftlichen Wachstumsraten und der Rezessionsdruck.

Industrielle Ebene:

- verschärfter Konkurrenzkampf, japanische Unternehmen drängen zunehmend auf den Markt;
- Überkapazitäten und die Notwendigkeit von Rationalisierungen
- Nachfrage nach höherer Qualität;
- die Einführung neuer Produktionsmethoden – »der Japan-Effekt«;
- Produktionsstart in japanischen Betriebsstätten

4.2 Die Rahmenbedingungen für eine Vereinbarung

Die Gewerkschaft begegnete dem Vorschlag des Managements, einen neuen Vertrag, den »New Deal« auszuhandeln, mit einer Mischung aus Opposition, Ängstlichkeit und Skepsis. Aber gleichzeitig wuchs innerhalb der Belegschaft das Bewußtsein und Verständnis dafür, daß Rover etwas gegen die wachsende Konkurrenz tun mußte, wollte das Unternehmen nicht in Schwierigkeiten geraten. Diese Ansicht entwickelte sich teilweise auch wegen des Anteils von 20 Prozent, den Honda an Rover hält.

Während das Management von der Notwendigkeit neuer Managementmethoden sprach, wurden die betrieblichen Beziehungen zwischen Arbeitgebern und Arbeitnehmern immer noch von den alten Praktiken bestimmt.

In dem Entwurf ihrer Antwort an Rover, der noch nicht eingereicht wurde, beschreiben die Gewerkschaften die Art der bisherigen Beziehung wie folgt:

- die Beziehung war weitgehend von Konfrontation und Mißtrauen geprägt;
- die Arbeitnehmer wurden lediglich als Produktionsfaktor angesehen;
- die Arbeitgeber zeigten nur mäßiges Interesse an den von den Gewerkschaften erwarteten positiven Beiträgen
- höhere Führungskräfte pflegten eine »sie« und »wir«- Mentalität.

Hieraus resultierte das Versagen, das gesamte Humankapital für Rover nutzbar zu machen.

4.3 Reaktionen auf den »New Deal«

Gewerkschaftsführer stimmten dem »New Deal« voller Enthusiasmus zu. Die Garantien zur Sicherung der Arbeitsplätze waren die umfassendsten der gesamten Branche. Die Vereinbarung wurde während der stärksten Rezession in Großbritannien seit Ende des Krieges ausgehandelt. Der Großteil der übrigen Unternehmen versuchte, seine Belegschaft zu reduzieren. Dennoch stimmten die Arbeitnehmer bei Rover dem Vertrag nur mit einer sehr knappen Mehrheit von 11.961 zu 11.793 zu. In Anbetracht der Tatsache, daß das Unternehmen für diese Änderungen keine Zahlungen in bar anbot, war der knappe Ausgang der Abstimmung vielleicht zu erwarten gewesen.

4.4 Der »New Deal« in der Praxis

Die Wettbewerbssituation von Rover verbesserte sich seit der Einführung des »New Deal« kontinuierlich. Das gilt vor allem für »Land Rover«, dessen Wagen inzwischen weltweit als führend in der Klasse der Fahrzeuge mit Allradantrieb anerkannt werden.

Die Belegschaft steht den Veränderungen, die von ihr verlangt wurden, jedoch weiterhin mit gemischten Gefühlen gegenüber. Vor allem all jene Teile der Belegschaft, die hauptsächlich von MSF vertreten werden, glauben, daß sie einen unverhältnismäßig großen Anteil der Last dieser Veränderungen zu tragen haben. Außerdem sind die Arbeitnehmer der Ansicht, daß diese zu einer Verschlechterung ihrer Arbeitsbedingungen und beruflichen Stellung führten. Andere Gruppen von Arbeitnehmern wurden sehr schnell befördert, wobei sie sich häufig für geringere Bezahlung zu Aufgaben verpflichteten, die früher von Verwaltungspersonal erledigt wurden. Derartige Flexibilität in Form von vertikaler Mobilität kam vor allem der Gruppe der Arbeiter zugute. Die Angestellten kritisieren zudem, daß sie nicht in gleichem Maße wie die Arbeiter Zugang zu Weiter- und Fortbildungskursen haben.

Mit der Klausel zur Verhinderung von Zwangsentlassungen wurde die Absicht verfolgt, daß es für das Unternehmen teurer werden sollte, die Zahl der Arbeitnehmer zu reduzieren. Die Angestellten beschreiben die Situation als eine Art »ständige Redundanz«, was schließlich zu einer gewissen Demotivierung führte.

Die Belegschaft ist überzeugt davon, daß Gruppenarbeit einen Angriff auf ihre Arbeitsgebiete und speziell auf die Gewerkschaftsorganisationen der Arbeitnehmer darstellt. Die Versuche einiger Arbeitnehmer, die Zielvorstellungen der Gewerkschaften in den Gruppen durchzusetzen, führten häufig zur Einstellung der Gruppenarbeit. Die Drohung mit Auslagerungen zielte vor allem darauf ab, das Verhältnis von direkter und indirekter Arbeit zu verringern. Die Belegschaft befürchtet nun, daß das Unternehmen zu einem reinen Montageunternehmen verkommen könnte.

Ein »Senior Steward« nannte den »New Deal« ein »absolutes Desaster« für die Angestellten, die den Großteil der Mitglieder von MSF ausmachen. Gewerkschaften, die hingegen gelernte und ungelernte Arbeiter vertreten, haben deshalb vielleicht eine ganz andere Einstellung gegenüber den Veränderungen, die der »New Deal« mit sich bringt.

4.5 Rovers »New Deal« – das alte Lied

Rover gab bekannt, daß im Rahmen des »New Deal« eintausend Mitarbeiter des Büropersonals in einen »direkten« Tätigkeitsbereich, also in die Montage, versetzt werden sollen.

Dieses Kapitel in Rovers »New Deal« geht auf eine Idee vom September 1992 zurück. Damals wurde über dieses Thema frei heraus gesprochen. Im Gegenzug für die Einwilligung, flexiblere Arbeitspraktiken zu akzeptieren, erhielt der nach Stundenlohn bezahlte Teil der Belegschaft größere Arbeitsplatzsicherheit und eine Sonderstellung zugesichert. Während Rover ursprünglich behauptete, Angestellte würden nur in Notfällen auf der Ebene manueller Arbeitsplätze eingesetzt, befürchteten die Angestelltengewerkschaften, daß Rover eine Belegschaft anstrebt, die immer, überall und für alle Arten von Arbeit zur Verfügung steht. Nach zähen Verhandlungen und erst nachdem Rover konkrete Zusagen in Sachen Arbeitsplatzsicherung gegeben hatte, stimmte die Gewerkschaft der Angestellten dem »New Deal« zu.

Fast unmittelbar danach bewahrheiteten sich die schlimmsten Befürchtungen der Angestelltengewerkschaften, als über einhundert Angestellte in die Produktion verlegt wurden. Dem folgte ein Vorschlag, daß noch eine weitaus größere Zahl in den Produktionsbereich versetzt werden sollte. Nur sechzig Angestellte folgten diesem Vorschlag des Managements. Die Angestelltengewerkschaften verfolgten daraufhin folgende Ziele:

- alle derartigen Wechsel sollten auf rein freiwilliger Basis erfolgen;
- alle Arbeitnehmer, die bereit waren zu einem Wechsel sollten die Möglichkeit haben, diesen innerhalb von drei Monaten wieder rückgängig machen zu können;
- eine einmal erreichte Besoldungsgruppe sollte auf Lebenszeit garantiert sein.

Inzwischen hat sich der Disput in der Firma weitgehend gelegt, dennoch offenbart er die Spannungen, die innerhalb Rovers aufgrund des »New Deal« existieren.

4.6 Die Ansicht der Gewerkschaften

Gewerkschaften sind freiwillige Zusammenschlüsse von Individuen zur Vertretung ihrer gemeinsamen Interessen. Daher versteht die MSF vollkommen die ernsten Sorgen ihrer Mitglieder bei Rover. Die Gewerkschaft wird ihre Kampagnen weiterhin unterstützen, um sicherzustellen, daß sie durch die Änderungspläne von Rover nicht übervorteilt werden.

Abgesehen von den Anliegen und Sorgen der Mitglieder ist MSF jedoch der Ansicht, daß es sich bei dem »New Deal« um ein innovatives Abkommen handelt, das für die Belegschaft auch viele Vorteile bringt. Des weiteren glauben wir, daß eine solche Übereinkunft getroffen werden mußte, um das Überleben des Unternehmns auf lange Sicht hin zu gewährleisten. In diesem Fall war ein Abkommen, das gemeinsam mit den Gewerkschaften getroffen wurde, besser, als eines, das uns gegen unseren Widerstand aufgezwungen worden wäre.

Im neuen Zeitalter der zunehmenden internationalen Konkurrenz ist es die einzigartige unabhängige Vertretung der Interessen der Mitglieder in Verbindung mit einem strategischen Verständnis für die Ziele des Unternehmens, was den Gewerkschaften die Wahrung ihrer Position ermöglicht. In unseren Augen ist dieser Ansatz harmonischer und demokratischer und damit eher geeignet, auch dem Unternehmen Vorteile zu bringen. Zudem reagiert MSF nicht einfach auf Initiativen des Managements, sondern bringt folgende eigene Vorschläge beim Management ein:

- Voraussetzung für einen Weltklasse-Status des Unternehmens sind weltklasse Arbeitsbedingungen;
- wir wollen eine fortdauernde Arbeitsplatzsicherheit und die Erhaltung und Ausweitung des Beschäftigungsstandes;
- das gemeinsame Tragen von Risiken setzt gemeinsame Entscheidungen voraus;
- darüber hinaus streben wir nach Qualität und humankapitalintensiver Beschäftigung;
- die Zusage, daß Planungs- und Entscheidungsfunktionen erhalten bleiben;
- die Beibehaltung beruflicher Weiterbildung.
- stabile und effiziente Arbeitsbeziehung, sowie die Erhaltung bereits existierender Einflußbereiche und verstärkte kollektive Vertretung der Arbeiter durch Mitgliederwerbung für die jeweils zuständige Gewerkschaft;
- ein freiwilliger Ansatz zu mehr Flexibilität durch Verbesserung der Fähigkeiten der Arbeiter;
- kontinuierliche Verbesserungen im Bereich Gesundheit und Sicherheit der Arbeitnehmer, sowie die Zusage, Streß durch Intensivierung des Arbeitsprozesses zu verhindern;
- gleiche (Aufstiegs-)Chancen für alle
- Engagement für eine fortschrittliche Zusammenarbeit mit den Zulieferbetrieben, um sicherzustellen, daß die Arbeitnehmer in diesen Betrieben ähnlich gute Arbeitsbedingungen wie die Rover-Mitarbeiter genießen.

4.7 Allgemeine Meinung

MSF führte vor kurzem eine Umfrage über die neuen Managementtechniken unter Vertretern der Arbeiterschaft durch. Sie ergab, daß sich die Einstellung den neuen Managementtechniken gegenüber nach deren Implementation verschlechterte. Die Umfrageergebnisse widersprechen außerdem vielen der zuvor versprochenen Vorteile der neuen Techniken. Die Anzahl der Befragten, die glaubten, nun weniger Kontrolle über ihre Arbeit zu haben, war größer als die Anzahl derer, die angaben nun mehr Eigenkontrolle zu haben (31% : 9%). Ähnlich ist die Lage bei der Zufriedenheit mit dem Arbeitsplatz: ein großer Teil der Arbeiter gibt an, nun weniger Freude an der Arbeit zu haben (mehr Arbeitsfreude 7% : weniger Arbeitsfreude 40%). Nähere Angaben hierzu siehe Appendix Fünf.

Appendix 1

Verkaufszahlen für GB – die Besten 10 von 1993	
Ford Escort	122.002
Ford Fiesta	110.449
Opel (Vauxhall) Astra	108.204
Opel (Vauxhall) Cavalier	104.104
Ford Mondeo	88.660
ROVER 200	77.745
ROVER METRO	57.068
Peugeot	40552.184
Opel (Vauxhall) Corsa	51.608
Renault Clio	45.269
	SMMT

Appendix 2

	Neuzulassungen in Großbritannien Januar-Dezember 1993		
	Volumen	Änderungen %	Marktanteil %
Gesamtmarkt	1.778.426	+11.6	100.0
Produziert in Großbritannien	792.921	+10.4	44.59
Importe	885.505	+1.6	55.41
Japanische Produktionen	225.428	+15.11	12.67
Ford Gruppe	387.895	+8.07	21.81
• Ford	381.671	+8.02	21.46
• Jaguar	6.224	+11.0	0.35
General Motors	313.082	+13.46	17.6
• Opel (Vauxhall)	303.926	+14.23	17.09
• Saab	9.156	-7.23	0.51
ROVER	223.540	+18.63	13.38
Peugeot Gruppe	223.540	+18.63	12.56
• Peugeo	t142.714	+15.07	8.02
• Citreon	80.826	+25.48	4.54
Volkswagen Gruppe	101.302	+0.5	5.7
• Volkswagen	64.299	-1.31	3.62
• Audi	19.725	+9.02	1.11
• SEAT	8.658	+5.61	0.49
• Skoda	8.620	-59.73	0.48

Nissan	89.209	+20.25	5.02
Renault	93.213	+27.4	5.24
Volvo	43.704	+1.39	2.46
Fiat Gruppe	45.607	+34.31	2.56
• Fiat	42.841	+38.17	2.41
• Lancia	583	-16.84	0.03
• Alfa Romeo	2.183	-3.33	0.12
Toyota	52.190	+23.63	2.93
BMW	40.921	+0.61	2.3
Honda	30.902	+15.7	1.74
Mercedes Benz	21.186	-5.53	1.19

Tabelle aus der MSF Umfrage
Angaben/Daten: Gesellschaft der Automobilhersteller und -händler (Society of Motor Manufacturers and Traders)

Quellen:

1. New Management Techniques: A guide for MSF members (bisher unveröffentlicht).
2. Rover Tomorrow – The New Deal at Longbridge: A guide for Associates.
3. Rover Tomorrow – A Managers Handbook.
4. Rover`s »New Deal« in: European Industrial Relations Review 223, August 1992.

Appendix 3

	Neuzulassungen in Westeuropa Januar-Dezember 1993		
	Volumen	Änderungen %	Marktanteil %
Gesamtmarkt	11.449.000	-15,2	100,0
Deutschland	3.192.000	-18,8	27,9
Italien	1.890.000	-20,4	17,6
Großbritannien	1.778.000	+11,6	11,8
Frankreich	1.721.000	-18,3	15,6
Spanien	744.000	-24,1	7,3
Volkswagen	1.888.000	-20,1	16,5
General Motors	1.493.000	-11,4	13,0
Peugeot	1.402.000	-14,7	12,2
Ford	1.315.000	-13,4	11,5
Fiat	1.272.000	-20,6	11,1
Renault	1.201.000	-16,2	10,5
Nissan	397.000	-9,5	3,5
BMW	370.000	-16,4	3,2
ROVER	361.000	+8,9	3,2
Mercedes-Benz	354.000	-13,5	3,1
Toyota	318.000	-5,8	2,8
Mazda	194.000	-28,0	1,7
Volvo	171.000	-14,7	1,5
Honda	162.000	-7,8	1,4
Mitsubishi	140.000	-13,1	1,2
Japanische Produkte insgesamt	1.388.000	-12,9	12,1
Tabelle aus der MSF Umfrage; Daten: Branchen Schätzungen?			

*Reaktion auf die Neuen Managementtechniken (NMT)
zur Zeit der Einführung*

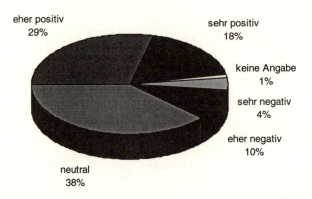

MSF Vierteljährliche Umfrage: April 1994 (%)

Jetzige Einstellung gegenüber den Neuen Managementtechniken

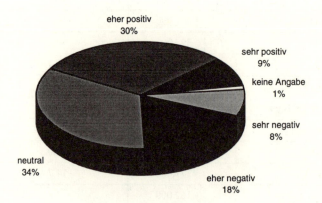

Jetzige Einflußmöglichkeiten auf die Arbeit im Vergleich zur Zeit vor der Einführung der Neuen Managementtechniken

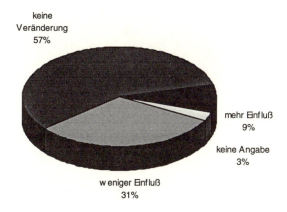

Jetziger Grad der Arbeitsunzufriedenheit im Vergleich zur Zeit vor der Einführung der Neuen Managementtechniken

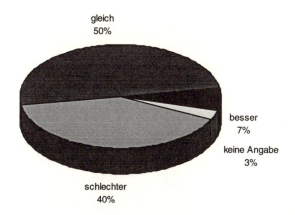

Gemeinsames Internationales Projekt über neue Formen der Arbeitsorganisation – Vertraulicher Berichtentwurf
von Kimmo Kevätsalo, 7.9.1994

1. Neue Formen der Arbeitsorganisation – die Situation in Finnland

Die größeren finnischen Unternehmen arbeiten in der für international operierende Gesellschaften typischen Weise und folgen daher auch den neuen Trends, die im Mittelpunkt der Diskussion über moderne Managementmethoden und -instrumente stehen. Formen des Management by Objectives (MBO) wurden zum ersten mal in den 70er Jahren implementiert. Die Just-in-Time-Welle erreichte ihren Höhepunkt zu Beginn der 80er Jahre und brachte erhebliche Erfolge mit sich. Mitte der 80er Jahre füllten Überlegungen zur Flexibilisierung die Fachzeitschriften. Heutzutage sind die dominierenden Themen in diesen Zeitschriften Lean Production, Activity Based Management, Process Management usw. und dies trifft für alle OECD-Länder zu.

Die gegenwärtige Debatte in den Massenmedien beschäftigt sich aber vor allem mit dem Konzept der Flexibilität. Dieses umfaßt sowohl die Arbeitszeit als auch die Löhne und Gehälter. Der Grund hierfür liegt auf der Hand: in den vergangenen Jahren hatte Finnland unter einer ernsten wirtschaftlichen Rezession zu leiden, die Ende 1993 zu einem Rekordhoch der Arbeitslosigkeit mit 19% führte. Die Arbeitgeber und ihre Verbände forderten daraufhin mehr Flexibilität in den oben genannten Feldern, was dazu führte, daß mit den Tarifverträgen von 1993 erste Schritte hin zu mehr Flexibilität unternommen wurden.

Während die funktionale Flexibilität, eines der wichtigsten Elemente in der Arbeitsorganisation, in der öffentlichen Debatte noch relativ wenig beachtet wird, zeigten die Unternehmen selbst bereits starkes Interesse an Projekten zur funktionalen Flexibilität. In der Regel hängen solche Projekte mit den Veränderungen zusammen, die neue Technologien mit sich bringen, oder mit Versuchen, die Produktions- und Serviceprozesse zu verbessern.

Die Regierung, beziehungsweise das Ministerium für Arbeit, hat zwei nationale Projekte zur Förderung neuer Arbeitsorganisationen ins Leben gerufen. Das eine beschäftigt sich mit der Produktivität, das andere mit der Qualität des Arbeitslebens. Letzteres umfaßt mit folgende Themenbereiche: 1. Unternehmertum und Beschäftigung; 2. Produktivität; 3. Qualität des Berufslebens; 4. Kompetenzen und 5. Flexibilität. Während das erste Projekt eine Laufzeit von zwei Jahren haben soll, also bis Ende 1995, handelt es sich beim zweiten um ein Fünf-Jahres-Projekt.

Vor allem der Arbeitgeberverband schaltete sich sehr aktiv in die Diskussion über neue Arbeitsorganisationen ein. Er war einer der Initiatoren des großen Förderungsprogrammes, dessen Ziel es ist, die Wirtschaftlichkeit und Wettbewerbsfähigkeit finnischer Metall- und Maschinenbauindustrie zu verbessern. Das Projekt wurde zudem unterstützt und initiiert von der Technischen Universität Helsinki, dem staatlichen technologischen Forschungszentrum und einigen privaten Unternehmen.

Die Reaktion der Gewerkschaften auf Vorhaben dieser Art muß man als mißtrauisch und vorsichtig beschreiben. Aus historischer Sicht haben die Gewerkschaften allen Grund anzunehmen, daß das Hauptziel, das Arbeitgeber mit der Entwicklung neuer Formen der Arbeitsorganisation verfolgen, immer der Abbau von Arbeitsinhalten, sowie die Beschneidung der Macht organisierter Arbeiterbewegungen ist. Der Taylorismus ist nur ein extremes Beispiel hierfür. Die momentane wirtschaftliche Lage gibt weiteren Anlaß zu derartigen Vermutungen, da die Arbeitgeber eine Flexibilisierung der Löhne nach unten und flexiblere Arbeitszeiten fordern, um der Nachfrage nach Produkten und nicht den Bedürfnissen der Arbeiter gerecht zu werden.

In Finnland sind die Unterschiede zwischen den wenigen großen multinationalen Unternehmen und den mittelständischen und kleinen Betrieben sehr groß, wahrscheinlich größer als in vielen anderen Industrienationen. Große Unternehmen wie ABB, NOKIA, KONE, METRA, Outokumpu, Rautaruukki, Repola und Valmet agieren in typisch multinationaler Manier, folgen aber dennoch stets den neuesten Trends im Bereich der Arbeitsorganisation. Unter all diesen Unternehemn könnte man lediglich ABBs Betriebe in Finnland als führend in Sachen Personalpolitik bezeichnen. Die übrigen Unternehmen implementieren Veränderungen in der Arbeitsorganisation in der Regel eher vorsichtig.

2. *Das Unternehmen KONE*

Die von mir ausgewählte Fallstudie beschäftigt sich mit einem Profit-Center der KONE Corporation Finnland. Das liegt daran, daß ich in den vergangenen zwei Jahren an einem Entwicklungsprojektzusammen mit dem Kooperationsausschuß dieses Unternehmens arbeitete. Während dieser Zeit gelang es uns, zahlreiche Probleme aufzudecken, die sich für die Gewerkschaften innerhalb solcher Entwicklungsprojekte ergeben.

Bei KONE handelt es sich zudem um eines der bereits erwähnten multinationalen Unternehmen, was uns die Möglichkeit zu vergleichenden Studien und reflektiven Analysen interessierter Vertreter verschiedener europäischer Länder gibt.

KONEs Hauptgeschäftsbereich ist der vertikale Transport, oder umgangssprachlich: Aufzüge. In der Vergangenheit war KONE zudem an der Produktion von Kränen und Schiffsfrachtverladevorrichtungen beteiligt sowie in der Holzbearbeitung tätig, aber in den letzten Jahren konzentrierte sich das Unternehmen hauptsächlich auf Aufzüge. 1993 bewegte sich der Umsatz durch Aufzüge bei etwa 8.3 Millionen FIM (ungefähr 1.6 Millionen $).

1993 beschäftigte KONE in der Aufzugproduktion 16.900 Arbeitnehmer in Europa, Nord- und Südamerika, Asien und Australien. Die größten Produktionsstätten befanden sich in Finnland (3100 Arbeiter), Frankreich (3000), Italien (2800), Großbritannien (1700), den USA (1400), Schweden (1200), sowie in Deutschland, den Niederlanden, Australien und Belgien (jeweils etwa 800-1000 Arbeiter).

KONEs wichtigster Markt ist ganz klar Europa, aber das größte Wachstum konnte das Unternehmen in Nordamerika, Australien, Asien und anderen Gebieten verbuchen. 1993 betrug der Anteil Europas am Gesamtmarkt 72%.

Inzwischen macht das Geschäft mit den Aufzügen 95% des Gesamtumsatzes aus. Innerhalb dieses Sektors sorgten Instandhaltungen und Modernisierungen für 60% des Umsatzes. Vor allem aufgrund der sinkenden Nachfrage in Europa gab es 1993 kein Wachstum in den Verkaufszahlen. Die Jahre zuvor war das finanzielle Ergebnis stets zufriedenstellend, 1993 gingen die Einnahmen jedoch etwas zurück. Der Hauptgrund hierfür liegt in der geringeren Nachfrage nach neuen Aufzügen in Nordeuropa, woraufhin die Preise entsprechend fielen.

Das Image der Firma in bezug auf seine Personalpolitik kann bestenfalls als vorsichtig, zielorientiert und systematisch bezeichnet werden. Während der letzten Jahre konnten einige Bemühungen um eine Zusammenarbeit des Managements mit der Belegschaft des Unternehmens beobachtet werden. Unter anderem organisierte das Unternehmen eine große internationale Konferenz mit dem Thema »Kommunikation unter Arbeitnehmern«. An dem Treffen nahmen Arbeitnehmervertreter aller wichtiger nationaler Unternehmen teil.

Das Kone-Unternehmen ist zu weiten Teilen im Besitz einer Familie, die bei Hauptversammlungen der Aktiengesellschaft die Mehrheit der Stimmen besitzt. Die Familie stellt auch die Mehrheit im Board of Directors. Im ersten Halbjahr 1994 verkaufte die Familie ihre Holz- und Kräneabteilung und Zeitungen spekulierten, daß das deutsche Großunternehmen Thyssen ein Übernahmeangebot für das Kone-Unternehmen unterbreitet hat. Die Journalisten nahmen an, daß die Familie dem Geschäft grundsätzlich nicht ablehnend gegenüber stand.

3. Der ausgewählte Betrieb (Profit-Center)

Der von mir für dieses Projekt ausgewählte Betrieb ist Bestandteil von »Kone Elevators« (Kone Aufzüge) in Finnland. Dort wird eines der wichtigsten Bestandteile der Aufzüge produziert, »die Gehirne« der Aufzüge: die Steuerungsschalttafeln. Diese werden für regionale Aufzugscenter hergestellt, die die Aufzüge verkaufen, planen und installieren. Zur Installation zählt auch das Bestellen der Einzelteile. Die Aufzugscenter sind demnach sozusagen die Kunden des Betriebes innerhalb des Unternehmens. Ein Center, der »Nordic Center«, befindet sich sogar auf dem selben Industriegelände, auf dem unser Unternehmen einen Betrieb besitzt.

Die Steuerungsschalttafeln sind fast High-Tech-Produkte, die ständig weiterentwickelt und verbessert werden. Obwohl der Hauptabnehmer für die Schalttafeln die Kone-Gruppe selbst ist, ist das Management stolz darauf, daß das Unternehmen sowohl der Konkurrenz innerhalb des Unternehmens, als auch der Konkurrenz von außerhalb desselben ausgesetzt ist. Es gibt sogar europäische Filialbetriebe des Unternehmens, die ebenfalls Steuerungsschalttafeln produzieren. Es kommt dabei teilweise auch zur Vergabe von Unteraufträgen. Außenstehende können in der Praxis jedoch nur sehr schwer den Anteil an Schalttafeln feststellen, die letztendlich auf dem offenen Markt gekauft werden.

Die Produktion ist traditionell organisiert:

Käufer → Auftrag → Entwicklung von Software und Hardware → Produktion → Prüfen → Verpacken → Transport zum Installationsort (d.h. regionaler Aufzugscenter bei Kunden innerhalb des Unternehmens; beziehungsweise zum Standort des Auftraggebers bei unternehmensfremden Kunden).

Das Forschungs- und Entwicklungszentrum ist räumlich von den Produktionseinheiten getrennt (obwohl sich alle auf dem selben Industriegelände befinden). Während die Produktionseinheiten unabhängig von einander operieren, arbeitet die F&E-Einheit zentralisert, also für alle.

Einige Komponenten (zum Beispiel Leiterplatten) werden in verschiedenen Teilen des Betriebs hergestellt, andere werden von externen Betrieben bezogen. Außerdem wurden die Montage bestimmter Standardmodelle an Subunternehmen vergeben.

Die gesamte Belegschaft besteht aus etwa 150 Arbeitnehmern, von denen etwa 55% als Arbeiter bezeichnet werden können. Im Vergleich zu anderen finnischen Untrenehmen ist damit der Anteil der Angestellten recht hoch (schätzungsweise 10% über dem Durchschnitt).

Es gibt eine Kultur der Kooperation zwischen den verschiedenen Arbeitnehmergruppen (z.B. Konstrukteure, Techniker, Prüfer und andere Beschäftigte) dieses Betriebes. Dieser begrüßenswerte Sachverhalt ist unter anderem auf die Natur des Produktes zurückzuführen. Es ist ein High-Tech-Produkt, was nach unseren Erfahrungen häufig angenehme betriebliche Arbeitsbeziehungen ermöglicht. Die Manager und Betriebsleiter versuchen stets, diese Atmosphäre der Zusammenarbeit zu fördern und nicht einmal die Arbeiter sind dagegen; allerdings bleiben sie wachsam, damit die Beziehungen zu den Vorgesetzten nicht zu eng werden.

Das Lohnsystem der Arbeiter muß weiter ausgearbeitet werden. Für die Fließbandarbeit gibt es in der Regel individuellen Akkordlohn für einfache Montage- und Prüfarbeiten und einen Stundenlohn für kompliziertere Prüfarbeiten. Die Bezahlung der Überstunden ist gesetzlich festgelegt auf 50-100% des durchschnittlichen Stundenlohns. Im Verlauf des aktuellen Entwicklungsprojektes experimentierte das Unternehmen nach Rücksprache mit den Arbei-

Die Organisationshierarchie sieht wie folgt aus:

	Betriebsleiter	
Chefkonstrukteure	Produktion Planung Techniker	
Konstrukteure, 2-3 Kategorien, je nach Erfahrung	Entwickler des Produktionsprozesses (frühere leitende Angestellte)	leitende Angestellte
	Gruppen für Spezialprodukte (Prüfer und Konstrukteure)	Prüfer, 2-3 Kategorien: Fließbandarbeiter Packer usw.

tern bei einer Gruppe von Arbeitern mit einem Monatsgehalt plus einer Produktivitätszulage. Daneben gibt es noch fortlaufende Versuche mit flexiblen Arbeitszeiten.

Angestellte haben dagegen ein festes monatliches Gehalt. Einige von ihnen haben zusätzlich Anspruch auf Bezahlung der Überstunden. Diejenigen, die die Überstunden nicht ausbezahlt bekommen, arbeiten auf einer flexiblen Zeit-Basis (vor allem Angestellte in führenden Positionen). Einige der Angestellten experimentieren im Rahmen des eben schon angesprochenen Versuchs mit einem Produktivitätsbonus. Ziel dieses Versuchs ist es, für Angestellte und Arbeiter die »Bezahlung« und die »Arbeitszeit« zu verbinden.

Die Managementstruktur gliedert sich in Profit-Center, zu denen auch der in dieser Fallstudie untersuchte zählt. Der Betriebsleiter ist verantwortlich für den Geschäftsergebnisse und genießt ein hohes Maß an Autonomie. Den größten Zwängen unterliegt er in bezug auf größere Investitionen und bei der Personalpolitik.

Vergleicht man Kone mit anderen Unternehmen, so stellt man fest, daß die Zentralisierung der Personalpolitik nichts Ungewöhnliches ist. Die Gründe hierfür sind auf beiden Seiten des Verhandlungstisches zu finden. So versucht die Arbeitgeberseite, das allgemeine Lohn- und Gehaltsniveau innerhalb des Unternehmens zu kontrollieren. Zudem weigert sich die Arbeitgeberseite höhere Löhne und Gehälter als in der Metall- und Fertigungsindustrie üblich zu bezahlen, obwohl die Auftragslage und die Rentabilität in den vergangenen Jahren äußerst gut waren.

Von seiten der lokalen Gewerkschaft zeigte sich zumindest die Sektion der (Metall-)Arbeiter skeptisch, ob die Belegschaft in der Lage sein würde, ihre Rechte in derart kleinen Betriebseinheiten (z.B. auch der für diese Studie ausgesuchte Betrieb) durchzusetzen. Daher wollen sie das allgemein übliche Lohn- und Gehaltsniveau sichern und die Einheit sämtlicher Arbeiter des Unternehmens wahren.

Ich werde an späterer Stelle noch einmal zum Thema der Aufrechterhaltung der Zentralisierung der Personalpolitik zurückkommen.

4. Die Inhalte und das Ausmaß organisatiorischen Veränderungen

Die organisatorische Entwicklung innerhalb des Unternehmens läßt sich in verschiedene Schritte aufgliedern:

1. Während der 70er Jahre kam es zu raschen technologischen Entwicklungen, vor allem im Bereich der maschinellen Bearbeitung (NC, CNC, FMS). Diese wurden durch traditionelle, man könnte auch sagen tayloristische, Organisationsstrukturen implementiert.
2. In den 70er Jahren wurden wir Zeugen der Dezentralisierung der Organisation. Seit Anfang der 80er Jahre rücken die Profit- und Produktionseinheiten in den Mittelpunkt, wodurch die mittleren Managementebenen mehr Autonomie bei der Planung der Arbeitsweise ihrer Einheit bekamen.
3. Daraus resultierten erste Versuche, die Produktion nach Human Resource Management-Konzepten (Gruppenarbeit, Produktionszellen, halbautonome Gruppen usw.) zu reorganisieren. Die Psychologische Fakultät der Technischen Universität (von) Helsinki unterstützte diese neue Entwicklung in der Rolle eines Beraters.

Die Ziele der Arbeitgeber

Innerhalb dieses Profit-Centers konzentrierten sich die Hauptgeschäftsziele auf die Produktivität und die Verbesserung des Kundenservices. Flexibilität am Arbeitsplatz wurde als Schlüssel zur Erreichung dieser Ziele angesehen.

In der Praxis bedeuteten Produktivitätszunahmen, daß man sich mit dem Lieferkreislauf beschäftigen mußte, in der Absciht, ihn zu halbieren. In den meisten Fällen waren solche Pläne mit technischen Lösungen verbunden, z.B. der Entwicklung »einfacherer« Produkte, dem Komprimieren der Produkte (Modulieren), wodurch Gewichtsvorteile entstehen, der Vereinfachung des gesamten Lieferprozesses, der Vereinheitlichung von Methoden und Werkzeugen, der Eliminierung aller überflüssigen Schritte im Prozeß, der Streichung der alten Produkte, der Minimierung fixer Kosten durch eine Erhöhung des Anteils der Produktion als Ausgleich für den abnehmenden Anteil der Produktentwicklung.

Es wird argumentiert, daß eine Verbesserung des Kundendienstes direkt mit der Pünktlichkeit der Lieferung zusammenhängt, ergänzt durch ein in jeder Hinsicht gutes Servicesystem und die Instandsetzung fehlerhafter Produkte.

Den Arbeitgebern zufolge bedeutet das für die Belegschaft:
- vielseitige Fertigkeiten
- Flexibilität entsprechend der Produktnachfrage
- an den Umsatz gekoppelte Löhne und Gehälter
- Reorganisation der Aufgaben, zur Förderung der Flexibilität
- Zusammenarbeit von Manangement und Arbeitnehmern auf der Ebene des Arbeitsplatzes

Die Sonderrolle der Metallgewerkschaft

Was die Beziehungen zwischen Arbeitgeber und Gewerkschaft anbelangt, so entsprechen die Arbeiter der Aufzugsabteilung von Kone Finnland eher dem traditionellen Bild des gewerkschaftlichen Radikalismus. Streiks gehörten regelmäßig dazu. Die lokale Gewerkschaft wird von Mitgliedern und Anhängern der »Left Alliance Party« (ehemalige Kommunisten) geführt. Aufgrund ihrer Überzeugungen und Traditionen waren die Gewerkschaftsmitglieder auch gegenüber den Bemühungen, die Produktion neu zu organisieren, sehr skeptisch und es entwickelte sich eine fortwährende Diskussion über die Löhne innerhalb dieser reorganisierten Arbeitsplätze.

Gegen Ende der 80er Jahre kam es kurzzeitig zu Beschäftigungsproblemen und die lokale Gewerkschaft verlangte vom Unternehmen, die Leute nicht zu entlassen, sondern stattdessen für Fort- und Weiterbildung zu sorgen. Ein Vorschlag sah vor, daß einige Gewerkschaftsvertreter im Bildungszentrum der Metallgewerkschaft, »Murikka«, für den Reorganisationsprozeß ausgebildet werden sollten. Der Arbeitgeber stimmte dem Vorschlag zu, machte aber zur Auflage, daß alle Arbeiter des Profit-Centers diese Ausbildung erhalten sollen, nicht nur Gewerkschaftsmitglieder. Von seiten der Arbeitgeber wurde das Ergebnis dieses Versuchs derart positiv bewertet, daß sie beschlossen, eine solche »Ausbildung für den Wandel« auch in anderen Abteilungen durchzuführen.

Als nächsten Schritt bat mich die »Management-Kooperationsgruppe« der Betriebsstätten des Aufzugsektors in Finnland, im Rahmen meiner Tätigkeit als Forscher in der Gewerkschaft, als Berater an diesem Projekt mitzuarbeiten, insbesondere im Hinblick darauf, diese Art der Kooperation weiterzuentwickeln. Wir wählten einen Betrieb, die Steuerungsschalttafelfabrik, für eine Pilotstudie aus. Zuvor war bereits entschieden worden, daß alle Arbeiter dieses Betriebes an einem dreitägigen Kurs in Murikka teilnehmen sollten. Ein Lehrer von Murikka und ich selbst überarbeitete die Lehrpläne für diese Kurse, um sie den Zielen des Entwicklungsprojektes anzupassen.

Während der zweiten Hälfte der 80er Jahre untersuchte ich die Tätigkeit von 5 lokalen Gewerkschaften und entwickelte dabei einige Methoden für derartige Entwicklungsprozesse. Diese Forschungsexperimente benutzten wir als Grundlage für die Planung der Kurse. Sie basieren auf theoretischen und methodologischen Arbeiten, beispielsweise des Franzosen Alain Touraine, des Schweden Ake Sandberg, und des Norwegers Bjorn Gustavssen. Die meisten Probleme, die bei derartigen Forschungsarbeiten auftreten, hängen mit der Rolle des Forschers zusammen und mit den Möglichkeiten zur Interaktion und zum Dialog zwischen unterschiedlichen Arbeitnehmergruppen (hierarchische Position, Handwerk und Beruf, Geschlecht, Alter, ethnische Zugehörigkeit usw.).

Wir begannen den Entwicklungsprozeß mit den dreitägigen Kursen in unserem Ausbildungszentrum. Es wurde von allen Arbeitern des Betriebes erwartet, daß sie daran teilnehmen (= 6 Kurse mit jeweils 25 Teilnehmern). Das Hauptziel der Kurse sollte es sein, mehr über das allgemeine Verständnis und die Kooperation zwischen Management, Konstrukteuren, leitenden Angestellten/Vorgesetzten, Prüfern und den Produktionsarbeitern zu erfahren.

Der Arbeitgeber bewertete die Resultate dieser Kurse als derart vielversprechend, daß er weitere Kurse für andere Betriebe kaufte. Auch das Interesse anderer Arbeitnehmer wurde geweckt, die daraufhin ähnliche Kurse für ihr Management und ihre Belegschaft wollten.

Das Ende dieser Kurse bedeutete nicht das Ende des Entwicklungsprozesses. Die fruchtbarsten Resultate ergaben sich in der Einheit, mit der ich momentan arbeite. Unsere Zusammenarbeit begann Ende 1992 und dauert immer noch an. Mein vorläufiger Bericht wird im Herbst 1994 veröffentlicht.

Der Veränderungsprozeß

Zu Beginn des Projekts stellten das Management, alle vier Gewerkschaften (Metallgewerkschaft und 3 Angestelltengewerkschaften) und ich als Forscher gewisse Voraussetzungen zusammen:

- Das Vorhandensein gemeinsamer Interessen zwischen Arbeitgeber und Arbeitnehmern. D.h. die Notwendigkeit zur Kooperation, um die Wettbewerbsfähigkeit des Betriebes (Beschäftigung und Gewinne) zu verbessern. Die Bedeutung des Berufslebens (bessere Arbeitsbedingungen für die Arbeiter/erhöhte Produktivität)
- Die Einsicht, daß Kompetenzen und Fähigkeiten der Arbeiterschaft nicht voll ausgelastet/verschwendet werden. Das bezieht sich sowohl auf individuelle als auch auf kollektive (= betriebliche) Kapazitäten. Dies würde Handlungsspielräume schaffen und somit die Interessen der Arbeitgeber und der Arbeiter miteinander verbinden, ohne den negativen physischen und psychischen Druck auf die Arbeitnehmer zu erhöhen.
- Die Erkenntnis, daß der Zusammenarbeit aufgrund vieler gegensätzlicher Interessen und Ansichten, die auf vielen Ebenen, in vielen Situationen und zwischen den unterschiedlichen Arbeitnehmergruppen weiterbestehen, Grenzen gesetzt sind.

Mit diesen Grundvoraussetzungen als Orientierungspunkte waren alle Parteien in der Lage, einen Schritt weiter zu gehen und über eine Reihe von Grundprinzipien Übereinstimmung zu erreichen:

- keine Zwangsentlassungen, d.h. keine ständiger Verlust von Arbeitsplätzen
- keine Lohnkürzungen
- keine Intensivierung der Arbeit
- keine Herabstufung von Arbeitsplätzen

Eigentlich handelt es sich hierbei um selbstverständliche Grundvoraussetzungen, die für den Erfolg eines Projekts notwendig sind. Aber in der Realität ist das Mißtrauen zwischen Management und einigen Arbeitnehmergruppen sehr groß. Sogar in unserem Fall konnten wir wiederholt Anzeichen dafür erkennen, daß die Arbeiter den Verdacht hatten, unser Projekt diene nur dazu, die Arbeiter einer Art Gehirnwäsche zu unterziehen, damit sie anschließend die Beschneidung ihrer Vergünstigungen stillschweigend akzeptieren. Ebenso äußerten sich einige Vertreter des Managements skeptisch über die Aufrichtigkeit der Gewerkschaftsvertreter.

Die Ziele der Fallstudie

Zusammen mit der Verbesserung des Berufslebens stellt die Steigerung der Wettbewerbsfähigkeit des Betriebes eines der Hauptziele des Projektes dar. Wir glauben, daß aus einer verbesserten Zusammenarbeit eine flexiblere und »schlankere« Organisation, ein fließenderer Produktionsprozeß, eine bessere Produktqualität, weniger Bedarf an Reparaturen und Serviceleistungen usw. resultieren werden.

Die Grundlage für derartige Kooperation ist, unserer Meinung nach, gegenseitiges Verstehen und Vertrauen. Diese Einstellungen kann man erlernen, auch wenn die Praxis dann der kritische Test der Entwicklung ist. Hauptzweck der Einführungskurse war das Erlernen eines gegenseitigen Verstehens, einer »gemeinsamen Sprache«, über jegliche hierarchische, berufliche, technische und kulturelle Barrieren hinweg. Die Methode, die wir dafür überwiegend benutzten, war die des sogenannten »demokratischen Dialogs«.

Unsere dritte Aufgabe war es, das volle Engagement aller Arbeitnehmer zu wecken – nicht nur das der Manager und leitenden Angestellten, sondern auch bei den Konstrukteuren, Prüfern, Montagearbeitern und anderen beruflichen Gruppen.

Das vierte Ziel war die Schaffung einer kontinuierlichen Aufwärtsspirale der beruflichen Entwicklung. Diese Spirale umfaßt die Neugestaltung von Arbeitsaufgaben sowie Aus- und Weiterbildung, aber auch das Erlernen neuer Fertigkeiten durch die Übernahme neuer Aufgaben. Diese »Entwicklungs-Spirale« ist einer der wichtigsten Bestandteile des Gesamtprozesses. Man geht davon aus, daß sie gleichzeitig eine Verbesserung des Berufslebens und mehr Flexibilität und Effizienz des Produktionsprozesses bewirkt.

Als Ausgangspunkt für die Spirale der beruflichen Entwicklung war vorgesehen, Arbeitern der untersten Stufe der Beschäftigungshierarchie verantwortungsvollere Aufgaben zu übertragen und deren Problemlösungspotential zu erhöhen.

Eng verbunden mit den übrigen Zielen war die Absicht, die Unterschiede zwischen den Berufsgruppen und den Arbeitsschritten zu minimieren. In früheren Untersuchungen und im Verlauf dieser Fallstudie fand ich heraus, daß sich dahinter einer der Hauptgründe für einen zu unflexiblen und langsamen Produktionsprozeß sowie die Verschwendung der Fähigkeiten der Arbeiter verbirgt.

Das Endziel des Entwicklungsprojekts ist die Schaffung eines Unternehmens, das ständig aus seinen eigenen Erfahrungen lernt und durch die Nutzung des eigenen Humankapitals eine kontinuierliche Entwicklung durchläuft. Dies wird manchmal als »lernendes Unternehmen« bezeichnet, obwohl das Konzept immer noch recht doppeldeutig ist.

In engem Zusammenhang mit all den oben genannten Zielen steht die Notwendigkeit, allgemeingültige Methoden zu finden, mit denen die Ergebnisse der Entwicklung gemessen werden können. Grundsätzlich beinhaltet die Wettbewerbsfähigkeit Produktivität, schnellen und zuverlässigen Kundendienst, passende Strategien usw.; die Qualität des Berufslebens beinhaltet Arbeitsplatzsicherheit, angemessene Löhne und Gehälter, Gelegenheiten zu beruflichem Aufstieg, Kreativität und Partizipation sowie viele weitere wichtige Dinge. Eine der Grundvoraussetzungen für gegenseitiges Verstehen und Glaubwürdigkeit sind gemeinsam erarbeitete Maßstäbe.

Die wichtigsten Entwicklungsschritte

Nach den dreitägigen Einführungskursen für alle Arbeitnehmer (einschließlich des Managements) organisierten wir im Betrieb zwei Arten von Entwicklungsgruppen:

- einige bereiteten direkte Vorschläge für einfache Sachverhalte vor – z.B. Unterrichtung aller Arbeitnehmer im Gebrauch von PCs, Ideen zur Verbesserung des Informationsflusses, kleinere Arbeitsneugestaltungen.
- für schwierigere und komplexere Sachverhalte organisierten wir spezielle »Dialog Konferrenzen« – z.B. zur Veränderung des Arbeitszeit- und Lohnsystems oder für die Arbeitsneugestaltung in größeren Dimensionen.

Im ersten Entwicklungsjahr hat es 30 Gruppen gegeben, an denen ein Drittel aller Arbeitnehmer teilgenommen haben.

Das wichtigste Ergebnis der »Dialog Konferrenzen« war das Experiment mit einem neuen Lohn- und Gehaltssystem in einer Abteilung des Betriebs. Anfangs war der Widerstand der Arbeitnehmer gegen das Experiment ziemlich stark, aber inzwischen nehmen fast alle daran teil (die Teilnahme ist freiwillig). Das selbe »Modell« wurde auch in bezug auf flexiblere Arbeitszeiten verfolgt: zunächst Widerstand, dann allmähliche Akzeptanz.

Wir verbrachten zudem viel Zeit mit dem Versuch, ein Kooperationsmuster zur Verbesserung des Kontrollvorgangs zu entwickeln. Alle Prüfer waren zurückhaltend. Zwar waren einige von ihnen für mehr Kooperation, aber eine lautstarke Minderheit war strikt gegen jegliche Kooperationsvorschläge des Arbeitgebers. Meiner Ansicht nach fürchtete diese Minderheit den Verlust ihrer Autonomie am Arbeitsplatz und zudem glaubten sie nicht an die neuen Möglichkeiten, die der Arbeitgeber in Aussicht stellte (Aus- und Weiterbildung, neue Fähigkeiten, Karriere usw.).

Eine Art Wendepunkt dieser Entwicklung stellte die fast einstimmige Ablehnung eines vom Arbeitgeber vorgeschlagenen ergebnisbezogenen Lohnes durch alle Prüfer. Ich nehme an, daß in Wahrheit nur eine kleine Minderheit dagegen war, aber diese war eben am lautesten und wurde zudem inoffiziell durch die lokale und nationale Metallgewerkschaft unterstützt.

In der Praxis hatte das zur Folge, daß die Prüfer als Gruppe keine Lohnerhöhung erhielten. Sie und die lokale Gewerkschaft verloren ihre Stellung als Verhandlungspartner über die organisatorischen Veränderungen und der Arbeitgeber setzte den Entwicklungsprozeß alleine fort. Der nächste Schritt des Managements war die Einführung sogenannter Produktionsgruppen, in denen Prüfer und Konstrukteure zusammenarbeiten. In Zukunft gibt es also keine vereinte Gruppe von Prüfern mehr und damit auch keinen kollektiven Widerstand von ihrer Seite. Die Prüfer, die als Gruppenmitglieder ausgewählt wurden, nahmen voller Begeisterung ihre neuen Aufgaben und die Weiterbildung auf.

Der dritte Entwicklungsschritt betrifft all jene Arbeitnehmer, die zuvor als »Vorgesetzte«, Verfahrensgestalter oder in der Abteilung, die für die Messung der Bewegungszeiten zuständig ist tätig waren. Sie wurden zusammengelegt und sollen als sogenannte »Prozess-Entwickler« arbeiten, wobei es bei der Defintion ihrer genauen Tätigkeit gibt noch einige Probleme gibt.

Die Ergebnisse unserer Bemühungen

Nach einem Jahr voller Arbeit beriefen wir ein allgemeines Treffen ein, um die Ergebnisse auszuwerten. Damals, also vor fast einem Jahr, stellten wir fest, daß

- das Bewußtsein, wie wichtig die Zusammenarbeit zwischen Firmenleitung und Arbeitnehmern ist, gewachsen war
- die Gruppenarbeitspraktiken Fortschritte gemacht hatten – das bedeutet vor allem, daß die Teilnehmer besser mitarbeiten
- daß die inoffizielle Zusammenarbeit zugenommen hat

- daß das Unternehmen gelernt hat, die Methode des demokratischen Dialogs anzuwenden – sie wurde einige Male ohne externe Hilfe und mit guten Erfolgen durchgeführt
- daß einige Probleme offener und durchschaubarer wurden, z.B.:
  - Wir wissen jetzt, daß es einige Probleme in der Kommunikation und dem Entscheidungsprozeß gibt, was die Unabhängigkeit des untersuchten Betriebes in Beziehung zur Zentralverwaltung anbelangt.
  - Als das Projekt Kooperationsprozesse auf der Ebene der Arbeitsplätze in Gang setzte, stellten wir fest, daß die Arbeitnehmer nicht gewohnt waren, in derartig neuen Situationen Entscheidungen zu treffen, d.h. die Entscheidungsstruktur war von oben nach unten aufgebaut und nicht auf Kooperation zwischen den einzelnen Ebenen ausgerichtet.

Kürzlich (ein Jahr nach diesem Auswertungstreffen, zwei Jahre nach Beginn des Projektes) stellte der Betriebsleiter fest, daß die Ergebnisse des Betriebes, gemessen an den Anforderungen, die das Unternehmen allgemein stellt, vor allem in bezug auf den Kundendienst, aber auch bezüglich der Produktivität und der finanziellen Resultate, im Vergleich zu anderen finnischen Betrieben im Aufzugssektor zufriedenstellend sind.

5. Erfahrungen der Gewerkschaften

Unsere Forschungsabteilung und unser Ausbildungszentrum haben zwischenzeitlich ziemlich viel Erfahrung mit derartigen Entwicklungsprojekten gesammelt. Ich werde meinen Bericht mit einigen generellen Anmerkungen fortsetzen, wobei ich jedoch zur Veranschaulichung weiter auf die obige Fallstudie zurückgreifen werde, da sie das am genauesten analysierte Projekt darstellt.

Analysiert man den Prozeß aus der Sicht der Gewerkschaften, so spielen dabei folgende Akteure eine Rolle: 1. Gewerkschaftsführung von vier Gewerkschaften (Gewerkschaften der Metallarbeiter, Facharbeiter, Büroangestellten, Techniker und anderer Arbeitnehmer mit akademischer Ausbildung), 2. Gewerkschaftsfunktionäre derselben Gewerkschaften, 3. lokale Vertreter dieser Gewerkschaften, 4. einzelne Berufsgruppen innerhalb jeder Gewerkschaft, 5. individuelle Arbeitnehmer innerhalb und außerhalb der einzelnen Gewerkschaften.

Während unseres Projekts bemerkten wir einige Spannungen

- zwischen Berufsgruppen am Arbeitsplatz (zwischen Vorgesetzten und den ihnen nachgeordneten Personen, zwischen Prüfern und Konstrukteuren; zwischen Prüfern und Montagearbeitern)
- zwischen lokalen Gewerkschaftsvertretern und dem Entwicklungsforscher (= ich selbst)

- zwischen der für Verhandlungen zuständigen Abteilung der nationalen Gewerkschaft und mir.

Produktions- und Verteilungsfragen

Die Hauptursache für Spannungen und Reibungen, die ich im Verlauf dieses Entwicklungsprozesses identifizieren konnte, lassen sich anhand einiger allgemeiner theoretischer Grundlinien festlegen. Betrachtet man die operationalen und strategischen Ziele der Gewerkschaften, so ergeben sich zunächst unterschiedliche Ansichten bezüglich der Stellung von Produktions- und Verteilungsfragen. Produktionsfragen berühren Dinge wie das Arbeitsumfeld, Aufgabenteilung, Fort- und Weiterbildung, Arbeitsorganisation, Produktionsfluß, Produktentwicklung usw. Verteilungsfragen drehen sich um Löhne und Gehälter, Arbeitszeiten, soziale Sicherheit, Zusatzleistungen, Pläne zur Altersversorgung usw.

Von der Spitze der Gewerkschaftshierarchie bis hinunter zur Basis herrscht eine starke Tradition, derzufolge die Hauptaufgabe der Gewerkschaftsbewegung in der Verteidigung von Lohn-, Gehalts- und Einkommensniveaus der Mitglieder liegt, und die eine weitere Hauptaufgabe in der Erhaltung der (Lohn-)Gleichheit sieht. Es gibt heute immer noch eine klare Arbeitsteilung zwischen den verschiedenen Gruppen von Arbeitern; eine Tatsache, die von jeder Gruppe akzeptiert wird, egal welche Position in der hierarchischen Ordnung sie einnehmen.

Ein Projekt wie das unsere fordert solche traditionellen Denkweisen auf's Stärkste heraus. Es wurde deutlich, daß ein großes Maß an Ablehnung und Unruhe vorherrscht, bei der für Lohnverhandlungen zuständigen Abteilung der Metallgewerkschaft wie auch bei lokalen Vertretern der Gewerkschaft der Techniker und Metallarbeiter sowie bei einzelnen Arbeitnehmern verschiedener Berufsgruppen. Diese Ablehnung kann als Folge der Spannungen zwischen Produktions- und Verteilungsfragen angesehen werden.

Vor und während unseres Projekts fand innerhalb der Gewerkschaftsführung eine stetige Diskussion statt über Fragen wie: »Sollen derartige Entwicklungsprojekte überhaupt in die Zuständigkeit der Metallarbeiter-Gewerkschaft fallen? Welches Gremium innerhalb der Organisation soll für solche Dinge verantwortlich sein?« usw.

Prinzipiell läßt sich sagen, daß alle Arbeitnehmer bei der Arbeit vier Funktionen ausüben. Eine distributive Funktion z.B. wenn der Manager die Lohn- und Gehaltkosten eines Betriebes berechnet; was Vertreter des »mittleren Managements« entsprechend auf der Ebene der Abteilungen tun. Aber letztere und vielleicht auch ersterer haben noch eine weitere distributive Funktion. Sie/er berechnet, ob sie/er genügend Gehalt für ihre/seine Arbeit bekommt. Der Vorgesetzte muß im Sinne des Unternehmens entscheiden, wie hoch der angemessene Lohn für ihre/seine Nachgeordneten ist. Aber sie/er konntrolliert zudem die Höhe ihres/seines eigenen Gehalts im Vergleich zu anderen Lohn- und Gehaltsempfängern. Zummindest die Arbeiter in größeren Firmen werden wohl kaum die finanziellen Möglichkeiten der Firma berechnen, aber sie vergleichen ihr Einkommen mit dem anderer Arbeiter.

Generell läßt sich festhalten, daß sich die distributiven Funktionen an den extremen Enden der Arbeitsplatzhierarchie ziemlich gut miteinander vereinen lassen, aber in der Mitte der Hierarchie sind sie ziemlich widersprüchlich.

Im großen und ganzen gelangt man in bezug auf die Funktionen bei Produktionsfragen zu ähnlichen Schlußfolgerungen. Es gibt jedoch einen wichtigen Unterschied. Es eröffnen sich viel mehr Möglichkeiten, wenn die Funktionen sich nicht widersprechen, sondern miteinander harmonieren, zumindest heutzutage, wenn Arbeitnehmer als wichtiges Kapital betrachtet werden. Wenn der Betriebsleiter beispielsweise den Produktionsprozeß durch eine Erhöhung der funktionalen Flexibilität weiterentwickelt, so kann zumindest ein Teil der Arbeiter ihre/seine Interesssen teilen, weil die Entwicklung Arbeitsplätze schafft, die in psychologischer, sozialer und ökonomischer Hinsicht interessanter, reizvoller und lohnenswerter sind.

Innerhalb dieses neuen Kontextes werden traditionelle Sehweisen der Interessen von Arbeitnehmern und Arbeitgebern herausgefordert. Als ich im Rahmen unserer Fallstudie einige Prüfer interviewte, konnte ich feststellen, daß sich ihre Einstellung zu Produktions- und Verteilungsfragen fast komplett mit der des Betriebsleiters deckte. Sie waren bereit sich über die Zukunft des Betriebes sowohl in finanziellem als auch in produktivem Sinne Gedanken zu machen und sie glaubten, daß ihr persönliches Einkommen und die Inhalte ihrer Arbeit stark von dem Entwicklungsprozeß des Betriebes abhhängen.

Die veränderte Situation bringt die Gewerkschaftsbewegung in eine schwierige Lage. Werfen wir noch einmal einen Blick auf die Ebene des Arbeitsplatzes.

Ebene des Arbeitsplatzes

Auf arbeitsplatzbezogener Ebene erscheinen die oben genannten Spannungen in einem etwas anderen Licht. Man könnte sagen, daß es am Arbeitsplatzes unterschiedliche kulturelle Situationen gibt. Wir können diese vereinfacht in zwei Dimensionen (traditionelle Führung und Widerstand versus Versuche, das Vertrauen am Arbeitsplatz zu fördern) und zwei Akteure (Arbeitgeber gegen Arbeitnehmer) gliedern.

Meinen Erfahrungen nach können wir für zukünftige Analysen einige Verallgemeinerungen als Basis heranziehen. Die erste besagt, daß die hierarchische Position das Verhalten der Arbeitnehmer beeinflußt. Arbeitnehmer in höheren Positionen und/oder mit qualifizierteren Berufen sind Veränderungen gegenüber tendenziell aufgeschlossener. Ihre Verteiler- und Produktionsfunktionen sind enger miteinander verbunden als die Funktionen von Arbeitnehmern in niedrigeren Positionen. Die zweite Verallgemeinerung betrifft den Faktor Zeit für den Arbeitgeber. Will das Management möglichst schnell Veränderungen herbeiführen, so wird es eher autoritäre Lösungen favorisieren.

Tabelle/Abbildung 1

		Arbeitgeber	
		Vertrauen/Verantwortung oder Initiierung von Kooperation	autoritär
Arbeitnehmer	Vetrauen oder kooperative Atmosphäre	gute Voraussetzungen für die Entwicklung örtlicher Zusammenarbeit (1)	sehr heikle Situation: hervorragende Erfolgs- und Mißerfolgsmöglichkeiten (2)
	Widerstand oder Mißtrauen	typische Situation zu Beginn der Entwicklung (3)	traditionelle Akteure nutzen die Situation, um ihre Positionen zu verteidigen; »Reformer« agieren individuell (4)

Auf dieser allgemeinen Ebene lassen sich die situativen Parameter noch etwas genauer analysieren. Die Gewerkschaftsbewegung läßt sich als Ausdruck der Arbeitsplatzkultur verstehen. Konzentrieren sich die lokalen Gewerkschaften stärker auf Produktionsfragen, so gründet die Kultur eher auf Vertrauen und Kooperation als wenn sie sich mehr um Löhne und Gehälter und die Verteilung der Einkommen kümmert. Die Macht der Gewerkschaften ist ein weiterer wichtiger kultureller Parameter. Ist die lokale Gewerkschaft schwach, können wir davon ausgehen, daß die Arbeiter als Gruppe keine gemeinsamen Werte verbinden, und daß die Einführung von kooperativen Prozessen sehr schwierig ist, da es niemanden gibt, mit dem man zusammenarbeiten kann.

Ausgehend von Tabelle 1 begann unsere Fallstudie bei Feld 3 und unser Ziel bestand darin, bis zu Feld 2 vorzudringen. Grundsätzlich waren wir diesbezüglich erfolgreich, auch wenn die Ergebnisse nicht so überzeugend waren wie einige von uns erhofft hatten. Mit Hilfe der Abbildung 2 lassen sich die Probleme definieren.

Wir befanden uns auf Betriebsebene in einer recht guten Situation, um den Entwicklungsprozeß zu beginnen. Auf den höheren Ebenen, der Abteilung des Personalmanagements und der Vorsitzenden des Vertrauensleuteausschusses war die Situation schwieriger. Ihre Beziehung zueinander war traditioneller und kann in Abbildung zwei Feld (1) zugeordnet werden. Anstatt das Entwicklungs-

Abbildung 2
Voraussetzungen für die Entwicklung von Arbeitsorganisationen entsprechend der Einstellung und Positionen der Gewerkschaften

Einstellung von Gewerkschaftsorganisationen	*Gewerkschaftseinfluß auf die Mitglieder*	
	stark	schwach
Löhne/Gehälter-orientiert	schwierige Situation für Arbeitgeber und Gewerkschaft (1)	Mißtrauen des einzelnen Arbeiters als Hauptproblem (2)
Entwicklungsorientiert	günstige Situation für Entwicklungen (3)	Repräsaentation des einzelnen Arbeiters als Hauptproblem (4)

projekt zu unterstützen, benutzte die lokale Gewerkschaft, unterstützt von Gewerkschaftsvertretern der zentralen Ebene, die für Lohnverhandlungen zuständig waren, das Projekt als Waffe in der Auseinandersetzung mit dem Personalmanagement auf Unternehmensebene und auf Ebene des Arbeitgeberverbandes.

Dafür mag es viele Gründe geben. Meine Interpretation ist die, daß ein Grund verallgemeinert werden kann, indem man davon ausgeht, daß die Vertrauensleute und Gewerkschaftsfunktionäre Angst haben, an Bedeutung zu verlieren. Die wichtigsten Merkmale dieser neuen Situation sind 1) Entscheidungen werden direkt am Arbeitsplatz getroffen und 2) sie betreffen eher Produktions- als Verteilungsfragen. Bisher waren die Vertrauensleute und Gewerkschaftsfunktionäre daran gewöhnt, die arbeitsplatzbezogenen Verteilungsfragen zu bestimmen und Fragen der Produktion den Arbeitgebern zu überlassen.

Die normalen Mitglieder der lokalen Gewerkschaft befanden sich in einer unangenehmen Situation. Vom Bildungszentrum der Gewerkschaft, dem Gewerkschaftsforscher, dem Betriebsleiter und von den Vorgesetzten wurden sie gedrängt, ihre Fähigkeiten weiterzuentwickeln und eine neue Einstellung gegenüber der Arbeitsorganisation anzunehmen. Die lokale Gewerkschaft hatte kein Vertrauen in die Fähigkeiten der Arbeiter, sich selbst zu verteidigen und war dem Projekt eher feindselig gestimmt. Wir fanden in dieser Gruppe, je nach Alter, Geschlecht, Ausbildung und Einkommensebene aber auch aufgeschlossenere Meinungen zum Projekt.

Einige Schlußfolgerungen

Innerhalb der vergangenen Jahre kamen wir im Verlauf unseres Entwicklungsprojektes und unserer Arbeit in unserem Bildungszentrum und unserer Forschungsabteilung bei diversen Fallstudien zu ähnlichen Ergebnissen. Als eines der wichtigsten gemeinsamen Merkmale dieser Fälle kann die Spannung zwischen Produktions- und Verteilungsorientierung genannt werden. Theoretisch ist diese mit der Diskussion über eine diversifizierte und stärker kundenorientierte Produktion verbunden. Es wurde vermutet, daß daraus neue Aufgaben für die Arbeitnehmer sowie eine neue Form der Personalpolitik und der Arbeitsorganisation entstehen. Folglich verliert die auf klassenorientierte Gewerkschaftspolitik immer mehr an Bedeutung und die Gewerkschaften müssen Wege finden, sowohl mit Produktions- als auch Verteilungsfragen fertig zu werden. (vgl. Streeck 1992, Kevätsalo 1985, 1987, 1990.)

Weltweit wurden drei bis vier Lösungen für dieses Problem entwickelt. Das deutsche Modell (das man vielleicht auch als mitteleuropäisches bezeichnen könnte) basiert auf einer organisatorischen Aufgabenteilung. Produktionsprobleme auf lokaler Ebene werden in Betriebsräten diskutiert, die formal von den Gewerkschaftsorganisationen getrennt sind. Gewerkschaften sind, zumindest offiziell, nur für die Tarifverhandlungen zuständig.

Ein anderes Modell wurde in den skandinavischen Ländern eingeführt. Das generelle Charakteristikum dieses Modelles besteht darin, daß die Gewerkschaften sowohl auf nationaler/Makro-Ebene als auch auf Arbeitsplatzebene stark sind, wobei es innerhalb der einzelnen Länder geringfügige Unterschiede gibt. Das bedeutet, daß Gewerkschaften und ihre zentralen Zusammenschlüsse viel Zeit auf Tarifverhandlungen und -beratungen, »lobbying«, die Teilnahme an nationalen Ausschüssen usw. verwenden. Gleichzeitig ist die Stellung der lokalen Gewerkschaften im Vergleich zu anderen Ländern stark und sie haben recht gute Möglichkeiten mitzubestimmen, wie Gesetze und Vereinbarungen vor Ort implementiert werden.

In bezug auf Produktionsangelegenheiten unterliegen die Aktivitäten der lokalen Gewerkschaften in skandinavischen Ländern einigen Einschränkungen, obwohl sie im Vergleich zu Gewerkschaften anderer Länder recht stark sind. Zum einen gibt es einen Mangel an Zeit und Ausbildung. Die lokalen Vertreter wurden gewählt, um Löhne, Gehälter und andere Verteilungsangelegenheiten zu schützen und zu verteidigen. Diese Aufgabe nimmt sie zeitlich voll in Anspruch. Fragen der Produktion fühlen sie sich weniger gewachsen. Folglich sind sie auch nicht sehr erpicht darauf, viel Zeit auf Probleme zu verwenden, mit denen sie nicht so leicht fertig werden. Sie neigen sogar dazu, Produktionsfragen zu Verteilungsfragen zu machen.

Das andere Problem ist die Einstellung. Die Implementation und Kontrolle der Vereinbarung führt immer zu Konflikten, wenn es um knappe Ressourcen, vor allem Geld, geht. Das bedeutet, daß Vertauensleute und lokale Vertreter, wenn sie sich hauptsächlich um Verteilungsfragen kümmern, auch sehr stark konfliktorientiert sind. Bei der Entwicklung von neuen Arbeitsorganisationen, -prozessen und -aufgaben, von Fertigkeiten und Produkten schaffst du gemeinsam mit anderen Leuten neue Ressourcen. Dabei kann es zwar zu Konflikten kommen, aber hauptsächlich führt dies zu Kooperation. Konfliktorientierte Gewerkschaftsvertreter sind häufig der Meinung, daß diese Kooperation ihre Möglichkeiten im Konfliktfall einschränkt, da sie die grundlegende Dimension von Verteilungskonflikten im Kern erschüttert.

In diesem Zusammenhang muß daran erinnert werden, daß Arbeitgeber eine klare Aufgabenteilung zwischen Produktions- und Verteilungsangelegenheiten vornehmen, sowohl innerhalb der Unternehmen als auch innerhalb der Arbeitgeberverbände. Die Personalabteilung kümmert sich um Verteilungsfragen während F&E, Marketing- und Produktionsabteilungen für die Produkte und die Produktion verantwortlich sind. In den meisten Ländern gibt es getrennte Arbeitgeberverbände und Produzentenorganisationen, aber die Arbeitnehmer haben überall nur distributive Organisationen. (Als Ausnahme können vielleicht die Berufsverbände gelten, die sich auch für die Entwicklung von Humankapital und Produkte ihrer Mitglieder interessieren.)

Ich bin der Überzeugung, daß wir die mitteleuropäischen und skandinavischen Modelle in Bezug auf die Rolle der Gewerkschaften bei Fragen der Produktion sehr sorgfältig gegeneinander abwägen müssen, um auf diesem Gebiet erfolgreich zu sein. Ich bin überzeugt davon, daß skandinavische Gewerkschaften aus den Erfahrungen der Betriebsräte lernen können.

Das dritte Modell ist in seiner deutlichsten Ausprägung in den USA zu finden, aber auch in einigen europäischen Ländern wie z.B. England, Irland, Frankreich oder Spanien, wo die Entwicklung der Produktion fast vollständig den Arbeitgebern überlassen bleibt. Die Strategie der lokalen Gewerkschaften ist hauptsächlich restriktiv: Arbeitsplatzkontrolle in ihren verschiedenen Formen. Andererseits wissen wir auch, daß die Gewerkschaften in diesen Ländern momentan versuchen, ihre Strategien zu diesen Fragen zu ändern. In den nordischen Ländern waren wir sehr mißtrauisch gegenüber der Strategien der japanischen Gewerkschaften wegen ihrer engen Verbindung zum Management.

Das vierte Modell, wenn es überhaupt als solches bezeichnet werden kann, ist das japanische. Darin können wir eine beachtliche Zusammenarbeit und Interration von Management und Gewerkschaften beobachten. In den nordischen Ländern sind wir gegenüber den japanischen Strategien aus diesem Grund eher mißtrauisch.

Zum Schluß meines Berichtes möchte ich die absolute Notwendigkeit für die Gewerkschaftsbewegung weltweit hervorheben, die Veränderungen in den Technologien und die daraus folgenden Veränderungen der Arbeitsbedingungen zu erkennen und vor allem die Notwendigkeit, flexiblere Ansätze gegenüber neuen Ideen der Arbeitsorganisation zu übernehmen. Ich bin absolut davon überzeugt, daß die Gewerkschaftsbewegung aus den gewinnbringenden Erfahrungen, die wir bis dato haben, lernen muß und daß sie diese kombinieren und damit experimentieren muß.

Services Industrial Professional and Technical Union (SIPTU)

Eine Fallstudie für das internationale Gemeinschaftsprojekt über neue Formen der Arbeitsorganisation – Internationale Metallarbeitergemeinschaft und die Europäische Metallarbeitergemeinschaft – Juni 1994

Martin Naughton, Fort- und Ausbildungszentrum SIPTU, Dublin

Inhalt

1. Neue Formen der Arbeitsorganisation – die gegenwärtige Situation in Irland ... 174
2. Eigenschaften des in der Studie untersuchten Unternehmens ... 175
3. Der untersuchte Betrieb ... 177
   - Anzahl und Katagorien der Arbeitnehmer ... 177
   - Das Entgeltsystem ... 178
4. Art und Reichweite der organisatorischen Veränderungen ... 179
   - Eingeführte Veränderungen ... 179
   - Funktionsweise der »JIT-Pilotzelle« ... 181
   - Der Veränderungsprozeß ... 182
   - Formale Dimensionen ... 182
   - Informelle Dimensionen ... 185
   - Gründe für die Veränderungen, treibende Kräfte ... 187
   - Hilfe von Beratern, Experten ... 187
   - Erfahrungen der Gewerkschaft aus der Sicht der Basis sowie der örtlichen und zentralen Gewerkschaftsführung ... 187
5. Zusammenfassung und Schlußfolgerung ... 189
6. Anregungen für die Gewerkschaft ... 190

1. Neue Formen der Arbeitsorganisation – die gegenwärtige Situation in Irland

In Irland werden seit Ende der 80er Jahre neue Formen der Arbeitsorganisation eingeführt; vor allem solche, die mit Total Quality Management und World Class Manufacturing zu tun haben. Eine Umfrage, die 1992 unter betrieblichen Gewerkschaftsvertretern aus 206 verschiedenen Betrieben durchgeführt wurde, deutet darauf hin, daß die Einführung neuer Formen der Arbeitsorganisation (Strukturen, Praktiken und Prozeduren) relativ weit verbreitet ist (vgl.: »Bericht über eine Umfrage unter SIPTU-Mitgliedern über ihre Erfahrung mit World Class Manufacturing und Total Quality Management«). Im März 1993 nahm der Nationale Exekutivrat der SIPTU zu diesen Entwicklungen Stellung, (»Total Quality – Die Voraussetzung für Wettbewerbsfähigkeit und eine konstruktive Gewerkschaftsarbeit«). Die SIPTU-Stellungnahme erkennt die Risiken und Möglichkeiten, die diese Entwicklung für die Gewerkschaft und ihre Mitglieder haben kann, und stellt ihre Analyse in den Kontext einer konkurrenzdenkenden geprägten Umwelt, in der die Interessen ihrer Mitglieder vertreten und verteidigt werden müssen. Die Gewerkschaft begrüßt die Einführung neuer Formen der Arbeitsorganisation und strebt eine aktive Rolle in diesem Veränderungsprozeß an.

Auf einer Versammlung im Juli 1993 nahm der Irische Gewerkschaftskongreß (Irish Congress of Trade Unions, ICTU) einen Antrag an, der

> »jeglichen pauschalen Widerstand gegenüber diesen Strategien (neue Formen der Arbeitsorganisation) ablehnt, und den Gewerkschaften empfiehlt, einen konstruktiven und flexiblen Ansatz zu verfolgen, der sicherstellt, daß die Interessen der Gewerkschaftsmitglieder im Mittelpunkt des Veränderungsprozesses stehen«.

Die Annahme dieses Antrags beinhaltete gleichzeitig auch die Zustimmung zu einem Bericht, der sich mit den strategischen Möglichkeiten der Gewerkschaften auseinandersetzte (»Neue Formen der Arbeitsorganisation – Möglichkeiten für Gewerkschaften«).

Die positiven Reaktionen der irischen Gewerkschaften auf neue Formen der Arbeitsorganisation spiegelt sich auf nationaler Ebene in den Beziehungen der Sozialpartner wider. Im März 1994 verabschiedeten die Irische Regierung, die Arbeitgeberorganisationen und der Irische Gewerkschaftskongreß das nationale Abkommen »Programm für Wettbewerbsfähigkeit und Arbeit«. In bezug auf die neuen Formen der Arbeitsorganisation legt das Abkommen fest, daß

> »...die Regierung und die Sozialpartner die Bedeutung von Veränderungen im Produktionsprozeß, bei den Qualifikationserfordernissen, in der Arbeitsorganisation, bei den Arbeitsbedingungen Arbeitsbeziehungen anerkennen, um die Potentiale auszuschöpfen, die neue Technologien und Veränderungen in der Gesellschaft für das wirtschaftliche Wachstum und die Schaffung von Arbeitsplätzen bergen. Die Einführung und Implementation des World Class Manufacturing (WCM) in der gesamten irischen Industrie wird gefördert und unterstützt.«

Das Abkommen ermuntert Arbeitgeber und Gewerkschaften dazu, die Einführung und Entwicklung von Initiativen in folgenden Bereichen zu fördern: »Informationsaustausch und Kommunikationsprogramme, Beratung mit Arbeitnehmern, Konsultation mittels Vertretungsstrukturen, finanzielle Mitbestimmung, Programme zur Qualität des Arbeitslebens und anderen Initiativen im Zusammenhang mit Just-in-Time Produktion, World Class Manufacturing und Total Quality Management« zu tun haben.

Die Tatsache, daß die neuen Formen der Arbeitsorganisation auch in einem nationalen Abkommen über Löhne und andere Dinge berücksichtigt wurden, spiegelt das wachsende Engagement auch auf der Ebene der einzelnen Unternehmen wider. In bezug auf die Beziehung zwischen Arbeitgebern und Arbeitnehmern hebt dies nicht nur die Entwicklung neuer Produktionsstrategien hervor, sondern auch den Versuch der Gewerkschaften, und hier besonders von SIPTU, die Arbeitsbeziehungen in Irland neu zu organisieren, und zwar weg von der Tradition der Gegnerschaft hin zu einer neuen Art von Partnerschaft – einer Partnerschaft, die auf proaktive und partizipative Gewerkschaftsaktivitäten basiert.

2. Eigenschaften des in der Studie untersuchten Unternehmens

Name des Unternehmens: ABS Pumps Ltd.
Zahl der Arbeitnehmer: etwa 366

Produktpalette:

Das Unternehmen in Irland produziert elektrische Motorpumpen in 350 unterschiedlichen Ausführungen.

Besitzverhältnisse:

ABS Pumps ist ein Unternehmen, das zur Cardo Gruppe (Schweden) gehört. Es ist einer von vier Pumpenherstellern innerhalb der Cardo Gruppe. Die anderen Unternehmen sind in Deustchland (1), Brasilien (1) und Schweden (1) angesiedelt. Seine wichtigsten Märkte sind Deutschland, Nordeuropa und die USA. Das Unternehmen verkauft seine Produkte direkt an die Verkaufsunternehmen der ABS Pumps Gruppe. Diese sind für das Marketing und den Verkauf der Produkte verantwortlich.

Profil und Image des Unternehmens:

Das Qualitätssystem des Unternehmens basiert auf ISO.9002/EN.29002. Die Studie deutet darauf hin, daß die Arbeitnehmer des Unternehmens glauben, daß sowohl die Arbeitnehmer als auch die Gemeinde ABS Pumps Ltd. generell als ein Unternehmen ansehen, in dem man gerne arbeitet.

Warum die Wahl auf dieses Unternehmen fiel:

Anfang 1993 gab der Hauptgeschäftsführer zu verstehen, daß das Unternehmen, wollte es weiterhin wettbewerbsfähig bleiben, weitreichende Veränderungen durchführen müßte. Auf zahlreichen Informationsveranstaltungen mit den Arbeitnehmern stellte er eine Produktionsstrategie vor, die sich an einer Arbeitsorganisation des World Class Manufacturing (WCM) orientierte. In diesem Sinne sollte die Produktion des Unternehmens neu gestaltet werden. Die Arbeitnehmer und Gewerkschaftsvertreter reagierten auf diesen Vorschlag zwar zurückhaltend, aber dennoch positiv. Die Offenheit des Managements und die Reaktion der Arbeitnehmer ermöglichte es beiden Seiten, miteinander zu kooperieren und eigene und gemeinsame positive Ergebnisse zu erzielen.

Folgende Gründe führten dazu, daß das Unternehmen für die Studie ausgewählt wurde:

> Am Beispiel dieses Unternehmens konnte beobachtet werden, wie Gewerkschaften auf die offen dargelegte Absicht der Unternehmensleitung reagieren, nach dem Ansatz des World Class Manufacturing Veränderungen in der Arbeitsorganisation durchzuführen.

> Man wollte Verfahren und Strukturen finden, mit deren Hilfe Veränderungen der Arbeitsorganisation kooperativ und gemeinsam gehandhabt werden können.

> Man wollte generell etwas darüber erfahren, was die Arbeitnehmer von WCM halten, welche Praxiserfahrungen sie damit gemacht und was für Erwartungen sie damit verbunden hatten.

> Die im Unternehmen gewonnen Informationen sollen der Gewerkschaft als Input für ihre weitere Beteiligung am Wandel der Arbeitsorganisation in diesem Unternehmen dienen. Darüber hinaus dienen die gewonnenen Informationen der Beurteilung der Reaktion der Gewerkschaft, welche Modellcharakter für andere, ähnliche Situationen haben könnte sowie als effektives Modell für die Reaktion der Gewerkschaft in ähnlichen Situationen.

3. Der ausgewählte Betrieb

Das Unternehmen in Irland besteht aus drei getrennten Gebäuden, von denen jedes einzelne als »Betrieb« bezeichnet wird. Da die Gebäude sich jedoch auf demselben Firmengelände befinden und außerdem die Komponentenherstellung, die Vor-Montage sowie die Endmontage des Produktes durch ein komplexes Produktionssystem auf alle drei Gebäude verteilt sind, wird in dieser Studie das ganze Unternehmen wie ein Betrieb behandelt. Die Produktion verteilt sich wie folgt auf die drei Gebäude:

    Gebäude Nr. 1:   Wareneingang
                                 mechanische Bearbeitung
                                 Lackiererei
                                 Montage
                                 Packerei

    Gebäude Nr. 2:   Motorwindung
                                 Hebestationen
                                 Dreh-Gießerei/Formen
                                 Werkzeugraum
                                 Ersatzteile
                                 Warenkontrolle

    Gebäude Nr. 3:   Einspritz-Gießerei
                                 Rostbeständiger Stahl
                                 Montage.

Die oben aufgelisteten Prozesse stellen die grundlegenden Tätigkeiten/Abteilungen eines vertikal organisierten Produktionssystems dar. Nur wenige der für die Herstellung des Produktes benötigten Bestandteile werden von außerhalb bezogen.

Anzahl und Kategorien der Arbeitnehmer:

In dem Unternehmen sind ungefähr 360 Menschen wie folgt beschäftigt:

    Geschäftsführender Direktor (1)
    Leitende Manager (Firmenleiter und Funktionsleiter) (7)
    Mittleres Management, Abteilungsleiter sowie Büro- und Verwaltungsangestellte (70)
    Handwerk (Wartung, Werkzeugraum und Qualitätssicherung) (28)
    Produktion (ca. 260)

Zwischen 10% und 20% der Produktionsarbeiter sind befristet Beschäftigte. Der Kantinen- und der Sicherheitsservice sowie einige Reinigungsarbeiten wurden an externe Unternehmen vergeben.

Alle in der Produktion beschäftigten Arbeiter sind Mitglieder des Ortsverbandes der SIPTU. Die handwerklich beschäftigten Arbeitnehmer sind Mitglieder bei der Zweigstelle der SIPTU von Arklow und etwa 60 % der leitenden Angestellten und der in der Verwaltung Tätigen besitzen die Mitgliedschaft bei der SIPTU-Abteilung für leitende Verwaltungsangestellte und Verkaufspersonal, die ihren Sitz in Dublin hat. Es herrscht stillschweigende Übereinkunft, daß die Voraussetzung für Beschäftigung im Bereich des Handwerks und der Produktion die Mitgliedschaft in der SIPTU ist. In bezug auf die Gewerkschaftsvertretung und Tarifverhandlungen bildet jeder Gewerkschaftszweig eine eigenständige Einheit. (Diese Studie bezieht sich nur auf die Produktionsarbeiter, da die übrigen Gewerkschaftszweige, als die Studie durchgeführt wurde, ihre Verhandlungen mit dem Unternehmen noch nicht beendet hatten.)

Das Entgeltsystem:

Das Entgeltsystem für Produktionsarbeiter beinhaltet fünf verschiedene Lohnstufen und zwei Lohnstufen für Auszubildende:

>   Programmierer von Maschinen
>   Maschinenprogrammiererlehrling
>   Einrichter
>   Einrichterlehrling
>   Gering Qualifizierte Arbeiter
>   Lackierer
>   »normale« Arbeiter

Der Lohn wird nach Stunden berechnet. Zusätzlich zum Grundlohn gibt es einen wöchentlichen Zuschlag, der von der persönlichen Leistung, oder in einigen Fällen auch von der Leistung einer ganzen Gruppe abhängt. Diese Art der Bezahlung basiert auf einem Schema, auf das sich das Unternehmen und die Gewerkschaft einigten, das Standard-Minutenwerte zugrundelegt. Das Schema ist so angelegt, daß für 100% Produktionsleistung 33% des Grundlohns bezahlt werden.

Die vertraglich festgelegte Wochenarbeitszeit für Produktionsarbeiter beträgt 39 Stunden. Tatsächlich werden jedoch 40 Stunden gearbeitet. Bei den Verhandlungen über die Reduzierung der Wochenarbeitszeit von 40 auf 39 Stunden einigte man sich darauf, auch weiterhin 40 Stunden zu arbeiten. Dafür sollen jedoch 6 zusätzliche Urlaubstage pro Jahr gewährt werden.

Einige Abteilungen bieten folgendes Schichtsystem an:
Frühschicht: 6.00 Uhr - 14.00 Uhr
Spätschicht: 14.00 Uhr - 22.00 Uhr
Nachtschicht: 22.00 Uhr - 6.00 Uhr

Die Schichtzulage teilt sich wie folgt auf:
Früh- und Spätschicht: 16%
Nachtschicht: 25%

Die Schichtarbeiter arbeiten jede Woche in einer anderen Schicht.

4. Art und Reichweite der organisatorischen Veränderung

Das Unternehmen befindet sich momentan mitten im WCM-Einführungsprozeß. Der Geschäftsführer, der zugleich auch der WCM-Projektleiter ist, definierte WCM als

»ein System zur kontinuierlichen Verbesserung, das die Kunden in bezug auf Lieferung, Qualität und Kosten zufriedenstellt.«

Er fügte hinzu, daß WCM auch darauf bedacht ist, Verschwendung zu vermeiden – »alle Arten von Verschwendung.« Die Merkmale der WCM-Strategie des Unternehmens beinhalten:

die Einbeziehung der Arbeitnehmer (EA)
Just-in-Time Produktion (JIT)
und produktive Instandhaltung

Eingeführte Veränderungen:

Die Einführung von WCM befindet sich noch in einem sehr frühen Stadium. Veränderungen werden im gesamten Produktionsprozeß durchgeführt. Häufig handelt es sich nur um kleine Veränderungen, die, für sich genommen, keinen großen Einfluß auf die Arbeit zu haben scheinen. Im Hinblick auf die Entwicklung von WCM waren die durchgeführten Veränderungen jedoch von großer Bedeutung. Hier einige der eingeführten Neuerungen:

ein Kanban-Lagersteuerungssysteme
Diskussionsgruppen zur Problemlösung
neue Modifizierung zur Bekanntgabe und Planung von Prozeduren
doppelte Werkzeugausrüstung
einige Standardisierungen im Bereich der Komponenten

verringerte Einrichtungszeiten
  Beziehungen zu externen Kunden
  Produktionszellen
  eine »JIT-Pilotzelle«

Das weitestentwickelte Anzeichen für die WCM-Arbeitsorganisation ist die »JIT Pilotzelle«. Diese wurde in der Abteilung, die für die Motorwindung zuständig ist eingerichtet. Die Firmenleitung hat diese Abteilung für die Pilotzelle ausgesucht, weil sie drei wichtige Kriterien erfüllte:

1. Die Zahl der Arbeitnehmer in der Abteilung (22) eignete sich für die Bildung einer geschlossenen Arbeitsgruppe und Produktionseinheit.
2. Das Produkt (Statoren) ist dem Preiswettbewerb von Firmen innerhalb der Gruppe und von externen Produzenten ausgesetzt.
3. Das Produkt wird vom ersten bis zum letzten Arbeitsschritt in diesem Betrieb hergestellt, d.h. es wird als eine komplette Einheit hergestellt.

Die Abteilung für Motorwindung wird nun als »JIT-Zelle« bezeichnet. Diese umfaßt drei Unterzellen. Jede Unterzelle führt einen vollkommen in sich geschlossenen Arbeitsprozeß durch, in dem das Produkt vom Anfang bis zum Ende entwickelt wird. Die ganze Zelle arbeitet jeweils von 8.00 bis 16.30 Uhr.

Die Zahl der Arbeiter und Tätigkeiten verteilt sich wie folgt auf die einzelnen Zellen:

  Hand (Unterzelle): 6 Arbeiter, 7 Aufgaben
  Pavesi (Unterzelle): 8 Arbeiter, 9 Aufgaben
  Industra (Unterzelle): 5-6 Arbeiter, 5 Aufgaben

Zusätzlich zu diesen drei Unterzellen verfügt die Zelle über eine Tropftränkungs-Arbeitsstation, an der ein Arbeiter tätig ist. Außerdem gibt es in der Zelle ein Lager.

Die für den Arbeitsprozeß notwendigen Materialien werden bei der Warenannahme des Unternehmens angeliefert und dann zur Zelle transportiert. Die Verteilung der Materialien und der Materialfluß wird von einem Kanban-System gesteuert. Große Lieferungen werden in zwei Kategorein unterteilt. Beide werden dann mit Hilfe einer Kanban-Karte gesteuert. Die Materialien werden dann durch ein auf geringe Kapazitäten ausgerichtetes Regalsystem verteilt. Der Materialfluß wird zudem durch ein Kanban-Lagersteuerungssystem reguliert. Wenn das System auf vollen Touren läuft, kann es einen Vorrrat an Rohmaterialen aufnehmen, der für eine Woche ausreicht. Diese werden dann durch externe Zulieferer direkt zur Zelle geliefert. Das bedeutet, kleinere aber häufigere Lieferungen. Die Einkaufabteilung des Unternehmens behält die Tätigkeit des Kanban-Systems und den Warenfluß im Auge. Die Materialien werden Just-In-Time von einzelnen Arbeitern direkt zum Produktionsort gebracht.

Die Produktionskapazität der gesamten Zelle ermöglicht bis zu 350 verschiedene Ausführungen. Es ist geplant, daß die Zelle Produkte zur Weiterverarbeitung an andere Abteilungen auf einer Just-In-Time Basis liefert, und über ein für eine Woche ausreichendes Ausgleichslager verfügen soll. Dafür muß zuvor noch ein Kanban-System für die fertigen Produkte dieser Zelle errichtet werden. Danach wird die Zelle mit den übrigen Abteilungen in einer Just-In-Time Beziehung verbunden sein.

Funktionsweise der »JIT-Pilotzelle«

Die Zelle hat im Schnitt eine Belegschaft von 23 Leuten und wird von einem »WCM-Koordinator« geleitet. Der WCM-Koordinator hat Erfahrung mit Arbeitsstudien im Unternehmen (Planung und Organisation der Fertigung). Er wurde für die Leitung der Zelle ausgesucht, um in der Anfangsphase des Projekts mit Rat und Tat zur Seite zu stehen.

Er wird in demnächst durch einen »Zellenleiter« ersetzt werden, den das Management benennt. Die Übernahme dieser Position soll nicht mit einem höheren Lohn verbunden sein. Die Einführung des Zellenkonzeptes führte dazu, daß der frühere Vorgesetzte mit einer anderen Arbeit betraut wurde und die Aufgaben des Vorarbeiters wegfielen. Ziel ist es, die direkte Kontrolle in der Zelle zu minimieren. Der Hauptunterschied zwischen dem traditionellen Vorarbeiter und dem Zellenleiter betrifft die Arbeitszuteilung. Wurde diese bisher vom Vorarbeiter vorgenommen, werden in der neuen Zelle die Arbeiter selbst für die Organisation ihrer Arbeit verantwortlich sein. Der Zellenleiter wird weiterhin in der Produktion mitarbeiten, hat aber zusätzlich die Aufgabe, die Arbeiter in die Lösung von Produktionsproblemen zu integrieren und den Kontakt zwischen ihnen und anderen Abteilungen zu fördern.

Zur Strategie von WCM gehört es, die Flexibilität der Arbeiter in bezug auf die Aufgaben innerhalb ihrer Zelle und auch zwischen den einzelnen Unterzellen zu fördern. Zur Zeit ist dies durch unterschiedliche Fähigkeiten und Ausbildungsgrade erst eingeschränkt möglich. Auch die technische Ausgestaltung der Zelle beachtet die Flexibilität der Arbeiter und ihre Teilnahme am Problemlösungsprozeß. Die Einrichtung umfaßt:

Eine eindeutig identifizierbare Hallenfläche für die Zelle und jede Unterzelle.
Einen Aufenthaltsbereich, der mit Tischen, und Stühlen für Diskussionsrunden und Treffen, Tafeln, auf denen die Arbeiter Fehler und Probleme im Arbeitsprozeß notieren, sowie einem Flexibilitätsdiagramm ausgestattet ist. Dieses Diagramm enthält die Namen sämtlicher Arbeiter in der Zelle

und gibt eine Übersicht über die Art der Aufgaben, die jeder einzelne in der Zelle übernehmen kann. Die Tabelle soll an die Notwendigkeit für Weiterbildung erinnern und die Grenzen der Aufgabenflexibilität andeuten.
Es ist geplant, die »Leistungsfaktoren« der Zelle auszuhängen. Dabei werden die Anwesenheitsstunden mit den Fehlzeiten verglichen, also die tatsächlich bezahlten Stunden mit dem Wert der hergestellten Produkte. Diese Methode soll die zur Zeit noch benutzten Produktionslaufzettel ersetzen.

Diese Art der Zellenstrukturierung birgt unter anderem folgende Vorteile:

Probleme werden ruhiger und gelassener angegangen
kleine Serienfertigung
geringere Ausfallzeit
verkleinerte Lagerbestände
weniger unfertige Erzeugnisse.

Auch die Zuteilung neuer Aufgaben für den Vorgesetzten, die Abschaffung der Stelle des Vorarbeiters und die potentielle Zunahme der Arbeitsproduktivität (sofern sie nicht nur augenblicklich ist) können als Vorteile angesehen werden, die dem Unternehmen daraus erwachsen.

Der Veränderungsprozeß:

Der Veränderungsprozeß setzt sich aus zwei verschiedenen Dimensionen zusammen:

die formale
und die informelle Dimension.

Die »formalen Dimensionen« umfassen die Mitarbeit der Gewerkschaft in gewissen Gebieten und an bestimmten Themen der Veränderung. Dies beinhaltet prozedurale und äußerst bedeutende Angelegenheiten. »Informelle Dimensionen« beziehen sich auf Initiativen, die das Unternehmen ohne vorherige Absprachen mit der Gewerkschaft durchführt, ohne daß die Belegschaft sich jedoch dagegen wehrt.

Formale Dimensionen:

Anfang 1993 führte der Hauptgeschäftsführer eine Reihe von Informationsveranstaltungen mit der Arbeiterschaft durch. Auf diesen Treffen hob er hervor, wie wichtig es für das Unternehmen sei, effektiv den wachsenden Wettbewerbszwängen. Er präsentierte WCM als die Strategie, die dafür am geeignetsten sei. Dazu gehörte auch, daß der Hauptgeschäftsführer erklärte, welche

Maßnahmen er für unabdingbar hält und wie WCM zu wünschenswerten Veränderungen sowohl für das Unternehmen als auch für die Belegschaft führen kann.

Im Auftrag der Produktionsarbeiter initiierte die Gewerkschaft Diskussionen mit dem Unternehmen, um mehr über dessen Absichten zu erfahren. Zu einem frühen Zeitpunkt der Gespräche stimmte das Unternehmen der Beurlaubung der Mitglieder des Gewerkschaftsausschusses zu, damit diese an einem dreitägigen Kurs über WCM und Total Quality Management (TQM) teilnehmen konnten, der von der Gewerkschaft durchgeführt wurde. Im Anschluß an diese Sondierungsgespräche konnte die Gewerkschaft dem Unternehmen mitteilen, daß sie nichts gegen dessen Ziele einzuwenden hat, unter der Bedingung, daß man sich auf gewisse Schutzmaßnahmen einigen könne. Diese Schutzmaßnahmen betrafen:

> die Sicherheit der Arbeitsplätze
> die Erhaltung und Sicherung der Löhne
> eine vereinfachte Entgeltstruktur
> die formelle Beteiligung der Gewerkschaft an der Einführung von Veränderungen.

Im Anschluß an längere Diskussionen und Verhandlungen verabschiedeten Unternehmen und Gewerkschaft eine »Rahmenvereinbarung« über die Einführung von WCM. Diese Rahmenvereinbarung verpflichtet die Arbeiter an der Maximierung der Produktionsleistung mitzuarbeiten. Das kann bedeuten,

> daß Qualität weniger kontrolliert als vielmehr produziert wird. (Direkte Qualität);
> daß das Produktionspersonal bis zu einem gewissen Grad auch Wartungsaufgaben übernimmt;
> daß mehrere Maschinen gleichzeitig bearbeitet werden, wo dies sinnvoll erscheint;
> daß von der traditionellen Art der Zielsetzung zu einem stärker kooperativ angelegten System übergegangen wird, das sowohl die Wünsche der Kunden als auch die technisch effiziente Produktionsmenge berücksichtigt.

Als Gegenleistung für den vom Unternehmen geforderten »vollen Einsatz für die Prinzipien des World Class Manufacturing« stimmte das Unternehmen unter anderem folgenden Punkten zu:

> Durch die Einführung von WCM wird es zu keinerlei Kürzungen bei den dauerhaft Beschäftigten kommen (darin enthalten sind Vorkehrungen für Einsätze an anderen Arbeitsplätzen);

Die wöchentliche Sondervergütung wird garantiert und mit dem Grundlohn zusammengelegt. Diese Zusammenlegung soll in vier Jahren, bis zum Januar 1997, abgeschlossen sein;
Eine komprimierte Entgeltstruktur soll erarbeitet werden; mit weniger Lohnstufen, um den Bedürfnissen und Fähigkeiten von JIT-Arbeiten Rechnung zu tragen. Diese Entgeltstrukur soll dann alle zwölf Monate überprüft werden, um sicherzustellen, daß sie die Veränderungen am Arbeitsplatz widerspiegeln.

Die schriftliche Vereinbarung zwischen Unternehmen und Gewerkschaft garantiert außerdem:

daß die Einführung eines Arbeitnehmer-Hilfsprogrammes in Erwägung gezogen wird;
die Einrichtung einer gemeinsamen Arbeitsgruppe, die die betriebliche Altersversorgung beurteilen soll.
ein Programm, das Arbeits-Stereotypisierungen entdecken soll und ein Aktionsprogramm, das die Gleichberechtigung von Frauen sichern und ihnen den Zugang zu den »traditionell von Männern dominierten Gebieten...« ermöglichen soll. Hierfür soll eine gemeinsame Arbeitsgruppe eingerichtet werden;
die Beteiligung an außergewöhnlichen Gewinnen, die durch WCM erwirtschaftet werden und zu denen die Belegschaft ihren Teil beigetragen hat. Es wird mit den Gewerkschaften darüber diskutiert werden, »wie eine gerechte Verteilung dieser Gewinne erreicht werden kann«;
daß sich das Unternehmen mit dem Richtlinienentwurf der Europäischen Gemeinschaft über Europäische Betriebsräte befassen wird und den Gewerkschaften diesbezüglich ein ernsthaftes Angebot machen wird.

Neben dem Abschluß der Rahmenvereinbarung über WCM war die Gewerkschaft außerdem noch an anderen formellen Aktivitäten bezüglich des Veränderungsprozesses beteiligt. Es handelt sich dabei um:

einen Aus- und Weiterbildungskurs über WCM für betriebliche Gewerkschaftsvertreter (gewerkschaftliche Vertrauensleute), der von der Gewerkschaft durchgeführt wurde;
die Ernennung zweier Belegschaftsvertreter in den Lenkungsausschuß des Unternehmens für WCM;
die Gründung einer gemeinsamen Arbeitsgruppe in der Abteilung für Motor Windung;
die Bildung von Betriebsberatungsgruppen (wird 1994 weitergeführt).

1993 nahm der gesamte Gewerkschaftsausschuß, der die Produktionsarbeiter vertritt, an einem dreitägigen Fortbildungskurs über WCM teil, der von der Gewerkschaft organisiert worden war. Der Kurs beschäftigte sich mit dem Konzept der »kontinuierlichen Verbesserung« und einer Reihe von Managementtechniken, Arbeitspraktiken und -strukturen, die mit WCM zusammenhängen. Es wurde auch über die Rolle der Gewerkschaften innerhalb von WCM gesprochen und über die Themen, die in diesem Zusammenhang für die Gewerkschaftsvertreter von Interesse waren. Die Teilnahme an diesem Kurs sollte die Gewerkschaftsvertreter auf die Diskussionen mit dem Firmenmanagement, die Diskussionen untereinander und mit den Gewerkschaftsmitgliedern vorbereiten.

Auf der Ebene des leitenden Managements richtete das Unternehmen einen Lenkungsausschuß für WCM ein. Dieser hat die Aufgabe, die Einführung und Entwicklung von WCM generell zu überwachen und zu beobachten. Er wird voraussichtlich zwei mal pro Jahr tagen. Das Unternehmen willigte einer Entsendung von zwei Gewerkschaftsvertretern in den Ausschuß zu.

Anfang 1993 forderte das Unternehmen die Arbeiter der Motorwindung-Abteilung auf, an der Umstrukturierung ihrer Abteilung in eine Zellenstruktur mitzuarbeiten. Dieser Einladung zur Mitarbeit entsprang die Gründung der gemeinsamen Arbeitsgruppe, der vier Vertreter aus der Arbeiterschaft und drei Vertreter aus dem Management angehören. Diese Arbeitsgruppe entwarf den Plan für die Gestaltung und Anordnung der Zellen und Unterzellen. Dazu gehörte auch die Gestaltung von Arbeitsstationen und Werkbänken.

Für 1994 ist die Bildung von Betriebsberatungsgruppen geplant. Diese sollen ein »Kommunikationsnetzwerk aufbauen, das in zwei Richtungen Rückmeldungen und Ratschläge bezüglich der Einführung des World Class Manufacturing geben kann«. Diese Beratungsgruppen werden »übersektional und -funktional« agieren und jeweils einen Gewerkschaftvertreter haben.

Informelle Dimensionen:

Hinter diesem Begriff verbergen sich Aktivitäten, die mit WCM zusammenhängen und von dem Unternehmen ohne vorherige Konsultation oder Einbeziehung der Gewerkschaft eingeleitet wurden. Eine sehr wichtige derartige Aktivität des Unternehmens innerhalb des Veränderungsprozesses war ein viertägiger Kurs über WCM, der zusammen mit einer Regionalen Technischen Hochschule organisiert wurde. An diesem Kurs nahmen sämtliche Arbeiter der »JIT-Pilotzelle« teil. Der Kurs beschäftigte sich mit technischen Strukturen der WCM-Produktion, sowie mit analytischen Fähigkeiten zum Treffen von Entscheidungen zur Problemlösung, und hatte außerdem den Zweck:

> »den Programmteilnehmern die Ernsthaftigkeit und Geschwindigkeit von Umweltveränderungen sowie die sich daraus ergebenden Implikationen und die Notwendigkeit für rechtzeitige Reaktionen, Flexibilität, Teamwork, Offenheit, Vertrauen usw. ins Bewußtsein zu rufen.«

Während eine solche Absicht für ein Fortbildungsprogramm durchaus legitim ist, stimmten die Gewerkschaft und die Kursteilnehmer mit den Zielvorstellungen des Kurses nicht überein. Der »erzieherische« Rahmen des Ganzen könnte dem Management dazu dienen, Plänen und Produktionstechniken, die normalerweise direkt mit den Gewerkschaftsvertretern diskutiert werden müßten, Legitimität zu verleihen. Dieser Punkt sollte jedoch nicht überbewertet werden und ist im Gesamtkontext der Beziehung zwischen Gewerkschaft und Unternehmen zu sehen.

Wichtiger ist dagegen vielleicht der Eindruck der Gewerkschaftsvertreter, daß die formale Mitbestimmung der Gewerkschaft auf die Pilotzelle beschränkt ist. Die Gewerkschaftsvertreter begründen ihre Meinung mit dem Hinweis auf einige Veränderungen, die in anderen Teilen des Produktionsprozesses durchgeführt wurden, ohne die Vorteil einer gemeinsamen Arbeitsgruppe zu nutzen. In einer Rede während einer Sitzung des Lenkungsausschusses im März 1994 erklärte ein Ausschußmitglied der Gewerkschaft, daß »wir (die gewerkschaftlichen Vertrauensleute) gerne glauben würden, daß die Motorwindung-Abteilung als Modell für die Einbeziehung der Arbeiter im gesamten Unternehmen dient«. ... »Die Leute in anderen Gebieten befürchten jedoch, daß ihnen nicht dasselbe Maß an Mitbestimmung zugestanden wird wie den Arbeitern dieser Abteilung.«

Mit der Gründung der neuen WCM-Betriebsberatungsgruppen reagierte das Unternehmen auf Beobachtungen von Gewerkschaftsvertretern, die bemerkten, daß mit WCM zusammenhängende Veränderungen auf individueller Ebene von Managern eingeführt werden, die dabei Arbeitsnehmervertretungsstrukturen meiden. Wenngleich die Funktionsweise dieser Beratungsgruppen nicht beurteilt werden kann, machen die Richtlinien vom April 1994 über ihre Aufgaben deutlich, daß sie keine beschlußfassenden Organe sind. Dieselben Richtlinien besagen jedoch, daß »der Auftrag der Beratungsgruppen auch darin besteht, Empfehlungen abzugeben und es kann außerdem vorkommen, daß diese Gruppen, oder deren Mitglieder, direkt an der Projektarbeit, wie etwa der Festlegung spezifischer Zellen für ein Gebiet, beteiligt werden. Konstruktiv per definitionem werden die Gruppen in keinster Weise den Fortschritt behindern.« Dies könnte man nun so interpretieren, daß der Ermessensspielraum der Beratungsgruppe nur so weit reicht, wie er den Produktionszielen des Management dient. Der Gewerkschaftsausschuß verlangte, in jede der Beratungsgruppen einen Vertreter entsenden zu dürfen; Das Unternehmen stimmte dem zu.

Sowohl die formale als auch die informelle Art und Struktur des Veränderungsprozesses spielen eine wichtige Rolle, wenn es um die Beurteilung des Einsatzes des Unternehmens für eine offene und kooperative Beziehung mit der Gewerkschaft aus der Sicht der Gewerkschaftsvertreter geht. Diese Beurteilung hat weitreichende Auswirkungen auf den Erfolg von WCM als einer Produktionsstrategie zur Steigerung der Wettbewerbsfähigkeit.

Gründe für die Veränderungen, treibende Kräfte:

In der Präambel zur Rahmenvereinbarung über WCM bezieht sich das Unternehmen auf eine »globale Marktsituation« und die Notwendigkeit, erfolgreich mit Herstellern aus Westeuropa, den USA, sowie mit »Niedriglohnzentren in Asien, inklusive China«, Osteuropa und Lateinamerika konkurrieren zu können.

Nicht nur das fertige Produkt unterliegt einem harten Preiswettbewerb, sondern auch viele der im Unternehmen selbst hergestellten Komponenten sind dem Wettbewerbsdruck ausgesetzt. Der wichtigste Grund für die Einführung von WCM ist die Sicherung »des geschäftlichen Überlebens und der Zukunft des Unternehmens.«

Hilfe von Beratern, Experten:

Das Unternehmen setzte Berater nicht direkt in Diskussionen mit den Arbeitnehmern oder den Gewerkschaften ein. Die Unternehmensführung machte jedoch im Zuge des Entwicklungs- und Implementationsprozesses Gebrauch von externen Beratungsagenturen. Dazu zählen folgende Maßnahmen:

Mit Hilfe von Beratern und durch Informationsbesuche bei Unternehmen, die mit WCM bereits weiter sind, bildeten sich leitende Manager fort.
Die Regionale Technische Hochschule bot an, einen Trainingskurs für die Arbeiter in der Motorwindung-Abteilung durchzuführen.

Erfahrungen der Gewerkschaften aus der Sicht der Basis, sowie der örtlichen und zentralen Geschäftsführung:

Die Rahmenvereinbarung über WCM bietet wichtige Sicherheiten, die es der Arbeiterschaft erlauben, einer Mitarbeit an den noch nicht näher festgelegten, kontinuierlichen Veränderungen zuzustimmen. Das Abkommen dient den Arbeitern als Absicherung und bietet ein gewisses Maß an Schutz in einer Situation, in der WCM für viele Arbeiter einen Schritt ins Ungewisse darstellt.

Eine geheime Abstimmung über die Vereinbarung brachte folgendes Ergebnis:

Stimmen dafür: 157
Stimmen dagegen: 72
ungültige Stimmen: 1

Ein Gewerkschaftsvertreter nannte die Anzahl der Stimmen gegen die Vereinbarung eine »beträchtliche Minderheit«. Es ist nicht möglich die Reaktion der Arbeiter auf oder ihre Erfahrungen mit WCM zu quantifizieren. Aber es scheint doch eine generelle Akzeptanz bezüglich der Wettbewerbsbedingungen, unter denen das Unternehmen bestehen muß, zu geben. Es besteht jedoch eine Kluft zwischen der Einsicht, daß das Unternehmen wettbewerbsfähig bleiben muß und der Wahrnehmung möglicher Konsequenzen, also die Art wie das Unternehmen die Veränderungen angeht. So befürchten die Arbeitnehmer unter anderem, daß das Management WCM lediglich als einen sanften Weg zur Reduzierung der Arbeitsplätze ansieht. Trotz der Zusagen bezüglich der Sicherheit der Arbeitsplätze bleibt die Sorge, daß die Einführung der Produktion in Zellen mit niedrigeren Ausfall- und Einrichtungszeiten, mit Multi-Qualifikation und Flexibilität einen Verlust an Arbeitsplätzen mit sich bringt. In zwei unterschiedlichen Bereichen des Unternehmens wurde diese Gefahr als »Rationalisierung« bezeichnet. Ein Arbeiter drückte diesen Sachverhalt wie folgt aus und machte dadurch deutlich, daß man eigentlich keine Wahl hat in dieser Angelegenheit: »wenn dich einer bittet, etwas zu tun, gibt es nur zwei Möglichkeiten – entweder du machst es, oder du läßt es sein. Was bleibt dir also übrig?«

Ein anderer Arbeiter erklärte, daß »niemand weiß, was ihn erwartet.« Der Mangel an genauen Informationen über die beabsichtigten Veränderungen wird von der gesamten Belegschaft bemängelt. Dieses Warten auf Veränderungen, ohne quantitatives Faktenwissen scheint bei einigen Arbeitern ein gewisses Maß an Skepsis und Mißtrauen erzeugt zu haben. In diesem speziellen Zusammenhang war der Mangel an Informationen der einzelnen Arbeiter über den gesamten Produktionsprozeß sowie das Ausmaß und die Konsequenzen der geplanten Neuerungen wirklich erstaunlich. Einige Arbeiter deuteten an, daß sie zu wenig darüber wissen, was in in anderen Teilen des Unternehmens vor sich geht. Diese Beobachtungen sind zwar wichtig und sollten nicht ignoriert werden, aber es lassen sich auch positive Anzeichen ausmachen.

Viele Einwände und Vorbehalte, die Arbeiter gegen WCM äußerten, basieren einzig und allein auf deren Vorstellungen darüber, was vielleicht passieren wird. In all jenen Fällen jedoch, in denen die Arbeiter bereits Erfahrungen mit den Veränderungen im Zusammenhang mit WCM gemacht hatten, war die Reaktion darauf im allgemeinen positiv. Die Eindrücke reichten von: »die Arbeit ist jetzt einfacher« bis zu : »der Tag geht schneller vorüber.« Um diese Aussagen in bezug auf die tatsächliche Arbeitszufriedenheit und den damit zusammenhängenden Anforderungen zu untersuchen, wäre eine tiefgehende Analyse nötig, die den Rahmen dieser Fallstudie sprengen würde. Eines zeigte sich jedoch deutlich: wo Veränderungen im Hinblick auf WCM durchgeführt worden waren, wollte man nicht wieder zur früheren Situation, vor WCM, zurückkehren.

Die Gewerkschaft ist zuversichtlich was ihre künftige Rolle und Effektivität anbelangt. Diese Einstellung wird untermauert durch die Beteiligung der Gewerkschaft an:

dem Lenkungsausschuß zu WCM

den Betriebsberatungsgruppen
den gemeinsamen Arbeitsgruppen

sowie bei der bevorstehenden Entwicklung von:

gleichen Chancen für alle
einer vereinfachten Entgeltstruktur
dem Rentensystem
einem Personal-Entwicklungsprogramm
der Beteiligung an außergewöhnlichen Gewinnen
einem Europäischen Betriebsrat

Der hauptamtliche Gewerkschaftsfunktionär, der bei den Diskussionen und Verhandlungen mit dem Unternehmen die Gewerkschaftsseite vertrat, erklärte, daß die Arbeiter grundsätzlich zufrieden sind, was die Rahmenvereinbarung und die damit zusammenhängenden Aussichten angeht. Er hob hervor, daß die Gewerkschaft ganz ohne Druck von seiten des Unternehmens bei der Einführung von Arbeitsorganisationsänderungen mithalfen. Der Gewerkschaftsfunktionär erwartet außerdem, daß diese kooperative Art, mit der der Veränderungsprozeß abläuft, den nächsten Schritt desselben erleichtern wird, der die Arbeit der verschiedenen Prüfungs- und Arbeitsgruppen umfaßt.

5. Zusammenfassung und Schlußfolgerung

Diese Fallstudie schildert, wie eine Gewerkschaft eine strategische Antwort auf eine vom Management ausgehende Initiative auf Unternehmensebene entwickelt und implementiert. Die Gewerkschaft verabschiedete sich von ihrer traditionellen konfrontativen »nein, wenn nicht...«-Einstellung und ersetzte diese durch eine partizipative, proaktive »ja, vorausgesetzt, daß...«-Haltung. Diese Gewerkschaftsposition erleichterte das Zustandekommen einer Rahmenvereinbarung über die Einführung neuer Formen der Arbeitsorganisation. Durch ihre Beschaffenheit bietet die Vereinbarung sowohl dem Management als auch der Arbeiterschaft genügend Sicherheiten, so daß beide bei der Förderung und Verteidigung gemeinsamer und unterschiedlicher Interessen auch ein paar Risiken eingehen können.

Mit ihren Ausbildungs- und Schulungsprogrammen versuchte die Gewerkschaft, den gewerkschaftlichen Vertrauensleuten und anderen Gewerkschaftsvertretern dabei zu helfen, die vom Management vorgeschlagene Strategie zu analysieren. Dazu gehörte auch die Prüfung der Alternativmöglichkeiten sowohl für die Gewerkschaft als auch für das Unternehmen. Die Gewerkschaft legte dann ihre Prioritäten fest und bestimmte, wie diese effektiv im Kontext der Managementstrategie zur Steigerung der Wettbewerbsfähigkeit verfolgt werden können.

Anstatt die Einführung von Veränderungen in der Arbeitsorganisation solange zu behindern, bis eine Übereinkunft über sämtliche Themen getroffen wird, schlug die Gewerkschaft einen partizipativen Weg ein, um die Themen zu prüfen und sie einer Lösung zuzuführen. Die Gründung von gemeinsamen Arbeits- und Prüfungsgruppen, sowie die Beteiligung der Gewerkschaft an Beratungsgruppen und dem Lenkungsausschuß auf Unternehmensebene sicherte die vermehrte delegative Mitbestimmung (aufgabenzentriert) und führte zu neuen konsultativen Vereinbarungen. Dies konnte erreicht werden, ohne daß es die fortdauernde Effektivität und Bedeutung der Arbeitsbeziehungen im Unternehmen beeinflußt hätte. Die positiven Erfahrungen, die die Arbeiterschaft bis jetzt machten und die Art und Weise, wie sowohl die Gewerkschaft als auch das Management an die Sache herangehen, läßt darauf schließen, daß auch die noch zu behandelnden Fragen friedlich geregelt werden können.

6. Anregungen für die Gewerkschaft

A. Die Zusicherung des Unternehmens, »daß es keinen Arbeitsplatzabbau im Bereich der dauerhaft beschäftigten Arbeitnehmer« geben wird schafft keine Sicherheit für vorübergehend Beschäftigte. Wie können die Interessen der regulär vorübergehend Beschäftigten geschützt werden?

B. Die Mitgliedschaft bei der Gewerkschaft im Unternehmen wird in drei verschiedenen Gewerkschaftszweigen organisiert. Jeder Zweig führt eigene Verhandlungen mit dem Unternehmen. Ist das die effektivste Art, mit der die Gewerkschaft die Interessen ihrer Mitglieder fördern und schützen kann?

Welche Vor- und Nachteile ergeben sich für die Gewerkschaft und ihre Mitglieder aus einer fragmentierten Reaktion der Gewerkschaft auf neue Formen der Arbeitsorganisation, wie etwa World Class Manufacturing?

C. Wie wichtig sind Strukturen der Gewerkschaftsvertretung am Arbeitsplatz (auf Unternehmensebene), die auf einer traditionellen Aufteilung der Produktion basieren, in einem Unternehmen, das nach einer WCM-Strategie arbeitet?

Gemeinsames Internationales Projekt über neue Formen der Arbeitsorganisation

Neue Entwicklungen in den Automobil Produktionssystemen bei Fiat

Oktober 1994

von Enrico Ceccotti – FLM

1. Neue Strukturen in der Arbeitsorganisation: die Situation in Italien

In den vergangenen 15 Jahren führten zahlreiche italienische Industrieunternehmen und Dienstleistungsfirmen immer wieder tiefgehende organisatorische Veränderungen durch, indem sie die Verbindung zwischen Organisationsstrukturen und technologischen Innovationen, vor allem auf dem Gebiet der industriellen Automatisierung, veränderten.

In Italien wiesen die organisatorischen Veränderungen in fast allen großen Massenproduktionsindustrien ähnliche Entwicklungsmerkmale auf (Automobil, Haushaltsgeräte, Informationstechnologie usw.). Zeiten weitreichendster Veränderungen koinzidierten mit Perioden akuter wirtschaftlicher Krisen. In solchen Fällen stellten die dynamischsten Unternehmen ihre Strategien auf allen Ebenen radikal um: Produkte, Markt, Technologie, Arbeitsorganisation.

Wichtige Veränderungen wurden zwischen den späten 70er und frühen 80er Jahren sowie in den frühen 90ern vorgenommen. In der Mitte der 80er Jahre führte eine Erholung des Marktes zu höheren Investitionen; diese Erholungsphase dauerte bis in die späten 80er Jahre an. Die Veränderungen Ende der 70er Jahre wurden in dem Bewußtsein durchgeführt, daß die Ära der linearen Entwicklung vorüber war und es von nun an unmöglich sein würde, Markttendenzen vorherzusagen. Die durchschnittliche Größe der Produktionseinheiten wurde kleiner. Bedeutende Produktionsanteile gingen von großen zu kleinen und mittelgroßen Betrieben über; dezentralisierte Herstellung und Zulieferung durch andere Firmen wurde mehr und mehr üblich.

In großen Unternehmen organisierte man die Produktion neu und investierte in automatisierte Systeme, um so die Arbeitsstückkosten zu senken. Folglich nahm die Gesamtzahl der Arbeitskräfte in Italiens Fertigungsindustrie innerhalb von drei, vier Jahren (1979-1983) um 30-40% ab. Dieser Verlust konnte nur teilweise durch das Wachstum mittlerer und kleiner Betriebe kompensiert werden. Bei den Entlassenen handelte es sich hauptsächlich um ungelernte Arbeiter und die untere Ebene des Verwaltungspersonals.

Die folgenden Jahre (1984-88) brachten eine moderate aber stetige wirtschaftliche Expansion: in der Industrie wurde der Rationalisierungsprozeß, hauptsächlich im Bereich der Produktion, fortgesetzt, um auf die Nachfrage auf dem Markt nach immer stärker differenzierten Produkten zu reagieren. Die großen Unternehmen übernahmen deshalb einen flexiblen Automatisierungsansatz. Allerdings stand, wie wir später noch sehen werden, die Flexibilität der Produktpalette stärker im Mittelpunkt als die Flexibilität des Produktvolumens.

Die jüngste Phase (1989-94) war wiederum von wirtschaftlichen Krisen und somit von zunehmendem Konkurrenzdruck bestimmt. Im Mittelpunkt der Veränderungen stand Total Quality und die weitere Flexibilisierung des Produktionsprozesses; dieses mal auch, um auf Marktschwankungen im Hinblick auf das Produktionsvolumen reagieren zu können. Investiert wurde nicht mehr nur in Automatisierungssysteme, sondern auch in die Organisation und das Humankapital; dezentralisierte Betriebe erlangten etwas mehr Autonomie in der Planung. Netzwerkartige Unternehmensstrukturen, die sich in der vorangegangenen Phase entwickelt hatten, wurden gestärkt. Gleichzeitig wurden jedoch kleinere Betriebe von der Krise schwer getroffen. Sie begannen sich zu reorganisieren, aber nicht alle von ihnen überlebten die Krise.

Zu den Gewerkschaften läßt sich festhalten, daß sie es ihnen in den 70er Jahren vor allem in großen Unternehmen gelang, starken Einfluß auf die Art der Arbeitsorganisation und die Arbeitsbedingungen auszuüben. Später stürzten sie in eine tiefe, langanhaltende Krise, der 1980 eine Niederlage beim Disput mit Fiat folgte (in dessen Verlauf sie sich mit aller Kraft, aber erfolglos gegen gewaltige Rationalisierungen, denen tausende von Arbeitsplätzen zum Opfer fielen, wehrten). Seit damals schafften es die Gewerkschaften nicht mehr, organisatorische Veränderungen in den Unternehmen zu beeinflussen. Bis auf einige sehr wenige Fälle verloren sie jeglichen Einfluß auf laufende Reorganisationsprozesse und die industriellen Beziehungen beschränken sich auf Verhandlungen über die Auswirkungen von Rationalisierungsplänen. Die Gewerkschaften erhielten sich jedoch zu einem gewissen Grad die Fähigkeit, soziale Maßnahmen zur Vermeidung von Entlassungen zu fordern. Sie handelten zudem Maßnahmen einer sozialverträglichen Gestaltung von Belegschaftsreduzierungen aus (Vorruhestandsregelungen, Entlassungsgelder, Hilfe durch die »Cassa Integrazione« Fonds, Abfindungen bei freiwilliger Kündigung, usw.): so konnten Massenentlassungen verhindert werden. Während der Tarifverhandlungsrunde 1988/89 gelang es den Gewerkschaften auf betrieblicher Ebene einen Teil ihrer Verhandlungsmacht zurückzugewinnen. Bei dieser Gelegenheit griffen die Gewerkschaften auch wieder das Thema der Arbeitsorganisation auf, vor allem indem sie bei den Tarifverhandlungen Lohnsteigerungen mit Produktivitätssteigerung verbanden.

In jüngster Zeit versuchten Gewerkschaften in einigen Unternehmen durch Tarifverhandlungen partizipativer ausgerichtete Arbeitsbeziehungen aufzubauen. Auf betrieblicher Ebene diskutieren Arbeitnehmer- und Managementvertreter vom Unternehmen initiierte Veränderungen der Arbeitspraktiken, die auf neuen Philosophien wie zum Beispiel »Total Quality«, Lean Production,

»Just-in-Time« usw. beruhen. In Italien ist die Beteiligung von Arbeitnehmern an derartigen Veränderungen jedoch immer noch sehr eingeschränkt und findet nur gelegentlich statt. Der Weg zur Mitbestimmung geht über die Beteiligung der Gewerkschaften an diesem Prozeß.

2. Warum Fiat(Auto): Merkmale des Unternehmens

Fiat kann als Sinnbild der Metallindustrie angesehen werden. Nicht nur weil die Automobilindustrie als Ganze (inklusive Zulieferfirmen und Komponentenherstellung) immer noch ein führender Sektor in jedem Industrieland ist, sondern vor allem aufgrund der besonderen Geschichte seiner Arbeitsbeziehungen. Fiat ist nicht nur ein wichtiger Bestandteil der italienischen Industrie: über die Jahre übernahm Fiat immer wieder die Führung, sowohl bei finanziellen als auch bei strategischen Angelegenheiten – Fiat setzte die Maßstäbe, denen dann andere Groß- und Mittelbetriebe in Italien folgten. Mehr noch: Fiat erlebt gerade die tiefgreifendsten Veränderungen der Produktionsorganisation, in der Nachkriegszeit je sah.

2.1 Besitzverhältnisse

1993 veränderte sich nach einer Kapitalumschichtung von 1671 Billionen Lire die Zusammensetzung des Anteilepaketes der Fiat-Gruppe. Nach Abschluß der Geschäftsbilanz 1993 belief sich das Grundkapital auf 4096 Billionen Lire. Zum ersten Mal in der Geschichte des Unternehmens befand sich die Aktienmehrheit nicht mehr in Händen der Familie Agnelli, obwohl diese noch immer der Hauptaktionär ist. Sieben der insgesamt elf Mitglieder des Board of Dorectors gehören zur Agnelli-Familie, die restlichen vier sind neue Anteilseigner, die zusammen 30% des Kapitals der Gruppe halten. Fiats Aktien sind nun internationaler gestreut. Zu den neuen Anteilseignern zählen Assicuazioni Generali und Mediobanca, die beide bereits zuvor einige Anteile besaßen, diese nun aber aufstockten, und zwei der größten Namen des europäischen Kapitalismus: Deutsche Bank und Alcatel Alsthom. Während dies zum einen beweist, daß Italiens größte Automobilgruppe in der Lage ist, ausländisches Kapital anzuziehen, zeigt sich daran doch auch, wie schwach Italiens kapitalistische Wirtschaft ist, die sich traditionell in den Händen weniger großer Familien befindet; von einem strukturellen Standpunkt aus betrachtet. Als Fiat beschloß, einen großen Schritt vorwärts zu tun, mußte das Unternehmen ins Ausland gehen, um neues Kapital zu finden. Trotz alledem führten die Versuche in Richtung eines strategischen Bündnisses mit anderen großen Automobilherstellern auf internationaler Ebene zu keinem Ergebnis. Lediglich für einige ganz spezielle Sparten und mit einigen großen Komponentenherstellern gibt es begrenzte Abkommen.

2.2 Profil und Image des Unternehmens

Fiat ist das größte Unternehmen Italiens und einer der größten Automobilhersteller Europas. Fiats Aktivitäten sind jedoch breitgefächert: von dem Ertrag in Höhe von 55.000 Billionen Lire 1993 stammten nur 46% aus dem Automobilsektor, mit Verkaufseinnahmen von etwa 25.000 Billionen Lire. Betrachten wir aber den Straßentransportsektor inklusive der Komponentenherstellung, so wird deutlich, daß diese ungefähr zwei Drittel des Gesamtumsatzes von Fiat ausmachen, während Produkte für den Transportsektor allgemein (Straßenverkehr, Flug- und Bahnverkehr, militärische Transportmittel, Erdarbeiten) ungefähr 80% des Gesamtumsatzes erreichen. In anderen Worten: Fiat ist hauptsächlich ein Hersteller von Transportmitteln jeglicher Art.

Wegen der Notwendigkeit die Wettbewerbsfähigkeit innerhalb des Automobilsektors zu steigern, fing Fiat jüngst damit an, den Trend zur Diversifikation, der in den 80er Jahren begann, umzudrehen. Ein Teil des Grundbesitzes wurde genauso verkauft wie einige industrielle Tätigkeitsbereiche (der Telekommunikationssektor wurde an Alcatel verkauft) und das große Vertriebsnetz (la Rinascente). Der Druck, die Wettbewerbsfähigkeit zu erhöhen, wird auch durch die Investitionstrends verdeutlicht: Investierte Fiat 1991 gerade einmal 52% der gesamten Investitionen in den Automobilsektor, so stieg dieser Anteil 1993 auf über 75% (entspricht einem Wert von 5.066 Billionen Lire). Dennoch war der Automobilsektor aufgrund einer sehr schweren Marktkrise nicht in der Lage, sich selbst zu finanzieren. In diesem Sektor erreichte das Verhältnis von Investitionen zu Einnahmen 1993 seinen Höhepunkt (20,2%). 1991 betrug es 7,8% und 1992 14%.

Der zweite Bereich, in dem Fiat seine Strategie änderte, betrifft die Internationalisierung. Während Fiats Anteil am Inlandsmarkt zunehmend von Herstellern aus dem Ausland ausgehöhlt wurde, stammten 1992 zum ersten mal über die Hälfte (50,6%) der Einnahmen aus dem Ausland (1990 betrugen sie 43%). 1993 betrug der Anteil der im Ausland verkauften Autos von Fiat 57% des gesamten Automobilverkaufs des Unternehmens. Während die Auslandseinnahmen diejenigen im Inland überstiegen, schrumpfte unglücklicherweise der Automobilgesamtmarkt. Als Fiat 1994 neue Modelle herausbrachte und sich die Auslandsmärkte erholten, nahmen die Verkaufszahlen im Ausland wieder zu. Die für die Konsolidierung und Ausweitung der Stellung Fiats im Ausland bestimmten Investitionen konzentrieren sich hauptsächlich auf Polen und Brasilien. Diese Bemühungen erwiesen sich als erfolgreich: 1993 betrugen die Marktanteile in diesen beiden Ländern 53% bzw. 23% der gesamten Verkäufe, darin ist sowohl die Produktion vor Ort als auch der Import aus Italien einberechnet. Zusammen mit Volkswagen (Skoda) steht Fiat an der Spitze wenn es in Zukunft gilt, die zunehmende Nachfrage in Osteuropa zu befriedigen; damit wird allerdings nicht vor Ende der 90er Jahre gerechnet.

2.3 Gewinn- und Verlustkonto

In den vergangenen Jahren fielen die Gewinn- und Verlusttrends bei Fiat zunehmend negativ aus. Zwischen 1989 (damals wurde ein neues 10-Jahres-Programm gestartet) und 1993 gingen die Einnahmen aus Herstellertätigkeiten (Finanzgeschäfte nicht mitgerechnet stark zurück, wie aus der folgenden Tabelle ersichtlich wird:

Herstellertätigkeiten	1989	1990	1991	1992	1993
Geschäftsgewinn (in Bill. Lire)	4670	2129	662	32	-1182
Geschäftsgewinn/Nettoeinnahmen (in %)	9,3	4,3	1,4	0,06	-2,4

Aufgrund der Diversifizierung waren die Nettoergebnisse insgesamt in der ersten Periode immer noch positiv; aber 1993 führten Ertragseinbußen in der Herstellung zu gewaltigen Verlusten des gesamten Unternehmens:

Aktivitäten Fiats	1989	1990	1991	1992	1993
Nettofinanzlage (in Bill. Lire)	2121	570	270	-3849	-5247

Ein weiterer Indikator für die zunehmenden Schwierigkeiten Fiats ist die Nettofinanzlage (die Differenz zwischen der Gesamtsumme aus Barvermögen, Wertpapieren und Umlaufvermögen einerseits und den Gesamtschulden andererseits). Der Trend verlief folgendermaßen:

Aktivitäten Fiats	1989	1990	1991	1992	1993
Nettofinanzlage (in Bill. Lire)	2121	570	270	-3849	-5247

Innerhalb der europäischen Automobilindustire fiel Fiat daher auf einen der hinteren Plätze zurück. Im Jahr 1992 hatte von allen anderen Massenherstellern nur Volkswagen noch schlechtere Rentabilitätswerte. Nur die Abwertung der Lira verhinderte eine weitere Verschlechterung der Gewinn-/Verlustrechnung (aus Firmenkreisen war zu vernehmen, daß Fiat dadurch weitere Verluste in Höhe von 900 Billionen Lire erspart blieben).

Aus diesen Zahlen wird deutlich, weshalb Fiat auf eine Kapitalumschichtung angewiesen war, um die für die Erholung des Unternehmens unabdingbaren Investitionen finanzieren zu können.

2.4 Beschäftigungsniveaus

Ende 1993 beschäftigte Fiat 261.000 Arbeitnehmer; 120.400 davon (46,2%) im Automobilsektor. Verglichen mit 1991 war der Beschäftigungsstand im Automobilsektor um 6,7% gesunken; gegen Ende des Jahres 1993 erhielten mehr als 9000 Arbeiter eine »spezielle« Entlassungsabfindung – d.h. sie waren praktisch entlassen. Dazu kommt noch eine beträchtliche Zahl an Arbeitsstunden mit »gewöhnlichen« Entlassungsabfindungen aufgrund des Produktionsrückganges, der wiederum mit dem Rückgang beim Verkauf zusammenhängt. In den vergangenen 15 Jahren verschoben sich die Standorte der italienischen Fabrikanlagen von Fiat immer mehr in Richtung Süden. Im Jahr 1980 waren noch 60% des gesamten Personalbestandes des Fiat Automobilsektors in Norditalien zu finden und jeweils 20% in Mittel- und Süditalien. 1992 befanden sich nur noch 27% des Personalbestandes im Norden, aber dafür 26% in Mittel- und 47% in Süditalien. Nach Eröffnung der zwei neuen Standorte in Melfi und Pratola Serra sah die Verteilung folgendermaßen aus: 24% im Norden, 23% in Mittelitalien und 53% im Süden. In absoluten Zahlen bedeutet das, daß Fiat im Norden nur noch halb so viele Beschäftigte hat wie noch 1971, während sich die Zahl der Arbeiter im Süden vervierfacht hat. Sobald die Produktion in Melfi in vollem Umfang läuft, werden 60% von Fiats Endprodukten in Süditalien produziert werden.

2.5 Produktpalette und Marketingstrategie

Verglichen mit anderen Massenherstellern auf dem europäischen Automobilmarkt 1990-93 gehörte Fiat zu den Verlierern. In diesen Jahren verlor Fiat 3 Prozentpunkte seines Marktanteils in Europa und fiel vom zweiten auf den sechsten Rang unter den europäischen Herstellern zurück. In den Jahren 1990-92 lag dies vor allem an den relativ veralteten Modellen. Zusätzlich sank 1993 die Inlandsnachfrage erheblich.

Erst 1994 änderte sich dieser Trend; in bezug auf die Marktanteile hat Fiat sich wieder einigermaßen erholt, was vor allem an der herausragenden Stellung des »Punto« sowie einigen anderen neuen Modellen (welche jedoch lediglich Marktnischen abdecken) liegt.

Die Hauptgründe für die Probleme Fiats sind jedoch in den Unternehmensstrategien seit den 80er Jahren zu suchen, als Fiat beschloß, seine Energien auf den heimischen Markt zu konzentrieren. Anfangs erzielte man damit gute Ergebnisse, da vor allem Mitte der 80er Fiats Marktanteile stiegen, weil der italienische Markt damals schneller wuchs als die übrigen europäischen Märkte. 1989 hatte Fiat 57,2% des italienischen Marktes inne und war Marktführer in Europa mit 14,9%. Seit 1990 geht der Umsatz jedoch zurück, wie die folgenden Daten über Marktanteile in Italien und Europa zeigen:

	1989	1990	1991	1992	1993	6/1994
Italien (%)	57,2	52,3	46,8	44,3	44,9	46
Europa (%)	14,9	14,3	12,8	11,9	11,2	11,8

Die Gründe für diesen Rückgang hängen mit mehreren Faktoren zusammen:

- Produktpalette. Das Image von Fiat ist geprägt durch kleine, kostengünstige Autos, sowohl in bezug auf den Anschaffungspreis, als auch in bezug auf den Benzinverbrauch. Dieser Produktmix entspricht nicht dem, was der europäische Markt verlangt, der mehr nach Wagen aus der Mittel- und oberen Mittelklasse verlangt. Hinzu kommt, daß Fiat in keinem anderen europäischen Land über ein gut funktionierendes Verteilernetz verfügt.
- Marktposition. Einige Modelle sind relativ veraltet; andere erwiesen sich als nicht sehr erfolgreich. Daran lassen sich die Schwierigkeiten Fiats erkennen, das Marktsegment der oberen Mittelklasse dauerhaft abzudecken.
- Verminderter Einfluß auf das Verkaufsnetz. Dies ist ein Ergebnis der Unternehmensstrategie, die, gemäß den Erwartungen der Kunden, eher auf billige Angebote (Discountpolitik usw.) als auf guten Service abzielte. Wenn sich die Konkurrenz jedoch hauptsächlich auf die Qualität konzentriert (Neuheiten, Sicherheit, Komfort, Benzinverbrauch), dann erweist sich eine Politik der Kostensenkung als nicht effektiv. So gesehen konnte nicht einmal die Abwertung der Lire einen positiven Einfluß auf die Marktanteile ausüben, auch wenn sie weitere Finanzmittel freilegte und den Negativeffekt der sinkenden Marktanteile und des zurückgehenden Verkaufsvolumens etwas abfangen konnte.
- Unterschätzung der Bedeutung einer Produktinnovationspolitik. Ende der 80er Jahre wurde dieser Aspekt aufs Schlimmste unterschätzt wie der Rückgang an Investitionen zwischen 1988-89 deutlich zeigt. Im Gegensatz dazu verfolgten Fiats Konkurrenten eine solche Politik der Produktinnovation mit großer Entschlossenheit.

Wir sollten nicht vergessen, daß führende Automobilhersteller aus Europa und den USA, wenn auch auf unterschiedliche Art und Weise, die Konsequenzen einer dualen Bedrohung zu spüren bekamen: die aggressive Marktpolitik japanischer Hersteller und die extreme Sprunghaftigkeit des Automobilmarktes. Die anderen Firman sahen diese Probleme deutlicher als Fiat, da sie auf den verschiedenen Märkten gleichmäßiger vertreten waren als Fiat. Genauer gesagt waren sie in Ländern vertreten, in denen die japanischen Importe nicht reglementiert wurden und in Ländern mit einer hohen Autodichte. Fiat hatte sich im Gegensatz dazu auf den italienischen Markt konzentriert, einen Markt also, der sich vor allem aus Erstkäufern zusammensetzt, anstatt auf Märkte, wo die Käufer lediglich ihr Auto wechseln wollen und Nachfrageschwankungen daher stärker spürbar sind.

Die europäische und amerikanische Konkurrenz reagierte auf derartige länger anhaltende Krisen viel schneller als Fiat.

Den führenden US Firmen (vor allem GM und Ford) gelang es, bedeutend schneller als den Europäern aus den japanischen Erfahrungen zu lernen und diese Lehren in ihre Organisation zu übernehmen. Heutzutage ist die Wettbewerbsfähigkeit amerikanischer Firmen größer als die der Europäer; dies wirkt sich auch auf unseren Kontinent aus, da ein wichtiger Teil ihrer Produktionskapazität und ihrer Marktanteile in Europa liegt. Man kann sogar sagen, daß die Erholung des Automobilsektors von den europäischen Filialen von Ford und GM ausging. Im Gegensatz dazu führten die von europäischen Herstellern (z.B. VW, Renault, Psa, Fiat) praktizierten Gesundungsstrategien zu sehr unterschiedlichen Ergebnissen.

An dieser Stelle sollte daran erinnert werden, daß auch auf dem Automobilmarkt »downsizing«-Tendenzen zu beobachten ist, wenn auch nicht im selben Ausmaß wie auf dem Gebiet der Informationstechnologie: so werden bestimmte Produkte mit verbesserten Leistungen oder Funktionen für denselben Preis angeboten. Leistungen, die bisher nur in den oberen Marktkategorien angeboten wurden, gibt es nun auch in den unteren.

3. Strategiewechsel der Fiat-Gruppe

Fiats Strategiewechsel wurde im Oktober 1989 offiziell bekannt gegeben (dem Jahr mit der höchsten Automobilproduktion). Der Plan basierte auf dem Total Quality-Konzept und beinhaltete verschiedene spezifische Projekte. Es markierte einen dramatischen Wendepunkt, mit dem Ziel, Fiat näher an die Produktions- und Qualitätsstandards seiner am weitesten entwickelten Konkurrenten heranzubringen. Fiat begann die Grundprinzipien seiner Unternehmensstruktur zu überarbeiten und befaßte sich dabei mit allen Aspekten der Wettbewerbsfähigkeit. Aus den japanischen Erfahrungen lernend, änderte Fiat schnell seine Produktionsstruktur. Diese strukturellen Veränderungen, die Anfang der 90er eingeführt wurden, sollten die gesamten Grundlagen der Produktionsprozesse sowie »die nach oben gerichteten« Aktivitäten (Beschaffungspolitik) und die »nach unten gerichteten Aktivitäten« (Marketingpolitik) der gesamten italienischen Automobilindustrie ändern. Der Investitionsetat für all diese Maßnahmen betrug 40.000 Billionen Lire über zehn Jahre verteilt. Diese Verteilung sah wie folgt aus: 18.000 um neue Betriebsstätten zu bauen und alte umzustrukturieren, 13.000 für Forschungs- und Entwicklungsarbeit, 7.000 für

Produktionstechnologien, 2.000 für Umweltschutz, Gesundheits- und Sicherheitsvorkehrungen. Die ursprüngliche Idee war, daß sich der Plan selbst finanzieren sollte, allerdings für neue Investitionen in die von wirtschaftlichen Krisen betroffenen Gebiete Süditaliens sehr stark von staatlichen Zuschüssen abhängen würde. In Zeiten von stabilen Märkten und stabilen Marktanteilen wäre eine solche Selbstfinanzierung wohl möglich gewesen; die Ereignisse der folgenden Jahre zeigten jedoch, daß die Idee in diesem Fall jedoch sehr fragwürdig war. Damals wurde ein derartig drastischer und beständiger Rückgang der Nachfrage nicht vorhergesehen (1994 geht die Rezession ins vierte Jahr). Daher mußte sich Fiat 1993 ausländischen Kapitalmärkten zuwenden, um seinen Investitionsplan durchzuführen und das dafür benötigte Risikokapital zu finden.

3.1 Hauptprojekte im Rahmen des Zehn-Jahres-Planes

1. Zunächst war es nötig, gezielter auf die Kundenwünsche einzugehen; wenn nötig auch indem man bisher noch freie Marktnischen identifiziert. Ein Aktionsplan wurde in die Wege geleitet, der darauf abzielte, das gesamte Modellangebot der drei wichtigsten Automarken zu erneuern: Fiat, Alfa Romeo, Lancia. Innerhalb von vier Jahren (1993-1996) sollten achtzehn neue Modelle auf den Markt gebracht werden. Den Anfang markierte 1993 die Erscheinung des »Punto«, 1994 folgten einige »Nischen-Produkte« wie z.B. ein Coupé, Spyder und ein Mini-Bus (letzterer war ein Gemeinschaftsprojekt mit Peugeot). Zur selben Zeit wurde ein spezielles Programm ins Leben gerufen, das die Zufriedenheit der Kunden durch bessere Qualität, Lieferpünktlichkeit und einem verbesserten Kundendienst steigern sollte. Eine neue Methode der Zusammenarbeit zwischen dem Hersteller und den lizensierten Autohändlern wurde entwickelt. Die neue Marketingstrategie baute auf eine partnerschaftliche Beziehung mit den Großhändlern, während gleichzeitig deren Anzahl reduziert wurde: auf diese Weise würde das durchschnittliche Verkaufsvolumen steigen, während die durchschnittlichen Fixkosten zurückgingen. Die Vertriebskosten machen 35% des Preises eines Wagens aus.

2. Um schnell ein neues und breitgefächertes Angebot an Modellen herausbringen zu können, wurden tiefgreifende organisatorische Veränderungen notwendig. Die erste Voraussetzung war größere Flexibilität beim Produktdesign sowie kürzere Herstellungszeiten und eine schnellere Markteinführung eines neuen Produktes. Zu der Zeit dauerte die Konstruktion und das Testen eines neuen Modells zwischen vier und fünf Jahren. Im Fall des »Punto« gelang es, diese Zeitspanne auf drei Jahre zu verkürzen, was im Durchschnitt etwa der Zeit entspricht, die Fiats größte Konkurrenten benötigen. Diese Zeiteinsparungen wurden unter anderem durch Änderungen in der Konstruktionsmethode ermöglicht (nicht nur nach japanischem Vorbild, sondern auch durch Ideen aus

der Raumfahrtindustrie, zum Beispiel durch Planungsmethoden wie PERT). Die Hauptmerkmale dieser neuen Methode sind:

- »Simultaneous Engineering«: dies umfaßt sämtliche technischen Arbeiten, die innerhalb und außerhalb von Fiat anfallen. Bisher ging man Schritt für Schritt vor.
- »Co-Design«: verschiedene Gruppen entwerfen zusammen Komponenten, die Teil des selben Produktsystemes sind. Dies erfordert einen ständigen Informationsaustausch zwischen den einzelnen Gruppen (z. B. gemeinsames CAD usw.)
- Übernahme: Für neue Modelle werden Entwürfe der Vorgängermodell übernommen, was den Modellen einen gemeinsamen Charakter verleiht. (diese Methodik wurde ganz eindeutig von der Informationstechnologie übernommen).

Diese Errungenschaft ist von besonderer Bedeutung, da durch sie die Konstruktions- und Entwicklungskosten gesenkt werden konnten, während zur gleichen Zeit die Erweiterung des Produktangebotes beschleunigt und das Risiko, das bisher in der Interpretation der Kundenwünsche lag, verringert werden konnte. So wird auch verhindert, daß Fiat langsamer auf Marktveränderungen reagiert als andere Hersteller.

3. Die Arbeitsteilung zwischen Fiat und seinen Zulieferern ist inzwischen viel ausgeglichener; sowohl im Hinblick auf die Herstellung als auch in bezug auf Konstruktion und technische Entwicklung. Bei Fiat war der Grad an vertikaler Integration schon immer recht hoch, was unter anderem mit der Eigenart des italienischen Produktionssystems zusammenhing. Der neue Plan sieht vor, diese vertikale Integration einzuschränken, da »Fiat Auto« beabsichtigt, im Bereich der Komponentenherstellung wieder an Wettbewerbsfähigkeit zu gewinninnen. In der Automobilindustrie hat das Zuliefersystem großen Einfluß auf die Konkurrenzfähigkeit und die Ergebnisse eines Unternehmens. Fiat beschloß daher zukünftig nicht nur eine größere Anzahl von Komponenten zu beziehen, sondern auch gleich deren Konstruktion und Entwicklung: die dahinterstehende Grundidee besagt, daß das, was außerhalb des Betriebes hergestellt wird auch außerhalb konstruiert werden sollte. Während somit für das »Uno«-Modell (1983) 30% der Teile außerhalb konstruiert wurden, betrug dieser Prozentsatz beim »Punto« (1993) bereits 45% und für den »Kappa« (1995) wird er auf 60% steigen. Quellen bei Fiat gehen von folgenden Zahlen bezüglich des Ausmaßes der vertikalen Integration aus (prozentualer Anteil der industriellen Kosten am Endprodukt) innerhalb von »Fiat Auto«:

	1987	*1992*	*1997*
Direkt von »Fiat Auto« hergestellt	38	35	30
von Fiat-eigenen Firmen hergestellt	14	18	17
von nicht zu Fiat gehörenden Firmen produziert	48	47	53

Gleichzeitig wird die Zahl der direkten Zulieferbetriebe von 1992 bis 1996 um 40% reduziert werden und Partnerschaften werden eingegangen werden. Abb. 1 im Anhang zeigt die Entwicklung innerhalb der Struktur des Fiat-Zuliefersystems. Nach der Neuordnung des Netzwerkes der direkten Zulieferbetriebe ist deren Zahl von 1200 im Jahr 1987 auf 750 im Jahr 1993 gesunken; 1997 werden es noch 400 sein. Dieser Trend löste einen heftigen Konkurrenzkampf unter den Zulieferern aus, der schwerwiegende Folgen für den Beschäftigungsstand und die Arbeitsbedingungen hat. Marktkrisen verschärften derartige Entwicklungen noch zusätzlich. Letzten Endes werden nur einige wenige Zulieferbetriebe für die Automobilindustrie überleben.

Fiats Ziel für alle seine Lieferungen ist Qualitäts-Selbstkontrolle: nur so kann eine »Just-in-Time«-Lieferung garantiert werden. In der Anfangsphase des Plans hatten nur 20% der Zulieferer eine derartige Qualitäts-Selbstkontrolle eingeführt; inzwischen gibt es eine hundertprozentige Selbstkontrolle, schon beim »Punto« war dies der Fall. Im Jahr 1987 lieferten noch alle Zulieferer auf Lager; 1992 war die Hälfte der Lieferungen »just-in-time«; 1997 wird dies bei allen Lieferungen so sein. Um dieses Ziel zu erreichen, entwickelte Fiat für seine Zulieferer ein wegweisendes »Wachstumsprogramm«.

Die neue Beziehung zwischen Fiat und seinen Zulieferern gründet in den neuen Organisationsmustern, die die meisten großen Unternehmen einführten: weg von einer »fast hierarchischen« Organisation hin zu netzwerkartigen Unternehmensstrukturen. Im Rahmen der ersten Organisationsart müssen die Zulieferbetriebe beschränkte, vorgegebene Aufgaben unter genauer Kontrolle ausführen. Netzwerkartige Unternehmen bilden und koordinieren hingegen ein enggeflochtenes Netz von Beziehungen mit der Unternehmensumwelt, unabhängigen Akteuren, die dazu angeregt werden, eine aktive Rolle zu spielen. Größere Unternehmen sind immer seltener völlig auf sich selbst fixiert. Internes Wachstum ist immer auch mit externem Wachstum verbunden. Interaktion mit Dritten wird im Hinblick auf Innovationen als sehr wertvoll angesehen, und als notwendig erachtet, um konkurrenzfähig zu bleiben. Unternehmensergebnisse sowie dessen zukünftiges Wachstum und Entwicklung werden immer stärker von dessen Interaktion mit den Zulieferern abhängen. In Italien wurde sich die Automobilindustrie erst vor kurzem dieser Entwicklung bewußt, die in anderen Sektoren, wie zum Beispiel der Informationstechnologie, bereits seit geraumer Zeit fester Bestandteil ist.

4. Der Einfluß der neuen Strategien bei Fiat auf die Arbeitsorganisation

Das Ende der quasi-hierarchisch strukturierten Organisationen wird besonders deutlich, wenn wir einen Blick auf Fiat werfen: auf Betriebsebene wurde ein neues Arbeitsorganisationskonzept eingeführt, das darauf abzielt, das Humankapital zu erhöhen (Stichwort Ganzheitlicher Betrieb) und den Prozeß der kontinuierlichen Verbesserung (Kaizen) voranzutreiben.

Um diese neuen Entwicklungen besser verstehen zu können, lohnt sich eine Analyse, der Entwicklung der industriellen Organisationsmuster in den zurückliegenden 20 Jahren. Dabei lassen sich drei Phasen unterscheiden:

4.1 Phase I: 1973-80. Eine neue Art Autos herzustellen

Diese Phase hat ihren Anfang in der Ölkrise von 1973 und dauerte das ganze Jahrzehnt an. In den 70er Jahren begann das Produktionsmuster, das bis dahin für enormen Wachstum gesorgt hatte, zu bröckeln. Dieses Modell basierte auf einem schnellen Wachstum des Marktes und auf einer fordistisch-tayloristischen Produktionsweise, in deren Mittelpunkt Fließbandarbeit sowie eine bürokratische, zentralisierte Befehls- und Kontrollstruktur steht. Diese Struktur war, zusammen mit einem falschen Ansatz der Arbeitsbeziehungen, die Ursache der Streikwelle und der Arbeitskampfmaßnahmen der frühen 70er Jahre und nährte zudem die antagonistischen Positionen der Gewerkschaften Fiat reagierte auf die Marktkrise zunächst mit einer Verringerung des Produktionsvolumens und einer Erhöhung der Gewinnspanne. Die dominante Stellung, die Fiat auf dem heimischen Markt inne hatte, ermöglichte eine derartige Unternehmenspolitik.

Als sich der Markt zu erholen begann, beschloß Fiat, die Strategie der direkten Konfrontation mit den Gewerkschaften zu beenden, da diese auf Dauer zu kostspielig wurde. Zudem beschloß Fiat, Rigiditäten mit neuen Technologien und einer Dezentralisierung der Produktion zu begegnen. Obgleich Fiat am fordistisch-tayloristischen Produktionssystem festhielt, begann das Unternehmen zwischen 1973 und 1975 mit dem Einsatz der ersten Roboter. So wurden die eintönigsten Arbeiten automatisiert und den Forderungen der Gewerkschaft auf diesem Gebiet entsprochen. Dieses *Robogate*-System wurde eingeführt, um die Abteilungen, die in der Fiat Mirafiori Fabrik für das Schweißen und Lackieren der Stahlkarosserie zuständig sind, zu automatisieren (zwei Abteilungen, die sich durch hohe Arbeitsintensität, hohes berufliches Risiko und häufige Arbeitskonflikte auszeichnen). Genauso wurde 1974 das *Digitron-System* eingeführt, um die Montage der maschinell hergestellten Teile und deren Einbau in die Autokarosserie zu automatisieren. Digitron war das fortschrittlichste Stück neuer Technologie, das im Verlauf der Siebziger zum Einsatz kam. Ursprünglich wurde es entwickelt, um ein ergonomisches Problem zu beheben (die Verrichtung schwerer Arbeit mit nach oben gestreckten Armen). Tatsächlich legte Digitron den Grundstein für den gesamten Prozeß technologischer Neuerungen bei Fiat. Das damals eingeführte Schlüsselkonzept hatte die Aufgabe, Roboter mit Verfahrenscomputern zu verbinden und letztere wiederum mit einem Haupt-Computer. Zusätzlich war das ganze System mit einer Reihe von kaskadenförmig angeordneten Computern verbunden, um den gesamten Produktionsprozeß zu überwachen.

Um größere Flexibilität in der maschinellen Bearbeitung zu erreichen, führte Fiat später LAM (Lavorazione Asincrona Motori-Asynchrone maschinelle Bearbeitung der Motoren) ein. Dies stellt einen Versuch dar, die Einschränkungen des Fließbandes zu durchbrechen: manuelle Arbeit wurde durch »Robotträger« (robocarriers) unterstützt (automatisierte Kontaktarme, die entlang magnetischer Leitvorrichtungen auf dem Boden laufen). Überwacht wurde das ganze System mit einem Haupt-Computer. Das Konzept der flexiblen Produktoin hielt bei Fiat Einzug. Durch die Einführung flexibler und paralleler Produktionsbänder (Robogate und LAM) wurde es möglich, den Output zu garantieren und gleichzeitig die starren linearen Fließbänder zu entfernen, die sich in der Vergangenheit häufig als anfällig für Arbeitskonflikte erwiesen. Die erste Phase technologischer und organisatorischer Veränderungen diente hauptsächlich dazu, die Probleme im Bereich der Kontrolle der Arbeiterschaft zu beseitigen. Parallele Produktionsbänder ermöglichen es, im Falle eines Stillstandes an einigen Arbeitsstationen, die Produktion andernorts fortzusetzen: der Produktionsausfall steht somit nur noch im Zusammenhang mit dem Grad des Absentismus (Krankheit, Streiks, usw.), und führt nicht mehr zu einem totalen Produktionsstop. Dieses Konzept ließ aber die bürokratische Befehls- und Kontrollstruktur völlig unberührt. Es änderte auch nichts an den Zwängen, die aufgrund sehr enger Zeitvorgaben für die Verrichtung der Aufgaben entstehen.

Im tayloristischen System wird die Wahl der Arbeitsorganisation von sozialen Faktoren beeinflußt, so z.B. durch die Wahrscheinlichkeit von Arbeitskämpfen zu verschiedenen Zeiten und in verschiedenen Ländern. In Italien wurde die Dezentralisierung der Produktion bereits in den 70er Jahren praktiziert, um den Produktkreislauf aufzubrechen, damit er weniger anfällig ist für die häufigen Arbeitskonflikte, die in der Großindustrie auftraten. Andere Länder machten andere Erfahrungen. So scheint der Udewalla Betrieb in Schweden sich eher an den Erfahrungen mit LAM und Robogate zu orientieren als an den neuen Erfahrungen in Cassino.

4.2 Phase II: 1981-89. Die Illusion von der Allmacht der Technologie

Es wurde zu einer Art »Produktionsphilosophie« bei Fiat, Produktionstechnologie als Mittel zur Handhabung der sozialen Beziehungen am Arbeitsplatz zu benutzen. Diese »Philosophie« beeinflußte sämtliche Strategien von Fiat in den 80er Jahren, selbst als die Arbeitskonflikte bereits nachgelassen hatten.

Dann begann eine neue Phase, die mit der Erholung des heimischen Marktes und der Niederlage der Gewerkschaften zusammenfiel. Diese Ereignisse führten dazu, daß Fiat nach langer Zeit seine schlechte Wettbewerbssituation verbessern konnte. Die Organisationsmuster wurden tiefgreifend verändert. Die funktionale Struktur wurde von einer dezentralisierten divisionalen Organisationsstruktur abgelößt. Im Bereich der Produktion wurde die Prozeßautomatisierung, Innovationen in den Betrieben sowie neue Modelle in den Mittelpunkt gestellt. Dieser Ansatz umfaßte die Erweiterung der Produktion neuer Autos mit hohem Komfort und niedrigem Verbrauch. Der neue »Uno« und der »Tipo« sind die Ergebnisse dieser Strategie.

Bei derartigen Reorganisationsprozessen war mit weniger Arbeitskonflikten als bei bisherigen Veränderungen zu rechnen. Nachdem Fiat es gaschafft hatte, den Einfluß der Gewerkschaft auf die Arbeitsorganisation zu reduzieren, wurde extensiv damit begonnen, elektronische Technologien und Informationstechnologien in den fordistischen Fabriken einzuführen. Das Management erreichte dadurch einen beispiellosen Grad an Freiheit und Unabhängigkeit im Hinblick auf den Einsatz der Arbeiterschaft. Man nahm an, daß die meisten produktionsbezogenen und sozialen Themen auf der Ebene des Arbeitsplatzes mit Mitteln der Technologie angegangen werden können. Anders ausgedrückt: man ging davon aus, daß industrielle Herstellungsverfahren fast vollständig mit Hilfe eines breitgefächerten, massiven Einsatzes neuer Elektro- und Informationstechnologien ausgeführt werden können, wodurch die unabhängige Funktion der Subjektivität jedes einzelnen Arbeiters auf ein Minimum reduziert wird.

Die Automatisierung der Karosseriearbeiten für das neue »Uno« Modell stellte in den Karosseriewerkstätten einen großen Schritt in Richtung massiven Technologieeinsatzes dar. Dieses System wurde 1982 im Fiat Mirafiori Betrieb eingeführt. Die neuen Anlagen wurden zusammen mit dem neuen Wagen entwickelt, was eine hohe Produktionskapazität und Flexibilität sowie eine hohe Produktqualität garantierte. Die Verflechtung dieses Arbeitsgebietes mit dem nächsten (Schweißen der Karosserieteile) wurde mit Computern überwacht. Dieses System war rigider als die der 70er Jahre. Die Bewegung zwischen den einzelnen Arbeitsstationen folgte einer gut durchstrukturierten Reihenfolge. Das Risiko, das Probleme an einer einzigen Stelle des Herstellungsprozesses das ganze System lahmlegen, wurde nicht nur durch die verbesserte Kontrolle über die Arbeiterschaft, sondern auch durch die höhere Zuverlässigkeit der Anlage verringert: technische Unterbrechungen kamen seltener vor als bisher. Die Rolle der Fließbandarbeiter begann sich zu verändern: sie waren weniger an die Geschwindigkeit des Bandes gebunden. Schlüsselfunktionen kamen dabei dem Wartungspersonal und den verantwortlichen Leitern der Anlagen zu, die das System auf Computern überwachen und in Fällen technischer Unterbrechungen wieder zum Laufen bringen.

1984 wurde in der Abteilung für mechanische Bearbeitung ein neues automatisiertes Zylinderkopf-Montagesystem eingeführt. Auch hier wurde der Produktionsablauf mit Computern überwacht, zudem gab es ein computergesteuertes System zur Montagefehlererkennung und zur Lokalisierung fehlerhafter Teile, die repariert werden müssen. Dies entsprach einer weiteren Qualitätsverbesserung, da Roboter fehlerhafte Teile weder reparieren noch abändern können: die Teile müssen also strikt gegebenen Qualitätsstandards entsprechen. In einem derartigen Betrieb ist schnelles und fundiertes menschliches Eingreifen unbedingt erforderlich: offizielle Arbeitsbeschreibungen waren immer weniger anwendbar und die Rollen und Funktionen wurden oft vertauscht.

In zwei neuerrichteten Betrieben (Termoli 3 und der umgebaute Betrieb in Cassino, beide im mittleren Süden Italiens) nahm dieser neue Ansatz endgültig Form an: Hier wurde das Konzept der Hochautomatisierten Fabrik eingeführt. Die vorherrschende Philosophie in Industrieorganisationen zu der Zeit bestand darin, hochautomatisierte, Arbeitskräfte sparende Einrichtungen zu bauen. Der Trend ging zur Fabrik ohne Arbeiter. Eine hohe Automatisierung wurde wieder als linearen Arbeitsablauf gedacht. Der parallele Arbeitsablauf, der noch Robogate und LAM charakterisiert hatte, war damit überholt. Termoli war der fortschrittlichste Betrieb mit den besten Erfahrungen mit dieser Philosophie; das zeigen auch die Ergebnisse: Termoli war eine völlig neue Motorenfabrik, in der sowohl Produkt- als auch Prozeßinnovation betrieben wurde. Die in den »Uno« Modellen benutzten Motoren (»Fire«-Motoren, d.h. »Fully Integrated Robotized Engines«) wurden speziell für die automatisierte Montage entworfen: 80% der für diesen Motor notwendigen Montagearbeiten sind voll automatisiert. Im Vergleich zum 903 Motor der vorangegangenen Generation konnte die Herstellungszeit wie folgt verkürzt werden:

	maschinelle Fertigung	*Montage*	*Gesamt*
»Fire«-Motor	46,5	61	107,5
903	114	117	231,5

(Zeit in Minuten)

Obwohl teilweise von einer flexiblen Automatisierung gesprochen wurde hielt sich die Flexibilität im Betrieb tatsächlich eher in Grenzen: in bezug auf die Modelle bedeutet das, daß es 40 Varianten desselben Motortyps mit drei verschiedenen Leitsungsstärken gab, wobei in Bezug auf das Produktionsvolumen nur sehr wenig Spielraum war (unterhalb einer bestimmten Produktionsmenge machte der Betrieb Verluste). In dieser Phase wird ein typisches Merkmal des Automatisierungsprozesses sichtbar: ein Betrieb erwirtschaftet Gewinne und garantiert die Kapitalrentabilität solange er an der oberen Kapazitätsgrenze arbeitet; unterhalb dieser Grenze macht er Verluste. Dieses Produktionsmuster erinnert an Industriezweige mit einem kontinuierlichen Produktionskreislauf, wie beispielsweise die Stahlindustrie. Ein Stahlwerk wirft nur Profit ab, wenn es über 80% seiner Leistungsfähigkeit ausnutzt; unterhalb dieser Grenze weist es hohe Verbindlichkeiten auf.

Im Betrieb in Termoli entsprach dieser Ansatz im Grunde dem ursprünglichen Entwurf, obwohl er mehr als einmal angepaßt werden mußte (die Leistung des Betriebes liegt inzwischen bei 75% seiner maximalen Kapazität). Es gelang dem System, eine hohe Produktionsgeschwindigkeit beizubehalten mit einem akzeptablen Effizienzniveau.

Der Standort Cassino, wo Autos montiert werden, sah sich größeren Problemen gegenüber und hat es aus einer Reihe von Gründen nicht geschafft, vergleichbare Leistungen zu bringen:

- Die Automatisierung von Fließbändern im Bereich der Endmontage ist komplizierter als im Bereich der Motorherstellung. Maschinell durchgeführte Arbeitsvorgänge lassen nur geringe Abweichungen zu, sind jedoch leichter zu definieren und haben eine geringere Anzahl an Variationen: automatisierte Verfahren arbeiten in solchen Fällen deshalb zuverlässiger als bei Karosseriearbeiten.
- Bei Fiat waren die Motoren ein Produkt gleichbleibender Qualität; dies war ein konstantes Produktionsmerkmal, viel mehr als dies in der Montage der Autos der Fall war. In automatisierten Betrieben geht man davon aus, daß die Qualität konstant bleibt und vorher festgelegt wird: demnach handelt es sich dabei um einen Faktor der Kosten spart, und sie nicht in die Höhe treibt. Gleichbleibende Qualität bedeutet weniger Zurückweisungen der mechanischen Werkstätten, weniger Produktionsstillstand und weniger Teile, die entlang des Bandes wieder zurückgeschickt werden: anders ausgedrückt bedeutet das bessere betriebliche Leistungen.
- Das Zuliefersystem für die Endmontagebänder sind sehr komplex: automatisierte Systeme können oft nicht garantieren, daß die benötigten Komponenten rechtzeitig das Band erreichen. Es ist daher schwierig, für diese Komponenten den selben Qualitätstandard zu garantieren, den die Motoren haben.

Zusammenfassend kann man festhalten, daß der Betrieb in Cassino bis 1991 viel weniger Leistung brachte als der Mirafiori Betrieb, in dem noch mit den traditionellen Fließbändern produziert wurde. In Termoli benötigt man zwei Jahre, bis alles nach Plan lief; in Cassino dauerte das mindestens vier Jahre.

Zumindest im Anfangsstadium dieser Phase/dieses Prozesses brachte Fiats Ansatz der allmächtigen Technologie einige Ergebnisse. Mitte der 80er Jahre besaß Fiat unter den Automobilherstellern die am weitesten automatisierten Betriebe. Das Gleichgewicht zwischen menschlicher und maschineller Arbeitskraft verschob sich zum Vorteil letzterer. Dennoch reichte die Ersetzung menschlicher Arbeiter durch Maschinen nicht aus, um das Problem Taylors und Fords zu überwinden: die mangelnde Flexibilität menschlicher Arbeit(skräfte).

Das Verhältnis der Arbeitskosten zum Umsatz bei Fiat Auto ging von 25% 1980 auf 14% 1987 zurück, während der Anteil der Arbeitskosten an der Wertschöpfung von 82% 1980 auf 55% 1987 zurückging. Innerhalb dieser Zeitspanne blieb das Verhältnis zwischen Wertschöpfung und Umsatz fast konstant (was auf ein generelles Gleichgewicht zwischen Eigen- und Fremdproduktion hinweist); innerhalb der Zusammensetzung der Wertschöpfung kam es zu einem Wachstum der mit betrieblichen Investitionen und dem cash flow zusammenhängenden Faktoren (das Verhältnis zwischen cash flow und Wertschöpfung stieg in dieser Zeit von 6% 1980 auf 36% 1987.)

Noch aussagekräftiger sind in diesem Zusammenhang die Beschäftigungstrends. Die Zahl der Arbeitnehmer ging bei Fiat Auto von 135.000 1980 auf 70.000 1987 zurück: die Belegschaft wurde fast halbiert. Folglich stieg die Zahl der pro Arbeiter produzierten Autos zwischen 1979 und 1987 von 10 auf 20.

In derselben Zeitspanne veränderten sich Funktion und Form der Gewerkschaftsorganisation bei Fiat radikal. Das vorherrschende Muster Arbeitsbeziehungen war geprägt durch den enormen Einflußverlust der Gewerkschaften in Hinblick auf die Arbeitsorganisation und die betrieblichen Tarifverhandlungen. Die Gewerkschaften mußten sich mit der schlichten Verteidigung sozialer Rechte begnügen und trugen zur Unternehmensstrategie lediglich durch die Zustimmung zu Managemententscheidungen bei.

In den frühen 80er Jahren wurde der technologische Determinismus ein allgemeiner Bezugspunkt der Massenproduktion. In Italien wurden in Zanussi, bei Conegliano Veneto und Olivetti, Ivrea hoch automatisierte Betriebe aufgebaut. Diese hohe Automatisierung und der weitreichende Verzicht auf menschliche Arbeitskräfte stellten ein kulturelles Modell dar, das in der Fachliteratur breite Unterstützung fand. Spätere Konzepte, wie beispielsweise Lean Production und »flat organisation«, ordnen das Konzept der Automatisierung dem Menschen und seinen Kontrollfähigkeiten unter. Zu einem hohen Grad an Automatisierung sollte es nur kommen, wenn so absolute Zuverlässigkeit garantiert werden kann und sie immer noch einen gewissen Spielraum für Flexibilität läßt. Bei Fiat erwies sich die Frage nach der Zuverlässigkeit der zu weiten Teilen automatisierten Fabriken als problematischer als in Olivetti (wobei Olivetti jedoch beschlossen hatte, statt der Fließbandarbeit den Produktionsablauf und -kontrolle zu automatisieren). Alle diese automatisierten Betriebe stießen jedoch an die selbe Grenze: Rigiditäten in bezug auf das Produktionsvolumen. Aufgrund sich schneller verändernder Markttrends ging die Entwicklung in den späten 80er Jahren hin zu einem neuen Produktionsmuster. Der neue Wert, der darin dem Faktor Mensch zuerkannt wurde war nicht nur der Mittelpunkt, sondern auch der heikelste Faktor dieses neuen Konzeptes. Auch in dieser Phase beeinflußten sich wieder die unterschiedlichen Produktionssysteme der verschiedenen Industriesektoren gegenseitig.

4.3 Phase III: 1989-94. Der ganzheitliche Betrieb.

Das bringt uns zu dem Strategiewechsel, der 1989 stattfand: Fiat sollte als ganzheitliches Unternehmen organisiert werden und arbeiten, um Total Quality im Sinne von Lean Production zu erreichen.

Für Fiat gab es keinen anderen Weg, als seine Strategie auf Total Quality auszurichten. Das Unternehmen konnte nicht länger den neuen Standards, die die japanischen Konzepte dem Markt aufzwängten, hinterherhinken; der internationale Konkurrenzkampf wurde von Tag zu Tag schärfer. Bis dahin war die von Fiat gebotene Qualität hinter der seiner Konkurrenten zurückgeblieben. Der fordistisch-tayloristische Ansatz mußte also weniger aufgrund von Problemen an der Arbeiterfront als vielmehr wegen externer Turbulenzen aufgegeben werden; Turbulenzen, die durch den Markt und den Wettbewerb entstanden. Um gegen die Herausforderung durch die japanischen Total Quality Konzepte anzukommen, orientiere sich Fiats Top Management nicht so sehr an den japanischen Unternehmensstrukturen, sondern vielmehr an deren westlicher Lean Production Version, die in der Mitte der 80er Jahre in den USA eingeführt worden war. Die dort erzielten Ergebnisse überzeugten Fiat davon, daß der japanische Weg durchaus übernommen werden kann und an einen anderen sozio-kulturellen Kontext angepaßt werden kann.

Die Einführung solcher Lean Production Prinzipien führte zu einem scharfen Bruch, der wegführte von den technologie-fixierten Mustern, in denen den Arbeitern im Vergleich zu den Maschinen bisher immer nur eine untergeordnete Rolle zugekommen war.

Die Veränderungen wurden durch zwei typische Merkmale charakterisiert. Zunächst waren höhere Qualitätsstandards nur möglich, wenn die Beziehungen zu externen Partnern, vor allem den Zulieferern, grundlegend geändert würden (s.o.). Des weiteren mußten sich die allgemeinen Überlegungen darüber, wie die Firma in Zukunft geleitet werden soll, auch mit der Frage beschäftigen, wie das Humankapital mit Hilfe gemeinsamer Werte mobilisiert werden kann. Die klare Trennung zwischen Planung und Ausführung, typisch für traditionelle tayloristische Organisationen, machte es den Arbeitern unmöglich, zur Verbesserung der Arbeitsverfahren beizutragen. Traditionelle Befehls- und Kontrollstrukturen sollten daher durch einfachere und autonome Strukturen ersetzt werden: dieses sollte ein Netzwerk aus Fähigkeiten bilden, das sich aus Einheiten verschiedener Berufsgruppen zusammensetzt, die im Hinblick auf die Ergebnisse sowohl mit Autorität als auch mit Verantwortung ausgestattet sind. Die organisatorischen Umstrukturierungen gingen über die Makrostrukturen hinaus bis hinunter zur Basis. Die Grundannahme besagt, daß Total Quality nicht allein mit Hilfe der Technologien erreicht werden kann; auch das Humankapital spielt dabei, basierend auf Autonomie und Kreativität, eine entscheidende Rolle. Es ist nicht mehr genug, sich alleine auf die Technologie zu verlassen, solange diese nicht eine Einheit mit der Organisation bildet. Der neue Ansatz sieht in der Partizipation ein absolutes Muß und in lebendiger Arbeit ein lohnenswertes Kapital für die Firma. Das hat zur Folge, daß auch Gewerkschaften eine Rolle spielen sollten.

Die Erfahrungen in hoch automatisierten Betrieben zeigten, daß:

- Im Rahmen der Planung der Automatisierung wurden die Beschreibungen zu umfangreich, so umfangreich, daß sie nicht mehr gehandhabt werden konnten. Einige Arbeitsschritte wurden immer noch manuell ausgeführt, obwohl sie ursprünglich automatisiert sein sollten. Aber es erwies sich als zu schwierig, Veränderungen automatisch auszuführen. Immer wenn versucht wurde, die Produktionsbänder über ein bestimmtes Maß hinaus zu automatisieren waren, häufiger Produktionsstillstand und schlechte Qualität die Folgen.
- In hochautomatisierten Fabriken war der Produktionablauf in allen Einzelheiten genauestens festgelegt, von der Herstellung selbst bis hin zur Endmontage, ja schon während der Planung des Betriebes und des Produktes. Dies verhinderte eine schnelle Reaktion auf Schwankungen des Marktes, der immer unsicherer und schwerer einzuschätzen wurde. Das Computernetz alleine konnte keine ausreichende Überwachung und Steuerung des Produktionsprozesses garantieren. Der Projektbeschreibung zufolge sollten die automatisierten Produktionsbänder quasi »idiotensicher« sein. Sie sollten die richtige Quantität und Qualität der Produktion garantieren, selbst wenn das Band von einem ungelernten Arbeiter bedient würde. Die Praxis sah jedoch so aus, daß das System nicht in der Lage war, auf »schwache Signale« zu reagieren. Diese konnten nur von direkt am Band arbeitenden Menschen bemerkt werden: es bedurfte also offensichtlich kompetenter und motivierter Mitarbeiter, die diese Signale bemerken und verstehen können. Anders ausgedrückt bedeutet das, daß das System nur durch den besonderen Einsatz der Belegschaft funktionieren kann. Ohnes die Intervention von Personen, die wenn nötig rechtzeitig Korrekturen vornehmen, sinkt das Effizienz- und Qualitätsniveau des Systems beträchtlich.

Die Schwächen der hochautomatisierten Fabrik in Termoli kamen zum Vorschein, als dort anstelle von einer drei Arten von Motoren hergestellt werden sollten: von da an wurde es extrem schwierig, das interne Zuliefersystem zu steuern. Ganz offensichtlich bestand eine Diskrepanz zwischen dem sehr fortschrittlichen (Hardware und Software) Produktionssystem und den Arbeitern, von denen einfach verlangt wurde, daß sie sich der stark traditionellen Organisation und der technischen Entwicklung beugen sollten. Um diese Nachteile auszugleichen, mußte dem Produktionssystem selbst ein Überwachungssystem übergeordnet werden; dieses war jedoch extrem komplex und schwer handzuhaben.

1987 wurde mit der Sanierung Termolis begonnen: eine Reihe organisatorischer Veränderungen wurden durchgeführt, die angesichts der bisherigen Fiat-Kultur sehr innovativ waren. Bisher war die Organisation streng hierarchisch, pyramidenförmig gegliedert; zentralisierte Entscheidungen mußten von der Belegschaft ausgeführt werden im Rahmen einer von oben nach unten verlaufenden Kommunikationsstruktur. Die neue Struktur sah eine eher flache Organisation mit horizontalen Entscheidungsprozessen vor, in die die Leute an den Arbeitsplätzen direkt einbezogen werden. Die Entscheidungsprozesse wurden also dezentralisiert und beinhalteten auf betrieblicher und individueller Ebene einen hohen Grad an Autonomie. Die erste Entscheidung, die getroffen wurde, bestimmte, daß die Firmenleitung in Termoli mehr Autonomie haben sollte.

In einem zweiten Schritt wurde den Fließbandarbeitern mehr Verantwortung übertragen: in Termoli ist die Mehrzahl der Arbeiterschaft dafür zuständig, die Anlage zu be- und entladen, oder ihre Arbeit beinhaltet die Bedienung der Anlage oder deren Reparatur und Wartung. Arbeitnehmer, die das Produkt mit eigenen Händen bearbeiten sind im Vergleich zu denen, die Maschinen bedienen, die wiederum das Produkt bearbeiten, in der Unterzahl. Die Arbeiter sind nicht mehr an den Produktionsfluß gebunden: wieviel sie arbeiten hängt davon ab, welche Probleme auftauchen. Die Arbeiter, die die Maschinen bedienen, sollten über mehr Entscheidungsbefugnisse und über einen größeren Ermessensspielraum verfügen. Um Entscheidungen treffen zu können, müssen sie Kenntnisse besitzen, die über die eine Arbeitsstation hinausgehen und das gesamte Produktionsband und das Unternehmenssystem umfassen. Zudem sollten sie auch den ganzen Produktionszyklus verstehen. Als typischer Arbeiter wurde damals der »Maschinenbediener« angesehen: ein Arbeiter mit vielen Fähigkeiten, der in der Lage ist, einzelne Anlagen zu überwachen, Fehler zu lokalisieren und zu analysieren, in einigen Fällen Wartungsarbeiten durchzuführen, oder sonst gegebenenfalls die dafür zuständigen Spezialisten zu rufen, und schließlich im Falle eines Stillstandes an einer automatisierten Arbeitsstation, die Produktionsverluste durch seine eigene manuelle Arbeit wieder gutzumachen. Nach dem »idiotensicheren« Konzept hätte dieser Arbeiter lediglich eine bestimmte Menge vorher festgelegter Aktivitäten verrichten sollen, welche von Planern durch tayloristische Fragmentierung der Arbeit definiert worden wären. Qualitätsstandards, Zeit und sogar die einzelnen Handgriffe wären vorher festgelegt worden, wobei sich der Mensch ganz der Maschine unterwerfen muß. Im Gegenteil, es mußte, als das System in die Praxis umgesetzt wurde, eine neue Fähigkeit erlernt werden, nämlich die zur Überwachung automatisierter Arbeitsstationen. Dem Arbeitnehmer, der diese Aufgabe übernahm, wurde die direkte Verantwortung für die Ausführung eines bestimmten Teiles der Produktion übertragen.

In Termoli wurde die Aufgabe Leiter der Anlagen 1986 und 1987 in speziellen Tarifverträgen berücksichtigt. Zusammenfassend lassen sich die verschiedenen Schritte der Entwicklung in Termoli an folgenden Daten festmachen: 1985: Beginn mit der Massenproduktions des Motors »Fire 1000«. Mai

1987: das System des hochautomatisierten Betriebes läuft. September 1992: das Projekt des ganzheitlichen Betriebes wird gestartet.

Der Ausdruck »ganzheitlicher Betrieb« steht für ein neues System und eine neue Arbeitsaufteilung am Arbeitsplatz. Hier die Hauptmerkmale der, wie man sagen könnte, »Lean Production nach italienischer Art«:

- eine neue prozeß- und nicht funktions-orientierte Management-Philosophie. Dieses prozeß-orientierte Management zielt auf eine Beurteilung weltweiter Resultate ab, in die es verschiedene Phasen und Tätigkeiten einbezieht;
- eine Neugestaltung der Verantwortlichkeiten auf betrieblicher Ebene durch die Einführung Operationaler Einheiten (OE). Fünf technologie-orientierte Operationale Einheiten (Pressen, Stahlkarosseriearbeiten, Lackieren, maschinelle Fertigung, Montage) bilden das Gerüst für die Umstrukturierung der Betriebe. Innerhalb dieser Struktur wird die Zahl der Hierarchieebenen von acht auf sechs gekürzt;
- Arbeitskolonnen wurden durch Technologische Teams (TT) ersetzt, die eine zelluläre Struktur aufweisen und die interne Integration zwischen mehreren miteinander zusammenhängenden Funktionen fördern.

Dieser Änderungsprozeß hatte selbstverständlich Auswirkungen für die Arbeiter. Zunächst beeinflußte er vor allem die mittleren Befehls- und Kontrollfunktionen: Meister, Abteilungsleiter, Manager und Büropersonal. Dies war nicht nur eine Revolution der Produktionstechniken, sondern es nahm eine Revolution innerhalb des Managements vorweg.

Nachdem es in Termoli (selbst eine Operationale Einheit der maschinellen Fertigung) getetestet worden war, wurden die Erfahrungen mit dem ganzheitlichen Betrieb auf Cassino weiterübertragen, wo sie zudem auf die Fließbandarbeit ausgedehnt wurde. Die Endmontage der Autos ging nicht mehr so hochautomatisiert von statten; es gab Versuche, die direkte Verantwortung der Arbeitnehmer zu erhöhen. Beiden Betrieben waren jedoch aufgrund ihres hochautomatisierten Aufbaus enge Grenzen gesteckt. Später wurde das Konzept des ganzheitlichen Betriebes auch in den traditionellen Betrieben in Mirafiori und Rivalta eingeführt. Der Übergang vom Fordismus zum Toyotismus wird aber noch lange andauern und mit Schwierigkeiten gespickt sein.

5. *Melfi und Pratola Serra*

Die wichtigsten Ziele der (neuen) Managementrevolution, die in einigen Fiatbetrieben stattfand, stießen schnell auf Rigiditäten und Zwänge im organisatorischen Bereich, wodurch die Einführung neuer Produktionssysteme im großen Stil verhindert wurde. Die traditionelle Technologie wurde als eine Reihe einzelner Produktionsschritte verstanden: der Übergang zu einer prozeß-orientierten Arbeitsorganisation würde daher komplex und hart werden. Sowohl die Gestaltung der Anlagen als auch die sequentielle Herstellungsorganisation waren aufgaben-orientiert und nicht produkt-orintiert: das verhindert einen glatten Übergang von den Arbeitskolonnen zu den technologischen Teams. Den stärksten Widerstand stellte jedoch das Gedächtnis der Leute dar: das kollektive Gedächtnis von Arbeitern, Meistern und Managern. Die bisher gewohnte Befehls- und Kontrollstruktur des fordistisch-tayloristischen Systems, führte zu heftiger Vorbehalten gegenüber jeglichen organisatorischen Veränderungsprozessen. Auch für Produktionsarbeiter war der Übergang von individueller Arbeit zur Gruppenarbeit, bei der individueller Einsatz und Kooperation gefragt sind, um kontinuierliche Verbesserungen zu erreichen (*Kaizen*), weder einfach noch schnell. Trotz mächtigen Drucks von seiten der Technostruktur ging es nur langsam voran und sichtbare Resultate waren selten.

Der effektivste Weg, um die absolute Neuerung durchsetzen zu können, bestand darin, neue Fabriken zu bauen, die gemäß den Prinzipen der Lean Production gebaut werden und arbeiten; und die bereits existierenden Betriebe erst später gemäß den neuen Prinzipien umzuwandeln. Dann wurde das »greenfield« Experiment bei Termoli wiederholt. Damals handelte es sich um eine neue Fabrik, um den Ansatz der allmächtigen Technologie auszuprobieren; diesesmal, in Melfi, ist es ein neuer ganzheitlicher Betrieb. In beiden Fällen war jedoch der Ausgangspunkt eine hohe Korrelation zwischen Betrieb und Produkt.

Die Veränderung der Managementstruktur, die Gestaltung eines neuen Autos nach Total Quality-Prinzipien (der »Punto« lößte den »Uno« in der Klasse der mittleren Kleinwagen ab) und das Errichten eines neuen ganzheitlichen Betriebes auf »der grünen Wiese«: all diese Elemente konvergierten natürlich. Als eine Art Sicherheitsmaßnahme wurde beschlossen, den neuen Wagen auch in anderen, traditionellen Betrieben herzustellen (im Mirafiori Betrieb in Turin und in Termini Imerese, Sizilien); aber sogar dort sollten so weit wie möglich neue Managementtechniken zum Einsatz kommen. Nach der Sanierung des Betriebes in Termoli wurde 1990 beschlossen, zwei neue Betriebe zu bauen und dafür zwei bestehende in Norditalien zu schließen (Desio und Chivasso). Allein für Melfi beliefen sich die Investitionen auf 3200 Billionen Lira: 1200 für produktspezifische Anlagen und Maschinen und 2000 für den Bau der Firma und die allgemeine Betriebsausstattung.

Pratola Serra ist eine ganzheitliche Fabrik, die Motoren herstellt: ein Zwilling des Betriebes in Termoli. Der einzige Unterschied besteht in ihrer größeren Flexibilität in bezug auf die zu produzierenden Modelle und in einer etwas höheren Produktionskapazität. Unterschiede in den zu erwartenden Ergebnissen lassen sich anhand schnellerer Produktionszyklen, 18 statt 25 Stunden, messen, was Einsparungen von 28% gleichkommt und weniger halbfertige Erzeugnisse bedeutet (Materialien, die durch die verschiedenen Phasen des Produktionsprozesses geführt werden). Genauere Informationen zu den Unterschieden zwischen Pratola Serra und Termoli liegen noch nicht vor, da der neue Betrieb sich noch in der Entwicklungsphase befindet und erst 1996 mit der Massenproduktion beginnen wird.

Im Gegensatz dazu wurde Melfi nach völlig neuen Konzepten errichtet. Der Betrieb selbst wurde in nur zweieinhalb Jahren mit »Simultaneous Engineering«-Techniken gebaut und entwickelt (das sind fast zwei Jahre weniger als im Durchschnitt für vergleichbare Projekte benötigt werden). Anfang 1994 wurde die Produktion aufgenommen, die ab 1996 nach Plan laufen sollte. Die maximale Produktionskapazität liegt bei 1600 Autos pro Tag (knapp unter der von Cassino); wenn der Betrieb planmäßig läuft, soll er 7000 Menschen beschäftigen (700 Büroarbieter, 1800 Facharbeiter und 4500 ungelernte Produktionsarbeiter.

Die Produktion basiert auf dem Konzept des ganzheitlichen Betriebes und weist einen beachtlichen Grad flexibler Automatisierung auf, der allerdings nicht so hoch ist wie in Cassino.

Die Fertigung funktioniert in etwa gleich wie »flu tendu«, oder das Toyotamäßige »Just-in-Time« Fertigungssystem (42% der Lieferungen erfolgen nach dem »Just-in-Time«-Prinzip und synchronen Produktionsmethoden; die Beschaffung macht 70% des Endwertes des Produkts aus).

Die Produktion wird gemäß den Bestellungen geplant, die die Verkaufsabteilung durch das »Sirio« System (Integriertes Bestellungssammel- und Verschickungssystem) erreichen. Die Art, in der die Wagen individuell aufgemacht werden, wird bereits in einem frühen Stadium der Produktion festgelegt; später wird an dem Produktionsmix keine Veränderung mehr vorgenommen. Auf diese Weise wird der Zeitpunkt des »Rendez-vous« und die Plazierung des Materials, der Komponenten und der vormontierten Teile innerhalb der verschiedenen Phasen des Produktionsprozesses sehr streng geplant. Dies entspricht dem »Pipeline-Prinzip«, demzufolge der Produktionsverlauf von vorneherein in einer vorbestimmten Reihenfolge, von der Blechverarbeitung bis hin zur Endabnahme, festgelegt ist. Dies steht einem diversifizierten Produktangebot nicht im Wege, allerdings gibt es dafür eine genaue Ordnung. Die Machbarkeit der Just-in-Time Herstellung nach dem Prinzip der »gläsernen Pipeline« (der Begriff soll nicht nur auf ein transparentes, sondern auch ein fragiles Produktionssystem hinweisen) hängt sowohl von der Technologie als auch von der richtigen Organisation der Lieferungen ab. Damit der Produktionsablauf reibungsloser funktioniert, werden im Rahmen der Herstellung auch Subunternehmen beschäftigt: das bedeutet die Herstellung umfaßt nicht nur die interne Produktion, sondern auch alle externen Tätigkeiten, die von Subunternehmen in der Nähe der Fiat Montagestätten ausgeführt werden. Dies verdeutlicht Abbildung 2 im Anhang, wo zu sehen ist, daß alle Produktionsabläufe sehr nahe beieinander liegen: sowohl die Herstellung bei Fiat selbst als auch die wertvolle Arbeit derZulieferbetriebe (ungefähr 20 Zulieferfirmen, mit zusätzlichen 3000 Arbeitern sollten auf diesem Gebiet angesiedelt sein). Um den Fluß der Komponenten zu erleichetern, sind die zwei Blöcke miteinander verbunden. Die Ansiedlung von Zulieferbetrieben auf dem Firmengelände ist sowohl für Fiat als auch für Europa eine große Neuheit (nach dem Nissan-Betrieb in Sunderland, GB). Für den Informationsaustausch zwischen Fiat und diesen internen Auftragnehmern wird ein integriertes Computernetz benutzt; die Zulieferer der Komponenten garantieren eine Qualitäts-Selbstkontrolle. Innerhalb des Melfiprojektes ist das Zuliefersystem ein kritischer Punkt. Während die Fabrik bereits nach Plan läuft, schreitet die Ansiedlung der Zulieferbetriebe nur sehr langsam voran. Das liegt zum einen an finanziellen Schwierigkeiten, die dadurch zustande kommen, daß die Regierung mit ihren Subventionszahlungen im Rückstand ist (was in Süditalien die Regel ist), und daß kleine Unternehmen aufgrund anhaltender Marktschwierigkeiten sehr vorsichtig sind, wenn es um neue Investitionen geht.

Innerhalb dieses Fiat-Betriebes ist der Herstellungsprozeß entlang des gesamten Bandes stark integriert, vom Pressen bis zur Endmontage. Anders als in anderen Fiat-Betrieben gibt es keine Vorratslager zwischen den einzelnen Bereichen.

Die Hauptbereiche, die jeweils mit einer Operationalen Einheit zusammenfallen, sind: Pressen, Feinblecharbeiten, Lackieren, Montage.

a) *Pressen*. Die Arbeit ist fast vollständig automatisiert, angefangen beim Abwickeln der Stahlrollen. Um die Flexibilität bei der Produktion zu erhöhen und schnelle Wechsel in der Reihenfolge der zu pressenden Teile zu ermöglichen, verringerte man die für den Wechsel benötigte Zeit auf 6-7 Minuten (vor einigen Jahren betrug sie noch 5-6 Stunden). So wird es möglich, auf die wechselnde Nachfrage zu reagieren, ohne Lager für Feinblechteile anlegen zu müssen. Die Fertigungszeit beträgt ungefähr 30 Minuten, wobei das Pressen selbst 6 Minuten dauert.

b) Die geformten Bleche werden dann zur Operationalen Einheit für Feinblecharbeiten gebracht, wo auch die Karosserie montiert wird. Auch diese Arbeit ist hochautomatisiert. Dafür gibt es 200 Roboter, die von Comau, einer im Besitz von Fiat befindlichen Werkzeugfabrik, hergestellt werden. Diese Roboter bauen die 250 Einzelteile, aus denen sich ein Wagen zusammensetzt mit über 3500 Schweißpunkten zusammen. Die Feinblech bearbeitende Abteilung wurde entwickelt, um eine flexible Reaktion auf Veränderungen an verschiedenen Modellen zu ermöglichen und zwar mit einem minimalen Einfluß auf die Kontinuität des Produktionsablaufs (momentan gibt es 16 verschiedene Versionen des »Punto«). Die Fertigungszeit beträgt ungefähr zwei Stunden.

c) Etwa eine Stunde später kommt die Karosserie in der Lackiererei an. Auch diese Phase läuft fast voll automatisch ab (mit 66 Robotern) und verfügt über flexible, bewährte Technologien, die es ermöglichen, jeden Wagen in einer anderen Farbe zu lackieren. Die Fertigungszeit beläuft sich auf ungefähr fünfeinhalb Stunden.

d) Eine halbe Stunde später erreicht die lackierte Karosserie die Montageabteilung. Hier ist die Automatisierung nicht ganz so hoch: die meisten Arbeiten werden von Männern und Frauen ausgeführt. Eine Ausnahme bilden sehr schwere Arbeiten und Tätigkeiten, die mit der Sicherheit des Fahrzeuges zu tun haben, wie beispielsweise das Verbinden der Karosserie mit der Selbstantriebseinheit: derartige Tätigkeiten wurden automatisiert, allerdings auf flexiblere Weise als in älteren Anlagen. Im Montagebereich wurde am radikalsten mit der Kontinuität fordistisch-tayloristischer Produktionsketten gebrochen. In Melfi ist der Automatisierungsgrad viel geringer als in Cassino. Die Fertigungszeit liegt etwa bei sechs Stunden und vierzig Minuten.

Die Gesamtzeit zur Produktion eines Wagens, vom Verladen der Stahlrollen bis zur Endabnahme, beträgt sechzehn Stunden und achtundvierzig Minuten.

Das Management geht davon aus, daß die Arbeitsproduktivität und -qualität sehr stark von den ergonomischen Bedingungen abhängen, weshalb es besonderen Wert auf die Verbesserung des Arbeitsumfeldes und der Arbeitsbedingungen legt. Geringere Erschöpfung bedeutet meist höhere Produktivität und Qualität der Leistung. All dies rechtfertigte die Einführung eines neuen Arbeitsmeßsystems mit einer höheren Arbeitsgeschwindigkeit.

Folgende Ergebnisse werden in Melfi durch das neue Produktionssystem erwartet:

- kürzere Fertigungszeiten (im Vergleich zu Cassino: -40% bei der Feinblecharbeit, -30% beim Lackieren und -20% bei der Montage);
- weniger unfertige Produkte (im Vergleich zu Cassino: -25%)
- jährlich sollen pro investierter Billion Lira mehr Wagen produziert werden (+35% bei den Feinblecharbeiten, +115% bei der Montage).

Beim Vergleich von Melfi mit Mirafiori (da beide Betriebe Modelle für ein B-Marktsegment herstellen) stellen wir fest, daß die Zahl der pro Arbeiter hergestellten Autos in Mirafiori bei 53 liegt, während sie in Melfi bei 79 liegen sollte, mit einer Steigerung von 49%, sobald der Betrieb nach Plan läuft. Die Produktivität wurde mit der »Mit Imvp Methode« gemessen.

Vom Technologischen Standpunkt aus betrachtet, ist der Melfi Betrieb eine Synthese verschiedener Erfahrungen: zum einen mit der vollautomatisierten Fabrik in Cassino und zum anderen mit den ersten Erfahrungen mit einem ganzheitlichen Betrieb in den eher traditionellen Betrieben in Mirafiori und Rivalta in Piedmont. Die Arbeitsorganisation funktioniert jedoch nach einem völlig anderen Muster. An die Stelle der traditionellen Arbeiterkolonnen traten im ganzen Betrieb *Arbeitsgruppen*. Mehrere Arbeitsgruppen zusammen ergeben ein Technologisches Team (TT). Insgesamt gibt es 31 TTs. Mehrere TTs zusammen ergeben eine Operationale Einheit (OE), die jeweils einem ganzen Produktionsband entsprechen. Wie bereits erwähnt, gibt es in Melfi vier Operationale Einheiten. Aus technologischer Sicht sind diese Einheiten homogen.

Bei den TTs wiederum handelt es sich um absolut technisch-organisatorische Einheiten, da jede von ihnen einen kompletten Arbeitszyklus durchführt (Montage der Türen, Einsetzen des Motors usw.). Da sie ihr Produkt jeweils zum nächsten TT bringen, sind sie wie bei einer Kunden-Zulieferer-Beziehung für die Qualitätskontrolle verantwortlich. Im Vergleich zu früheren Arbeitspraktiken traten die TTs an die Stelle der Arbeitskolonnen, allerdings mit weitreichenderen Verantwortungsbereichen. Sogar in Fällen mit linearem Produktionsablauf (gemäß der Fließbandlogik) sind TTs für ein komplettes Segment der Produktionskette verantwortlich (40-50 Meter des Bandes). Das neue Band ist kürzer als das traditionelle, da der Trend dahin geht, es mit fertigen Elementen zu versorgen (Komponenten, Makro-Komponenten, Vormontierte Teile, Gruppen usw.). Die Produktion gleicht einem kammförmigen Fließband: mit einem Hauptband und mehreren kurzen Seitenbändern (diese müssen nicht unbedingt entlang des Hauptbandes verlaufen). Technologische Teams verfügen über einige spezielle Fähigkeiten, mit denen sie alle Probleme im Zusammenhang mit dem Produktionsprozeß lösen können, und die zur ständigen Produkt- und Prozessverbesserung beitragen sollen. Den TTs werden auch einige Verwaltungsaufgaben übertragen, wodurch die Zentralverwaltung Zeit und Geld spart.

Die Operationalen Einheiten führen nicht nur Produktionsaufgaben aus, sondern auch alle damit zusammenhängenden Tätigkeiten, wie beispielsweise Konstruktion, Verfahren, Versorgung mit Werkzeugen, Wartung. Dies stellt einen großen Wandel in der traditionellen Organisation Fiats dar. Bisher wurden derartige Tätigkeiten auf Fabrikebene zentralisiert oder von zentralisierten und separaten Abteilungen abseits der Produktionsbänder erledigt. In den Operationalen Einheiten wurden nun typische Aufgaben der Arbeiter (z.B. Montagearbeiten) mit typischen Aufgaben der Angestellten verbunden. OE-Leiter sind direkt verantwortlich für alle produktionsbezogenen Funktionen; die Funktionen sind daher alle miteinander verbunden, ohne zusätzliche hierarchische Trennungen und lassen sich so leichter aufeinander abstimmen (daher der Ausdruck »ganzheitlicher Betrieb«). Die organisatorische Gestaltung wird in Abb. 3 und 4 im Anhang dargestellt.

Der Betrieb in Melfi arbeitet rund um die Uhr, sechs Tage in der Woche, in drei Schichten (das entspricht 18 Schichten insgesamt). Zwischen den einzelnen Schichten gibt es jeweils eine 45-minütige Pause, die dazu dient (durch Überstunden), die Maschinen zu reinigen, die Fließbänder mit Material zu versorgen oder die Produktionsmenge und -qualität anzugleichen. Die Produktion ist so organisiert, daß die Arbeitsgruppen immer aus den selben Mitgliedern bestehen, um Freundschaft und Zusammenarbeit innerhalb der Gruppen zu fördern. Jedes TT muß so viele Arbeitsgruppen haben, um den Teil des Bandes, für den es verantwortlich ist, über 18 Schichten abdecken zu können. Jede Arbeitsgruppe kann pro Woche ungefähr fünf Schichten abdecken: damit also alle Schichten abgedeckt sind, müssen die Gruppen rotieren. Da sechs Tage in der Woche gearbeitet wird und jede Arbeitsgruppe verschiedene Schichten übernehmen muß (Früh-, Mittags- und Nachtschicht), basiert die Planung der Arbeitsstunden auf einem Drei-Wochen Plan. In den ersten zwei Wochen arbeitet jede Gruppe sechs Tage pro Woche, dafür aber in der dritten Woche nur noch drei Tage. In den ersten zwei Wochen haben sie somit immer nur sonntags frei und in der dritten Woche dann vier aufeinanderfolgende Tage (inklusive Sonntag). Dieser Zeitplan ermöglicht eine volle Auslastung der Anlagen und sucht in der Automobilindustrie seinesgleichen. Dennoch könnte man einiges daran kritisieren, nicht nur was den Betrieb der Anlagen anbelangt, sondern vor allem auch in bezug auf die Situation der Arbeiter. Vor allem in Gebieten, in denen die Industrie noch nicht so tief verwurzelt ist, wirken sich derartige Schichtaufteilungen störend auf die Lebensgewohnheiten, die Freizeitgestaltung und das soziale Umfeld der Arbeiter und ihrer Familien aus.

In jeder Arbeitsgruppe gibt es einen Gruppenleiter, der den traditionellen Meister ersetzt und den Titel „Ganzheitlicher Verfahrensleiter" trägt. Die Arbeitsgruppen verfügen über ein hohes Maß an Autonomie in dem Bereich der Produktion, für den sie verantwortlich sind. Die Gruppenleiter arbeiten wie die restlichen Gruppenmitglieder auch am Fließband mit, haben jedoch ein gewisses Quantum an Zeit für koordinierende Tätigkeiten zur freien Verfügung. Die Gruppenleiter stehen in Kontakt zum Leiter ihres Technologischen Teams und zu den unterstützenden Abteilungen (Wartung und Lager). Sie informieren diese über Abweichungen von Produktionszielen und fordern Maßnahmen, zur Wiederherstellung optimaler Qualität und Arbeitsstandards.

Die Arbeitsgruppe kann die Produktion unterbrechen, wenn beim Produkt ernsthafte Abweichungen von den vorgegebenen Qualitätsstandards auftreten. Dieses Vorrecht wurde direkt aus der japanischen Arbeitspraxis übernommen und bei Fiat zum ersten mal offiziell in Melfi und Pratola Serra eingeführt. Derartige Produktionsstockungen dürfen maximal 10% ausmachen und die Teams müssen die dabei verlorene Zeit wieder aufholen. Dies führte zu einer gewissen Variabilität in der Produktionsgeschwindigkeit.

Im Vergleich zu Cassino entschied man sich hier in der Endmontage für einen weniger automatisierten Arbeitsablauf, weil man der Sicherheit der Ergebnisse in bezug auf die Flexibilität und Zuverlässigkeit des Betriebes Priorität einräumte vor Lösungen auf höchstem technonologischem Niveau. Die Erfahrungen in Cassino zeigten, daß durch lange, automatisierte Fließbänder die Häufigkeit unvorhersehbarer Wartungsarbeiten in die Höhe schoß und so Unsicherheiten bezüglich der Qualität und Quantiät der Endprodukte entstanden. Ein robustes Herstellungssystem wurde einer weitreichenden Automatisierung vorgezogen.

Außerdem führt die Begrenzung automatisierter Arbeitsgebiete zu mehr Flexibiliät innerhalb des Betriebes in bezug auf die Modellzahl und, mehr noch, auf das Produktionsvolumen. In den vergangenen zwei Jahren unterlag das Produktionsvolumen im Mirafiori-Betrieb häufigen Schwankungen. Da die Automatisierung in diesem Betrieb nicht allzu hoch war, war es möglich, eine Schicht vorrübergehend auszusetzen und das dadurch entstehende Minus an Arbeitsstunden auf alle Arbeitsgruppen abwechselnd zu verteilen. Zudem konnte die Produktionsmenge gekürzt werden, indem man die Fließbänder langsamer laufen lies, weniger Arbeiter an den Bändern beschäftigte und diesen Arbeitern jeweils zeitaufwendigere Tätigkeiten zuwies. Diese Absprachen über die Variabilität der Fließbänder und die Dauer der Tätigkeiten ermöglichten flexible Produktionsvolumen. In Cassino waren derartige Maßnahmen jedoch nicht möglich: Produktionskürzungen hätten die gesamte Fabrik lahmgelegt, da in einigen Bereichen in zwei, in anderen Bereichen in drei Schichten gearbeitet wird und die Koordination zwischen den einzelnen Abteilungen zur Senkung der Produktionsmenge mit sehr hohen Kosten verbunden gewesen wäre.

Schließlich bedeutet geringere Automatisierung auch, daß weniger Geld in Technologien investiert werden muß. Dadurch kann auch bei niedrigerem Produktionsvolumen kostendeckend produziert werden.

Ist die Technologie erst einmal verfügbar, hängt die Flexibilität vor allem vom Zuliefer- und Informationssystem ab.

6. Das Zuliefersystem

Das Zuliefersystem setzt sich aus verschiedenen Tätigkeiten zusammen, die darauf abzielen, die Produktionsbänder mit allen notwendigen Materialien in der Quantität und der Qualität zu versorgen, die benötigt werden, um das geplante Produktionsvolumen zu erreichen. Das Zuliefersystem umfaßt die zeitliche Planung des »Rendez-vous«, die Plazierung der Materialien und Komponenten entlang des Bandes, die Planung und den Betrieb des Transportsystems, die Kontaktpflege mit Zulieferfirmen sowie die Lagerhaltung.

Das Zuliefersystem in Melfi wurde in zwei konzentrischen Kreisen angelegt.

Der innere Ring beinhaltete die Produktion von Punto-spezifischen Komponenten: diese werden von Zulieferfirmen produziert, die in der Nähe des Fiat-Firmengeländes angesiedelt sind.

Der zweite Ring umfaßt ein weitaus größeres Gebiet inklusive weite Teile Süditaliens und andere Fiat-Betriebe im Süden des Landes: die zwei Fabriken in Pratola Serra und Termoli, die Motoren herstellen, weitere Montagebetriebe wie Termini Imerese (wo auch Puntos produziert werden), Pomigliano und Cassino (diese beiden produzieren Mittelklassewagen). Da Melfi, Pomigliano und Cassino Wagen der selben Klasse produzieren, können sich die Fabriken in bezug auf die Modelle untereinander absprechen und die Produktionsvolumina können zwischen den verschiedenen Betrieben ausgeglichen werden. Natürlich funktioniert dieses Ausgleichssystem nicht so schnell, wie wenn in einem Betrieb unterschiedliche Versionen eines Modells hergestellt werden. In jedem Betrieb benötigt man dafür spezielle Werkzeuge und Maschinen an den Bändern. Diese wurden jedoch ursprünglich entworfen, um ein breiteres Sortiment an Wagen herzustellen, als dies heute der Fall ist. Flexibilität zwischen den einzelnen Betrieben in bezug auf das Produktsortiment, ermöglicht die volle Auslastung der Anlagen aller betroffenen Betriebe und eine Reaktion auf die unterschiedlichen Produktlebenszyklen im Lauf der Zeit: werden beispielsweise mehr Puntos als Pandas verkauft, ändert Termini Imerese seinen internen Proukktmix, um sich diesem Markttrend anzupassen. Ein ähnlicher Modellaustausch wird zwischen den Motorenherstellern in Termoli und Pratola Serra stattfinden.

All dies ist eine Reaktion auf andere Markterfordernisse in der Automobilindustrie: schnelle Reaktion auf einen variablen Modellmix auf kurz- und mittelfristiger Sicht, um schnell in die Massenproduktion eines neuen Modells einsteigen zu können – also das Toyota-Produktionssystem.

Das Zuliefersystem ist also eng verbunden mit den Produktlebenszyklen und dem Verhältnis zu Konstrukteuren und Technikerteams. Das Zuliefersystem ist ein Faktor, der die Zeitspanne, die benötigt wird, um ein Produkt auf den Markt zu bringen, erheblich verkürzen kann.

7. Das Informationssystem

Fiat stand vor dem Problem, seine Entscheidungsfindungsprozesse weniger starr und zentralisiert zu organisieren. Bei den früheren Produktionssystemen war die Flexibilität bezüglich des Volumens sehr gering und beim Entwurf des Betriebes wurde die Arbeitsverteilung entlang der Fließbänder ein und für allemal festgelegt (also noch bevor die Produktion überhaupt begann). Stattdessen benötigte man extrem flexible Produktionsstätten, in denen sowohl das Produktionsvolumen als auch die Modelle im Laufe der Zeit verändert werden können, und in denen der Produktmix verschiedener Varianten eines Modells je nach Auftragslage gestaltet werden kann (was einer Verschiebung von einer lager-orientierten zu einer nachfrage-orientierten Produktionsplanung entspricht). Eine individuelle Produktion gemäß der Kundenwünsche ist nur mit Hilfe eines Informationssystems möglich, das Produktionsplanung als die Gesamtsumme der Bestellungen sämtlicher Verkaufsstellen definiert und das alle Kundenwünsche genau aufführt: nicht nur das Modell, sondern auch dessen Farbe und Ausstattung. Sobald eine Bestellung eingeht, muß das Informationssystem in der Lage sein, das Produktionsverfahren für diesen speziellen Wagen in Gang zu setzen. Das setzt voraus, daß eine Liste mit allen Materialien für dieses Auto erstellt wird: sämtliche Bestandteile, die für dessen Produktion benötigt werden, müssen identifiziert und georted werden und Teile, die dafür herzustellen sind, müssen bestellt werden. Natürlich wird das nicht jedes mal von vorne bis hinten neu gemacht. Bis zu einem gewissen Grad kann durchaus vorausgeplant werden. Für gewöhnlich werden 80% des Produktionsvolumens im voraus geplant gemäß der Festlegung des Produktmixes vor Eingang der Bestellungen, das heißt auf der Basis der erwarteten Bestellungen. Bei den restlichen 20% handelt es sich dann um kurzfristige Anpassungen der Produktion an die eingegangenen Bestellungen. Je größer die Variationen sind, desto komplexer muß das System sein: die Lage in Termoli war nicht so kritisch wie in Cassino, weil es letztendlich (nur) drei Motoren mit vierzig Variationen herstellen wird, während das Tipo-Modell, das in Cassino produziert wird, über 150 Variationen im Programm hat.

Ein Informationssystem für die »Just-in-Time«-Produktion muß nicht nur für genügend Feedback sorgen, sondern auch mögliche Probleme antizipieren und technische Produktionsunterbrechungen und -ausfälle minimieren. Das erste Problem besteht darin, ständig genügend Informationen zu sammeln und zu sortieren. Nicht benötigte Informationen werden dann unter dem Kapitel Geschichte abgelegt oder für Statistiken zusammengefaßt. Als nächstes gibt es das Problem der Systemerweiterung, das auch die externen Beziehungen zu Zulieferfirmen betrifft. Und schließlich stellt sich die Frage, wie man die ganzen Variationen handhabt; es gibt das Problem der zeitlichen Planung des »Rendz-vous«, der Plazierung der Materialien und Komponenten entlang der Fließbänder, um unvorhergesehene Fehler zu minimieren und die Produktion, wenn nötig zu reorganisieren. Außerdem soll die Zahl technischer Produktionsstillstände und Verzögerungen bei der Auslieferung der fertigen Produkte minimiert werden.

In einer nach dem Befehls- und Kontroll-Konzept organisierten Unternehmung, kann die Antwort auf alle Varianten nur von der Spitze der (Hierarchie-) Pyramide kommen. In einer flachen Organisation mit engen Feedbackschleifen können alle Variationen auf der untersten Ebene angegangen werden. Arbeitsgruppen, TTs, OEen besitzen allesamt bestimmte Management Prärogativen, die die Problemlösung auf der jeweiligen Ebene erleichtern. Anders ausgedrückt bedeutet das, daß der Prozeß zur Erreichung kontinuierlicher Verbesserungen gekennzeichnet ist durch schrittweise Anpassungen und Neu-Anpassungen. Aktionsspielraum und Selbstregulierung werden ständig neu definiert.

Dieses Informationssystem setzt sich jedoch nicht nur aus Computern zusammen. Nach dem Vorbild japanischer Managementmethoden werden Informationen auf der Ebene des Arbeitsplatzes immer häufiger mit visuellen Hilfsmitteln vermittelt. Tabellen mit Informationen zum momentanen Stand des Produktionsvolumens und der Qualität werden aufgehängt. Sie sind das letzte Glied eines weitverzweigten Informationsnetzes: einige analytische Daten sprechen für sich selbst und man befaßt sich mit ihnen auf der Ebene des Arbeitsplatzes, andere werden zusammengefaßt und an eine übergeordnete Stelle weitergeleitet. Die Datenverarbeitungskapazität ist sehr hoch, wird aber auf verschiedene Stellen verteilt. Tatsächlich kann man sagen, daß sich die Automatisierungsprozesse mehr und mehr auf das Informationsystem beziehen und immer weniger auf die eigentlichen Montagearbeiten. Anders als in hochautomatisierten Fabriken führt die Computerisierung der Informationen in diesem Fall jedoch nicht zu einer Automatisierung der Entscheidungsprozesse. Im Gegenteil, sie liefert die Grundlagen dafür, daß die Entscheidungsprozesse sogar auf der Ebene der Produktionsarbeiter verlagert werden können. Jeder Fließbandarbeiter muß über die Merkmale und die Funktion des von ihm hergestellten Teils informiert sein und muß wissen, woher die von ihm zu montierenden Komponenten kommen. Auf diese Weise entsteht eine enge Verbindung zwischen den Informations- und den Zuliefersystemen. Sobald ein Teil montiert oder maschinell bearbeitet wurde, steigt sein Informationswert, da jede ausgeführte Tätigkeit im Computer gespeichert wird. Diese Informationen können jederzeit, sogar noch nach dem Verkauf, wieder abgerufen werden, so daß jegliches Versagen und alle Fehler bis zu ihrer Ursache zurückverfolgt werden können. Genau wie bei einer Organisation, so sind auch bei einem Informationssystem ständige Lern- und Anpassungsprozesse nötig. Die Fehlerdiagnose selbst macht Gebrauch vom Informationssystem und beeinflußt so neue Entwicklungen bei der Produktplanung, mit dem Ziel die Wartung zu erleichtern (vgl.: Anlagen zur automatischen Fehlerdiagnose werden in Autoreparaturwerkstätten immer geläufiger). Aus demselben Grund und auch um die Montagearbeit zu erleichtern, werden die einzelnen Produkte immer häufiger aus einzelnen Elementen zusammengesetzt.; und das nicht nur bei Fahrzeugen der selben Marke, sondern auch bei Wagen unterschiedlicher Hersteller, da zahlreiche qualifizierte Produzenten von Komponenten dazu übergegangen sind, für mehrere Hersteller zu arbeiten.

8. Qualifikation der Arbeiter und Überqualifizierung

Die Eigenverantwortung der Arbeiter hängt eng mit den erforderlichen Qualifikationen zusammen. »Lean Production« kann nur erreicht werden, wenn es eine kontinuierliche Verbesserung gibt, durch konsequente Einsparungen im Bereich der Arbeitskräfte, Materialien, Lager, Fertigungszeiten usw. Dennoch ist ein gewisses Maß an Überqualifikation nötig, um mit unvorhersehbaren Abweichungen fertig zu werden ohne das Produktionsziel aus den Augen zu verlieren (bei Toyota werden Bandstillstände zur Qualitätsverbesserung am Ende jeder Schicht durch Überstunden wieder aufgeholt. Dies wird durch einen Spielraum von drei Stunden zwischen den einzelnen Schichten ermöglicht, der dazu dient, das Produktionsziel auf jeden Fall zu erreichen). In Melfi bleibt die Handhabung von Abweichungen, anders als in anderen hochautomatisierten Fabriken, eher in Menschenhand als unter der Kontrolle automatisierter Anlagen: die Verbesserung der Fertigkeiten der gesamten Belegschaft war eine (bewußte) Entscheidung des Unternehmens. Neu eingestellte Arbeiter verfügen häufig über einen Abschluß an einer technischen Schule oder über andere höhere Schulabschlüsse, da man annimmt, daß diese schneller und besser in der Lage sind, Neues zu lernen. Diese Arbeiter erhalten dann eine langfristige, spezielle Ausbildung. Auch für dieses Vorgehen diente eindeutig Toyota als Vorbild: bei Toyota verfügen alle Arbeiter über einen höheren Schulabschluß, und bevor sie mit der Arbeit am Band beginnen, nehmen sie an einem spezifischen internen Ausbildungskurs teil.

Aus der Tatsache, daß Menschen mit einem höheren Schulabschluß für Arbeiten am Fließband eingestellt werden, ergeben sich neuartige organisatorische Probleme:

- das erste Problem entsteht aus dem Widerspruch zwischen Autonomie und Hierarchie: Die Frage ist, wie es berufliche Autonomie geben kann, ohne daß Konflikte mit der bestehenden Hierarchie entstehen. Wenn es in Melfi zwischen Gruppen verschiedener Dienstgrade und Ausbildungsniveaus zu Konflikten kam, setzte sich meist die in der Hierarchie höher stehende Gruppe durch, indem sie die alten autoritären Praktiken des früheren System anwandten.
- Das zweite Problem betrifft den Zusammenhang zwischen Überqualifikation und Arbeitsqualität. Die Arbeiter in der Produktion sind definitiv überqualifiziert: die meiste Zeit über wird nur ein Minimum ihrer Fähigkeiten genutzt. Was letzten Endes dabei herauskommt sind Arbeiter mit einem Hochschulabschluß, die am Fließband arbeiten müssen (wenngleich die Arbeit dort inzwischen weniger ermüdend und nicht mehr so laut wie in der Vergangenheit ist) und eintönige Tätigkeiten ausführen, für die man in der Regel weniger als eine Minute benötigt. Ihre Fähigkeiten werden dabei vielleicht in 5% der Zeit gebraucht. Mittel- bis langfristig muß das eine demotivierende Wirkung haben. Mangelnde Motivation unter den jungen Fließbandarbeitern mit Schulabschluß kann in der Tat zu einem großen Problem werden, das starke Auswirkungen auf die Leistung hat: entweder kommt es zu Absentismus, oder es wird immer weniger auf die Abweichungen geachtet, die diese überqualifizierten Bandarbeiter selbst entdecken und handhaben sollten. Dafür wurden sie eigentlich eingestellt. Erste Anzeichen einer solchen Entwicklung konnten in Melfi bereits beobachtet werden. Arbeitssuchende, die eingestellt wurden, zeigten zunächst keine allzu große Bereitschaft, in der Fabrik zu arbeiten, auch wenn sie es letzten Endes wegen der damit verbundenen Beschäftigungssicherheit doch taten. Nicht einmal mehr in Melfi haben wir eine Situation, die noch in den 60er Jahren typisch war. Damals verließen Bauern aus dem Süden Italiens ihr Land, um in Mirafiori einen Arbeitsplatz zu bekommen und dort am Fließband Tätigkeiten auszuüben, für die man gerade einmal dreißig Sekunden benötigte.

  Das Risiko besteht darin, daß die Arbeiter ihren Antagonismus eher durch mangelnde Motivation als durch Arbeitskämpfe zum Ausdruck bringen, unabhängig davon wie sich die Gewerkschaften verhalten.
- Das dritte Problem betrifft die Frage, ob ein ganzheitlicher Betrieb auch wirklich in der Lage ist, mit der fordistischen Organisationstruktur zu brechen. Beim Projekt in Melfi wird der Zeitplan für die Arbeitsvorgänge immer noch genauestens vorher festgelegt, vor allem für den Bereich der Montagearbeit. Die Kombination zwischen genau festgelegten Arbeitsvor-

gängen und einer hohen Auslastung läßt keinen Raum für Partizipation. Dies bringt uns zu der Annahme, daß die tayloristischen Praktiken noch immer nicht überwunden sind: sie gehen häufig, Seite an Seite mit neuen Organisationsformen, in dasselbe Arbeitsumfeld ein. In einigen Bereichen herrscht Vorherbestimmung vor, in anderen Bereichen Unsicherheit und Unbeständigkeit. So gesehen verfolgen Strategien der kontinuierlichen Verbesserung zwei unterschiedliche Ziele: auf der einen Seite sollen Unwägbarkeiten bewältigt werden, indem jedem Arbeiter ein gewisser Ermessensspielraum zugestanden wird, auf der anderen Seite sollen die Arbeitsbereiche erweitert werden, in denen die Arbeit in gleichbleibenden und vorhersehbaren Bahnen abläuft, in denen die Arbeitsorganisation also die höchste Effizienz erreicht. Dieser Ansatz erwartet von den Arbeitern, daß sie Regeln intelligent und nach eigenem Ermessen anwenden: das entspricht einem Wandel von mechanischer Vorherbestimmung hin zu gedanklicher Vorherbestimmung. Die Interaktion mit dem Informationssystem liegt im Ermessensspielraum der Arbeitnehmer: je besser der Zugang zum System desto größer ist in der Regel der Ermessensspielraum. Dies führte zu einer erneuten Spaltung der Arbeiterschaft in eine große Gruppe von Arbeitern, die den Regeln der bürokratischen Planung zu folgen haben, und einer Gruppe von Arbeitern und Büroangestellten, die ihre Kompetenzen ausspielen und in Eigenverantwortung handeln dürfen. Im ganzheitlichen Betrieb existiert demnach immer noch ein tayloristischer Kern, der von ganzheitlichen Produktionsmustern dominiert wird. (Cerutti, 1993). Im Falle von Melfi ist bisher noch nicht klar, weshalb die Entwicklungen in der Organisation bisher in diese Richtung verliefen. Vielleicht ist es einfach nicht möglich das Konzept des ganzheitlichen Betriebes in seiner Extremform in die Praxis umzusetzen (d.h. ein auf allen Ebenen und in allen Bereichen vollkommen transparentes Informationssystem, eine aktive Rolle der gesamten Belegschaft und eine Organisation, in der die Arbeit formalisiert und vorgeschrieben werden muß). Es könnte aber auch sein, daß sich innerhalb des Fiat-Managements, auch ohne den sozialen Druck von seiten der Arbeiter und der Gewerkschaften, ein traditionellerer Rationalisierungsansatz durchgesetzt hat. Wahrscheinlich kann man in den Kreisen des Top-Managements von Fiat Anhänger beider Richtungen finden. Eine aktiveres und bestimmteres Auftreten der Gewerkschaften könnte vielleicht dazu beitragen, daß sich die Befürworter eines partizipativen Modells durchsetzen können.

9. *Die Erfahrungen der Gewerkschaft*

Die Managementkultur bei Fiat betrachtete Personalmanagement, reguliert durch allgemeine Vereinbarungen, traditionell als einen Faktor, der die Rationalität des Managements einschränkt, oder anders ausgedrückt, als einen der

Gründe für organisationale Ineffizienz. In den 70er Jahren zwangen die Gewerkschaften Fiat durch drastische Arbeitskampfmaßnahmen zur Einführung formalisierter Arbeitsregelungen. Fiats Management legte schon immer eine angeborene Feindseligkeit gegenüber Gewerkschaften und jeglichen Arten von Arbeitskonflikten an den Tag und wies dessen regulierende Rolle in Angelegenheiten der sozialen Beziehungen zurück. In Übereinstimmung mit tayloristischen Arbeitsorganisationsmustern bevorzugte das Management schon immer streng disziplinierte Arbeitspraktiken, um Ergebnisse zu erzielen, die die Arbeiter sonst spontan nicht erzielt hätten.

Im ganzheitlichen Betrieb wurde dieses Paradigma gerade umgedreht. Sobald von den Arbeitern verlangt wird, daß sie eine aktive Rolle spielen, sollten strenge, formalisierte Arbeitsanweisungen der Vergangenheit angehören und statt dessen ein neues System der Arbeitsbeziehungen geschaffen werden. Der Übergang von der alten zur neuen Form der Arbeitsbeziehungen ist noch in vollem Gang und steht im Zusammenhang mit den gerade beschriebenen Widersprüchen, die sich bei der Implementation neuer Organisationsmuster ergeben. Trotz beachtlicher Fortschritte wird dieser Transitionsprozeß immer noch von dem alten Befehls- und Kontrollansatz beeinflußt, was zu einigen Widersprüchen führt.

Im folgenden sollen die Hintergründe des Melfi-Abkommens vom Juni 1993 beleuchtet werden. Dafür müssen wir bis in die frühen 80er Jahre zurückgehen und untersuchen, wie Fiat versuchte, die Zustimmung der Arbeiter zu gewinnen, nachdem das Management die Macht der Gewerkschaften gebrochen sowie die Prärogativen auf der Ebene der Arbeitsplätze aufgehoben und die volle Kontrolle über die Arbeitsorganisation zurückgewonnen hatte.

In der ersten Hälfte der 80er versuchte Fiat die allgemeine Zustimmung der Arbeiter durch direkte Beziehungen zu erlangen: die Strategie war die der patriarchalischen Problemlösung (typisch für die Human Relations-Schule, mit einigen sozialen Marketing- Techniken).

In der zweiten Hälfte der 80er Jahre strebte Fiat, immer noch mit Hilfe direkter Beziehungen zur Arbeiterschaft, eher die Zustimmung in speziellen Bereichen an. Arbeitspraktiken und -bedingungen wurden einseitig auf der Arbeitsplatzebene geregelt. Die Priorität lag dabei auf der Einbeziehung all jener Fähigkeiten, die entscheidend für die hochautomatisierte Produktion waren. Gleichzeitig strebte Fiat auch nach allgemeiner Zustimmung, indem die Gewerkschaften in eine Art strategische Mitbestimmungspolitik einbezogen wurden. Es wurde ein hoch zentralisiertes System der Arbeitsbeziehungen geschaffen mit ziemlich begrenztem Handlungsspielraum: 1988 wurde die Vereinbarung über leistungsorientierte Lohnschwankungen unterzeichnet.

In den späten 80er Jahren benutzte Fiat die Beteiligung der Gewerkschaft als Mittel in seiner auf Konsens abzielenden Firmenpolitik. Diese Politik beinhaltete dezentralisierte Verhandlungen der Sozialpartner über die Mitbestimmung der Arbeitnehmer, in denen es hauptsächlich um die Regulierung einiger Arbeitsaspekte (Arbeitszeit, Lohnanreize, innerbetriebliche Mobilität usw.)

durch Tarifverhandlungen ging. Um den sozialen Dialog zwischen den Parteien in Gang zu bringen, wurden spezielle partizipative Institutionen (Ausschüsse) gegründet: Diese sollten über Lösungen auf betrieblicher Ebene mitbestimmen dürfen. Dieser Schritt wurde zunächst nur informell vollzogen und wurde später im Melfi-Vertrag weiter entwickelt.

Die Vereinbarung über Arbeitspraktiken und -bedingungen in den neu errichteten Firmen im Süden Italiens war das Ergebnis einer zentralisierten Mitbestimmungspolitik; es hatte jedoch den Effekt, daß sich ein System der Arbeitsbeziehungen entwickelte, in dem es auch zu dezentraler Mitbestimmung kam. Die Vereinbarung wurde bereits von nationalen Gewerkschaftsvertretern unterzeichnet, als die Produktion noch nicht einmal begonnen hatte. Im Grunde genommen scheint sie ein Produkt der typischen Fiat-Denkweise zu sein, an dem die Gewerkschaften lediglich ein paar Korrekturen vorgenommen haben. Betrachtet man die Lösungen, die in Melfi vereinbart wurden einmal von der praktischen Seite, so gleichen sie doch sehr denjenigen, die in ähnlichen Fällen in anderen Unternehmen skizziert wurden; Fiat selbst orientierte sich an diesen, als es seine Vorschläge unterbreitete. Kurz gesagt: im Hinblick auf die industriellen Beziehungen war Melfi keine Produktionsstätte »auf der grünen Wiese«.

Die Vereinbarung berücksichtigt nicht die anderen Kollektivverträge, die in anderen Unternehmen von Fiat Auto in Kraft sind. Im Gegenteil, laut Fiat legt er betriebsspezifische Praktiken und Bedingungen fest, die darauf abzielen, die Prinzipien des ganzheitlichen Betriebes ohne jegliche Einschränkung durch traditionelle Zwänge zu implementieren.

Hier die vereinbarten Bestimmungen:

- Eine Kürzung der täglichen Arbeitszeit um fünfzehn Minuten. Die Arbeitszeit pro Tag beträgt sieben Stunden und fünfzehn Minuten (im Nationalen Tarifvertrag liegt sie bei siebeneinhalb Stunden). Um die Auslastung der Anlagen sicherzustellen, einigte man sich auf Schichtarbeit (s. o.).
- Neue Arbeitsregelungen, die sich durch folgende Merkmale von anderen Fiat-Betrieben unterscheiden: mehr Flexibilität, unterschiedliche Verwendung der Ruhephasen (sie verteilt sich hier auf zwei zwanzigminütige Pausen), andere Arbeitsbeurteilungsmethoden unter Berücksichtigung der höheren Auslastung. Das Management behauptet, daß diese Arbeitsintensivierung durch geringere Ermüdungserscheinungen aufgrund der verbesserten Ergonomie kompensiert wird. Die Vorbestimmung der Arbeitspraktiken läßt sich kaum mit dem neuen Kaizen-Ansatz vereinbaren, oder damit, daß die Arbeiter einen gewissen Handlungsspielraum erhalten sollen: das gilt vor allem für ungelernte Fließbandarbeiter. Hier scheint ein Widerspruch vorzuliegen: für einige Arbeitnehmer gelten die neuen Leistungs- und Mitbestimmungskriterien, für die anderen gelten noch die alten Kriterien, die alleinig die Quantiät der Leistung berücksichtigen. Dem ersten

Produktionsmonat nach zu schließen, müssen sich die letzteren mit den traditionellen Vorstellungen von der Befehls- und Kontrollstruktur auseinander setzen.
- Ein Prämiensystem für alle Arbeitnehmer. Zum ersten Mal wurden bei Fiat variable Löhne eingeführt, die direkt von der Leistung des Betriebs abhängen. Die Logik lautet »Löhne durch Ziele« und setzt den Rahmen für die TTs, OEen und auf betrieblicher Ebene fest. Dieses Lohnsystem paßt in das Modell des ganzheitlichen Betriebes, das heißt, daß ohne angemessene Anreize wohl kaum eine höhere Leistung erzielt werden kann. Das neue Prämiensystem ersetzt jedoch teilweise die Lohnsteigerungen, die auf Unternehmensebene für andere Fiat-Betriebe ausgehandelt wurden. Zudem besteht auch keinerlei Zusammenhang zwischen dem Prämiensystem und Einstufungen. Die Einstufung bleibt weiterhin fast ausschließlich ein Vorrecht des Managements.
- Arbeitsbeziehungen. Obwohl sich Fiat an Toyota orientierte, übernahm es nicht das typische japanische Modell der Arbeitsbeziehungen, das auf die Identifikation/Integration von Arbeitnehmern mit dem Unternehmen setzt und praktisch keine Präsenz der Gewerkschaften im Betrieb vorsieht. Das Fiat-Modell benutzt im Gegensatz dazu Tarifverhandlungen als Mittel, um die Kooperation und das Engagement der Arbeiter zu gewinnen. Das System der gemeinsamen Ausschüsse, das Fiat und andere große italienische Unternehmen bereits erprobten, wurde parallel zu den organisatorischen Veränderungen ausgeweitet. Die wichtigsten Ausschüsse beschäftigen sich mit folgenden Themen: Informationen über die Produktion des Betriebes und die Marktsituation; der Kontrolle der Leistungsprämien (dieser Ausschuß untersucht die Parameter für die Leistungsprämie und deren monatliche Höhe); die berufliche Bildung; Gesundheit und Sicherheit, Umwelt und Unfallprävention. Es existiert auch ein Ausschuß zum Konzept des ganzheitlichen Betriebes (er könnte Informationen über Reaktionen auf die Einführung des neuen Systems liefern).

Diese Ausschüsse ersetzten nicht die Gewerkschaftsvertreter auf Unternehmensebene, die immer noch absolutes Verhandlungsvorrecht haben. Vielmehr fügen sie sich in deren Funktion ein und ergänzen sie.

In diesem System der Arbeitsbeziehungen fällt den Gewerkschaften eine regulierende Rolle zu: sie regulieren sowohl die organisatorischen Änderungen als auch die Arbeitskonflikte. Mitbestimmung und Verhandlung, nicht Schlichtung, sind die Grundlagen der Verfahren. Ein Mangel des Modells liegt darin, daß es zunächst hauptsächlich Produktionsarbeiter betrifft, da keine Vereinbarung über die Wechselwirkungen von Qualifikationen, Einstufungen und Karriere unterzeichnet wurde. Auf diese Weise hat Fiat einen großen Spielraum für eine eigene einseitige Handhabung dieser Fragen offengelassen, vor allem in bezug auf die technischen und die Büroangestellten.

Die Schwierigkeiten der Gewerkschaften, eigene Vorschläge zu formulieren, mit denen sie dann das Management konfrontieren könnten, hat ihre potentielle Funktion bei der Blockade der rückständigsten Tendenzen im Unternehmensmanagement untergraben. Es besteht die Gefahr, daß sich die alte Unternehmenskultur aufgrund der gegenwärtigen Widersprüche bei der Implementation des Konzeptes des ganzheitlichen Betriebes wieder durchsetzen könnte. Fiat würde dann wieder zu organisatorischen Strukturen zurückkehren, die sich in der jüngsten industriellen Vergangenheit als unzulänglich erwiesen haben, den modernen Wettbewerbsherausforderungen zu entsprechen.

Literatur

Aa. Vv. *Il sistema anto*, inserto del *Mondo Economico* del 24.4.93

E. Bartezzaghi, G. Spina – *L'industria italiana de fronte alla crisi e alla internazionalizzazione dei marcati: la ristrutturazione dei processi manifatturieri*, in *Rivesta milanese di economia*, n.48 1993, Milano, Cariplo-Laterza, pp. 22-36.

Benassi M., *Le modificazionef orginazztive delle grandi imprese: il caso Fiat*, in *Economia e politica industriale*, n. 81 1994, pp. 91-1119.

Bonazzi G. *Il tubo di cristallo*, Bologna, Il mulino, 1993.

Cattero B., *Inseguendo l'integrazione. Il percorso verso la »fabbrica integrata« alla Fiat di Termoli*, in *Politiche del lavoro*, n.17 1992, pp. 185-208.

Cerosimo D., *Viaggio a Melfi*, Roma, Donzelli, 1994.

Cerruti G. e Rieser V., *La »fabbrica integrata«: dal modello all'implementazione*, in *Auto e lavoro*, Roma, Ediesse, 1993.

Cerutti G., *Automazione e integrazione alla Fiat di Termoli*, in *Fiat Punto e a capo*, Roma, Ediesse, 1993.

Cerutti G., *Razionalizzazione e politiche di regolazione del lavoro*, in *Fiat Punte e a capo*, Roma Ediesse, 1993.

Coriat B., *Ripensare l'organizzazione del lavoro*, Bari, Dedalo, 1991.

Deutsche Bank Research, *Rivolgimento nell'industria automobilistica europea*, rapporto interno, A degab publication, 1993.

Enrietti A., *Gli autoveicoli e i componenti*, in *Analisi della grandi imprese metalmeccaniche*, 1991/92, Roma, Meta edizioni, 1993.

Enrietti A., *Questioni di gamma: per la Fiat non basta*, in *Politica ed economia*, n. 3 1993, pp. 24-29.

Fiat S.p.a., *Relazioni e bilancio*, Torino, Fiat, 1994.

Follis M., Pessa P., Silveri M., *La formazione professionale e l'innovazione tecnologica e organizzativa nell'industria automobilistica europea*, Torino, Force e Cgil Piemonte, 1992.

Marchisio O., *Galassia auto: il lavoro come sogetto complesso*, in *Auto e lavoro*, Roma, Ediesse, 1993.

Pessa P. e Sartirano L., *Fiat auto, Ricerca sull'innovazione dei modelli organizzativi*, Torino, Fiom-Cgil Piemonte, 1993.

Piacentini P., *Le difficolà del Toyotismo: riflessioni preliminari sui nodi critici del modello giapponese di produzione*, Roma, testo dattiloscritto, 1993.

Revelli M., *Fiat: la via italiana al post-fordismo*, in *Il movo macchinisimo*, Roma, Datanews, 1992.

Rieser V., *Alcune considerazioni sugli stabilimenti di Melfi e Pratola Serra*, in *Fiat Punto e a capo*, Roma Ediesse, 1993.

Silveri M. e Pessa P., *L'Europa delle automobili*, Roma Ediesse, 1990.

Svimez, *L'industrializzione del mezzogiorno: la Fiat a Melfi*, Bologna, Il Mulino, 1993.

Treu T., *Relazioni industriali e riorse umane a Melfi*, in *Lavoro e diritto* n.2 1994.

Ufficio Sindacale Fiom Piemonte, *Fiat Auto, processi di informatizzazione e riorganizzazione aziendale*, Torino, Fiom-Cgil Piemonte, 1993.

Volpato G., *Lo scenario della competizione automobilistica internazionale e la strategia di rilancio del gruppo Fiat auto*, in *Fiat Punto e a capo*, Roma Ediesse, 1993.

Volpato G., *Il settore automobilistico*, in *L'industria*, n.1 1994, pp. 97-113.

Womack J.P., Jones D.T., Roos D,. *La macchina che ha cambiato il mondo*, Milano, Rizzoli, 1991.

Fig. 1

Ristrutturazione indotto auto

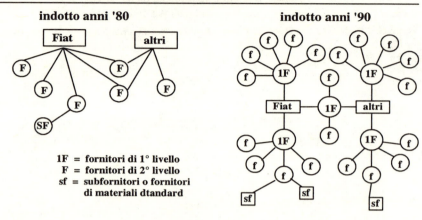

1F = fornitori di 1° livello
F = fornitori di 2° livello
sf = subfornitori o fornitori di materiali dtandard

Fig. 2

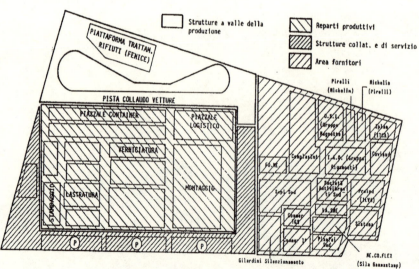

Fig. 3

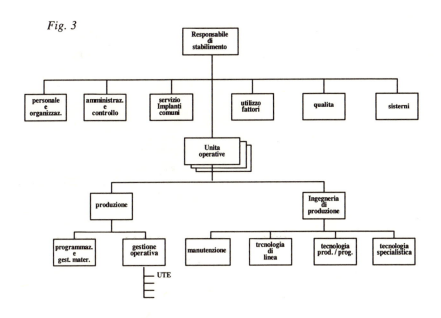

Fig. 4

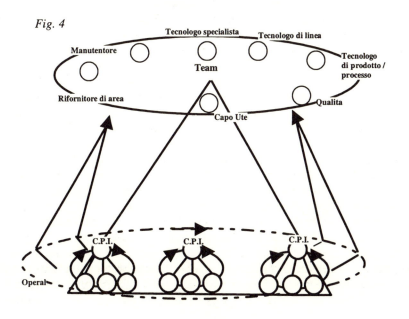

Einführung neuer Formen der Arbeitsorganisation bei Toyota Motor Corporation und Maßnahmen der Gewerkschaften
(Im Mittelpunkt der Betrachtung steht die Arbeitsorganisation im Bereich der Angestellten)

Toshio Mori
Stellvertretender Generalsekretär
Verband der Metallgewerkschaften
Japan – IMF – JC

Das untersuchte Unternehmen:

Name: Toyota Motor Corporation
Zahl der Beschäftigten: 72.000
Zahl der Gewerkschaftsmitglieder: 64.000

Einleitung:

1993 begann die Toyota Motor Corporation damit, sogenannte »Arbeitsvereinfachungen« unter dem Namen »Unternehmensreform (UR)-Aktivitäten« einzuführen, um, nach Beratungen und Vereinbarungen mit der Toyota Motor Arbeitergewerkschaft, die gigantische Unternehmensstruktur zu neuem Leben zu erwecken und die alltägliche Arbeit vor allem für die Angestellten zu vereinfachen. Dieser Arbeitsvereinfachungsprozeß ist innerhalb der Toyota Motor Corporation immer noch im Gange. Die UR-Aktivitäten wurden von Unternehmensseite an den Arbeitsplätzen nicht als vorübergehende Gegenmaßnahme vorgenommen, sondern sie sind Teil einer Reihe von kontinuierlichen Aktivitäten, die auf lange Sicht im Rahmen der täglichen Arbeit fortgesetzt werden sollen.

Aus diesem Grund ist es momentan recht schwierig, die UR-Aktivitäten zu beurteilen. Dieser Bericht beschäftigt sich hauptsächlich mit der Entwicklung, die die Arbeitsplätze der Angestellten vor und nach der Einführung der Arbeitserleichterungen 1993 durchmachten.

(Einschub: Auch im Produktionsbereich wurden Arbeitsvereinfachungen durchgeführt, was »Produktions-Center-System« genannt wird)

Die Arbeitergewerkschaft von Toyota Motor und das Unternehmen verstanden, daß die Arbeitsvereinfachungen, die bei Toyota Motor eingeführt wurden, nicht so einfach zu beschreiben sein würden wie die Einführung des Lean Production Systems im Bereich der Angestellten. Es ist nicht richtig, wenn behauptet wird, daß die Arbeitsvereinfachungen einfach durch die Übertragung des Lean Production Systems von den Produktionszweigen auf den Bereich der Angestellten erreicht werden kann. Die Diskussion zwischen der Arbeitergewerkschaft von Toyota Motor und dem Management bewegt sich auf einer viel höheren Ebene. Für die Gewerkschaft und das Management stellt die Bewältigung der auftauchenden Probleme eine Herausforderung dar. Glücklicherweise kamen diese Probleme durch das schnelle Wachstum der japanischen Automobilindustrie jedoch nicht so stark zum Vorschein. Das Ziel der Gewerkschaft besteht dabei darin, die Beschäftigung für die Zukunft zu sichern, während das Management sich auf die Umstrukturierung (Vereinfachung) und Revitalisierung der Unternehmensorganisation und der einzelnen Arbeiter konzentrieren will.

In anderen Worten bedeutet das, daß sich die Parteien darauf einigten, geeignete Vorkehrungen bezüglich der zukünftigen Probleme der Angestellten und deren Arbeitsorganisation zu treffen, und nicht zu warten bis die Probleme eintreten, da kurzfristige Aktionen in Notfällen, also wenn die Probleme bereits da sind, wahrscheinlich nicht so effektiv den Kern des Problems bekämpfen könnten.

UR-Aktivitäten, oder die Vereinfachung der Arbeitsplätze bringt für die Arbeiter noch eine weitere wichtige Konsequenz: die Rationalisierung der Arbeitsorganisation. Die Arbeitergewerkschaft bei Toyota Motors war besorgt, daß die Einführung der UR-Aktivitäten letztendlich dazu führen könnte, daß die Arbeiter härter als zuvor arbeiten müssen. Die Gewerkschaft machte deshalb unmißverständlich ihren Standpunkt klar, der besagte, daß sie auf keinen Fall Maßnahmen akzeptieren werde, die die Belastung der Arbeiter erhöhen.

Die Gewerkschaft nahm das Angebot des Unternehmens an, da sie darin einen positiven Ansatz zur Beibehaltung des gegenwärtigen Beschäftigungsstandes sah und den Vorschlag zudem als einen wünschenswerten Beitrag zur Sicherung der langfristigen Beschäftigung der Gewerkschaftsmitglieder betrachtete. Die Gewerkschaft machte dem Unternehmen den Vorschlag, daß dieses Vorverhandlungen mit der Gewerkschaft organisieren und darin genaue Erklärungen liefern sollte, bevor irgendwelche Veränderungen durchgeführt werden. In der Toyota Motor Corporation können ohne vorheriges Einverständnis der betroffenen Gewerkschaft keinerlei Veränderungen der Arbeitsorganisation vorgenommen werden.

Ziele der Vereinfachung

Das wichtigste Ziel der Arbeitsvereinfachung bestand darin, die hochstrategische Organisation des Unternehmens in eine effektive Arbeitsorganisation umzustrukturieren, wie folgende Punkte detailliert verdeutlichen:

1. Die Organisation soll in der Lage sein, sich der schnell verändernden Unternehmensumwelt innerhalb der japanischen Automobilindustrie anzupassen, wie beispielsweise den breitgefächerten Kundenwünschen, den raschen Veränderungen im Technologiebereich, der Globalisierung der Unternehmen usw.
2. Das Arbeitsumfeld soll für die Arbeiter flexibler und die Kommunikationsatmosphäre zwischen Arbeitnehmer und dem Unternehmen soll entspannter werden, unabhängig von der Berufsbezeichnung oder der Stellung des Arbeiters. So soll jeder Arbeiter seine ganzen Fähigkeiten entfalten können.
3. Durch die Erweiterung der Organisationsmacht und der genauen Überprüfung der Rahmenbedingungen für die Arbeit soll es den Arbeitern ermöglicht werden, ihr Bestes zu geben, um so die Übertragung von Verantwortung an Arbeiter der unteren Ebenen zu ermöglichen.

Um diese Ziele zu erreichen, teilt die Toyota Motor Corporation die wichtigen Projekte nach ihrer Dringlichkeit in Kategorien ein und teilt die Arbeiter immer wieder neu über die Grenzen der Ressorts und Abteilungen hinweg je nach Geschäftspriorität neuen Bereichen und Arbeitsgebieten zu. Außerdem will das Unternehmen letztendlich alle Arbeitsschritte mit geringem Mehrwert durch eine gründliche Prüfung der Geschäftsinhalte abschaffen.

Konkrete Ziele:

1. Der gegenwärtige Arbeitsanfall soll um 30% reduziert werden.
2. Neue und wichtige Aufgaben sollen von 20% der Mitglieder der Arbeitsgruppen durchgeführt werden.
3. Der Arbeitsanfall für die Arbeitsgruppen soll auf 80% des momentanen Standes reduziert werden und soll von den jetzigen Mitgliedern der Arbeitsgruppen ausgeführt werden.

Zweck der Arbeitsvereinfachung

1. Die Fähigkeiten der Arbeiter sollen voll entwickelt werden

Damit die Arbeiter ihre Fähigkeiten maximal entfalten können, ist es notwendig, daß sie an gut geplanten und kontinuierlichen Bildungsprogrammen zur Entwicklung ihrer Karriere teilnehmen können, die einerseits auf Initiative der Vorgesetzten, andererseits durch fest eingerichtete Systeme innerhalb des Unternehmens bereitgestellt werden sollen. Noch wichtiger ist es jedoch, daß der Arbeiter eine konkrete Vorstellung von seinen Zielen bei der Verrichtung der Arbeit und von seinen zukünftigen Karriereplänen hat. Um den Arbeitern die

Grundlagen für diese Art von Bewußtsein zu schaffen, ist es absolut notwendig, ihnen die Möglichkeit zu Veränderungen zu geben, damit sie Herausforderungen in neuen Arbeitsgebieten annehmen können und auf diese Weise ihre Fähigkeiten weiterentwickeln.

In dem neu eingeführten System können Arbeiter mit einem breiten Wissen und technischem Sachverstand in höhere Hierarchiestufen, ja sogar in leitende Positionen aufsteigen. So können sie beispielsweise Geschäftsführer, stellvertretender Geschäftsführer, Abteilungsleiter, Vorgesetzter usw. werden, unabhängig von der Verfügbarkeit dieser Positionen.

Das neue System will den Arbeitern bewußt machen, daß jeder einzelne von ihnen an seinem Arbeitsplatz ein potentieller Entscheidungsträger ist. Das neue System läßt es nicht zu, daß die Arbeit des einzelnen in der gigantischen Arbeitsorganisation der Toyota Motor Corporation untergeht und vergeudet wird. Das Motto, unter das das Unternehmen die Unternehmensreform stellte, lautet:»Wir schaffen ein Arbeitsumfeld, in dem jeder einzelne Arbeiter seine drei Stärken voll ausspielen kann: Kreativität, Willensstärke und Mut. Das heißt, wir ermöglichen es den Arbeitern, durch die Annahme neuer Herausforderungen zu einer kreativen Arbeitsweise zu finden. Durch die Einführung einer neuen Arbeitsorganisation wollen wir das Image der Toyota Motor Corporation verbessern...« Dies ist ein Weg, auf dem das Öffentlichkeitsbild, das die Arbeiter vom Unternehmen haben, verbessert werden kann.

Die Toyota Motor Corporation veränderte die Struktur der Arbeitsorganisation, so daß die Verrichtung der Arbeit nun mehr Kreativität erfordert und die Arbeiter ihre Fähigkeiten voll entfalten können. Dies zeigt sich unter anderem darin, daß das Unternehmen die Vereinfachung des Managementsystems, sowie die Übertragung von Verantwortung auf niedrigere Berufsgruppen gefördert hat.

Die Gewerkschaft der Toyota Motor Corporation hatte sich darüber beschwert, daß im vorherigen System einige Arbeiter härter arbeiten mußten als andere. Das heißt, die Arbeitsleistung war nicht gerecht verteilt. Deshalb stimmte die Gewerkschaft nun der Einführung einer neuen Arbeitsorganisation uneingeschränkt zu, da diese es den Arbeitern erlaubte, die anfallende Arbeit gerecht untereinander zu verteilen.

2. Es sollen Mechanismen entwickelt werden, mit deren Hilfe die Leistungen der Arbeiter gerecht eingeschätzt werden können.

Dieser Mechanismus soll einerseits die Leistungsfähigkeit der Arbeiter möglichst genau einschätzen helfen, andererseits soll dies dazu betragen, daß die Arbeiter Aufgaben zugeteilt bekommen, die an das Optimum ihrer Fähigkeiten so nahe wie möglich heranreichen.

Aus diesem Grund unterschied das Unternehmen klar zwischen der Autorisation und der Verantwortung der Arbeiter. Die Arbeiter wurden dazu angehalten, auf positivte Weise selbständig zu arbeiten.

Die Gewerkschaft der Toyota Motor Corporation schlug dem Unternehmen vor, das Hauptaugenmerk auf ein Personalbewertungssystem zu legen, mit dessen Hilfe die Motivation der Arbeiter und ihre Leistungen am besten eingeschätzt werden können.

3. Die Veränderungen, die dazu führen, daß die Arbeiter ihre ganzen Fähigkeiten nutzen können, sollen vorangetrieben werden.

Das Durchschnittsalter der japanischen Bevölkerung wächst immer schneller. Das zeigt sich auch in der Toyota Motor Corporation. Das macht es für das Unternehmen recht schwer, das momentane auf dem Senioritätsprinzip beruhende System und entsprechende Arbeitspraktiken beizubehalten.

Damit das Unternehmen seine Organisationsmacht beibehalten und die Arbeitsplätze der älteren Mitarbeiter, die über größeres Wissen und mehr Erfahrung in Spezialgebieten verfügen, gesichert werden können, ist es unbedingt notwendig, Arbeitsvereinfachungen auch im Bereich der Angestelltenarbeitsplätze durchzuführen.

Die Gewerkschaft der Toyota Motor Corporation schlug dem Management vor, daß alle Gewerkschaftsmitglieder unabhängig von ihrem Alter, ihrer Produktivität u.ä. gleich behandelt werden sollen, und daß ihr Arbeitsplatz unabhängig von möglichen unerwarteten Ereignissen in der Zukunft auf alle Fälle gesichert ist , so daß ein Arbeitsumfeld geschaffen werden kann, das für Arbeiter und Unternehmen erstrebenswert ist.

Wie wurde die Arbeitsvereinfachung durchgeführt?

Die grundlegenden Konzepte der Arbeitsvereinfachung sehen erstens vor, die wichtigen, mehrere Abteilungen und/oder Sektionen umfassenden Aufgaben des Unternehmens beizubehalten und zweitens Arbeiten mit einem geringeren Mehrwert durch eine gründliche Prüfung der Arbeitsinhalte abzuschaffen.

Die Reduzierung des Arbeitsanfalls um 30% wurde durch eine 20 prozentige Kürzung der neuen und alten Geschäftätigkeiten in den weniger wichtigen Unternehmensbereichen und durch die Kürzung der Wochenarbeitszeit um 10% erreicht. Für die Arbeiter und die Arbeitsgruppen bedeutet das also, daß durch die Reduzierung des Arbeitsanfalls die Zahl der Arbeiter um 20% sinkt und daß die restlichen 80% der Arbeiter 20% weniger Arbeit erledigen müssen. Die Vereinfachung der Arbeit ist nur durch einen Balanceakt zu erreichen, der den Bedürfnissen der Gewerkschaft und des Unternehmens gerecht werden muß; den Arbeitern verhilft er zu kürzeren Arbeitszeiten und dem Unternehmen zur Rationalisierung der Arbeitsorganisation.

In dem Prozeß, der zu einer Vereinfachung der Arbeit führen soll, setzte zunächst die Toyota Motor Corporation die wichtigen Themen für das gesamte Unternehmen fest. Die einzelnen Abteilungen richteten dann ihre Ziele entsprechend aus und überprüften ihre Tätigkeiten und Arbeitsinhalte. Wenn also beispielsweise eine Abteilung eine bestimmte Aufgabe oder eine Geschäftstätigkeit streichen will, muß sie dem zuständigen Direktor einen entsprechenden Antrag vorlegen, so daß die letzte Entscheidung bei ihm oder ihr liegt. Erst wenn dem Antrag stattgegeben wurde, darf die Abteilung die entsprechende Aufgabe oder die entsprechende Geschäftstätigkeit abschaffen.

Dieser Vorgang muß von jeder Abteilung, jeder Sektion und den zuständigen Direktoren so oft von Grund auf wiederholt werden bis sämtliche Aufgaben und Tätigkeiten geregelt sind.

Wichtige, zu beachtende Punkte bei der Gestaltung der Tagesordnung durch das Unternehmen in bezug auf die Arbeitsvereinfachung waren: 1. Maßnahmen, mit deren Hilfe die Wirtschaftlichkeit und der Wert des Yen gesteigert werden kann, 2. die Prüfung und Entwicklung mittel- und langfristiger Geschäftspolitiken und 3. die Förderung der Effizienz im Alltagsgeschäft. Diese Punkte stehen in Verbindung mit den Prioritäten für alle Gruppen und Abteilungen. Dazu zählt, 1. das momentane Geschäft zu stärken, 2. das momentane Geschäft nach Möglichkeit auszuweiten und 3. neue Geschäftsmöglichkeiten und Wirkungsfelder zu schaffen usw.

Für den ersten Schritt bei der Einführung der Arbeitsvereinfachungen 1993 waren die Richtlinien, die das Unternehmen für die Unternehmensreform erlies, die »allerwichtigste Aufgabe des Unternehmens, für deren Durchführung das ganze Unternehmen horizontal zusammenarbeiten muß«. Demgegenüber stellten die Richtlinien für die einzelnen Abteilungen (Gruppen) die »allerwichtigste Aufgabe der Abteilungen dar, für deren Durchführung die Abteilungen sich gegenseitig helfen und unterstützen müssen.« Für die den Abteilungen nachgeordneten Sektionen können die Abteilungen selbst Ziele formulieren, solange sie sich an den umfassenden, vom Unternehmen erstellten Richtlinien orientieren.

UR-Büros und/oder -gruppen wurden innerhalb der Abteilungen und /oder Sektionen eingerichtet, für die jeweils ein UR-Direktor ernannt wurde, der den Büros oder Gruppen vorstand. Die UR-Aktivitäten wurden von den Gruppen ausgeführt, die für bestimmte Themen eingerichtet wurden. Die Gruppen hielten den Abteilungsleiter über ihre Aktivitäten auf dem laufenden. Dieser war zudem für die Koordination aller Aktivitäten und UR-Gruppen in seiner Abteilung zuständig.

Die Themen, die von den Gruppen bearbeitet wurden, waren recht vielschichtig und deckten die gesamten Geschäftstätigkeiten der Toyota Motor Corporation ab. Jede Abteilungs- und Sektionsgruppe konnte sich Themen und Ziele der UR-Aktivitäten selbst aussuchen.

Man kann sagen, daß die Durchführung der Arbeitsvereinfachungen in der Toyota Motor Corporation sehr arbeiterorientiert ablief und den traditionellen japanischen Arbeitspraktiken entsprach. Die Arbeiter der Toyota Motor Corporation waren die treibende Kraft bei der Durchführung der Arbeitsvereinfachungen, auch wenn die umfassenden Ziele im großen und ganzen von dem Unternehmen festgelegt wurden. Das Unternehmen zollte den Arbeiter und der

Gewerkschaft jedoch Respekt, da das japanische Management sich bewußt ist, daß eine derartige Rationalisierung der Arbeit nur möglich ist, wenn die Arbeiter und die Gewerkschaft dafür Verständnis aufbringen, daran mitarbeiten und sich der gemeinsamen Sache widmen.

Beispiele für Arbeitsvereinfachungen

Traditionelle Büroarbeitsplätze (Abteilungen und Sektionen) sind pyramidenförmig hierarchisch gegliedert auf der Basis von Abteilungen, Sektionen, Unter-Sektionen usw. Durch die Arbeitsvereinfachungen gleicht die neu eingeführte Arbeitsorganisation nun einer großen horizontalen Organisation, bei der die Grenzen zwischen Abteilungen, Sektionen, Unter-Sektionen usw. aufgehoben sind.

Als eine Folge der Arbeitsvereinfachung sank die Anzahl der organisatorischen Einheiten (Abteilungen und Sektionen), um 17% und die Zahl der Führungskräfte konnte auf etwa die Hälfte des vorherigen Standes reduziert werden. Im Rahmen der Arbeitsvereinfachungsmaßnahmen prüften die Abteilungen und Sektionen sämtliche Schritte ihrer Arbeitsprozesse mit dem Ziel, einen reibungslosen Ablauf der Büroarbeit und der Kommunikation zu ermöglichen.

	Vorher	*Nachher*
Anzahl der organisatorischen Einheiten	172 Abteilungen und 758 Sektionen	176 Abteilungen und 629 Divisionen
Anzahl der Führungskräfte	1.887	etwa 980

Ein Beispiel für den Strukturwandel der Arbeitsstellen der Angestellten:

Vorher:

                Hauptgeschäftsführer der Division

Geschäftsführer des Projekts	Stellvertretender Geschäftsführer	Stellvertretender Geschäftsführer
Projektmanager	Sektionsleiter	Sektionsleiter
Arbeiter	5 Vorgesetzte	2 Vorgesetzte

Nachher:

                Hauptgeschäftsführer der Division

	Vorgesetzter	Vorgesetzter
Unabhängige Gruppe	Gruppe	Gruppe

Grundkonzepte der Arbeitsvereinfachung

Die Form der vereinfachten Arbeitsorganisation basiert auf Divisionen und Gruppen.

Abteilung:	maximal etwa 400 Arbeitnehmer/Angestellte
Division:	jeweils durchschnittlich 50 Angestellte, variiert in der Praxis etwa von 30-100. Die Abteilungen werden grob nach ihren Funktionen unterschieden.
Gruppe:	Etwa 10 Angestellte. Die Größe der Gruppen wurde so festgelgt, daß der Gruppenleiter direkt alle Gruppenmitglieder beobachten kann. Je nach Arbeitsanfall und Belastung für die Arbeiter können die Gruppen jeden Monat geöffnet oder geschlossen werden.

In den Gruppen kann man sowohl Geschäftsführer als auch Arbeiter finden, da bei der Zusammenstellung der Gruppen darauf geachtet wurde, daß man das gesamte Wissen und technische know-how der Angestellten ausnutzt, damit das Arbeitsumfeld möglichst die Kreativität anregt.

Ein Vorteil, den die Gründung von Gruppen mit sich bringt, ist die Tatsache, daß nicht mehr so viel Zeit durch Geschäftsentscheidungen in einer gigantischen Organisation verschwendet wird. Vom Geschäftsführer bis hin zu niedrigeren leitenden Angestellten können alle ihre eigenen Geschäftspläne erstellen und innerhalb der neu gegründeten Gruppen schnell und effektiv arbeiten. Außerdem kommen in den Gruppen nun auch die jüngeren Mitarbeiter zu Wort, die in der traditionellen, hierarchischen Arbeitsorganisation meist wenig zu sagen hatten. Die Gruppen können in stärkerem Maße Maßnahmen in die Wege leiten, die auf den frischen Ideen und Vorstellungen der jungen Mitarbeiter basieren. Gleichzeitig können diese jungen Mitglieder frischen Wind in die gesamte Gruppe bringen und dadurch die Flexibilität der Gruppenarbeit steigern.

Die Ziele der Gruppenbildung lassen sich demnach folgendermaßen zusammenfassen: Es soll weniger Zeit durch Entscheidungsprozesse im Alltagsgeschäft vergeudet werden und auch auf niedrigere Führungsebenen soll Autorität übertragen werden.

In jeder japanischen Firma ist es üblich, daß die Arbeiter, bevor sie irgendwelche wichtigen Geschäftsaktionen einleiten, dafür einen Stempel des Vorgesetzten holen (entspricht dessen Unterschrift). Durch das Abstempelnlassen wird die Aktion eine vom Unternehmen autorisierte Angelegenheit.

Im August 1992, also bereits vor der Einführung der Arbeitsvereinfachungen, startete die Toyota Motor Corporation die Aktion »Drei Stempel für einen Entscheidungsprozeß«. Dies sollte die Zeit reduzieren, die bisher im Unternehmen für das Treffen von Entscheidungen benötigt wurde. Konkret bedeutet das, daß man für die Autorisierung nur noch drei Stempel von drei Personen benötigt, nämlich 1. den des betroffenen Arbeiters, 2. den der Aufsichtsperson und 3. den eines Entscheidungstreffers. Dies soll innerhalb der Toyota Motor Corporation die Zeit bis eine Entscheidung durch ist relativ verkürzt haben.

Die Macht, Genehmigungen zu erteilen, wurde erfolgreich von oben nach unten geleitet, vom Direktor zu den Geschäftsführern, von den Geschäftsführern zu den Managern, von den Managern zu den Personalleitern usw. Die Entscheidungen über alltägliche Aufgaben und spezielle Themen, auf die sich eine Sektion spezialisiert, kann nun der Manager selbst letztgültig treffen. Diese Änderung des Stempelsystems führte zu der zeitsparenden »Drei-Stempel und Personen-Regelung« Das bedeutet, daß jede der drei Personen, also Arbeiter, Personalleiter und Manager, das benötigte Formular der Toyota Motor Corporation abstempelt und unterschreibt.

Veränderungen in der Berufshierarchie

Vorher:

        von oben nach unten

        Direktor
        Stellvertretender Direktor
        Assistent des stellvertretenden Direktors
        Sektionsleiter
        Stellvertretender Sektionsleiter
        Vorgesetzter
        Arbeiter

Nachher

        Geschäftsführer
        Manager
        Personalleiter
        Arbeiter

Anmerkung: Die Toyota Metallarbeitergewerkschaft hat in Zusammenhang mit der Veränderung der Arbeitsorganisation aufgrund der Einführung der Arbeitsvereinfachungen die Abgrenzung/Demarkation für ihre Mitgliedschaft/Mitglieder noch nicht verändert. Bevor die Simplifikationen eingeführt wurden, zählten auch diejenigen zu den Gewerkschaftsmitgliedern, die damals als Vorgesetzte beschäftigt waren. Auch wenn die früheren Vorgesetzten nicht den heutigen Personalleitern entsprechen, so nehmen letztere in der neuen Arbeitsorganisation doch die gleiche Position wie vordem die Vorgesetzten ein. Momentan gehören einige der Personalleiter der Gewerkschaft an, andere unter ihnen sind keine Mitglieder. Das hängt damit zusammen, daß die neu eingeführte Arbeitsorganisation nicht nach der Stellung der Arbeiter differenziert.

Anzahl der Organisationseinheiten

	Nach der Einführung der Arbeitsvereinfachung		Zunahme/Abnahme	
	Abteilung	*Sektion*	*Abteilung*	*Sektion*
Allgemeine Planung	4	4		+4
Verwaltung und Personal	11	28	+1	-8
Finanzen	3	6		-6
Informationsverarbeitungssystem	2	12		-2
Public Relation	6	11		-14
Produktplanung	1	0		-
Forschung und Entwicklung	26	140	+2	-11
Produktionstechnologie	19	100		-2
Produktion	48	178		-16
Produktionsmanagement und -logistik	5	31		-9
Einkauf	4	12	+1	-3
Verkauf, Innland	18	52		-23
Verkauf, Übersee	15	31		-26
Qualitätsprüfung	3	13		-9
Lagerung	3	11		-4

Das Personalsystem

Um die positiven Effekte der Einführung der Arbeitsvereinfachungen in der Toyota Motor Corporation noch weiter zu verstärken, wurde auch das traditionelle Personalsystem verändert. Das neue Personalsystem ermöglicht es den Arbeitern, die Entscheidungsprozesse schneller durchzuführen. Außerdem werden für sie positive Herausforderungen in neuen Arbeitsfeldern geschaffen.

Die Veränderungen des Personalsystems beinhalteten hauptsächlich folgende drei Punkte: 1. Veränderung bezüglich der Qualifikationen und der Arbeitsbezeichnungen; 2. Veränderung des Maßsystems zur Einschätzung und Beurteilung des Personals und 3. das Zuordnungssystem soll verstärkt darauf achten, daß die Arbeiter den für sie am geeignetsten Aufgaben zugeteilt werden und soll so die Flexibilität der Arbeiter erhöhen.

1. Änderungen bezüglich der Qualifikationen und der Führungspositionen

Im bisherigen Personalsystem und im Alltagsgeschäft wurden die Qualifikationen und Berufsbezeichnungen ohne genauere Definition gebraucht. Künftig sollen nun die Qualifikationen und die Berufsbezeichnungen/ einzelnen Berufen klar voneinander getrennt sein. Für Lohnerhöhungen und Beförderungen sollen in Zukunft allein die Qualifikationen des Arbeiters ausschlaggebend sein, unabhängig von dessen Beruf oder Titel. Allein aus praktischen Gründen für den täglichen Geschäftsablaufes erhalten die Arbeitern dennoch bestimmte Berufsbezeichnungen, die aber nichts über ihren Anteil an der Entscheidungsfindung oder über die Beurteilung ihrer Leistungen innerhalb der Toyota Motor Corporation aussagen.

	Vorher	*Nachher*
1. Bedingung für Lohnerhöhungen und Beförderungen	Qualifikation und Beruf	Qualifikation
2. Titel der Arbeiter	Berufsbezeichnungen	Qualifikationen
3. Beschäftigung	Berufsbezeichnungen	Qualifikationen

(1) Qualifikation durch bestimmte Berufssysteme

Einige Titel, die sowohl in der Berufsbezeichnung als auch für die Qualifikation der Arbeiter benutzt wurden, werden abgeändert zu gewöhnlichen Berufsbezeichnungen aus der japanischen Geschäftstradition.

(2) Veränderungen in der Struktur der Führungspositionen

Arbeiter in Führungspositionen, wie etwa die Vorgesetzten oder Höherstehenden werden künftig als »einfache führende Arbeiter« oder als Personalarbeiter« bezeichnet. Ihr Arbeitsbereich umfaßt folgende Aufgaben:

Führende Arbeiter: Diese Arbeiter haben den höchsten Grad an Verantwortung in der Gruppe.

Personalarbeiter: Diese Arbeiter arbeiten entweder mit den anderen Gruppenmitgliedern zusammen oder alleine und sollen dabei ihre Fähigkeiten und Erfahrungen voll ausschöpfen.

- Arbeiter, die älter als 55 Jahre sind, werden normalerweise nicht in den Gruppen eingesetzt. Einige von ihnen können jedoch je nach Wunsch, Ge-

sundheitszustand und von ihnen abgedeckten Arbeitsinhalten trotzdem in der Gruppe weiterarbeiten.
- Arbeiter, die bei Toyota Motors im Ausland arbeiten, sind nicht von diesem System betroffen.

(3) Qualifikationen und Führungspositionen

Qualifikation
Hauptgeschäftsführer
Geschäftsführer
stellvertretender Geschäftsführer
Manager ersten Grades
Manager zweiten Grades
Assistenz-Manager
Hauptgruppenleiter ersten Grades
Hauptgruppenleiter zweiten Grades
Gruppenleiter ersten Grades
Gruppenleiter zweiten Grades
Gruppenleiter dritten Grades
Unter-Gruppenleiter
Arbeiter ersten Grades
Arbeiter zweiten Grades
Arbeiter dritten Grades

Berufsbezeichnung		
Manager		
Produktionsarbeiter	Büroarbeiter	
Geschäftsführer (Division)		
stellvertret. Geschäftsführer	Geschäftsführer	Geschäftsführer (Abteilung)
Manager (Sektion)		
stellvertr. Manager (Unter-Sektion)		
Gruppenleiter		
Teamleiter		

Personal

Geschäftsführer des Projekts

Projektmanager

Assistenz-Manager

- Um horizontale, einfache Gruppen bilden zu können, wurde die Zahl der zuständigen Manager auf zwei reduziert (also Geschäftsführer und Sektionsleiter).
  Nur wenn ein Ratsdirektor Hauptgeschäftsführer ist, wird ihm ein stellvertretender Geschäftsführer zugeteilt. Eine derartige Ausnahme ist jedoch sehr unwahrscheinlich.
- Die Anordnung der Arbeitsanlagen (Tische und Arbeitsgeräte) soll gemäß den Vorstellungen der Arbeitsvereinfachung gestaltet werden.
- In den Büro- und Verkaufsabteilungen soll es durchgesetzt werden, daß die Manager mit ihrem Familiennamen und der Bezeichnung »Herr« oder »Frau« angesprochen werden, anstatt wie bisher mit ihren Berufsbezeichnugen wie zum Beispiel »Herr Geschäftsführer XXX« oder »Frau Sektionsleiterin XXXX«.

2. *Die Beurteilung von Personal und Arbeitern*

- Das Beurteilungssystem für Arbeiter und Angestellte soll aufgeteilt werden in eine »kurzfristige (oder begrenzte) Personalbeurteilung« und eine »Personalbeurteilung der Arbeiterfähigkeiten«.

(1) Kurzfristige (oder begrenzte) Personalbeurteilung
In die Beurteilung der Arbeiter soll lediglich die in dem für die Leistungsbeurteilung festgelegte Zeitabschnitt erbrachte Leistung eingehen, unabhängig von den bisherigen Leistungen der Arbeiter. (zum Beispiel soll die Leistung des Arbeiters im zurückliegenden Jahr eingeschätzt werden usw.) Außerdem können für die Beurteilung spezielle Schwerpunkte festgelegt werden, und die Leistungsbeurteilung erfolgt dann je nach Leistung der Arbeiter auf diesen speziellen Gebieten. Diese Art der Beurteilung spiegelt

sich im Lohn und den Prämien der Arbeiter wieder, die unter anderem nach Qualifikationen berechnet werden und einen Teil des Monatsgehaltes ausmachen.

Worauf bei der Einschätzung der Arbeitern vor allem geachtet werden muß, ist deren Einstellung zu und Einsatz für die angestrebten Ziele.

(2) Personalbeurteilung der Fähigkeiten der Arbeiter
Damit soll die Arbeitsfähigkeit der Arbeiter gerecht eingeschätzt werden. Die Beurteilung spiegelt die Zunahme des Grundlohnes und die Entscheidungen der Arbeiter bezüglich ihrer Beförderung.
Die Elemente, auf die bei der Bewertung der Arbeiterfähigkeiten geachtet werden, umfassen die allgemeinen Fähigkeiten der Arbeiter, den Grad der Ausbildung, Fähigkeit und Potential neue Tätigkeiten zu entwickeln und die Befähigung, Gruppen und andere Arbeiter zu leiten.

(3) Das Entwicklungs- und Rotationssystem der Arbeiter
Das Entwicklungs- und Rotationssystem der Arbeiter wurde geändert, so daß die Arbeiter nun angeregt werden, ihr Wissen ihre Fähigkeiten und ihre Erfahrungen zu erweitern. Das Rotationssystem ist so angelegt, daß die Arbeiter sich leicht und schnell anpassen können, was bedeutet, daß die neue Arbeitsorganisation auf positive Weise das bisherige Rotationssystem weiterführt.
Ein neues Element in diesem Rotationssystem stellt jedoch das sogenannte »herausfordernde Rotationssystem« dar, das die Arbeiter zu mehr Schwung und Elan ermutigt.

(1) Das herausfordernde Rotationssystem
Arbeiter, die mindestens 5 Jahre in der selben Sektion beschäftigt sind, haben das Recht ihre Versetzung in eine andere Sektion zu beantragen. Nach dem Stellen eines solchen Antrages muß der Arbeiter innerhalb von zwei Jahren in eine andere Sektion versetzt werden.

(2) Basierend auf dem Antrag muß der zuständige Vorgesetzte einen Arbeitsentwicklungsplan (einen Karriereplan) für die kommenden drei Jahre erstellen, um die Fähigkeiten des Arbeiters zu fördern.

(3) Die Standards für Beförderungen wurden neu festgelegt unter Berücksichtigung der Rotationserfahrung der Arbeiter:

	Büroangestellter	Ingenieur/Techniker
Beförderung zum Leiter	Voraussetzung sind prinzipiell mehr als zwei Rotationen/Versetzungen in verschiedene Sektionen	Voraussetzung sind prinzipiell mehr als zwei Versetzungen in verschiedene Abteilungen (Sektionen)
Beförderung zum Manager ersten Grades (Sektionsleiter)	Voraussetzung sind prinzipiell mehr als zwei Rotationen/Versetzungen in verschiedene Sektionen	Voraussetzung sind prinzipiell mehr als zwei Versetzungen in verschiedene Abteilungen (Sektionen)

Erfahrungen der örtlichen Gewerkschaft:

Das Engagement und die Aufgaben der Gewerkschaft

Obwohl das Lohnsystem und die Arbeitszeitverkürzung zwischen den Parteien ausgehandelt werden, sind die japanischen Gewerkschaften der Ansicht, daß die Veränderung der Organisationsstruktur und andere wichtige Themen allein Sache des Unternehmens sind.

Dennoch war die Metallarbeitergewerkschaft bei Toyota positiv in den Dialog mit dem Management eingebunden. Als das Management der Gewerkschaft das Angebot machte, die Treffen und/oder Dialoge im Vorfeld der Einführung einer neuen Arbeitsorganisation und der Durchführung jeglicher Veränderungen am Arbeitsplatz zu organisieren, nutzte die Gewerkschaft die Möglichkeit, um ihre Meinung deutlich zu machen und das Management dazu zu bringen, vor jeglichen Entscheidungen die Meinung der Gewerkschaft zu berücksichtigen.

Auch nach der Durchführung aller Maßnahmen ist die Gewerkschaft noch für die Leitung der Nachfolgeuntersuchungen über die Arbeitsplätze zuständig und schlägt dem Management im Falle von Problemen vor, diese mit Hilfe des industriellen demokratischen Systems zu lösen, das in Japan unter dem Namen »Arbeiter und Management Verständigungssystem« (»Labor and Management Consultation System«) bekannt ist.

Während des gesamten Prozesses wurden die Arbeiter mit Hilfe der Gewerkschaftsstruktur und der gewerkschaftlichen Vertrauensperson auf dem laufenden gehalten. Die Gewerkschaft nahm sich in ihren täglichen Aktivitäten der Sorgen der Arbeiter an.

Einige Veränderungen im Einführungsprozeß der neuen Arbeitsorganisation wurden sogar auf Vorschlag der Gewerkschaft durchgeführt. Es gibt keinen einzigen Fall, in dem es zu ernsthaften Auseinandersetzungen der Parteien innerhalb der Toyota Motor Corporation bezüglich der Umstrukturierung der Arbeitsorganisation gekommen wäre.

Aus diesem Grund bezogen sich die Themen, die die Gewerkschaft bei Verhandlungen mit dem Management zur Sprache brachten, meist auf die konkrete Art und Weise der Einführung einer neuen Arbeitsorganisation im Bereich der manuellen sowie der nicht manuellen Arbeit.

Die Arbeitergewerkschaft bei Toyota Motor wird auch weiterhin ihre Ansichten über die Änderung der Arbeitsabläufe vertreten und das Unternehmen bitten, wenn notwendig die richtigen Maßnahmen zu ergreifen.

Einflüsse auf die Gewerkschaft und weitere Probleme:

1. Die Abgrenzung der Gewerkschaftsmitgliedschaft

Als Folge der Veränderung der Arbeitsorganisation und der Berufsqualifikationen kam es zur Übertragung von Entscheidungsbefugnissen auf die unteren Gruppen der leitenden Arbeiter. So sind beispielsweise die jetzigen Vorgesetzten nicht mit soviel Macht ausgestattet wie es frühere Vorgesetzte waren.

Deshalb ist nun nicht ganz klar, wer von den leitenden Arbeitern die Interessen der Firma vertritt. Somit ist es notwendig, die Abgrenzung der Gewerkschaftsmitgliedschaft zu überprüfen, da die Gewerkschaft nur all jenen zugänglich sein sollte, die in der beruflichen Hierarchie unter dem Sektionsleiter stehen.

2. Löhne und Pauschalen

Da das Personal- und das Arbeitsbeurteilungssystem, die sich beide an der vollrichteten Arbeit orientieren, wichtiger denn je sind, stellt sich für die Arbeitergewerkschaft bei Toyota Motors die Frage, wie viele Tarifverhandlungen und -auseinandersetzungen sich jährlich lohnen, damit die Lebensverhältnisse der Arbeiter verbessert werden.

Die alljährlichen Lohnauseinandersetzungen (bekannt als jährliche Lohnoffensive oder Shunto) tragen dazu bei, den Durchschnittslohn der Arbeiter festzulegen, indem die Durchschnittslöhne bei Toyota mit denen anderer Firmen verglichen werden. Aber sie sind nicht mehr in der Lage, die Löhne und Pauschalen der Angestellten innerhalb der Toyota Motor Arbeitergewerkschaft zu bestimmen.

Um den Bedürfnissen der Arbeiter gerecht zu werden reicht es nicht mehr aus, ihre Durchschnittslöhne mit anderen führenden Automobilherstellern in der japanischen metallverarbeitenden Industrie zu vergleichen.

Die Arbeitergewerkschaft bei Toyota Motor hat die Pflicht, alljährlich Tarifauseinandersetzungen zu bestreiten, damit auch Gewerkschaften anderer Betriebe höhere Lohnabschlüsse verbuchen können, in dem Rahmen, der vom japanischen Nationalzentrum, RENGO, IMF-JC, Jidosha Soren (Vereinigung der japanischen Automobilarbeiter-Gewerkschaften) für die jährlichen Tarifverhandlungen festgelegt wird. Gleichzeitig muß die Arbeitergewerkschaft bei Toyota Motor einen Weg finden, um direkt auf die individuellen Wünsche der Mitglieder bezüglich der Lohnerhöhung und der Verbesserung der Arbeitsbedingungen eingehen zu können. Für die Arbeitergewerkschaft bei Toyota Motor bedeutet das, daß sie sich mitten in einem Dilemma befindet, da sie die schwierige Aufgabe hat, die nationale und die örtliche Gewerkschaftsebene in den Tarifauseinandersetzungen harmonisch zu verbinden. Das ist etwa so, als sollte in der nationalen Wirtschaft ein Gleichgewicht zwischen der Mikro- und der Makrowirtschaft hergestellt werden.

Die neue Arbeitsorganisation stellt die Arbeitergewerkschaft bei Toyota Motor vor die dringende Aufgabe, ein neues System zu entwickeln, das, basierend auf den individuellen Bedürfnissen und Ansprüchen der Arbeiter, für die gerechte Verteilung der Güter innerhalb der Toyota Motor Corporation sorgt.

3. Beförderung

Einen Arbeiter zu befördern fällt voll und ganz in den Zuständigkeitsbereich des Unternehmens. Selbstverständlich setzte sich die Arbeitergewerkschaft bei Toyota Motor wiederholt beim Management dafür ein, die Beförderungen gerecht zu gestalten. Dies kann zwar als indirektes Handeln bezeichnet werden, aber es stellt eine der Priorität der Gewerkschaften dar, wenn es darum geht, die Interessen der Arbeiter in bezug auf die Beförderung zu vertreten.

Innerhalb der neuen Arbeitsorganisation ist es unmöglich, die Erfahrungen der Gewerkschaft zu nutzen. Im Fall der Beförderungen ist die neue Arbeitsorganisation schwer zu verstehen. Da die Beförderung für die Arbeiter (die Gewerkschaftsmitglieder) jedoch ein äußerst wichtiger Punkt ist, schlug die Arbeitergewerkschaft bei Toyota Motor dem Management vor, das Beurteilungssystem der Arbeiter klarer zu gestalten und in Sachen Beförderung eine gerechte Haltung einzunehmen.

4. *Die Einteilung/Messung der Produktivität*

Prinzipiell teilt die Arbeitergewerkschaft bei Toyota Motor die Ansicht, daß die Zahl der Angestellten recht hoch ist und die Produktivität im Bereich der nicht-manuellen Arbeit im Vergleich zur Produktionsarbeit innerhalb der Toyota Motor Corporation relativ niedrig ist, was damit zusammenhängt, daß das Produktivitätskonzept im Arbeitsbereich der Angestellten nicht fest etabliert ist. Unsere große Sorge ist nun, daß das Unternehmen beabsichtigen könnte, im Einführungsprozeß weiterer neuer Arbeitsorganisationen eine weitgreifende Herabstufung (oder Rationalisierung) durchzuführen.

Daher besteht eine der Hauptaufgaben der Gewerkschaft darin, schnellstens ein Produktivitätskonzept sowie eine Skala zur Beurteilung des Arbeitsplatzes der Angestellten zu entwerfen, um den Druck auf die Angestellten nicht größer werden zu lassen. Dies könnte eine der Prioritäten für die Arbeit der Gewerkschaft sein.

Lean Production bei Fokker
Amsterdam, am 14. Oktober 1994

Die Debatte über »Lean Production« ist auch in den Niederlanden bereits weit fortgeschritten. Von 1990-1994 kam es in der Automobil- und Lastwagenindustrie, sowie in der Stahl- und in der Flugzeugbauindustrie zu Umstrukturierungen. Unglücklicherweise gingen diese Umstrukturierungen jedoch mit umfangreichen Entlassungen, vor allem in den großen Metallbetrieben, einher. Es reicht nicht aus, diese Interventionen lediglich als ökonomische Maßnahmen anzusehen. Hinter diesen Massenentlassungen verbirgt sich ein momentan stattfindender struktureller Prozeß organisatorischer Umstrukturierungen.

Als Paradebeispiel hierfür kann die Situation bei der Fokker Flugzeugbau dienen. Die Veränderungen innerhalb der Fokker-Unternehmen umfassen im Allgemeinen eine »Mixtur« aus mehreren Maßnahmen. Dazu zählen einerseits Kürzungen bei der Belegschaft der Fabrikarbeiter, was zu einer erheblichen Produktivitätssteigerung auf Kosten der Arbeiter führt, und andererseits Flexibilität und das Auslagern von Arbeit. Nicht alle von Fokker getroffenen Maßnahmen sind jedoch negativ. Es wurde auch viel Zeit auf Qualitätssteigerungen, Ausweitung der Verantwortung oder Veränderung des Managementstils verwand. Diese führten zu einer Verbesserung der Arbeitsbedingungen und der Mitbestimmungsmöglichkeiten der Arbeiter in den Fabriken. Der »Industriebond FNV« war an der Durchführung dieser Veränderungsprozesses sehr aktiv beteiligt. Es gelang unseren aktiven Mitgliedern, einerseits eine defensive Haltung zu vertreten (um so viele Arbeitsplätze wie möglich zu retten), andererseits aber auch offensive Vorschläge zu machen (z.B. Forderungen nach einer innovativeren Art der Arbeitsorganisation). Das gemeinsame Ziel aller war die Erhaltung von Fokker als einer technologisch fortschrittlichen, und selbst kreativ gestaltenden Unternehmung.

Es gibt viele Gründe, weshalb hier der »Fall Fokker« behandelt wird. Der erste ist der, daß sich der Flugzeugbau durch seine kleinen Produktionsserien von der Automobilfertigung unterscheidet. Deshalb konnte sich die tayloristische Arbeitsorganisation darin nicht weit verbreiten. Stattdessen entwickelte und hielt sich ein hohes Niveau der Handwerkskunst. Es wird daher interessant sein, einmal die Erfahrungen einer weniger komplexen Art der Arbeitsorganisation zu beschreiben (Ent-Bürokratisierung). Des weiteren ist der Flugzeugbau extrem abhängig von zyklischen Entwicklungen auf dem Weltmarkt. Zudem sind komplette Flugzeuge enorm teuer. Es ist somit nicht weiter verwunderlich, daß Fokker ein auftragsorientiertes Produktionssystem besitzt: Flugzeuge werden erst fertiggestellt, wenn sich ein Käufer gefunden hat. Dieses auftragsorientierte Produktionssystem verlangt den Arbeitern ein hohes Maß an Flexibilität ab. Und schließlich wurde Fokker ausgewählt, weil sich die Tätigkeit des Unternehmens fast gänzlich innerhalb der Niederlande abspielt: Fokker verfügt in den Niederlanden über eine eigene Konstruktionsabteilung, fortschrittliche F&E-Abteilungen, ein eigene Komponentenproduktion, Endmontage und Verkaufsabteilung. Die Tatsache, daß der Großteil der Fokkeranteile im Besitz der Deutschen Aerospace AG (DASA) sind und auf diese Weise der Daimler-Benz Gruppe angehören, macht den Fall nur noch interessanter.

Fokker hat in den Niederlanden acht Betriebe; von ihnen wurde Fokker Drechtsteden (im Süden Hollands gelegen) als Spezialfall ausgewählt. In dieser Einrichtung werden hauptsächlich Flugzeugrümpfe aus Einzelteilen zusammengebaut.

Bevor wir jedoch mit der Schilderung dieser Fallstudie beginnen, wollen wir zunächst einen Überblick über die Diskussion über Arbeitsorganisation, wie sie derzeit in niederländischen Gewerkschaften und einigen Universitäten geführt wird, geben. Diese Informationen stammen von den Management-Trainingskursen des »Industriebond FNV«. So wurde beispielsweise am 1. Februar 1994 ein Workshop von und für aktive Gewerkschaftsmitglieder der führenden Unternehmen organisiert. Dazu gehörte auch eine Einführung durch den japanischen Gewerkschaftsfunktionär Ben Watenabe und durch Gerrit Dorr, einem aktiven FNV-Mitglied bei Fokker. Zusätzliches Material stammt aus einer Vorlesungsreihe, die an der Technischen Universität Eindhoven und an der Universität Rotterdam gehalten wurde, und auch einen Beitrag von Professor Jones, einem der Autoren des Buches »The machine that changed the world«, enthält.

2. Die niederländische Debatte über Arbeitsorganisation

Werden uns clevere oder billige Länder vom Markt vertreiben? Diese Frage beschäftigt nach wie vor die europäische Industrie und auch die Gewerkschaftsbewegung. Davon ableiten läßt sich die Einstellung, die vor allem japanische Firmen gegenüber europäischen und amerikanischen Gebieten haben. Das Schreckgespenst des »schlanken«, extrem produktiven Unternehmens, das Hand in Hand mit enormen Arbeitsdruck geht.

In den Niederlanden gibt es auch Verfechter des Protektionismus; allerdings verbirgt sich dahinter kein allzu realistischer Appell. Die Niederlande zählen zu den großen Auslandsinvestoren und unsere Industrie ist stark vom Export abhängig. Die Unternehmen und Arbeiter würden daher durch eine protektionistische Abschirmung des nationalen Markts stark benachteiligt. Emotionale Reaktionen (»wir müssen uns von allen fremden Einflüssen und Kulturen befreien«) werden uns ebenfalls nicht weiterbringen. Zwar mag es unheilvoll klingen, wenn ein Wort wie das japanische »Karoshi« in unseren Sprachgebrauch eingeht, das wörtlich übersetzt soviel wie »Tod durch Überarbeitung« heißt. Wir sollten jedoch nicht vergessen, daß es auch holländische Ausdrücke, wie etwa das Wort »Apartheid« gibt, die sich international eingebürgert haben.

Die Niederlande sind seit Jahrhunderten eine Handelsnation. Dieses Land ist an ausländische Unternehmen und auch ausländische Arbeiter gewöhnt. Wir wollen diese Kultur der Toleranz erhalten.

2.1 Japanische Investoren

Wenn Investoren anderer Kontinente sich für einen europäischen Standort entscheiden, verfolgen sie in ihren Aktionen eine strikte Linie. Im allgemeinen suchen sie nach »industriellen Gebieten, die gerade in einer Krise stecken«. Dort gibt es viele Arbeitslose und die Behörden sind sehr kooperationsbereit. Eine industrielle Tradition in solchen Gebieten wird begrüßt, eine Gewerkschaftstradition ist dagegen unerwünscht. Japanische Investoren bauen neue Unternehmen gerne mit neuen, relativ jungen Leuten auf.

Ein gutes Beispiel hierfür ist die Nissan Automobilfabrik, die in Sunderland, England, auf einem stillgelegten Flugplatz errichtet wurde, ganz in der Nähe von einer geschlossenen Werft. Die Niederlande bieten sich aus mehreren Gründen ebenfalls für ausländische Investoren an. Ein Grund wäre beispielsweise die vorteilhafte Lage in bezug auf den internationalen Güterstrom. Es gibt zudem genügend gut ausgebildete und hoch motivierte Menschen, die Arbeit suchen; zudem ist der Arbeitsmarkt flexibel: man denke nur an Arbeitsvermittlungsagenturen und Teilzeitarbeit. Die Arbeitsbeziehungen sind hier recht liberal und die niederländische Industrie befindet sich in einer schwachen Position. Ohne größeren Widerstand gingen im vergangenen Jahr 37.000 Arbeitsplätze verloren. Das sind 4% der gesamten Anzahl an Arbeitsplätzen. Es muß befürchtet werden, daß 1994 wieder ein schlechtes Jahr für die Industrie wird. Aus diesem Grund sind die Niederlande eine gute Wahl für das ständig expansierende Fuji-Unternehmen in Tilburg, für Mitsubishi in Born und für die wie Pilze aus dem Boden schießenden Montage- und Verteilerbetriebe (Computer-, Fahrrad-, Bekleidungsindustrie) entlang der Routen, die den Hafen in Rotterdam mit den deutschen Kunden verbinden. Es gibt wenig Arbeit. Deshalb kann es sich die Gewerkschaftsbewegung nicht erlauben, gegenüber diesen wirtschaftlichen Aktivitäten negativ oder gar voreingenommen zu sein. Nicht einmal dann, wenn man die Einführung von Konzepten wie »Lean Production« und »schlanken Unternehmen« mit in die Überlegungen einbezieht.

2.2 Die Vor- und Nachteile von »Lean«

Das schlanke Unternehmen basiert ohne Zweifel auf japanischen Organisationsvorstellungen, wird jedoch in europäischen Ländern häufig in einer gemäßigteren, weniger autoritären Art und Weise durchgeführt. Das bedeutet Gruppenarbeit mit so wenig Vorarbeitern und leitenden Angestellten wie möglich, und folglich ein Maximum an Verantwortung für den einzelnen Arbeiter bei der Ausführung seiner Aufgaben. In diesem Konzept enthalten ist die flexible Verfügbarkeit der Arbeiter (in bezug auf Aufgaben, Arbeitszeiten und Bezahlung). Dazu gehört auch, daß Arbeit, die nicht in den Hauptaufgabenbereich des Unternehmens fällt, an andere Betriebe übertragen wird, sowie Just-in-Time Lieferung, um die Lagerhaltung zu minimieren und in den meisten Fällen auch beträchtliche Kürzungen im Bereich der Personalkosten und eine Erhöhung des Drucks auf die Arbeiter.

Langsam aber sicher hält der Traum vom schlanken Unternehmen Einzug in europäische Unternehmen, wie zum Beispiel Philips. Die Einführung von Lean Production birgt häufig zwei negative Nebeneffekte: die schlechter qualifizierten Arbeiter und die Belegschaft des mittleren Managementbereichs werden fallengelassen.

Dennoch stellt sich der »Industriebond FNV« nicht gegen die Prinzipien des »Lean Production«-Konzepts. Die Gewerkschaft setzt bei der Schaffung und Erhaltung von so vielen Dauerarbeitsplätzen wie möglich an, die den Arbeitern einen soliden legalen Status, Einkommenssicherheit und gute Aus- und Weiterbildungsmöglichkeiten verschaffen. Darüberhinaus kann über ein gewisses Maß an Flexibilität innerhalb des Unternehmens diskutiert werden (interne Flexibilität in Bezug auf Aufgaben, Arbeitszeit und Bezahlung). Die Versetzung und Umschulung von Arbeitern, die nicht recht in das »schlanke Konzept« hineinpassen, ist nicht einfach, aber auch für dieses Problem kann eine Lösung gefunden werden. Die schlanke Organisation kann auch für die Arbeiter Vorteile haben. Für viele von ihnen stellt die Arbeit in Gruppen eine neue Herausforderung dar, weil sie von ihnen mehr Unabhängigkeit verlangt und mehr eigene Kontrollmöglichkeiten für sie bietet. Das Ziel der Gewerkschaft ist es nun, einen Teil des dadurch erzielten Produktivitätsgewinnes in Form von höheren Löhnen einzufordern.

2.3 Kleine Unternehmen

Ein Punkt, der besondere Beachtung verdient, ist die Vergabe von Arbeit an Subunternehmen. In der Metallindustrie wird immer mehr Arbeit an Zulieferfirmen vergeben. Das betrifft vor allem die Herstellung von Komponenten (Feinblecharbeiten, Montage-, Getriebe- und Motorenteile) In der verarbeitenden Industrie und der Stahlindustrie wird die Wartung der Anlagen an Maschinenbauunternehmen vergeben. Und auch Nebenleistungen (z.B. Reinigung, Transport) werden an andere Betriebe vergeben. Heute läßt sich beobachten, was bereits seit geraumer Zeit vorhergesagt wurde. 1993 und 1994 wurde einigen festen Zulieferern geraten, ihre Preise um 10, 20 oder gar 25% zu senken, wenn sie weiter große Aufträge erhalten wollten. Nur sehr wenigen Betrieben wird es möglich sein, diese niedrigeren Preise durch eine plötzliche Produktivitätssteigerung zu kompensieren. Die Gewerkschaftsbewegung ist daher nicht gerade erpicht darauf, derart weitreichenden Zahlungskürzungen zuzustimmen.

Die beste Strategie für die Zulieferbetriebe ist die Steigerung der Qualität und Investitionen in die Entwicklung neuer Produkte oder Leistungen. Die westeuropäische Industrie hat eine Zukunft, wenn es ihr gelingt, in die oberen Schichten des Marktes einzudringen. Das bedeutet jedoch, daß die großen Unternehmen mit eigenen Forschungs- und Entwicklungsabteilung mehr Anstrengungen auf dem Gebiet der Forschung und Entwicklung unternehmen müssen. Das beinhaltet nicht nur die Forschung im Rahmen neuer Produkte (wenngleich Investitionen in ein neues Produkt die meisten Arbeitsplätze schaffen), sondern auch für neue Produktionsverfahren, logistische Verbesserungen und Qualitätskontrollen. Das ist die einzige Strategie, mit der niederländische Zulieferer überleben können, weil sie auf diese Weise von dem Entwicklungsstrom mitgerissen werden und sich zu unabhängigen Exportunternehmen entwickeln können. Genau das passiert auch in der Zulieferindustrie, die sich in der niederländischen Provinz von Brabant und im Norden von Limburg in der Nähe von Firmen wie Philips, Rank Xerox und der Automobilindustrie angesiedelt hat.

Solange die Löhne in Ländern wie China oder Indien sich auf weniger als 10% der europäischen Lohnkosten belaufen, kann uns Lohnzurückhaltung in der Zulieferindustrie allein nicht weiter bringen. Jetzt, wo diese Länder dabei sind, auch eine Exportindustrie aufzubauen, droht eine Neuauflage des Debakels, das wir in den 70er Jahren beim Schiffsbau erlebten.

In der Zulieferindustrie ist der Arbeitsdruck häufig kaum auszuhalten und die Arbeitsbedingungen sind schlecht. Für dieses Problem gibt es nur eine Lösung: die Gewerkschaftsarbeit muß in diesen kleinen Betrieben auf der Ebene der Arbeitsplätze beginnen. Sinnvolle Handlungsstrategien konzentrieren sich auf die Verteidigung primärer Interessen: Einkommenssicherheit, soziale Sicherheit, Arbeitszeiten/Pausen und die Überwachung der Arbeitsbedingungen. In den Niederlanden konnten wir ein kontinuierliches Wachstum der Maschinenbauindustrie beobachten: von 1985 bis 1992 stieg die Zahl der Arbeitsplätze von 200.000 auf 300.000 an. Zum Vergleich: 300.000 Arbeitsplätze entsprichen 30% der gesamten niederländischen Industrie. Glücklicherweise gibt es für all diese Arbeiter Tarifverträge in ihrem jeweiligen Industriezweig, die sich in den letzten Jahren erheblich verbessert haben. Ein wichtiger Punkt wird dabei häufig vergessen: auch die Arbeiter in der Zulieferindustrie müssen sich organisieren.

Diese Feststellung erscheint auf den ersten Blick banal, aber außerhalb Europas ist es aufgrund repressiver Methoden, wie sie beispielsweise in der Automobilindustrie angewandt werden, immer noch sehr schwierig, sich zu organisieren. Wir können nur von einer sozialen Verbesserung am unteren Ende der sogenannten industriellen Pyramide sprechen, wenn sich auch die kleineren Betriebe organisieren. Dies ist eindeutig eine Frage der Emanzipation, in die die Gewerkschaftsbewegung ebenfalls Energie investieren sollte.

2.4 Neuerungen bei den Arbeitsbeziehungen

Es sind nicht immer nur die Strategien der großen Unternehmen, die die Gewerkschaftsbewegung in Schwierigkeiten bringen. Auch die Politik nationaler und europäischer Regierungen scheint teilweise darauf abzuzielen, den Gewerkschaften das Leben schwerer zu machen. In den Niederlanden findet momentan eine Debatte über die Wiederbelebung der Industrie statt. Auf der einen Seite gibt es eine Lobby, die für die Verschlechterung der Stellung der Arbeiter und Lohnzurückhaltung plädiert. Auf der anderen Seite steht die Lobby, die sich für Innovation, verstärkte Dynamik und Qualitätssteigerungen einsetzt. Aber sogar diese verstärkte »Dynamik« kann auf verschiedene Weisen erzielt werden. Diese Debatte konzentriert sich auf die Organisation der Arbeit. Im folgenden werden wir versuchen, die Angelegenheit auf der Basis des Konzepts der internen und externen Flexibilität näher zu erläutern.

Wie kann ein Unternehmen mit einer hauptsächlich dauerhaft beschäftigten Belegschaft innerhalb den sich sehr schnell verändernden internationalen Märkten operieren? Indem es hohe Qualitätsansprüche an die industrielle Qualifikation ihrer Arbeiter stellt und Weiterbildung sowie ein Maximum an Verfügbarkeit verlangt. Indem es die Arbeitszeit in einem vernünftigen Ausmaß an den Bedarf des Marktes anpaßt. Ein Teil des Lohnes sollte von der Ertragslage abhängig sein. All diese Punkte lassen sich in dem Konzept der »internen Flexibilität« zusammenfassen. Dieser Begriff ist passend, da Vielseitigkeit und Mobilität im Unternehmen selbst angelegt sind. Interne Flexibilität beinhaltet eine Qualitätsstrategie, die das beste von Produktion und Leistungen herausholt. Auf solche Tätigkeiten ist Westeuropa heutzutage angewiesen. Interne Flexibilität setzt auf das Verantwortungsbewußtsein der Arbeiter; sie müssen eigenständige Entscheidungen treffen, mehr Druck am Arbeitsplatz aushalten und mehr Risiken eingehen. Da diese Arbeiter dauerhafte Arbeitsplätze haben, ihre Talente und Fähigkeiten anwenden dürfen und über genügend Befugnisse verfügen, kann dies auch von ihnen verlangt werden. Unternehmen, die dieses Konzept der internen Flexibilität verfolgen, konzentrieren sich auf Ausbildungspläne und Beförderungspolitik und verwenden viel Zeit und Energie für das sogenannte »Human Resource Management«. Die Erfahrung zeigt, daß es gar nicht einfach ist, zunehmende interne Flexibilität in den bestehenden Unternehmen zu erkennen. Sie stoßen damit schnell auf Ablehnung, ausweichendes Verhalten oder konservative Einstellungen. Ablehnung kommt nicht nur aus den Reihen der Gewerkschaften oder von den Arbeitnehmern mit sicheren Arbeitsplätzen, sondern auch Mitglieder der (mittleren) Managementebene verhalten sich ablehnend. Die Telefonnummer der Arbeitsvermittlungsagenturen läßt sich leicht herausfinden, aber das Aufstellen neuer Zeitpläne verlangt viel Überredungskunst. Trotzdem können wir beobachten, wie sich die neueren, technisch weiter entwickelten Unternehmen und Industriesektoren schnell entwickeln.

Bis jetzt wurden immer noch nicht alle Möglichkeiten interner Flexibilität ausgeschöpft. Zu denken wäre in diesem Zusammenhang beispielsweise an eine profitorientierte Verantwortung der Arbeiter(gruppen), vielleicht in der Form, daß der Arbeiter zugleich Anteilseigner ist.

Eine Möglichkeit läge auch im Aufbau eines Netzwerkes kleinerer Unternehmen, mit einer gemeinsamen Belegschaftsorganisation (Pool). In manchen Gebieten lassen sich bereits ähnliche Entwicklungen beobachten: die Dezentralisierung größerer Unternehmen durch ein Modell der Geschäftseinheiten. Das gleiche trifft auf bestimmte Formen des Franchising zu. In diesen Fällen haben wir es mit neuen Formen der industriellen Beziehungen zu tun, die immer häufiger auf einer Kombination von dauerhaften Arbeitsplätzen und einem größeren Verantwortungsbewußtsein der Arbeiter basieren. Diese Art der Beziehungen eignet sich, um die technischen und wirtschaftlichen Fähigkeiten innerhalb des Unternehmens zu stimulieren. Den Sozialpartnern fällt in diesen Fällen eine wichtige Aufgabe zu. Sie müssen den Weg für eine neue Art von Arbeitsbeziehungen und für neue Programme in bezug auf die Arbeitsbedingungen ebnen, und müssen die Prinzipien der sozialen Sicherung anpassen. Die Regierung kann zu dieser Entwicklung durch eine verbesserte Wissens-Infrastruktur, durch Kredite usw. beitragen. Die Regierung kann zudem aktiv an neuen Unternehmen beteiligt sein, beispielsweise durch städtische Behörden, Universitäten, oder durch regionale Dienstleistungsagenturen.

Untersuchungen ergaben, daß vor allem neue Unternehmen (»Produktinnovation«) zusätzliche Arbeitsplätze schaffen. Pionierarbeit leistende Unternehmen sind jedoch sehr anfällig, vor allem ihre Entwicklung zu Betrieben mittlerer Größe oder zu Großunternehmen verläuft nicht immer reibungslos. Die Niederlande sind zu klein, um territoriale Marktaufteilungen vorzunehmen (niedrige Löhne, steuerliche Möglichkeiten und Möglichkeiten für Sondervergütungen). Außerdem ist das Land zu hoch entwickelt. Jedoch könnte man eventuell versuchen, eine Aufteilung in innovative Gebiete vorzunehmen, wenn die Behörden und bereits bestehende Unternehmen aktiv dabei mithelfen. Es würde sich dabei, wie bereits erwähnt, um Gebiete handeln, in denen spezielle Arbeitsbeziehungen getestet werden könnten.

2.5 Externe Flexibilität

Es ist sehr enttäuschend, daß die Regierung und die Arbeitgeberverbände sich fast ausschließlich auf die externe Flexibilität konzentrieren. Wie können Unternehmen so den (breiten) Arbeitsmarkt optimal nutzen? Indem sie die Entlassungsmöglichkeiten ausdehnen. Indem sie die Möglichkeiten für Gelegenheitsarbeit und diesbezügliche Vermittlungsagenturen verbessern. Indem sie mehr Arbeit an Subunternehmen vergeben. Durch weniger Kontrolle und eine geringere Regulierung der Arbeitsbedingungen. Durch das beschneiden der Löhne von geringer qualifizierten und neu eingestellten Arbeitern. Durch die Senkung des nationalen Mindestlohns. Indem sie kollektive Tarifabschlüsse nicht mehr für allgemein verbindlich erklären. Kurz: externe Flexibilität öffnet den Unternehmen die Türen zu den billigsten Arbeitern auf dem Arbeitsmarkt. Demnach kommt diese Form der Flexibilität grundsätzlich einer Kürzung der Lohnkosten gleich.

Aber ist die Senkung der Lohnkosten wirklich das wichtigste Werkzeug, um Arbeitsplätze in westeuropäischen Ländern zu retten? Bedarf es nicht vielmehr einer Qualitätssteigerung, etwa durch Investitionen in Wissen, fortschrittlichere Produkte und Leistungen? Auf keinen Fall bringt die Konzentration auf flexible Arbeitsmärkte unser Land zum momentanen Zeitpunkt näher an die führenden, wirtschaftlich fortschrittlichen Länder heran.

Der Arbeitsmarkt in den Niederlanden ist bereits sehr flexibel. Arbeitsvermittlungen sind quasi eine niederländische Erfindung. Teilzeitarbeit in Verbindung mit einer Art Abrufsystem, Minimum-Maximum-Regulierungen und anderen zusätzlichen Verträgen auf Probe sind in den Niederlanden weiter verbreitet als in irgendeinem anderen Teil Europas.

Schichtarbeit und Nachtschicht in flexiblen Ausprägungen sind mittlerweile recht weit verbreitet und nehmen immer noch zu. Zwischen 1980-1992 kam es zu einer immer breiteren Akzeptanz des Phänomens der Beschäftigung von Subunternehmen. Ein Indikator hierfür ist das kontinuierliche Wachstum dieser Beschäftigungsform in der Metallindustrie, dem Bereich der Reinigungsunternehmen oder des Baugewerbes, sowie der Catering-Industrie und dem Bereich der Sicherheitsdienste. Der jüngste Beweis für den flexiblen Markt ist die Wiedereinführung arbeitsintensiver Montageunternehmen. Davon betroffen sind beispielsweise einfache industrielle und Vertriebstätigkeiten in den Computer- und Bekleidungssektoren. Diese Art von Unternehmen siedelt sich in den Niederlanden aufgrund der günstigen Lage und wegen der attraktiven Arbeitsbeziehungen an. Was will die niederländische Regierung noch? Noch mehr derartiger Unternehmen? An der Schwelle zum 21. Jahrhundert kann dies nicht ernsthaft der Kern der Beschäftigungspolitik sein.

Es gibt lediglich eine Form der Rigidität auf dem niederländischen Arbeitsmarkt, die wir schnellstmöglich beseitigen müssen. Es gibt zu wenige einfache, dauerhafte, gering bezahlte Arbeitsplätze und zu viele gering qualifizierte, aber zur Weiterbildung geeignete Arbeitsuchende. Um was für Personen handelt es sich dabei: junge Schulabbrecher, Frauen, die nach einer Pause auf den Arbeitsmarkt zurückkehren, teilweise Behinderte, Arbeiter mit Qualifikationen, die inzwischen veraltet sind. Nimmt man dieser Personengruppe die soziale Sicherheit, dann liefert man sie dem freien Spiel der Marktkräfte aus. Aus sozialem Blickwinkel schmerzt dies sehr; eine Tatsache, die in den USA als Selbstverständlichkeit hingenommen wird, aber hier? Aus ökonomischer Sicht führt dies zudem zu unnötiger Verschwendung (immer mehr Maßnahmen werden ergriffen, wenn es um Renten und Minimallöhne geht, aber was ist mit den Kosten, die Verbrechen, Gesundheitsvorsorge und Wohnungswesen verursachen?) Den meisten gering qualifizierten Arbeitern in den Niederlanden würde es in einem durchschnittlichen Betrieb mit einer gemischten Arbeitsorganisation am besten gehen. Es gibt genügend Hilfsfunktionen, die, häufig in Verbindung mit beruflicher Ausbildung und Beförderungsaussichten, durchgeführt werden könnten. Die Tarifverträge sind praktisch und flexibel genug, um diese Funktionen festzulegen, (niedrige) Löhne zu zahlen und Ausbildung zu garantieren. Die Belegschaft innerhalb der niederländischen Gewerkschaftsbewegung ist recht gut auf die Behandlung dieses Problems vorbereitet.

3. Die Situation bei Fokker

Fokker ist ein bekanntes, ursprünglich niederländisches Flugzeugbauunternehmen. Das Unternehmen entwirft und baut Flugzeuge mittlerer Größe (50, 70 und 100 Sitze) für Kontinentalflüge. Durch seine relativ geringe Größe und den begrenzten Umfang des Eigenkapitals ist der Betrieb in Zeiten von Produktionsüberschüssen sehr anfällig. Zur Geschichte Fokkers gehört auch eine jahrelange Unterstützung des Unternehmens durch die Regierung (und die Beteiligung der Regierung am Unternehmen). Jahrelang herrschte die Ansicht vor, daß die Zusammenarbeit mit oder die Übernahme durch ein Flugzeugbauunternehmen mit einer breiteren Produktpalette für Fokker die beste Möglichkeit sei, um zu überleben. 1993 erhielt die DASA einen Teil der Unternehmensanteile, so daß der niederländische Staat sich endgültig als Teilhaber zurückziehen konnte.

Da die niederländischen Zulieferer in der Regel recht klein und fast vollständig von ihrem Mutterunternehmen abhängig sind, ist Fokker bei der Lieferung wichtiger Teile wie Flügel und Motoren auf ausländische Zulieferer angewiesen. Der Montagebetrieb (die letzte Station) befindet sich in Schiphol, wo ihm die gesamte Einrichtung eines internationalen Flughafens zur Verfügung steht. Die Entwicklungsarbeit im eigenen Unternehmen hat bei Fokker Tradition, zudem arbeitet Fokker im Bereich der Luft- und Raumfahrt eng mit der Technischen Universität Delft und deren angeschlossenem Institut zusammen.

3.1 Die zyklische Marktentwicklung

Die Flugzeugindustrie ist an zyklisch wechselnde Verkaufschancen gewöhnt. In der zweiten Hälfte der 80er Jahre lief das Geschäft gut, doch die harte Konkurrenz innerhalb der Luftfahrtindustrie führte danach zu einem plötzlichen Rückgang bei der Zahl der Neubestellungen. Der sinkende Absatz führte dazu, daß Fokker die Produktionsmenge mehrmals nach unten anpassen mußte, von anfangs 100 auf letzlich 50 (!). Die Zahl der Arbeiter, die im Laufe der 80er Jahre von 10.000 auf 13.000 gestiegen war, wurde seither schrittweise auf 10.000 reduziert und wird noch weiter bis auf 8.000 Arbeiter sinken. Theoretisch gibt es drei Möglichlichkeiten, um schwierige Zeiten zu überbrücken. Die erste besteht darin, die Kosten zu senken und Flugzeuge vorzufinanzieren oder eventuell auch zu leasen. In der Regel ist diese Strategie mit hohen Risiken verbunden und setzt daher eine finanziell sichere Position voraus. Die zweite Strategie sieht die Montage aus gelagerten Teilen vor. Auch diese Strategie ist riskant (und kostspielig). Denn wie fast alle Märkte so hat auch der Flugzeugmarkt einen Sättigungsgrad erreicht und der Kunde verlangt maßgeschneiderte Produkte. Die dritte Strategie besteht in der Anpassung der Belegschaft an die Auftragslage. Natürlich gibt es hierüber noch viel zu sagen.

Es versteht sich von selbst, daß eine derart beträchtliche Reduzierung der Arbeiterschaft sehr schmerzlich ist. Die Gewerkschaften versuchten alles, um die Verluste so klein wie möglich zu halten und die Zahl der Zwangsentlassungen so weit wie möglich zu verringern. Aufgrund des wirklich gravierenden Produktionsrückgangs waren unsere Möglichkeiten jedoch sehr beschränkt. Außerdem geht die Situation weit über das Problem des Stellenabbaus hinaus. Zum einen gibt es Diskussionen darüber, ob es Fokker gelingen kann, seine Stellung als ernstzunehmender Konkurrent auf dem sich erholenden Markt zu halten. Zum anderen stellt sich das Problem, wie man genügend qualifizierte Arbeiter bekommen kann, wenn die Produktion wieder steigt. Diesbezüglich sollten wir aus der Zeit zwischen 1985 und 1990 lernen, als trotz eines Anstiegs der Arbeiterzahl um 3000 Mann aufgrund des Arbeitsvolumens immer mehr Überstunden gefahren werden mußten. In der Flugzeugbauindustrie geht es buchstäblich um alles oder nichts.

Zunächst wollen wir die Anstrengungen betrachten, die Gewerkschaften und Arbeitnehmer im Zusammenhang mit den Stellenstreichungen unternahmen. Anschließend wollen wir uns mit der Arbeitsorganisation auseinandersetzen.

3.2 Massenentlassungen

Die ersten Entlassungen wurden 1992 ausgesprochen. Zu diesem Zeitpunkt war nur ein kleiner Teil der Belegschaft davon betroffen. Durch Vorruhestandsregelungen, erhöhten Personalumschlag und die Reduzierung der Zahl der Gelegenheitsarbeiter konnte dieses Problem leicht sozial verträglich gestaltet werden. 1993 und 1994 wurden jedoch weitere Personalkürzungen angekündigt. Massenentlassungen waren eindeutig unumgänglich. Die Gruppe der aktiven Mitglieder des »Industriebonds« versuchten daraufhin, ein Alternativprogramm mit wirtschaftlichen Maßnahmen zu entwickeln, das dazu beitragen sollte, Zwangsentlassungen zu vermeiden. Das Programm sah unter anderem umfangreiche Einsparungen vor, 1994 etwa in Höhe von 140 Millionen Gulden. Diese Strategie brachte jedoch nur teilweise die erhofften Erfolge. Allerdings gelang es der Gewerkschaft 1994 die größte und schmerzhafteste Entlassungswelle so zu beeinflussen, daß statt 1.900 Arbeitsplätzen 1.200 gestrichen wurden.

Die Vorschläge des »Industriebonds« lauteten wie folgt:

- Weniger Arbeit sollte an Subunternehmen vergeben und die Zahl der Gelegenheitsarbeiter sollte begrenzt werden.
- Es sollte mindestens ein örtlicher »Arbeitspool« mit Ex-Fokkerarbeitern gegründet werden. Für die Mitglieder dieser Gruppe muß Arbeit gefunden werden, indem Unterverträge mit anderen Betrieben in der Umgebung abgeschlossen werden.
- Die Arbeitszeit der in der Produktionsarbeiter sollte gemäß flexibler Stundenpläne reduziert werden (auf diesen Punkt wird weiter unten noch näher eingegangen).
- Teilzeitarbeit, wenn möglich auf kollektiver Ebene, sollte eingeführt werden. Um damit Erfolg zu haben, wollen wir versuchen, mit Mitteln aus einem Arbeitlosigkeitsfond einen Teil der sich daraus ergebenden Lohneinbußen auszugleichen. In diesen Fällen sprechen wir teilweise auch von einer »Teilzeit-Entlassung«.
- Die Regierung der Niederlande soll um einen Beitrag zur Verbesserung der Forschungs- und Entwicklungsmöglichkeiten bei Fokker gebeten werden. Auf diese Weise können die Innovationskapazitäten vergrößert werden, was zur Folge hat, daß die Abhängigkeit vom Flugzeugmarkt zu gegebener Zeit reduziert werden kann.
- Unnötige Ausgaben, für die sich zahlreiche Beispiele aufführen ließen, sollten verringert werden. Zu den wirtschaftlichen Hauptaufgaben würde es etwa zählen, billigere Geschäftsräume für die Direktion zu finden.
- Die Zahl der Führungsebenen sollte begrenzt werden, und zwar nicht nur in den Betrieben, sondern auch auf der Ebene des Top-Managements.
- Die momentanen Innovationskapazitäten sollten zumindest gehalten werden, deshalb sollten keine Ingenieure entlassen werden. Allerdings sollte diese Gruppe zu einem überdurchschnittlichen Lohnverzicht aufgefordert werden.
- Schlimmstenfalls ist die Belegschaft für eine gewisse Zeit bereit, auf Lohnerhöhungen und einige Lohnnebenleistungen zu verzichten.

Die meisten dieser Punkte ließen sich auf die eine oder die andere Art verwirklichen. Die Regierung der Niederlande war nicht bereit, den Arbeitern bei Fokker mit einer Teilarbeitslosenunterstützung unter die Arme zu greifen (Teilzeitentlassung).

Dennoch nahm die Zahl der Teilzeitbeschäftigten, vor allem in den Büros, zu. Einem Teil der Betriebsräte gelang es, durch eine Abschätzung der Situation, die Teilzeitarbeit zu fördern. Auf diese Weise konnten viele Arbeitsplätze gerettet werden. Auch die Bildung von Pools aus Ex-Fokkerabeitern entpuppte sich als Erfolg.

Der Prozeß, durch den die obersten Organisationsebenen an Komplexität verlieren sollen, geht, wie überall, nur sehr langsam voran. Es tut weh zu sehen, wie die Arbeiter in den Fabriken große Risiken auf sich nehmen, während sich auf der mittleren und der oberen Managementebene kaum etwas verändert.

Die Einführung flexibler Arbeitszeiten war schon immer ein heikles Thema und wird dies auch immer bleiben. Vorläufig läßt sich festhalten, daß Fokker theoretisch daran interessiert ist. Aber in der Praxis nutzt Fokker die Situation häufig aus, was zur Folge hat, daß die Arbeiter die vorgeschlagenen Regelungen ablehnen. Dennoch wird die Diskussion über flexible Arbeitszeiten weitergehen, auch bei Fokker. Wir werden in Kapitel 5 auf dieses Thema zurückkommen.

4. Die Zukunft von Fokker und den Zulieferbetrieben

Als die ersten Berichte über Entlassungen laut wurden, riefen die aktiven Mitglieder des »Industriebonds FNV« eine Sondergruppe ins Leben, die sich mit der Zukunft von Fokker beschäftigen sollte. Natürlich ging es dabei nicht nur um Fokkers Position als Entwickler und Hersteller guter Flugzeuge, sondern auch um die Zukunft der Zulieferbetriebe. Diese Betriebe stellen die größte Anzahl an Arbeitsplätzen für technisch ausgebildete Arbeiter und sind daher wichtig für den »Industriebond FNV«. Daraus erklärt sich, warum die Initiative »Zukunft für Fokker« quasi in Fokker Drechtsteden ihren Ursprung hat; dem größten Zulieferunternehmen (es baut Flugzeugrümpfe), das 1700 Menschen in einer brandneuen Fabrik beschäftigt. Das grundlegende Thema in der Diskussion über die Zukunft Fokkers betrifft die Unterscheidung zwischen »Level 1« und »Level 2« Unternehmen. Diese Trennung nahmen der Board of Directors vor. Zu den Level 1 Unternehmen zählen strategische Geschäftseinheiten (Planung, Montage, usw.); hinter den Level 2 Unternehmen verbergen sich die Zulieferer. Im trostlosesten Szenario werden sämtliche Zulieferbetriebe geschlossen oder verkauft werden, da Einzelteile jederzeit zum aktuellen Marktpreis gekauft werden können. Auch wenn es darum geht, strategisch mit anderen Flugzeugkonstrukteuren zu kooperieren, befinden sich die Level 2 Unternehmen in einer verwundbaren Position, weil alle Partner mit demselben Problem kämpfen, der Suche nach stabilen Absatzmöglichkeiten für ihre Zulieferbetriebe. Die Sondergruppe »Zukunft für Fokker« hat zu diesem Problem ein Diskussionspapier erarbeitet. Ausschnitte daraus werden im folgenden noch näher beschrieben.

4.1 Die gegenwärtige Situation

Bis vor kurzem setzte sich Fokker aus zahlreichen eigenständigen Betrieben mit eigener Geschäftsverwaltung zusammen. Diese waren: Fokker Aircraft, Fokker Aircraft Services, Fokker Special Products und Fokker Space and Systems.

Fokker Aircraft (FAC) verfügte über einige Produktionszweige, deren Aufgabe darin bestand, FAC mit allem auszustatten, was im Rahmen von Flugzeugbauprogrammen benötigt wurde, um Warenladungen und Finanzmittel binnen Stunden zu verteilen. Die Tatsache, daß diese Betriebe über das ganze Land verteilt waren, war offensichtlich nicht von Bedeutung; sie hätten genausogut zentral gelegen sein können. Zur Erklärung: Flugzeugrümpfe werden in Papendrecht, in der Provinz Südholland hergestellt und dann auf dem Landweg mit Lastwagen nach Schiphol (Entfernung 80 Kilometer) transportiert.

Von den Betrieben innerhalb des Fokker-Unternehmens, die alle über ein eigenes Management verfügten, wurde erwartet, daß sie sich an zentrale Abkommen bezüglich der Arbeitsbedingungen und Unternehmenspolitik halten. Dazu zählte auch, daß Investitionen zentral genehmigt werden mußten. Bis vor kurzem errechnete Fokker den Selbstkostenpreis, indem einfach die technischen Kosten, die Produktionskosten und die Endkosten des Flugzeugs addiert wurden. Die festgelegten Kosten stellten einen Kompromiß zwischen Effizienz auf der einen und Effektivität auf der anderen Seite dar. Am Ende führten diese Kalkulationen einfach (zu einfach) zur Festlegung des letztendlichen Selbstkostenpreis für das Flugzeug.

Diese Art der Preisfestlegung berücksichtigt nicht, welche Preise der Markt zu zahlen bereit und in der Lage ist. Momentan müssen Unternehmen nach den vom Markt diktierten Preisen produzieren, weshalb für die Flugzeugbauindustrie ein völlig neuer Ansatz nötig ist. Das Problem Fokkers besteht darin, daß das Unternehmen zur Zeit zu teuer ist und deshalb damit beginnen muß, billiger zu produzieren. Das bedeutet, daß sich die Entwicklung an den Kosten orientieren muß. Das fängt beim Zeichenpult an, alle Kostenfaktoren müssen erfaßt oder noch besser kontrolliert werden. Wenn gleich von Anfang an alles richtig gemacht wird, wenn ein gutes Design vorhanden ist und die Produktion gut läuft, können zu einem späteren Zeitpunkt viele Modifikationen und Kosten vermieden werden.

In anderen Worten bedeutet das, daß Fokker sich bei der Produktion mehr am Preis orientieren und dabei innerhalb der vom Markt festgesetzten Lieferpreise bleiben sollte. Das bedeutet eigentlich, daß der gesamte Prozeß umgedreht werden sollte; Fokker legt den Preis nicht nach der Produktion fest, sondern der Markt bestimmt, zu welchem Preis Fokker produzieren sollte. Dieser Punkt ist von entscheidender Bedeutung, wenn Fokker bei dem harten Wettbewerb, der derzeit unter der Flugzeugherstellern herrscht, mithalten will.

4.2 Produktion zu Marktpreisen

Um mit den oben beschriebenen Entwicklungen Schritt halten zu können, ist es äußerst wichtig, daß sämtliche Unternehmenseinheiten mehr denn je auf den Markt um sie herum (World Class) und auf die anderen Flugzeugproduzenten achten. Damit dies in ausreichendem Maß möglich ist, ist es unabdingbar, daß die Betriebe ihre eigenständige Geschäftsverantwortung behalten oder sogar noch ausdehnen, und weiterhin ihre eigene Unternehmenspolitik und -aktivität festlegen können.

Der »Industriebond FNV« ist der Ansicht, daß die Einheiten Produktgestaltung und Produktdefinition voneinander getrennt werden sollten. Das bringt für die Betriebe einen größeren Handlungsspielraum in bezug auf das auszuwählende Produktionsverfahren, oder in bezug auf die Art, wie die Beschäftigung in Subunternehmen oder die Komponentenproduktion abläuft.

Das bedeutet, daß sie verantwortlich sind für:

- die Leistung
- die Personalauswahl
- Flexibilität

Zusammenfassend kann man sagen, sie haben die volle Geschäftsverantwortung und können über weitere relevante und stützende Geschäftspolitiken bestimmen.

Wenn wir bei unseren Strategien bleiben, dann bedeutet das, daß kein einziger der Betriebe unter dem großen Fokker/DASA-Schutzschild sicher sein wird. Indem die volle Geschäftsverantwortung und der notwendige Leistungsgrad von der Marktnachfrage bestimmt wird, werden die Betriebe dazu gezwungen, ihren eigenen Weg zu gehen mittels:

- wettbewerbsfähigen (Markt-) Preisen
- wettbewerbsfähigen Qualitätsstandards
- wettbewerbsfähigen Lieferzeiten.

Anreiz genug, dies alles herbeizuführen, sollte allein schon das eigene Verantwortungsbewußtsein für die Leistung des Unternehmens sein und unserer Ansicht nach sollte dieser Prozeß nicht vom Management gesteuert werden (»Top-down«).

4.3 Unabhäbgige Zulieferbetriebe

Es scheint sich die Vorstellung durchzusetzen, daß es in der Flugzeugbauindustrie vier Tätigkeitsbereiche gibt, die unabhängig organisiert werden sollten:

- Marketing und Verkauf
- Lieferung

- Beschaffung
- Konstruktion

Vorläufig sind wir, also die aktiven Gewerkschaftsmitglieder des »Industriebond FNV«, noch nicht von den verwendeten Begriffen wie Level 1 und Level 2 Unternehmen überzeugt.

Wir glauben, daß die Betriebe als vollständige Segmente mit eigener Produkt-Markt-Kombination eine bessere Überlebenschance hätten. Unserer Ansicht nach machen eine auftragsorientierte Montage und Flexibilität nur Sinn, wenn der letzte Montageschritt in eine unabhängige Funktionseinheit umgewandelt wird, die auch auf die Bedürfnisse des Marktes reagieren kann.

Wir werden uns nun Fokker Bedrijf Drechtsteden (FDB) zuwenden. Als besorgte Gewerkschaftsaktivisten setzen wir uns stark dafür ein, daß FDB der bevorzugte Zulieferer innerhalb Fokkers im Rahmen einer neuen Zulieferstruktur wird, die noch genauer festzulegen sein wird. Das heißt, daß dieser ganze Zulieferbetrieb als Funktionseinheit im Zentrum einer neu strukturierten Zulieferpolitik erhalten werden muß. Argumente, die für dieses Vorhaben sprechen, liefert die Geschichte FDBs, seine bisherigen Leistungen in bezug auf die Lieferzeiten, die Kosten, die Qualität der gesamten Organisation und den Mehrwert, den FDB Fokker als Unternehmen anzubieten hat.

Die Umstrukturierung Fokkers auf dem Gebiet der Zulieferungen, also die Unterteilung FDBs im Rahmen einer Umkehrstrategie gemäß des Geschäfts-Einheitenmodells (Taylorisierung/Unterteilung der Organisation), birgt unserer Meinung nach zu viele schädliche Risiken für die traditionelle Leistung von FDB. Wir würden deshalb eher nach dem Motto »never change a winning team« verfahren. Wir haben bereits angedeutet, daß es uns primär um die Erhaltung von Arbeitsplätzen und die mit der Umstrukturierung von Fokker zusammenhängenden personellen und sozialen Konsequenzen geht.

Vorläufig scheint uns eine weitere Reduzierung der Arbeitsplätze weder notwendig, noch akzeptabel zu sein, und sie ließe sich auf keinen Fall mit den Absichten und Beteuerungen des Unternehmens vereinbaren, wonach die Arbeiterschaft das wichtigste Betriebskapital ist, das gehegt und gepflegt werden muß. Darüber hinaus war die Streichung von Arbeitsplätzen bei früheren Umstrukturierungen eines der wenigen Ziele, das erfolgreich realisiert wurde, im Gegensatz zu anderen Plänen, die sich auf die Kostenreduzierung konzentrierten und beispielsweise Dinge wie externe Zulieferbetriebe (Verkäufer) betrafen.

Uns schwebt folgende Reihenfolge vor:

A) Umstrukturierung/Umorganisierung
B) Kosteneinsparungen
C) Aspekte der Beschäftigung

Dabei wird von folgenden Punkten ausgegangen:

A. Eine klar quantifizierbare und ausgeglichene Umstrukturierung und Umorganisierung von Fokker;
B. Kosteneinsparungen, die von den Zulieferfirmen und durch Engagement in bezug auf die zu erreichenden Ziele realisiert werden sollen.
C. Durch eine beträchtliche Arbeitszeitverkürzung und verschiedene Teilzeitmodelle sollen die Folgen für die Beschäftigung weitestgehend begrenzt werden. Daneben können strukturelle Veränderungen und Personalumschlag als Kontrollmechanismen dienen. Beispiele hierfür wären die Intensivierung temporärer Arbeitsvermittlungen und/oder die Einrichtung eines Arbeitspool für das gesamte Unternehmen.

4.4 Umorientierung

Auch wir sehen die Notwendigkeit für eine Umorientierung und eine eventuelle Umstrukturierung des Unternehmens, inklusive FDB. Auch das Geschäfts-Einheitenkonzept kann durchaus innerhalb von FDB und seiner vorgeschlagenen zentralen Stellung durchgeführt werden. Aber wir finden, daß Veränderungen nur um der Veränderungen Willen als Argument unzureichend sind. Wir würden daher gerne quantitative Begründungen für anderslautende Meinungen erhalten. Wir glauben, daß sich der Anreiz für optimale Leistungen aus dem leistungsbezogenen Verantwortungsbewußtsein jedes einzelnen ergeben sollte, und zwar innerhalb eines möglichst kompletten FDB-Betriebs, der eventuell durch andere Zuliefereinheiten ergänzt werden könnte.

- Eine Zulieferpolitik, in der FDB als die zentrale Zulieferfirma feststeht.
- Kostenorientierte Entwicklung, die bereits auf dem Zeichenbrett beginnt.
- Die Unterscheidung zwischen Produkt und Produktdefinition.
- Null-Fehler Management
- Gewinnbringende Einheiten sollen nicht zu Level 2 Unternehmen degradiert werden, sondern so weit wie möglich unberührt von den Umstrukturierungen bleiben.
- Wenn es um Kostenrechnung und Neugründungen geht, muß man einen Unterschied machen zwischen Produkten, die den strengen Regeln im Zusammenhang mit den Erfordernissen des Flugzeugbaus ganz entsprechen müssen, und solchen, die diesen nur teilweise entsprechen müssen.
- Forschung zur Erzeugung einer ›win-win‹-Situation, um Luftverkehrsgesellschaften die Möglichkeit zu geben, Fokker auf der Basis gegenseitiger Interessen und strategischen Unternehmertums, über den Verkauf von Flugzeugen hinaus zu nutzen. Die Beziehung zu den Luftverkehrsgesellschaften könnte darüber hinaus verbessert werden, indem letztere Ideen in den Konstruktions- und Entwicklungsprozeß einbringen.

5. Flexible Arbeitszeiten

Um Lagerbildung zu vermeiden, aber dennoch in der Lage zu sein, schnell auf eingehende Aufträge reagieren zu können (und die speziellen Wünsche der Kunden berücksichtigen zu können), entwickelte Fokker das System der auftragsorientierten Produktion. Der Schlüssel zu dem System liegt in der Einführung eines Unterbrechungspunktes bei der letzten Montageeinheit. Das bedeutet, daß Flugzeugrümpfe, Flügel, Teile des Hecks, Motoren und Instrumente erst zusammengebaut werden, wenn das Flugzeug verkauft ist. Sogar dann ist das Flugzeug in drei Monaten lieferbar. Voraussetzung dafür ist jedoch absolute Flexibilität der Arbeiter am Ende der Produktionskette.

Der »Industriebond FNV« wurde früh von diesen Plänen unterrichtet und erklärte sich bereit, eine Expertenrunde zu organisieren, die darüber beraten sollte, wie diese Vorhaben verwirklicht werden könnten. Nur zur Information: dieses Treffen fand statt, bevor die Massenentlassungen begannen. Damals glaubte man noch, daß sich die Verkaufszahlen schnell wieder erholen könnten. Gewerkschaftsvertreter formulierten folgende Bedingungen:

5.1 Bedingungen des »Industriebond FNV«

1. An der letzten Station der Produktionskette sollten nur festangestellte Arbeitnehmer beschäftigt werden. Aufgrund der hohen Ansprüche an die Fertigkeiten und die reibungslose Zusammenarbeit der Arbeiter in den Teams am Ende der Produktionskette können diese Arbeiten nicht Gelegenheitsarbeitern übertragen werden.
2. Die Dienste ausländischer Spezialisten können zwar genutzt werden, jedoch nur in begrenztem Maße, um die Beschäftigung der unternehmenseigenen Belegschaft nicht zu gefährden.
3. Die Bildung von Teams sollte als Basis für mehr Flexibilität dienen. Dieser Prozeß soll dazu führen, daß Facharbeiter fast immer zur Verfügung stehen.
4. Innerhalb vernünftiger Grenzen ist gegen flexible Arbeitszeiten nichts einzuwenden, solange sie zu kürzeren und längeren Arbeitsperioden führen. Die Gewerkschaft stimmt Überstunden nur zu, wenn sie begrenzt und gut geplant sind.
5. Der Monatslohn muß konstant sein, unabhängig von Zu- und Abnahmen der Arbeitszeiten. Sondervergütungen für Bereitschaftsdienst und flexible Arbeitszeiten scheinen angebracht.
6. Aufgrund des bereits existierenden Doppelschichtsystems (Tag-Nacht) sollte die Wochenendarbeit begrenzt bleiben.
7. Sobald Fokker anfängt, zu viel zu verlangen (etwa einen flexiblen Zeitplan, plus Überstunden, plus Wochenendarbeit, plus Gelegenheitsarbeit) wird der »Industriebond FNV« die Zusammenarbeit verweigern.

5.2 Arbeitszeitmodelle

Diese Prinzipien ermöglichten die Zusammenstellung eines klaren, vorgeplanten Arbeitszeitmusters, das auf folgenden Punkten basiert:
- Unterteilung des Jahres in 13-wöchige Zeitspannen.
- Im Durchschnitt kann man mit zwei anstrengenden und zwei ruhigen Perioden rechnen.
- In den Hauptperioden gibt es eine 5-Tage-Woche mit 9-Stunden-Tagen und einer Doppelschicht (90 Produktionsstunden). Zusätzlich muß die Belegschaft an zwei Wochenenden arbeiten, die früh genug bekannt gegeben werden, da diese Teil des Prduktionsplanes sind.
- Während der ruhigen Perioden gibt es eine 4-Tage-Woche mit 8-Stunden-Tagen und einer Doppelschicht (64 Produktionsstunden)
- Der Übergang von einer ruhigen zu einer anstrengenden Periode wird sechs Wochen vorher angekündigt.

Der Vorschlag der Gewerkschaften, umfassende Arbeitsplatztauschprogramme unter Mithilfe erfahrener Arbeiter anderer Betriebe einzurichten, fand keine Beachtung, weil sich dadurch die Zusammensetzung der Teams verändern würde. Bei Montageeinheiten im Flugzeugbau ist der Raum begrenzt, was zur Bildung kleiner Teams führt. Ein weiterer wichtiger Aspekt ist die Zeit, die für die Ausbildung der Arbeiter benötigt wird.

Auch der Vorschlag, (der nicht von den Gewerkschaften stammte), während der Hauptperioden durchgehende Schichten einzuführen, wurde nicht näher diskutiert. Hier spielten wieder die Ausbildungsdauer und die gleichbleibende Zusammensetzung der Teams eine Rolle.

5.3 (Erfolglose) Durchführung

Wie so oft erwies sich auch in diesem Fall die Praxis als mächtiger als die Theorie. In Schiphol waren die aktiven Gewerkschaftsmitglieder des »Industriebond FNV« darauf vorbereitet, über die Einführung flexibler Arbeitszeiten zu verhandeln, wobei sie jedoch die Notwendigkeit einer Verkürzung der durchschnittlichen Wochenarbeitszeit betonten. Dafür konnten sie gewichtige Argumente vorbringen. Erstens schreit die Arbeitslosensituation in den Niederlanden immer noch nach einer Umverteilung der Arbeit. Zweitens begann sich die Lage bei Fokker zur damaligen Zeit zu verschlechtern. Gerade als Entscheidungen über ein Modell anstanden, wurden die ersten Massenentlassungen angekündigt.

Einige der Produktionsabteilungen arbeiteten damals bereits (vorübergehend) weniger und hatten daher recht wenig Vertrauen in sich abwechselnde Hauptperioden und ruhigere Phasen. Sie waren mehr oder weniger davon überzeugt, daß 1993-1994 eine einzige flaue Periode würde.

Es scheint, daß das Management von Fokker sein eigenes auftragsorientiertes Produktionskonzept nicht vernünftig handhabe. Facharbeiter, die mangels Arbeit gerade erst nach Hause geschickt worden waren, wurden manchmal kurz darauf wieder dringend zur Arbeit gerufen, weil in letzter Minute ein großer Auftrag eingegangen war. Es ist daher wenig verwunderlich, daß die Arbeiter in dem Model der flexiblen Arbeitszeiten ein verstecktes Abrufsystem sahen. Fokker tat sehr wenig, um dieser Einstellung entgegenzutreten, was dazu führte, daß der Vorschlag im Verlauf einiger gutbesuchter und recht emotionaler Mitgliederversammlungen abgelehnt wurde.

Mittlerweile prüft Fokker neue Vorschläge in Sachen flexible Arbeitszeiten.

6. Eine weniger komplexe Organisation

Der Fokkerbetrieb in Papendrecht, in Südholland (Fokker Drechtssteden), entstand ursprünglich durch eine Fusion von drei Betrieben und besteht fast ausschließlich aus neuen Gebäuden. Dort werden hauptsächlich sogenannte ›Zigarren‹, also Flugzeugrümpfe produziert. In der zweiten Hälfte der 80er wuchs die Fabrik und, nicht zu vergessen, auch die Beschäftigung erheblich. Bis vor kurzem arbeiteten in dem Betrieb 2.200 überwiegend junge Menschen. Der Betrieb ist eines der Flagschiffe innerhalb dieses Gewerkschaftsbezirks. Innerhalb weniger Jahre stieg die Zahl der Mitglieder im »Industriebond FNV« von 280 auf 1000. Es gibt dort eine Gruppe sehr aktiver Gewerkschaftsmitglieder und die Gewerkschaft hat eine starke Position innerhalb des Betriebsrates.

Die aktiven Gewerkschaftsmitglieder des Betriebs sind dafür bekannt, daß sie sehr unabhängig sind und »ihren eigenen Kopf haben«. Es stimmt zwar, daß Fokker Drechtssteden an nationalen Kampagnen teilnimmt (wie etwa Kampagnen zur Unterstützung flächendeckender Tarifverträge für die Metallbranche), allerdings verfolgen sie immer ihre eigene Linie. So kommt es in dem Betrieb beispielsweise zu erfolgreichen Treffen mit dem Management und auch mit der Belegschaft des mittleren Managements. Diese Treffen trugen mit Sicherheit dazu bei, daß dieser Betrieb ein großes Wissen über Technologien und Strategien sammeln konnte. Im Kampf um Arbeitsplätze ist das bestimmt von Nutzen. Wie überall, so mußten auch bei Fokker Drechtsteden in den vergangenen zwei Jahren viele Arbeitsplätze geopfert werden. Als Reaktion auf diese Pläne zum Stellenabbau kam es mehrmals zu Arbeitsniederlegungen und anderen Protestaktionen.

Fokker Drechtsteden war schon bevor es zu dem Stellenabbau kam ein moderner, schlanker Betrieb mit einem logistisch vernünftigen Aufbau. Alles, was an »Fett« übrig geblieben war, wurde in den zurückliegenden zwei Jahren abgebaut. Das wurde unter anderem durch die Gestaltung spezieller Unternehmenseinheiten und durch eine Verringerung der Managementebenen erreicht. Zwei Unternehmenseinheiten wurden gegründet: »Komponenten« und »Konstruktion«.

Diese Einheiten bilden einen Teil des Fokker Flugzeugbau Unternehmens; der Board of Directors ist darin für die Verwaltung und die Geschäftstätigkeit verantwortlich. Die Aufsicht über die Einheiten hat ein Abteilungsleiter oder Manager. Unterhalb der Ebene der Manager der Unternehmenseinheiten wurden die Posten des Produktionsleiters und des Gruppenmanagers zusammengefaßt. Innerhalb der Komponenten-Einheit lassen sich folgende Gruppen finden:

- Logistik und Handel
- Feinblecharbeiten
- Schweißen
- Gießen und mechanische Bearbeitung
- Oberflächenbehandlung
- Technologie und Entwicklung

Die Hauptverantwortung liegt nun bei den Gruppenleitern, die Mitglieder von Teams sind, über die sie die innerorganisatorische Kontrolle haben. Auf dieser Ebene hat die Einführung sich selbst steuernder Aufgabengruppen begonnen. Die Gesamtzahl der Managementebenen wurde von 8 auf 5 reduziert.

7. Zukunftsaussichten

In nächster Zeit ist die Beschäftigung bei Fokker Flugzeugbau nicht gesichert. Eine Reihe von Produktionsbetrieben und -einheiten wurde zum Verkauf angeboten. Dieses Jahr wurde bereits der Verkauf eines Teils des Unternehmens in Südholland, das Kabe herstellt, vorbereitet. Daneben wurden noch weitere Einheiten zum Verkauf angeboten.

Die mögliche Verlagerung von Einheiten stellt eine realistische Bedrohung dar. Der vom Unternehmen praktizierte Anpassungsprozeß wirft die Frage auf, ob es nicht besser wäre, die Produktionseinheiten in der direkten Umgebung des letzten Gliedes der Produktionskette, also Fokker Schiphol, zu konzentrieren. Die Zukunftsaussichten der gegenwärtigen Einheiten hängt von deren Wettbewerbsfähigkeit auf dem Weltmarkt ab.

Anhang 1

1994 (NEU)

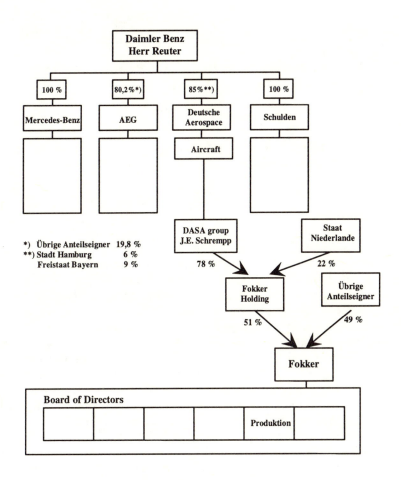

OR/FBD/KAO 11-2-1994

AANTAL P.21

Gemeinsames internationales Projekt über neue Formen der Arbeitsorganisation
vorgelegt von Ruedi Keller, SMUV, Schweiz

5.2 Gewerkschaftserfahrungen aus der Sicht der Basis und aus der Sicht der lokalen und zentralen Führung

5.2.1 Direkt betroffene Mitglieder

Die folgenden Berichte stellen die Erfahrungen einiger weiblicher Mitglieder dar, die an den Projekten (Montagegruppenprojekt) beteiligt waren:

Sprachprobleme...

Partizipativ ausgerichtete Arbeit mit Frauen – in den ersten partizipativ ausgerichteten Gruppen waren keine Männer vertreten – wurde durch die Tatsache erschwert, daß die meisten der Frauen Ausländerinnen aus verschiedenen Nationen waren. Die Mehrheit sprach nur sehr unzureichend deutsch, obwohl sie schon mehr als 10 Jahre in der Schweiz lebte. (Dies sagt sehr viel über die Produktionsstrukturen der Vergangenheit aus, da diese praktisch ohne jede verbale Kommunikation auskamen, weil es nichts zu diskutieren gab.) Es war interessant zu beobachten, wie die Frauen diese Kommunikationshindernisse in den partizipativ ausgerichteten Gruppen überwanden. In der Praxis wandten wir üblicherweise die Metaplan-Methode an, die es ermöglichte einen schriftlichen, öffentlichen Bericht der Diskussionen zu erstellen. Hinterher wurde jeder Frau eine Kopie der Metaplan-Blätter ausgehändigt. Wegen der Sprachprobleme fertigte der Moderator den Bericht an. Normalerweise funktionierte das System folgendermaßen:

Der Moderator begann, indem er eine Frage stellte. Dies führte zu einer hitzigen Diskussion, in deren Verlauf alle Teilnehmerinnen in ihrer jeweiligen Landessprache zur gleichen Zeit sprachen. Der Moderator war der einzige der von all dem kein Wort verstand. Nach einigen Minuten beruhigten sich die Gemüter und eine Frau die über ausreichende Deutschkenntnisse verfügte, teilte dem Moderator mit, was auf den Metaplan-Blättern zu vermerken sei. Die anfänglichen Zweifel des Moderators waren bald behoben, als er die um ihn versammelten Frauen betrachtete: Sie schauten ihn beruhigend an und versicherten, daß dies tatsächlich deren einhellige Meinung sei...

Stricken statt Rückkehr zum alten System

In der Anfangsphase der Produktion nach dem Prinzip der Montagegruppe war nicht immer genügend Arbeit für das erste Team vorhanden, da die Leute in der Arbeitsvorbereitung nicht in der Lage waren, die Papiere schnell genug zu erstellen. In diesen Situationen neigten die Frauen dann dazu, für einige Stunden in die alte Produktion zurückzukehren und dort auszuhelfen (obwohl deren Kolleginnen dort nicht unbedingt überlastet waren). Sie taten dies nicht nur aus Gründen der Solidarität, sondern auch weil sie Schwierigkeiten hatten, mit diesen Leerlaufmomenten umzugehen. Der Telekom-Abteilungsleiter stellte fest, daß sogar die Vorgesetzten das gleiche Spiel spielten, einfach weil es für sie und die Frauen einfacher – oder zumindest vertrauter – war, auf diese Art zu arbeiten. Anstatt die Probleme zu lösen, auf die sie im Zusammenhang mit der neuen Produktionsmethode stießen, bevorzugten sie es, diesen aus dem Weg zu gehen, indem sie zu ihrem alten Arbeitsstil zurückkehrten. Der Abteilungsleiter beschloß diesem Treiben ein Ende zu bereiten und verbot schlicht, »nach dem alten System zu arbeiten«. Stattdessen schlug er den Frauen vor, ihr Strickzeug mitzubringen, um Leerlaufphasen zu überbrücken. Die Frauen willigten ein, hatten aber Schwierigkeiten damit, von Personen aus anderen Abteilungen, die zufällig vorbei kamen, beim Stricken gesehen zu werden. Manchmal schickte sie der Abteilungsleiter für eine Mittagspause einfach nach Hause (bei vollem Lohn versteht sich). All diese Methoden sollten verdeutlichen, daß diejenigen, die auf das neue System umgestiegen sind, auf keinen Fall zum alten System zurückkehren sollten.

Das ist eindeutig nichts für uns...

Die Vorgesetzten und auch die Frauen in Brig waren der Meinung, daß das »Zürich-System« nicht für sie geeignet sei. Sie glaubten nicht wirklich, daß ihre Kollegen aus Zürich die Urheber dieses Systems waren. Sie dachten, daß das ganze eine Erfindung des externen Beraters gewesen sei. Aus diesem Grund luden wir sie alle ein, einen Tag gemeinsam in Au zu verbringen. Die 40 Frauen wurden in einem Bus nach Au gebracht. Dort zeigten ihnen die Vorgesetzten von Au – ohne den externen Berater – soviel wie möglich. Aber auf der Heimfahrt meinten die Frauen aus dem Wallis, daß ihnen wahrscheinlich nur die positiven Seiten gezeigt wurden, und daß sie nicht genügend Zeit hatten, um ihre Fragen zu stellen und ihre Skepsis zu äußern. Zum Glück hörten wir von dieser Situation, denn dies war natürlich nicht unsere Absicht. Wir baten daraufhin die Arbeiterinnen im Wallis, eine Delegation von vier Frauen zu bestimmen, die erneut nach Au reisen sollte. Aber dieses mal würde kein »Besucherprogramm« für sie zusammengestellt werden; die Frauen sollten schlicht die Möglichkeit erhalten, mit jeder Person ihrer Wahl so lange wie sie es wünschen sprechen zu können. Und so geschah es. Um es kurz zu machen: Bis zu ihrer Rückkehr hatten die vier Frauen ihre Meinung komplett geändert und sie überzeugten ihre Kolleginnen zu Hause, ihren eigenen Partizipations- und Qualifikationsprozeß zu beginnen.

Ein neues Selbstbewußtsein

Als die neue Team-Arbeit eine gewisse Zeit praktiziert worden war, stellten wir fest, daß einige der Frauen sichtbar mehr Selbstbewußtsein erlangt hatten. Sie liefen deutlich »aufrechter«, und als wir sie darauf ansprachen, stimmten sie uns zu, meinten aber, daß dies auch negative Auswirkungen habe. Zum Beispiel in ihrer Ehe, sie sind nun nicht mehr bereit, sich mit allem abzufinden, was Streitigkeiten zur Folge hatte. Manchmal, so berichten sie, würden sie über ihre eigene Arbeit sprechen, was die Männer nicht immer schätzen. Aber die Frauen berichteten, daß ihre Arbeit für sie nun wichtig geworden sei.

5.2.2 Der Betriebsrat

In einer langen Diskussion mit Hans Winkler und Bruno Brozessi, die im Betriebsrat das Produktionspersonal vertreten und sich auch direkt mit diesen Projekten beschäftigen, ergaben sich folgende Punkte:

Die Stimmung der an den Montage-Teams beteiligten Frauen war sehr positiv. Folgende Faktoren trugen dazu bei:

- bessere Kenntnis des Produkts
- besseres Verständnis des Arbeitsprozesses
- umfangreichere Arbeitsinhalte
- erhöhte Anzahl möglicher Aufgaben
- höheres Ausbildungsniveau
- Abschaffung der Kontrolle durch einen direkten Vorgesetzten
- Meister und Vorarbeiter übernehmen eine koordinierende und anleitende Funktion

Aspekte, die kritisiert oder als negativ empfunden wurden:

- Gruppenkonflikte, die aus der Doppelbelastung der Frauen resultieren
- Mangel an Koordination und Verantwortung, da ein Sprecher oder eine Person, die für die Gruppe verantwortlich ist, fehlt
- Oft wurden individuelle Entscheidungen unter Gruppenzwang getroffen
- diese Gründe führten dazu, daß mehrere Frauen die Gruppe oder das Unternehmen verließen

Im Bereich der mechanischen Produktion führten die Projekte zu schwerwiegenden Meinungsverschiedenheiten, so daß in einigen Fällen der Betriebsrat eingeschaltet werden mußte. Dennoch wird das Projekt (mit einigen Vorbehalten) als positive Verbesserung der Arbeitsorganisation angesehen.

Positive Aspekte:

- verbesserte Kommunikation
- Aufgaben sind einfacher zu koordinieren
- Vom Team getroffenen Entscheidungen kann durch den jeweiligen Koordinator Geltung verschafft werden.

Negative Aspekte:

- Rivalitäten unter den Teams nahmen zu
- Ungleiche Verteilung von Schulungsmöglichkeiten, die manchmal verweigert oder verschoben wurden
- Bei der Zusammensetzung der Teams wird zuviel Gewicht auf eine große Bandbreite von Fähigkeiten gelegt
- Verlust von Spezialwissen

Die Aufgaben der Belegschaftsvertreter änderten sich grundlegend aufgrund dieser neuen Strukturen.

- In Bezug auf die Vertretung der Belegschaft muß nach neuen Möglichkeiten einer konsensuellen Zusammenarbeit gesucht werden
- Klare Unterscheidungen zwischen gut und schlecht sind nicht mehr möglich
- Neue Situationen und Experimente müssen eingegangen und Rahmenvereinbarungen entwickelt werden
- Teamarbeit erschwert die Lösung von Konflikten durch Belegschaftsvertreter
- Der Erwerb neuer Fähigkeiten und Weiterbildung sind für diese Arbeitsmethoden unentbehrlich

Die Dienst- und Unterstützungsleistungen der Gewerkschaften sollten diesen neuen Arbeitssituationen angepaßt werden. Die Aktivitäten auf der betrieblichen Ebene sind ein wesentlicher Faktor bei der Beurteilung der Arbeit der Gewerkschaften. Daher sollten Gewerkschaften:

- die Bedingungen für die gewerkschaftliche Arbeit auf der betrieblichen Ebene verbessern
- kompetente Beratung für alle wichtigen Fragen bezüglich der Betriebsführung und der Arbeitsorganisation anbieten
- die Hilfe von lokalen und regionalen Gewerkschaftssekretariaten verbessern

- Weiterbildungsmaßnahmen für Betriebsräte durchführen, um die betriebliche Interessenvertretung zu verbessern
- in der Öffentlichkeit klar und kompetent Stellung beziehen zu heiklen Fragen, die das Unternehmen betreffen.

5.2.3. Das lokale SMUV-Sekretariat

André Kaufmann, der bis 1990 lokaler SMUV-Sekretär war (Montagegruppenprojekt) führte folgende Punkte an:

- Informationen über das Projekt, die der Betriebsrat von der Unternehmensführung erhielt: zu wenig und viel zu spät
- Kontakt mit dem gewerkschaftsfreundlichen Berater mußte geknüpft werden; das Sekretariat erhielt jedoch trotz der engen Zusammenarbeit keine direkten Informationen.
- Die Information, die den Arbeitern zugänglich gemacht wurde, war oberflächlich und verursachte beträchtliche Verwirrung.
- Anfänglich gab es großen Widerstand gegen die Änderungen, da das Unternehmen keine Antwort gab auf die Fragen »In welche Richtung?« (Vision) oder »Wie?« (Methode, Verfahren).
- Die neue Rolle des mittleren Managements wurde so gut wie überhaupt nicht erläutert, was zu großer Unsicherheit und zu Widerstand führte.

Als die ausländischen Arbeitnehmer begannen, ihre Vertreter im Betriebsrat anzugreifen, wandten sich die Belegschaftsvertreter an das Sekretariat. Dies veranlaßte das Sekretariat dazu, die Beratungsfirma AOC (Felix Fei) zu kontaktieren. Zusammen organisierten sie ein Informationstreffen, an dem viele Arbeiter teilnahmen.

Sowohl die Belegschaftsvertreter als auch das Sekretariat waren durch die Angebote zur Zusammenarbeit überfordert. Sie waren nicht auf eine konsensuelle Zusammenarbeit vorbereitet. Zudem bestanden beträchtliche interne Meinungsverschiedenheiten darüber, wie diese Art von Angebot einzuschätzen und wie darauf zu reagieren sei. Dieses Beispiel verdeutlicht, daß Belegschaftsvertreter und Gewerkschaftsfunktionäre eine bessere Ausbildung benötigen. Gleichzeitig sollten solche Projekte von zentral organisierten Gewerkschaftsmaßnahmen unterstützt werden. Regelmäßige Kontakte mit einem gewerkschaftsfreundlichen Beratungsunternehmen würden darüber hinaus einen Informationsaustausch über Erfahrungen in anderen Betrieben, die für Gewerkschaften interessant sind, ermöglichen.

5.2.4. Schlußfolgerungen und Beobachtungen der Berater

Montagegruppenprojekt

- *Ein klares Unternehmensziel:*

Einer der entscheidenden Faktoren für den Erfolg des Montagegruppenprojektes – insbesondere im Hinblick auf den Willen es erfolgreich durchzuführen – war die Tatsache, daß von Anfang an ein klares Unternehmensziel existierte: Die Unternehmensführung wußte, daß die Montagegruppenproduktion nur überleben kann, wenn die Fertigungszeiten drastisch gesenkt werden und die Flexibilität so groß wie möglich ist.

- *Die Arbeiter müssen als Spezialisten involviert werden*

Ein solches Unternehmensziel ist unbedingt notwendig, besonders unter dem Gesichtspunkt der Partizipation der Arbeitnehmer: die Arbeitnehmer wissen selbst genau, in welche Prozesse sie eingebunden werden sollten. Ihre eigenen Interessen liegen ihnen am Herzen: Bei der Partizipation – d.h. bei der Beteiligung an der Erreichung der Ziele des Projekts – müssen sie diese Interessen einbringen und für sie eintreten. Voraussetzung hierfür ist jedoch, daß die Initiative und die Verantwortung für die Beteiligung von der Spitze der Hierarchie ausgeht. Chronologisch betrachtet muß das Unterfangen jedoch am unteren Ende der Leiter beginnen, um den Arbeitern einen Vorsprung gegenüber den Vorgesetzten einzuräumen. Ist diese Vorbedingung erfüllt, ist es jederzeit möglich, während der Laufzeit des Projekts, darauf zu bestehen, daß Partizipation Arbeit von Spezialisten ist – d.h. daß sie weder Klagemauer noch Musik-Wunschprogramm ist. Gefährlich könnte es nur dann werden, wenn der Status, Sonderrechte oder die Macht der Beteiligten auf dem Spiel stehen. In solchen Fällen wird nur eine starke Führung den Erfolg des partizipativen Systems sichern.

- *Informationspolitik*

Die Informationspolitik ist von großer Bedeutung für ein Mitbestimmungsprojekt. Es ist nie zu früh, um zu informieren und die Transparenz kann nie groß genug sein. Auch durch das Fehlen von Information wird eine Nachricht übermittelt, da Gerüchte und falsche Informationen an die Stelle von sachdienlichen Fakten und Fragen treten. Information ist einer der Schlüssel zu einer guten Projektorganisation.

- *Professionelle Projekt-Organisation*

Ein weiterer Erfolgsfaktor bei der Durchführung des Projektes war seine Organisation, welche von Anfang an sehr professionell war. Erstens waren die vier verantwortlichen Projektgruppenmitglieder technisch kompetent und hatten eine Ausbildung für das Projekt-Management erhalten. Zudem war ihre hauptamtliche Beteiligung an diesem Projekt garantiert. Zweitens repräsentierten sie alle relevanten Fachgebiete.

- *Die Struktur des Lohnsystems schafft Spielraum für Flexibilität*

Um ausreichend Spielraum bei der Gestaltung der Arbeitsorganisation zu erhalten, erwies es sich als sehr günstig, daß ALCATEL STR AG das Stücklohnsystem schon im Jahre 1977 abschuf und durch ein für alle Arbeitnehmer einheitliches Lohnsystem ersetzte. Wenn die Führung stark genug ist, ermöglicht es ein solches System, dem Aspekt der vielseitigen Verwendbarkeit von Arbeitnehmern genügend Bedeutung einzuräumen. Daher war es möglich, die Fortbildungsbemühungen von Arbeitern in der Montagegruppenproduktion anzuerkennen. Eine weitere Ausdehnung des Spielraums der Arbeitsorganisation wurde dadurch erreicht, daß der Mehrwert im Bereich der Werkstatt lediglich 2-4% betrug. Dies ist ein Vorteil, der in einer arbeitsintensiven Massenproduktion gerne übersehen wird, aber dieser Vorteil muß wahrgenommen und gut genutzt werden.

- *Gute interpersonelle Beziehungen*

Ein weiterer Aspekt, der nicht unterschätzt werden sollte, sind die guten personellen Beziehungen zwischen Vorgesetzten und Arbeitern in der Montagegruppenproduktion, sogar unter den vorangegangenen tayloristischen Arbeitsbedingungen. Diese Beziehungen beruhen schlicht auf Höflichkeit und Respekt und sind normalerweise die Bedingung für gute Managementleistungen, und sind nicht durch das beste Managementsystem zu ersetzen. Stabile interpersonelle Beziehungen sicherten zudem das nötige Vertrauen, das alle Beteiligten zeigten, obwohl keiner wußte, ob das neue System auch funktioniert. Auf dieses Vertrauen mußte oft zurückgegriffen werden, wenn die Lösung von Problemen im Bereich des Zusammenspiels länger als geplant dauerte, oder wenn die Arbeiter ein großes Maß an Entschlossenheit aufbringen mußten, um den Mangel an geeigneten technischen Instrumenten zu kompensieren.

- *Die Bemühungen müssen von der Betriebsführung ausgehen*

Solch ein Projekt muß von der Betriebsführung unterstützt werden. Dies schließt die Unterstützung des Top-Managements nicht aus, betrifft aber in erster Linie die direkt verantwortlichen Personen. Im vorliegenden Fall gab es drei Schlüsselfiguren, die die Hauptverantwortung trugen: der Projektleiter (Projektplanung und -steuerung), sein unmittelbarer Vorgesetzter (der Leiter der Produktionstechnologie, bei dem die Verantwortung für das Projekt lag) und der Telekom-Produktionschef (der »Kunde«, und als solcher die einzige Person, die dem Projekt wirklich Leben einhauchen konnte.) Auch wenn wir nicht das hohe Lied der charismatischen Führung singen oder antiquierte Theorien über Führungsqualitäten zum Leben erwecken wollen, so können wir doch nicht leugnen, daß der Mut, der Wille und die Phantasie dieser drei Leute für den Erfolg des Projektes verantwortlich waren.

Das Projekt »Mechanische Produktion« (PMP)

Die Bewertung des Beraters

Das Projekt »Mechanische Produktion« von ALCATEL STR AG kann als Erfolg bezeichnet werden. Die Beteiligung vieler Arbeiter an diesem Projekt half den starken Widerstand einiger Arbeiter und Manager zu überwinden und ermöglichte die Entwicklung kreativer Lösungen. Die meisten der – sehr ehrgeizigen – Ziele des Projekts wurden erreicht, wenngleich manchmal später als geplant.

Dank der Umsicht einiger verantwortlicher Personen und aufgrund der existierenden Kultur des Projekts war die Beteiligung der Arbeiter von Beginn an ein natürliches Element des Projekts. Folglich entwickelte die Mehrzahl der beteiligten Personen eine positive Einstellung gegenüber dem Projekt und bemühte sich die Möglichkeiten, die das Projekt für die Arbeiter in Bezug auf die aktive Gestaltung ihrer eigenen Arbeitsbedingungen bot, bestmöglichst auszuschöpfen.

Die Tatsache, daß dies nicht bei allen Arbeitern und Managern der Fall war, deutet auf die Grenzen der Beteiligung im Betrieb hin. Auch wenn die verhältnismäßig weit angelegten partizipatorischen Aktivitäten weiter ausgedehnt worden wären, ist es wenig wahrscheinlich, daß diese Personen »auf den Zug aufgesprungen wären«.

In einigen Fällen versuchten die Verantwortlichen, für diese Personen neue Aufgaben zu finden, die sowohl den Bedürfnissen des Unternehmens als auch deren eigenen gerecht werden. (Während der gesamten Laufzeit des Projekts wurde niemand entlassen, die einzigen Änderungen betrafen interne Umbesetzungen.)

Alles in allem zeigte das Projekt »Mechanische Produktion«, daß die Beteiligung der Arbeiter an einem Reorganisationsprojekt zu ökonomisch sinnvollen Lösungen führen kann, die zudem zum größten Teil humane Organisationsmodelle und Lösungen beinhalten. Die dafür notwendigen Anstrengungen und die Hindernisse sollten dennoch nicht unterschätzt werden.

5.3. Der Standpunkt der Gewerkschaft – Die Änderungen aus der Sicht der SMUV

Die Gewerkschaft SMUV zog folgende Schlußfolgerungen aus diesem Projekt und versucht nun geeignete Maßnahmen zu ergreifen:

- Belegschaftsvertreter müssen sich einer intensiven Vorbereitung und Ausbildung für diese neuen Aufgaben und Aktivitätsbereiche unterziehen.
- Das Netzwerk der Vertrauensleute im Unternehmen muß enger geknüpft werden; diese gewerkschaftlichen Vertrauensleute sollten in der Lage sein, eine wichtige vermittelnde Rolle im Rahmen der neuen Aktivitäten zu spielen und die Belegschaftsvertreter bei ihrer Arbeit zu unterstützen.
- Die lokalen und regionalen Gewerkschaftsfunktionäre sollten die wichtigen koordinierenden und unterstützenden Aufgaben übernehmen.
- Neue wichtige Dienstleistungen sollten zentral oder regional zur Verfügung gestellt werden: Informations- und Dokumentationsdienste für alle wichtigen Fragen, die das Unternehmen betreffen, ein Netzwerk von gewerkschaftlichen Beratern, eine Informationsschrift über alle spezifischen Fragen, die das Unternehmen betreffen, Ausbildungs- und Weiterbildungsangebote für die neuen Aufgaben und gewerkschaftliches Know-how auf diesem Gebiet.
- Die Gewerkschaften müssen sich mit innovativen Gruppen in Wirtschaft, Politik und Gesellschaft zusammentun, um gemeinsame Aktivitäten zu planen.
- Es müssen Anstrengungen unternommen werden, um gewerkschaftliche Leistungen auch Personen auf mittleren oder gehobenen Managementebenen zugänglich zu machen, sowie diese Personen für alternative Überlegungen der Gewerkschaften zu interessieren und sie vielleicht sogar als Mitglieder zu gewinnen.
- Die Gesetzgebung, Kollektivverträge und Vereinbarungen zwischen den Sozialpartnern (Arbeitgeber, Politiker, Arbeiter) müssen der neuen Situation und den damit verbundenen Problemen und Möglichkeiten angepaßt werden.
- Für innovative Aktivitäten, die Partizipation der direkt betroffenen Arbeiter und die Beteiligung der Belegschaftsvertreter, sowie für beratende Leistungen und Möglichkeiten zur Aus- und Weiterbildung muß ein sicherer vertraglicher Rahmen geschaffen werden.

Die Gewerkschaft SMUV hat dies erkannt und folgende Änderungen beschlossen:

- Im Rahmen des CIM-Aktionsprogramms hat die QUBI Projektgruppe geeignete Leistungen und Kompetenzen für SMUV erarbeitet.
- Konkrete unternehmensbezogene Projekte unter der Führung von QUBI oder in Kooperation mit QUBI laufen.
- Die Beratung und Ausbildung von Belegschaftsvertretern wurde intensiviert.
- Die Gewerkschaft initiierte ein Regionalisierungsprogramm, in dessen Rahmen geeignete Strukturen für eine Verbesserung der Leistung gegenüber den Belegschaftsvertretern geschaffen, Gewerkschaftsfunktionäre geschult und nationale Netzwerk- und Unterstützungsstrukturen aufgebaut wurden.
- Der Umfang der gewerkschaftlichen Leistungen wurde erweitert und angepaßt
- Die Arbeitsorganisation der SMUV-Zentralverwaltung wurde den neuen Bedürfnissen und Anforderungen angepaßt.

Zukünftig werden unternehmensbezogene Aktivitäten das Kernstück der gewerkschaftlichen Arbeit darstellen.

Gemeinsames internationales Projekt über neue Formen der Arbeitsorganisation
Vorgelegt von der Gewerkschaft UGT-Metall

Gegenstand der Studie: Opel Spanien

1. Neue Formen der Arbeitsorganisation: momantane Situation in Spanien

A. Die Bedeutung einer Diskussion über neue Formen der Arbeitsorganisation

Die Diskussion, die in den zurückliegenden fünf Jahren in unserem Land stattfand, bewegte sich von theoretischen Überlegungen, die von den Visionären neuer Arbeitsorganisationen befürwortet wurden, hin zu praktischen Überlegungen, die von leitenden Angestellten, Managern und Gewerkschaftsführern unterstützt wurden. Letztere haben über die Jahre diverse Testläufe, Pilotversuche und Vereinbarungen initiiert, welche den Wandel im Managementsystem der Unternehmen sehr stark beeinflußt haben.

Die Tatsache, daß die UETs bereits seit geraumer Zeit Qualitätszirkel, partizipativ ausgerichtete Managementteams, Teams zur stetigen Verbesserung und weitere Systeme mit anderen Namen und Formen einführten, die alle ebenfalls auf dieses neue Konzept der Arbeitsorganisation ausgerichtet waren, zeigt, daß die Debatte in den größeren Unternehmen bereits weiter fortgeschritten war.

Tatsächlich fanden zu Beginn weder in den Reihen der Arbeitgeber, noch innerhalb der Gewerkschaften grundlegende Veränderungen statt. Das hatte zur Folge, daß die diversen Tests außerhalb der Gewerkschaften durchgeführt wurden, weshalb die Gewerkschaften in den meisten Fällen gegen die kulturellen und organisatorischen Veränderungen waren.

Innerhalb der Gewerkschaften haben wir nur sehr langsam auf die Entstehung neuer Kulturformen reagiert und sogar jetzt herrscht noch ein beachtliches Maß an Widerwillen vor, was damit zusammenhängen mag, daß unsere Erfahrungen und unsere Kultur durch das tayloristische System geprägt wurden, mit speziellen Praktiken und Gesetzen, die auf Konfrontation, Klassenkampf sowie der Verteidigung der eigenen Position basieren.

In den letzten Jahren stieg die Zahl der Vereinbarungen zwischen Gewerkschaften und Unternehmensleitungen zusehends, mit dem Ziel, einige Ideen der neu gestalteten Produktionsmodelle zu verwirklichen, vor allem in Bezug auf die Mitarbeit und Beteiligung der Arbeiter am Produktionsprozess. Diese Entwicklung veranlaßte die nationalen Gewerkschaften dazu, sich an umfassenden Diskussionen über die vorgeschlagenen neuen Kulturen, die Endziele, die die Manager anstreben, den ideologischen Inhalt der neuen Arbeitsorganisation, sowie über die Vor- und Nachteile, die diese für die Gewerkschaften und die Arbeiter mit sich bringen würde, zu beteiligen.

Sowohl durch die Teilnahme an europäischen und internationalen Treffen, als auch mit Hilfe von Diskussionsforen über die neuen Managementtechniken ist es den spanischen Gewerkschaftern gelungen, viele Ideen zu entwickeln und eine eigene Gewerkschaftspolitik als Antwort auf diese Herausforderung zu formulieren.

Dies trifft auch auf die »UNION GENERAL DE TRABAJADORES (UGT)« zu, die einige landesweite Informationstage zum Thema neue Arbeitsorganisation organisierte, an denen Gewerkschafter aus der Automobilbranche und aus dem Bereich der Zulieferbetriebe teilnahmen. Die dabei verwendeten Arbeitspapiere spiegelten das Wissen wider, das wir außerhalb Spaniens ansammelten, sowie die Erfahrungen, die wir bereits im Land selbst sammeln konnten.

Die auf solchen Treffen gefaßten Beschlüsse, wurden in Acción Sindals Bericht an den Kongress der Federación Siderometalúrgica aufgenommen, wo sie als politische Leitlinie bestätigt wurden.

B. Die wichtigsten Diskussionspunkte

Als erstes wäre in diesem Zusammenhang das enorme Mißtrauen zu nennen, das dieses neue Management- und Arbeitsorganisationskonzept bei vielen Gewerkschaftern hervorruft. Das kommt daher, daß sie nicht sehen, wie dieses Konzept auf ihre Unternehmen übertragbar sein soll, wenn diese sich nicht ganz für den Wandel entschieden haben und stattdessen einfach die alte autokratische und paternalisitsche Kultur aufrechterhalten. Der zweite Grund für diese Art von Skepsis liegt in dem der neuen Arbeitsorganisation zugrundeliegenden ideologischen Konzept, das in den Augen vieler sowohl für die Gewerkschaften als auch für die Arbeiter Gefahren birgt. Ein dritter Grund, warum andere Gewerkschafter skeptisch sind und das Konzept ablehnen, ist der, daß sie glauben wir dürften nur bei weniger wichtigen Angelegenheiten mitentscheiden, aber nicht wenn es um die wirklich wichtigen Themen geht, die das Unternehmen betreffen. Der vierte und letzte Grund ist, daß niemand so genau weiß, welche Rolle die Gewerkschaften letztendlich in dieser neuen Arbeitsorganisation spielen sollen.

Als Gegensatz zu unserer Sehweise gibt es auch noch die Verteidiger des neuen Systems, die optimistisch an das Projekt herangehen, weil es in ihren Augen ein Hinweis dafür ist, daß die industrielle Demokratie die Grenzen des Unternehmens durchbricht. Es gibt viele, die den organisatorischen Wandel unterstützen, weil sie glauben, daß es sich lohnt, den Einfluß der Gewerkschaft in einem Prozess zur Geltung zu bringen, den sie als irreversibel ansehen. Andere wiederum haben das Gefühl, daß die Gewerkschaften und Arbeitsbeziehungen in ihrer Entwicklung in den zurückliegenden Jahrzehnten nicht mit den Fortschritten innerhalb der Gesellschaft mithalten konnten, weshalb innerhalb der Unternehmen ein dringender Bedarf an Veränderungen besteht und sich die Gewerkschaften an diese neue Ära anpassen sollten.

Aufgrund der bis jetzt noch begrenzten Erfahrung in unserem eigenen Land, mußten wir einen umfassenden Blick auf die Vor- und Nachteile werfen, die die Einführung vereinfachter Produktionsmodelle in anderen Ländern und anderen Unternehmen mit sich brachte. Hinzu kommt, daß sich unsere Situation von der Situation in Ländern mit einer langen gewerkschaftlichen und demokratischen Tradition unterscheidet, aber generell können wir in den Veränderungen mehr positive als negative Aspekte entdecken.

C. Wurden von Seiten der Regierung irgendwelche nationalen Programme initiiert?

Es gab einen (frustrierenden) Versuch, eine Vereinbarung zum Thema Wettbewerbsfähigkeit abzuschließen. Der Grund für das Mißlingen ist in der enormen Kluft zu sehen, die zwischen der Politik der Regierung und der Gewerkschaftspolitik liegt, die in den vergangenen sechs Jahren zu drei Generalstreiks im Land führte.

Über Jahre hinweg versucht die Regierung nun schon, die Gewerkschaften dazu zu bringen, sich zu fügen, um jegliche soziale Opposition gegen eine Wirtschaftspolitik zu unterbinden, die uns zweieinhalb Millionen Arbeitslose bescherrte und deren einziges Ziel es war und bleibt, den Wohlfahrtsstaat zu demontieren und Kurzzeitarbeitsverträge hoffähig zu machen.

Die Voraussetzung für eine Auseinandersetzung mit diesen Themen wäre gegenseitiges Vertrauen, eine Mangelware in diesem Land, wo Wunden nur sehr langsam heilen. Erst die Anerkennung der Gewerkschaften als zuverlässige Gesprächspartner und die positive Bewertung ihrer Aufgaben durch die Regierung werden für uns die notwendigen Rahmenbedingungen für Verhandlungen schaffen.

Zusätzlich zur Landesregierung gibt es in Spanien noch die Regierungen der autonomen Gemeinden, die nur begrenzt befugt sind, derartige Vereinbarungen abzuschließen. Dennoch wurden auf regionaler Ebene mehr Fortschritte erzielt als auf nationaler. All dies sind Gründe, weswegen wir immer noch weit entfernt sind von einem Klima, in dem Vereinbarungen auf diesem Gebiet möglich wären.

D. Übernehmen die Arbeitgeber und die Gewerkschaften in der Diskussion eine aktive Rolle?

Momentan wird in Spanien gerade ein Thema angepackt, das sowohl für die Unternehmen als auch für die Arbeiter von größter Bedeutung ist, nämlich die Beschneidung der Arbeitsgesetze zugunsten von Rahmenvereinbarungen. Diese Aufgabe, die von Arbeitgeber- und Gewerkschaftsvereinigungen auf nationaler Ebene übernommen wurde, ist wahrscheinlich auf absehbare Zeit die beste Gelegenheit, um die Arbeitsbeziehungen, die Rollen der Sozialpartner und die Arbeitsorganisation zu verbessern.

Ein weiteres wichtiges Merkmal, das sich seit kurzem in der Beziehung zur Regierung beobachten läßt, ist die Tendenz, eher konkrete Vereinbarungen anzustreben, als über Vorschläge der Regierung zu diskutieren. Dies wird es in Zukunft wahrscheinlich erleichtern, zu Ergebnissen zu kommen.

Die Beteiligung der Unternehmer und Gewerkschaften an der Diskussion geschah meist in Form von Diskussionsrunden, Informationsmedien und Kursen, die wir alle für unsere Mitglieder veranstalteten. Die Diskussion hat sich seither nicht zuletzt durch die Beiträge von Beratern und Universitäten sehr schnell ausgeweitet.

E. Die Darstellung der wichtigsten Unternehmen in den wirtschaftlichen Informationsmedien

Obgleich eine ganze Reihe von Unternehmen ihr System der Arbeitsorganisation umstellte, sind die größten Fortschritte in den Bereichen der Automobilindustrie und der Zulieferfirmen zu beobachten.

Ein deutliches Merkmal der Automobilindustrie ist die Umstellung von Massenproduktion auf einfachere Produktionsweisen. Die Unternehmen führten ohne jegliche Absprache mit den Gewerkschaften und oft gegen deren Willen Arbeitsgruppen ein. So stellt sich etwa die Situation bei Citroën und Renault mit ihren Qualitätszirkeln und elementaren Arbeitseinheiten dar. Die Volkswagen Betriebe wollten eine Vereinbarung auf der Basis eines Pilotprojekts abschließen, was jedoch letztendlich die Stellung des Unternehmens in Spanien gefährdete. General Motors Spanien S.A. (jetzt OPEL Spanien) führte seit der Gründung 1982 einige Experimente durch. In den Anfangsjahren wurden partizipativ ausgerichtete Managementteams, an denen etwa 2000 Arbeiter teilnahmen, gegen den Widerstand der Gewerkschaft eingeführt; anschließend wurden Kaizen- (stetige Verbesserung) Gruppen eingeführt, dann J-Gruppen und schließlich Gruppenarbeit, über die sich die Gewerkschaften mit dem Unternehmen geeinigt hatten.

Was die Zulieferbetriebe anbelangt, so ist festzuhalten, daß sie sich dem Druck der Unternehmen beugten und sich der Just-in-time Produktion anpaßten, was zu schnellen Veränderungen und einem dynamischen Austausch zwischen Arbeitnehmern und Gewerkschaften führte. In anderen Fällen zwangen die Unternehmen ihrer Belegschaft diese Veränderungen einfach durch die Drohung auf, daß ohne sie viel Kunden und somit auch Arbeitsplätze verloren gingen.

2. Merkmale des für diese Studie ausgewählten Unternehmens

A. Name des Unternehmens: OPEL Spanien
   Größe nach Umsatz: 578 000 Wagen/Jahr
   Zahl der Arbeitnehmer: 9 040 Arbeiter

B) Produktangebot: CORSA und TIGRA
   Verschiedene Modelle und Möglichkeiten
   Lieferung von Teilen nach Azambuja und Eisenach

C) Besitzer: General Motors Corporation

D) Profil und Image des Unternehmens: Junger Betrieb, hoch technologisiert, konstante Investitionen, konstantes Wachstum bezüglich des Produktionsvolumens und der Erhaltung der Arbeitsplätze; mit einem Produkt, das im Hinblick auf Qualität, Service und Preis wettberwerbsfähig ist; das einzige Unternehmen des Landes, in dem weder Anpassungen im Beschäftigungsbereich noch eine Reduzierung im Personalbereich notwendig waren.

Wurde kürzlich dafür ausgezeichnet, daß es das einzige Unternehmen ist, das erstens Gewinne erwirtschaftet und zweitens Vereinbarungen über die Einführung von Gruppenarbeit abschloß.

E) Gründe, weshalb dieses Unternehmen für die Untersuchung ausgewählt wurde

Weil es bezüglich der veränderten Unternehmenspolitik, die auf eine neue Gestaltung der Produktionsmethoden abzielt, der am weitesten fortgeschrittene Betrieb ist, was in der Vereinbarung zwischen den Gewerkschaften und dem Unternehmen zum Ausdruck kommt.

Aufgrund des Einflusses, den es auf die Rolle der UGT hat, wenn es um die neue Arbeitsorganisation geht.

Und wegen der Beteiligung der Gewerkschaft an den Verhandlungen und den Nachfolgeberatungen über die Vereinbarung, in denen sie von den Erfahrungen des vergangenen Jahres proftierte.

3. Ausgewählte(r) Betrieb/Abteilung

Die Karosserieabteilung wurde ausgewählt, weil sie eine repräsentative Betriebsstätte des Unternehmens ist, die in der Mitte des Produktionsablaufs angesiedelt ist und Fließbandarbeit mit einzelnen Maschinen- und Transferstationen kombiniert.

Sie ist zudem die Betriebsstätte, in der die meisten Gruppen arbeiten (21 der 41 Pilotgruppen) und in der die Gruppenzahl am schnellsten erhöht werden wird, sobald über die Generalisierung des Systems im Unternehmen Einigkeit herrscht.

Zuguterletzt handelt es sich dabei um den Bereich, mit dem wir, die Autoren, am besten vertraut sind, da wir selbst darin beschäftigt waren und nun die Entwicklung kontinuierlich mitverfolgen.

A) Stellung innerhalb der Organisation

Die Karosserieabteilung folgt auf die Presserei und kommt vor der Lackiererei und der Endmontagehalle.

B) Produktion

Sie besteht aus zwei getrennten Bereichen: einer ersten Sektion, in der Einzelteile vormontiert werden und einer zweiten Sektion, in der die Teile in die Autokarosserien eingebaut werden.
In der ersten Sektion werden alle Teile montiert, die für die gesamte Anzahl der im Unternehmen hergestellten Wagen benötigt werden (400 000 jährlich) und zudem noch die 178 000 Teile, die nach Azambuja (Portugal) und Eisenach (Deutschland) verschickt werden.

C) Organisation

Wir haben das traditionelle Organisationssystem mit einer Gruppenbefehlsstruktur, die von der Ebene des einzelnen Arbeitsplatzes pyramidenförmig hinauf zum Management verläuft; die Arbeiter sind in Gruppen von 40 bis 50 Personen aufgeteilt und es gibt auf allgemeiner Ebene keine Anzeichen für die aufgetretenen Veränderungen.

Der größte Teil der Arbeitsgruppen (mehr als im restlichen Unternehmen) wurde in der Karosseriesektion angesiedelt. Die 21 Pilotgruppen verteilen sich wie folgt:

- 6 Gruppen sind für die Vormontage von Türen, Heckklappen und Motorhauben zuständig.
- 3 Gruppen kümmern sich um die Arbeiten am Rahmen (Montage der Front- und Bodenteile des Wagens).
- 6 Gruppen kümmern sich um die Vormontage der kleineren Teile.
- 3 Gruppen sind für das Amaturenbrett und die Radaufhängung zuständig.
- 3 Gruppen montieren die Türen, Heckklappen und Motorhauben.

D) Anzahl und Kategorien der Arbeitnehmer

In der Karosserieabteilung sind 1 500 Arbeiter aller Kategorien beschäftigt: Produktion, Inspektion, Wartung, Materialbereitstellung, Lager, Vorarbeiter, usw.

Die Kategorien von Arbeitern lassen sich wie folgt aufteilen:

1) WARTUNG: Ausgebildete Arbeiter des dritten, zweiten und ersten Grades, sowie Instandhaltungstechniker. Die Gruppenleiter sind Arbeiter 1. Grades.
2) PRODUKTION: In der Kategorie der Facharbeiter gibt es vier Level: Level A, B, C und D. Die Gruppenleiter sind dem Level D zuzuordnen.
3) INSPEKTION: Es gibt vier Level: A, B, C und D. Die Gruppenleiter gehören zur Kategorie D.
4) MATERIALBEREITSTELLUNG: Unter dem Fachpersonal gibt es vier Level: A, B, C und D. Die Gruppenleiter sind entweder Level C oder D.
5) LAGER: Diese werden von Assistenten der Kategorien M und N sowie von Lagerleitern unterhalten. Die Lagerleiter fungieren als Gruppenführer.
6) Die Betriebsleiter werden in folgende Kategorien eingeteilt:
   • Level 6 für Kontrollaufgaben, eine Kategorie, die sich in die Level A, B und C gliedert.
   • Level 7 für Vorarbeiter (Schichtführer).
   • Level 8 für Abteilungsleiter.
   • Level 9 für Betriebsleiter.

Durch die Einführung des Simplifikationsprozesses im Unternehmen wurden für das neue Modell sämtliche Fließbandsektionen abgeschafft (Arbeitsvorgänge, die nichts wirklich zum Wert des Produktes beisteuerten); die Arbeitsstationen am Fließband wurden reduziert, da das neue Modell aus 25% weniger Einzelteilen besteht als das Vorgängermodell und zudem die Montagetechnik verbessert wurde. Die meisten der dadurch »überflüssig« gewordenen Arbeiter wechselten innerhalb derselben Werkstatt vom Fließband in den Bereich der Vormontage und von Tages- auf Nachtarbeit. Die Produktion der für

Azamuja (Portugal) und Eisenach (Deutschland) bestimmten Teile machte derartige Maßnahmen notwendig, da ihretwegen der Betrieb vergrößert und die Nachtschichten verstärkt werden mußten.

Die Karosserieabteilung beschäftigt 1 500 Personen, die in zehn Sektionen auf drei Schichten aufgeteilt sind. 204 Arbeiter gehören der Wartung an. Sie arbeiten in drei Schichten, wobei am Wochenende jeweils eine zusätzliche vierte Schicht gefahren wird. 60 Arbeiter gehören der Kontrolle an und arbeiten ebenfalls in drei Schichten. 165 Arbeiter sind in der Abteilung für Materialbeschaffung beschäftigt, 15 im Lager und bei den restlichen 55 handelt es sich um Manager, die sich wie folgt verteilen: 1 Werksdirektor, 3 Betriebsleiter für drei Schichten, 8 Abteilungsleiter, wobei zwei von ihnen spezielle Aufgaben aus dem Bereich des Personalmanagements übertragen bekommen, und 43 leitende Angestellte, die sich um 20 Sektionen und 12 Wartungsgruppen kümmern.

Die Zustimmung zur Gruppenarbeit ist je nach Gruppe und Level unterschiedlich stark ausgeprägt. Wenn wir einmal mit der Produktion anfangen, so läßt sich hier festhalten, daß die Arbeiter sich darauf freuen, in die Gruppenarbeit integriert zu werden, da dies zu einer höheren Einstufung und zu Lohnerhöhungen führt. Die übrigen Gruppen sind bisher noch nicht von den organisatorischen Veränderungen betroffen und warten ab, was für sie ausgehandelt wird. Dennoch arbeitet die Wartungsgruppe zusammen mit den Arbeitsgruppen der Vormontage am Konzept der absolut produktiven Wartung (grundlegende Produktionsinstandhaltung).

Innerhalb der Produktion gibt es einen Aufgabenbereich, für den Konflikte vorprogrammiert zu sein scheinen. Es handelt sich dabei um die Funktion der Gruppenleiter, die bis dahin vom Unternehmen bestimmt worden waren, nun aber der Gefahr ausgesetzt sind, von der Gruppe abgelehnt zu werden. Andere Gruppen wählten, da es keine Gruppenleiter gab, einen der ihren für diese Funktion aus. Diese Arbeiter, die früher eine besondere Funktion innehatten, die nun jedoch verändert wird, stehen der Gruppenarbeit aus persönlichen Gründen mißtrauisch gegenüber.

Im Kontrollbereich können die leitenden Angestellten auch noch nicht klar erkennen, wohin sie die organisatorischen Veränderungen führen werden, aber sie gehen davon aus, daß es sich dabei um Veränderungen handelt, die sie selbst betreffen werden, ohne daß sie sagen könnten, wohin sie das führt. Die Botschaften der Firmenleitung, die zur Beruhigung beitragen sollten, sind bis jetzt noch nicht zu dieser Gruppe vorgedrungen, die einen derart entscheidenden Einfluß auf das Verhalten der Arbeitsgruppen hat. Zwischen den einzelnen leitenden Angestellten gibt es grundlegende Unterschiede. Einige von ihnen übernehmen die neue Philosophie wirklich, andere geben lediglich weiter, was immer ihnen das Management aufträgt, ohne jedoch persönlich davon überzeugt zu sein.

Eigentlich sollten die Betriebs- und Abteilungsleiter bereit sein, die Pläne zumindest in der Öffentlichkeit zu unterstützen, auch wenn sie sich über einen Mangel an Ergebnissen sorgen und sich mit der Zeit fragen, ob dieser Weg wirklich der beste ist, um die Wettbewerbsfähigkeit des Unternehmens zu verbessern. Der Wunsch dieser Gruppe, schnelle Ergebnisse zu erzielen, widerspricht der Idee, daß Veränderungen eine Form von Investitionen sind, die zunächst die Kosten eines Unternehmens in die Höhe treibt und erst mittelfristig Ergebnisse hervorbringt.

Auf allen drei Managementebenen macht man sich auch Sorgen darüber, was passiert, wenn die Arbeiter erst einmal die Beurteilung überstanden haben und in die einzelnen Kategorien eingeteilt werden. Es wird befürchtet, daß die Arbeiter nur so lange an dem Prozess mitarbeiten, bis sie befördert wurden, um danach so wie zuvor weiter zu arbeiten.

Eine sehr wichtige Neuerung stellt die Eingliederung von 12 neuen Pilotgruppen in der Karosserieabteilung im Bereich der Vormontage dar, wo Anstrengungen unternommen werden, die Produktionsinstandhaltung von Grund auf zu verbessern. Früher arbeiteten dort einige Gruppen außerhalb des Geltungsbereichs der Vereinbarung zwischen dem Unternehmen und den Gewerkschaften, nun wurden diese in breiter angelegte Arbeitsgruppen einbezogen.

In diesen Gruppen verlief der Integrationsprozeß viel reibungsloser als noch in den ersten Pilotgruppen, da den Problemen der Arbeitsstationen innerhalb der Gruppe sowie deren Arbeitsmethode mehr Beachtung geschenkt wurde.

Im Karosseriebau gehört eine große Mehrheit der Produktionsarbeiter zur Kategorie »B«, während die Stellen der Kategorie »C« die Aufgaben haben, Maschinen aufzustellen, einzurichten und zu regulieren, Produktions- und Kontrollaufgaben zu kombinieren und neben der Produktion auch noch kleinere Reparatur- und Schweißarbeiten zu übernehmen. Die Aufgaben der Kategorie »D« liegen allein im Reparaturbereich der Karosserieendbehandlung.

Gemäß der Vereinbarung, die bei OPEL Spanien über die Einführung der Gruppenarbeit unterzeichnet wurde, sollen im Dezember 1996 alle A und B Level Facharbeiter in die Facharbeiterkategorie C aufsteigen, vorausgesetzt sie haben in Gruppen gearbeitet, ihre Ausbildung abgeschlossen und an den Treffen der Arbeitsgruppen teilgenommen.

Im Hinblick auf das gesamte Unternehmen lassen sich die Produktionskategorien wie folgt aufteilen: 1257 Cs, 1120 Ds und der Rest Bs. Bei der Wartung sind 50% gelernte Arbeiter 1. Grades, 40% gelernte Arbeiter 2. Grades und bei den restlichen 10% handelt es sich um gelernte Arbeiter 3. Grades. Im Lagerbereich sind Lagerleiter und Assistenten der Kategorie N angestellt, die Inspektion beschäftigt die Kategorien C und D.

In der Praxis wird die Durchführung der unterzeichneten Vereinbarung und der geplanten Gruppenarbeit dazu führen, daß gelernte Arbeiter 3. Grades nach einem 40-stündigen Ausbildungskurs den 2. Grad erreichen; spätestens bis

1996 werden alle Produktionsarbeiter, die in Gruppen arbeiten, in die Facharbeiterkategorie C aufsteigen, wobei noch ausgearbeitet werden muß, wie die anderen Gruppen in die Gruppenarbeit einbezogen werden können.

E. Lohnsystem: Lohnskala

Es muß grundsätzlich zwischen den Arbeitern mit einem Monatsgehalt und denen mit einem Tageslohn unterschieden werden.

Unter den Arbeitern herrscht Lohngleichheit zwischen verschiedenen Kategorien von Facharbeitern und gelernten Arbeitern. So beispielsweise zwischen C-Facharbeitern und gelernten Arbeitern 3. Grades oder zwischen D-Facharbeitern und gelernten Arbeitern 2. Grades.

Das Lohnsystem der Arbeiter ist untergliedert in: Grundlohn, Leistungsprämien und freiwillige Zulage. Zusätzlich werden die Löhne individuell nach Dienstalter durch entsprechende Zulagen erhöht.

F. Struktur des Managements

Wie bereits erwähnt basiert die Managementstruktur auf fünf Befehlsebenen, mit mehreren Zwischenstufen. Aus Gründen der Bezahlung wird regelmäßig eine Beurteilung durchgeführt, um die Lohnstufen festzulegen, die sich von Fall zu Fall unterscheiden.

In den Bereichen, in denen Arbeitsgruppen bereits eingeführt wurden, haben die Betriebsleiter damit begonnen, den Gruppenmitgliedern eine beachtliche Zahl von Aufgaben zu übertragen. Insgesamt gesehen sind solche Fälle innerhalb des Unternehmens jedoch immer noch relativ selten zu finden.

4. Art und Reichweite des organisatorischen Wandels

A. Eingeführte Veränderungen

Die Reichweite der im Unternehmen eingeführten Veränderungen ist enorm: die leitenden Positionen im Management haben sich genauso verändert wie das Personalmanagement. Auf betrieblicher Ebene wurden die Leiter der Betriebe II und III gewechselt und in Betrieb I werden ähnliche Veränderungen erwartet.

Diese personellen Veränderungen im Managementbereich gingen einher mit einer Veränderung der Umgangsformen und des Arbeitsklimas in den Beziehungen zu Betriebsrat, Gewerkschaften und Arbeitern, was sofort spürbar wurde. Das neue Personalmanagement sowie die Firmenleitung als Ganze stehen voll hinter den kulturellen und organisatorischen Veränderungen.

B. *Der Veränderungsprozeß und die Rolle der Gewerkschaft.*

Der Veränderungsprozeß bei OPEL Spanien wurde bereits vor langer Zeit mit der Unterzeichnung der »Erklärung der Prinzipien« durch die Gewerkschaft »General de Trabajadores« (UGT) und die Firmenleitung im Jahr 1988 in Gang gesetzt. Diese Erklärung unterstützt die kulturellen und organisatorischen Veränderungen, indem sie für Gruppenarbeit und für das Konzept der stetigen Verbesserung wirbt. Das Abkommen sah Qualitätszuschläge vor, die seither Jahr für Jahr beibehalten wurden.

Später führten die Neuerungen, die das Unternehmen einführen wollte, zu Spannungen zwischen den Parteien und erschwerten die Weiterentwicklung des Abkommens. 1992 legte das Unternehmen jedoch bei den Verhandlungen über den 6. Tarifvertrag seinen Plan für die künftige Gruppenarbeit vor. Aufgrund der komplexen Themen, die zur Diskussion standen und wegen der Spannungen innerhalb der Arbeiterschaft zogen wir es vor, die Verhandlungen über dieses Thema auf einen späteren Zeitpunkt zu verschieben. Die Spannungen waren zurückzuführen auf die Einführung von 17 Produktionsschichten pro Woche an den Pressen, was bedeutete, daß an Samstagen morgens gearbeitet werden muß und die Wartungspläne geändert werden mußten.

Im März 1993 überreichte die UGT dem Betriebsrat und dem Management von OPEL Spanien einen Vorschlag bezüglich der Gruppenarbeit. Darin enthalten waren die einzelnen Punkte, die es zu verhandeln galt und eine Aufforderung an das Unternehmen, die Gespräche aufzunehmen. Nach bilateralen Kontakten und einem Tag Bedenkzeit, an dem die einzelnen Parteien über die jeweilige Positionen reflektierten, begannen die Verhandlungen, deren Ergebnis letztendlich ein Abkommen über Gruppenarbeit war, das im November 1993 unterzeichnet wurde.

In diesen Verhandlungen versuchten UGT und Betriebsrat alle Nachteile, die den neuen Managementprinzipien innewohnen, auszuklammern und sich ganz auf die positiven Aspekte zu konzentrieren. Das Ergebnis war ein Dokument, das in gewisser Weise alle Verhandlungsparteien zufriedenstellte.

Im Betriebsrat waren wir der Ansicht, daß die Wettbewerbsfähigkeit gesichert, aber prekäre Beschäftigungsverhältnisse und Sozialdumping auf jeden Fall vermieden werden sollten. Wir wollten sicherstellen, daß gleicher Lohn für gleiche Arbeit gezahlt wird, ohne daß dies zu einem Lohnrückgang führt. Außerdem sollte kein externer Arbeiter weniger als den in der Grundkategorie des Unternehmens üblichen Lohn bezahlt bekommen. Die Vereinbarung sah vor, daß es weder zu rechtlichen Verzichterklärungen, noch zu einer Ausweitung der vereinbarten Tätigkeiten kommen sollte. Sie sollte friedlich und ohne jeglichen Zeitdruck implementiert werden; die Teilnahme daran sollte zunächst auf freiwilliger Basis erfolgen, bevor sie dann auf alle Arbeitsgruppen der Firma ausgeweitet würde. Unser eigentliches Ziel war es, ein Partizipationsmodell zu schaffen, das das Unternehmen menschlicher gestaltet und mehr an die Arbeiter denkt, um durch Motivation Kooperation zu erreichen. Am Ende sollte die Abschaffung oder zumindest Schwächung des Konfrontationsmodells stehen.

Innerhalb der Gewerkschaften veranstalteten wir zahlreiche Mitgliedertreffen, in denen die neue Arbeitsorganisation erklärt, diskutiert und erlernt werden sollte. Wir kamen zu dem Schluß, daß es aufgrund mangelnder Erfahrung einfach davon abhing, ob man an die Bedeutung der Mitwirkung und die Einbeziehung der Arbeiter in den Produktionsprozeß glaubte, und daß es darauf ankam anhand des ersten Dokuments, daß das Unternehmen präsentierte, zu analysieren, inwieweit das Unternehmen zu Veränderungen bereit ist.

C. Gründe für die Veränderung. Treibende Kräfte.

Gründe für den Wechsel gab es bei OPEL Spanien bereits seit Jahren. Die dauernden Konflikte, die zu über 30 Streiktagen während der Laufzeit der ersten sechs Vereinbarungen führten, machen dies recht deutlich. Andererseits führte unsere Unfähigkeit, am Verhandlungstisch zu einer Einigung zu gelangen, immer wieder vor die Gerichte, wo es der UGT gelang, einige bemerkenswerte Erfolge zu erringen. Wir waren uns jedoch bewußt, daß wir mehr erreichen könnten, wenn wir bei den Verhandlungen etwas mehr guten Willen zeigten.

Im Bereich der Arbeitsbeziehungen wurde die Notwendigkeit für Veränderungen ganz besonders deutlich. Aber dieser Wandel wurde uns von außen aufgezwungen und das Unternehmen beschloß selbst, den kulturellen Wandel unter dem Namen »Qualitätsnetzwerk« einzuführen. Das Management von OPEL Spanien mußte daraufhin die politische Überzeugungsarbeit leisten. Der Grund, warum die Einführung der Veränderungen erst so spät begann, ist darin zu sehen, daß der Betrieb bereits unter dem alten System sehr effizient gewesen war. Durch den Vergleich mit anderen Unternehmen und deren Situation wurde uns jedoch klar, daß wir ebenfalls Probleme bekommen würden, wenn wir nicht bald etwas änderten.

Die treibenden Kräfte, die hinter dem kulturellen und organisatorischen Wandel bei OPEL Spanien standen, waren zum einen das neue Management, und hier besonders das neue Personalmanagement, und zum anderen die UGT, die von Beginn an alles tat, um Verhandlungen zu starten und zu einer Vereinbarung zu gelangen.

Sowohl innerhalb der Unternehmensstruktur als auch innerhalb der Gewerkschaften gab es gegenüber diesem Thema große Zweifel und Ablehnung, die seither jedoch abnahmen und einer zurückhaltenden Zustimmung zum kulturellen und organisatorischen Wandel wichen, und einer positiveren Gesamteinstellung Platz machten, nachdem dás Abkommen abgeschlossen und sein Inhalt bekannt geworden war.

D. *Hilfe von Beratern und Experten.*

Wir wissen nicht, ob sich das Management des Unternehmens der Hilfe von Beratern und/oder Experten bediente oder nicht. Wir wissen nur, daß wir uns auf Gewerkschaftsebene trotz der Komplexität dieses Themas solcher Hilfen nicht bedienen konnten.

Die UGT verfügte jedoch über einige Leute, die an zahlreichen europäischen und internationalen Treffen teilgenommen hatten, und auch Firmen in Japan, den USA, Kanada, Deutschland, Italien, Großbritannien, Frankreich usw. besucht hatten. Andere wiederum hatten umfangreiche Kurse über Arbeitsorganisation und neue Managementkonzepte absolviert.

Wir konnten das Thema Gruppenarbeit also nur mit eigenen Kräften in Angriff nehmen und nutzten deshalb sämtliche Möglichkeiten, die uns die Gewerkschaft gab, um andere Situationen und Erfahrungen weltweit kennenzulernen.

E. *Ergebnisse des Managements.*

Es ist dem Management des Unternehmens gelungen, Jahr für Jahr befriedigende Ergebnisse zu erzielen, was vor allem auf die Vereinbarungen, die mit der UGT erzielt werden konnten, zurückzuführen ist. Ein Beipiel hierfür ist die Einführung der Nachtschicht, durch die das Produktionsvolumen gesteigert werden konnte, was zu einer Verbesserung der Wettbewerbsfähigkeit des Unternehmens, sowie zur Konsolidierung der Beschäftigung bei OPEL Spanien führte.

Ein Anzeichen für diese guten Ergebnisse waren stetige Investitionen in neue Projekte, die die Fabrik auch für die kommenden Jahren absichern.

Durch die organisatorischen Veränderungen, die das Gruppenarbeitsabkommen mit sich brachte, kann das Unternehmen unter anderem ein besseres Verhältnis zu Betriebsrat und Gewerkschaften, eine bessere Verständigung untereinander, sowie eine stärkere Beteiligung der Gewerkschaften an den Zielen des Unternehmens und allgemein ein besseres Arbeitsklima zu seinen Erfolgen zählen.

5. Einstellung der Gewerkschaft gegenüber dem Veränderungsprozeß und ihrer Beteiligung an diesem Prozeß

Die Einstellung der Gewerkschafter gegenüber der neuen Arbeitsorganisation war zu Beginn teils positiv teils zurückhaltend, hat sich aber positiv entwickelt. Die Partizipation am Verhandlungsprozeß, die Diskussionen mit den Arbeitern bei Treffen der Gewerkschafter mit ihren Mitgliedern, beziehungsweise mit den Arbeitern, sowohl in der Stadt als auch auf dem Land, haben das Image der Gewerkschaft verbessert und die Verbindung zur Arbeiterschaft enger werden lassen.

Die Mitarbeit der Gewerkschaft an dem Prozeß hatte ihren Ursprung in dem gemeinsamen Ausschuß zur Gruppenarbeit, an dem das Topmanagement des Unternehmens und die ranghöchsten Gewerkschaftsfunktionäre des Betriebsrats teilnehmen. Ohne eine Übereinkunft zwischen den Parteien läuft nichts, was den Prozeß aber in keinster Weise behindert hat.

Auf Gruppenebene nehmen wir vom Betriebsrat an allen Gruppentreffen teil, um die Fortschritte zu beobachten, die Probleme mitzubekommen und zu sehen, wie sie innerhalb der Gruppe gelöst werden, sowie um zu überprüfen, was Ausbildungs- und Hilfsgruppen bringen usw. Auf diesen Treffen wollen wir herausfinden, wie die Gruppen auftretende Probleme angehen, um so ihre Fähigkeit zu prüfen, Entscheidungen zu treffen, die sie selbst direkt betreffen..

A. Die Erfahrung der Gewerkschaft aus der Sicht von Arbeitern, lokalen und zentralen Gewerkschaftsführern.

Für die Gewerkschaftsmitglieder auf Belegschaftsebene ist dies eine völlig neue Erfahrung. Die Fähigkeit, spezielle Schwierigkeiten zu lösen und die Überzeugung, daß das Unternehmen voll auf den Wandel setzt, zusammen mit der positiven Einstellung, die der Betriebsrat und die Gewerkschaften der Gruppenarbeit gegenüber entwickelten, haben unsere Vermutung gestärkt, auf dem richtigen Weg zu sein. Natürlich gibt es aber auch einige, die in dieser neuen Organisation nur Gefahren zu entdecken glauben, auch wenn bisher noch keine sichtbar wurden.

In bezug auf die örtlichen Gewerkschaftsführer können wir aus eigener Erfahrung sprechen. Die zwei Autoren dieses Berichts unterstützten als Führer des Metallarbeiterbundes auf der Ebene der Provinz den Wandel. Am besten läßt sich das Ausmaß des Fortschritts in dieser Beziehung jedoch ermessen, wenn man sieht, wie in anderen Unternehmen unter Führung der örtlichen Gewerkschaftsführer versucht wird, zu einem ähnlichen Abkommen zu gelangen. OPEL Spanien ist also kein Einzelfall.

Auf der Ebene der zentralen Leitung werden zu einem gewissen Grad einfach die Ergebnisse abgewartet. Man verfolgt den Prozess sehr genau, mit dem Ziel, die selben Verfahren auf andere Arbeitszentren in ganz Spanien zu übertragen. Dafür forderte die Zentralleitung mehr Information und Unterstützung, damit die betroffenen Themen angegangen werden können. Seit einigen Monaten besteht die Tendenz, von einer abwartenden Erwartungshaltung zur Förderung neuer Vereinbarungen in Unternehmen überzugehen, in denen sich die neue Herausforderung stellt. Vielleicht hätten auch wir selbst durch das Angebot, Verhandlungen mit den Firmenleitungen zu führen, eine aktive Rolle bei der Förderung des Wandels in den Unternehmen spielen können.

B. Bewertung der Ergebnisse durch die Gewerkschaften.

Die Beurteilungen, die bei Treffen geäußert werden, sind im allgemeinen positiv. Es besteht jedoch kein Zweifel daran, daß wir momentan einer neuen Art von Problemen gegenüberstehen, die durch Partizipation und die Entscheidungsfindung in den Gruppen entstehen, und daß wir als Folge unserer mangelnden Erfahrung auf diesem Gebiet in einige Schwierigkeiten geraten sind.

Zur Zeit haben wir in den Gewerkschaften, die sich für die Veränderungen ausgesprochen haben, eine klarere Vorstellung von dem, was wir wollen, und setzen uns stärker für den Prozeß ein. Die letzte Entscheidung steht noch an. Sie wird am 15. Dezember getroffen werden. Dann werden wir sämtliche Ergebnisse, die sich aus dem Pilotprojekt ergeben, beurteilen.

Erfahrungen der Gewerkschaft

Die Erfahrungen, die die Gewerkschaft sammeln konnte, basiert hauptsächlich auf den 13 Jahren Gewerkschaftspraxis bei OPEL Spanien. Dazu kommen noch die Erfahrungen früherer Jahre, die wir in den Betriebsräten und der Gewerkschaftsführung sammeln konnten. Diese ermöglichten uns einen allgemeineren Ausblick auf die Veränderungen, die in den Unternehmen, der Gesellschaft, in anderen Ländern und innerhalb der Gewerkschaftsbewegung vor sich gehen.

Innerhalb des Unternehmens selbst haben die Autoren an den Tarifverhandlungen teilgenommen, stimmten bei der Erklärung der Prinzipien für den Qualitätszuschlag, waren an der Einführung der Nachtschicht und an den Verhandlungen über die Gruppenarbeit beteiligt. Persönliches zu den Autoren: *Fernando Bolea Rubio* ist Betriebsratsvorsitzender. Diesen Posten hat er, bis auf eine dreijährige Unterbrechung (1983-1986) seit der Gründung des Unternehmens inne. Die zurückliegenden acht Jahre war er Gewerkschaftsvertreter der UGT-Metall auf der Ebene der Provinz und war in dieser Funktion an allen provinziellen Abkommen beteiligt, über die in dieser Zeit verhandelt wurde. *Santiago Larraneta Goldaraz* ist von Beginn an Mitglied im Betriebsrat von OPEL Spanien. Er war als Sprecher für die Bereiche Gesundheit der Arbeiter, Verbesserung der Arbeitsstationen, -methoden und -pläne zuständig und ist momentan

Mitglied des Ausschusses zur Beobachtung der Gruppenarbeit. Innerhalb der Gewerkschaftsführung ist er Mitglied von UGT-Opel und UGT-Metall Führung und war als Sekretär für »Acción sindical« und »Imagen« tätig.

Larraneta hat einen Universitätsabschluß und drei Mastertitel in den Gebieten der Sozialwissenschaft, Industrielle Organisation und Ergonomie.

Beide Autoren haben 20 Jahre Gewerkschaftserfahrung und arbeiteten an verschiedenen Fronten und auf verschiedenen Ebenen. Wir arbeiten nun zusammen im Management von »Provincial Metal« und in der Gewerkschaftsführung von UGT-Opel.

Durch die Veröffentlichung von Artikeln, Stellungnahmen und einem Buch über Wettbewerbsfähigkeit in Unternehmen haben wir in den vergangenen Jahren eine führende Rolle bei den organisatorischen Veränderungen gespielt. Wir hielten Vorträge und leiteten Kurse über die neue Arbeitsorganisation und prägten die neuen Positionen bei OPEL-Spanien, UGT-Metal »provincial« und im UGT-Landesverband.

Neue Formen der Arbeitsorganisation
Gemeinsames IMB/FIET/EMB-Projekt
Fallstudie der Gewerkschaft CC.OO.
Unternehmen Ericsson

1. Einleitung

Die Studie, die wir hier darlegen, folgt den Zielen des gemeinsamen internationalen Projekts bei dessen Versuch, einen bescheidenen Beitrag zur Aufgabe der Erweiterung unseres Wissens über die neuen Taktiken und Praktiken zu leisten, die der aktuellen Organisation der Produktionsaktivitäten in den meisten bedeutenden Wirtschaftsbereichen und Sektoren zugrunde liegen. Die stattfindenden Veränderungen sind sowohl zahlreich als auch unterschiedlich. Sie schaffen sich ständig verändernde Arbeitssituationen, die ihrerseits wiederum neue Herausforderungen für die Gewerkschaftsorganisationen darstellen, da sie eine wichtige Rolle in den immer schwieriger und komplexer werdenden Beziehungen zwischen Kapital und Arbeit spielen.

In Übereinstimmung mit dieser interessanten Initiative beschloß die Federación Minerometalúrgica, die Vereinigung Bergbau und Metall der CC.OO. (Arbeitsausschüsse), die spanische Filiale des schwedischen Multis Ericsson in den Mittelpunkt der Untersuchung zu stellen. Diese Entscheidung wurde aus verschiedenen Gründen getroffen, die auf zwei Hauptüberlegungen beruhen:

• zum einen suchten wir dieses Unternehmen aus, weil es Teil eines dynamischen und expandierenden Wirtschaftsbereichs ist, der wahrscheinlich zur Hauptstütze der Weltwirtschaft wird – der Telekommunikationsindustrie.

Dies bedeutete zum Kern einer komplexen Arbeits- und Produktionswelt vorzudringen, die zur Zeit von weitreichenden Transformationsprozessen (verbunden mit Technologie, beruflicher Einstufung und Ausbildungserfordernissen, Belegschaftsstrukturen, Märkten, Produkten usw.) erschüttert wird und mit der sich bis jetzt noch kaum jemand ausführlich in einer akademischen oder anders gearteten Studie beschäftigt hat. Die existierenden Studien beschäftigen sich mit etwas, das heute »Neue Arbeitsorganisationsmethoden« genannt wird und konzentrieren sich vielleicht etwas zu stark auf einzelne Sektoren, wie zum Beispiel den Bereich der Automobilproduktion.

• zum anderen bot Ericsson Spanien von Anfang an eine Reihe von charakeristischen Merkmalen, die dieses Unternehmen besonders interessant für eine Untersuchung machte. Das Unternehmen befindet sich gerade in einer Übergangsphase, in der weitreichende Änderungen im Bereich der Organisation und des Managements vorgenommen werden, die sehr gut die wichtigsten und aktuellsten Herausforderungen für Gewerkschaften und Unternehmen verdeutlichen.

Im folgenden soll versucht werden, die Hauptergebnisse der Forschungsarbeit darzustellen. Die dargebotenen Ergebnisse sind jedoch nicht vollständig, da im Rahmen der Forschungsarbeit noch ein anderes Projekt durchgeführt wurde, nämlich eine Untersuchung unter den Arbeitern des Unternehmens, die in diesem Bericht jedoch nur in Form kurzer Verweise erwähnt wird, um einige Argumente zu untermauern.

Dies bedeutet nicht, daß diese Studie nicht stichhaltig ist oder den gestellten Anforderungen nicht ganz entspricht. Im Gegenteil, wir sind der Meinung, daß die Anforderungen mit den nun folgenden Ausführungen mehr als erfüllt sind. Der einzige Grund warum wir nicht das endgültige Ergebnis unserer Forschungsarbeit präsentieren ist der, daß wir mit unserem Bericht so weit wie möglich den gestellten Bedingungen bezüglich Form und Länge entsprechen wollten.

Dieser Bericht ist in drei eigenständige Teile gegliedert. Der erste Teil behandelt das untersuchte Unternehmen und beschreibt dessen Charakteristika. Der zweite Teil versucht die Sehweise des Managements bezüglich des Umfangs, des Zwecks und der bestimmenden Faktoren der stattfindenden Änderungen darzulegen. In diesem Zusammenhang wird auch auf die entsprechende Unternehmenspolitik, -strategie und -zielsetzung eingegangen. Der letzte Teil geht auf die Bedeutung dieser Änderungen und Maßnahmen aus der Sicht der betrieblichen Gewerkschaftsvertreter ein, sowie auf die Herausforderungen, die dies für ihre gewerkschaftliche Tätigkeit im weitesten Sinne mit sich bringt.

Wir benutzten eine Reihe von Informationsquellen, um diesen Bericht zu erstellen. Hauptsächlich stützt er sich jedoch auf folgende Quellen:

- Ein Interview mit der für Arbeitsbeziehungen im Unternehmen verantwortlichen Person auf der Grundlage eines Fragebogens, der der Person vor dem Treffen zugesandt wurde.
- Jahresbericht des Unternehmens aus dem Jahr 1992
- Rundschreiben, die von der CC.OO. Gewerkschaftssektion im Unternehmen veröffentlicht wurden.
- Eine Liste mit der Anzahl der Arbeiter nach ihrer beruflichen Position eingeteilt.
- Zwei offene oder halboffene Interviews mit Vertretern der beiden größten Gewerkschaften im Betrieb, der CC.OO. (Comisiones Obreras) und der UGT (Unión General de Trabajadores). In beiden Fällen waren die Befragten Betriebsräte. Die eine Person war Mitglied des Betriebsrates der Unternehmenszentrale in Spanien, die andere Person war Mitglied des Konzernbetriebsrates.

Um Wiederholungen zu vermeiden, wird im allgemeinen auf die Angabe von Quellen verzichtet, wenn aus diesen Papieren zitiert wird.

Bevor wir diese Einleitung abschließen, möchten wir uns noch bei allen Personen bedanken, die in der einen oder anderen Weise zum Gelingen dieser Arbeit beitrugen.

2. Beschreibung des für die Untersuchung ausgesuchten Unternehmens

2.1. Ericsson, ein multinationales Unternehmen auf dem Gebiet der Telekommunikation

Das Unternehmen, das wir für unsere Studie aussuchten, ist Teil der bedeutenden multinationalen Unternehmensgruppe im Bereich der Telekommunikationsindustrie: »Telefontiebulaget LM Ericsson«. Die Zentrale des Konsortiums, das Betriebsstätten in über 100 Ländern besitzt und insgesamt 66.000 Leute beschäftigt, befindet sich in Schweden. Das Unternehmen spezialisiert sich auf den Bereich der mobilen Telefonsysteme, wo es einen Marktanteil von 40% besitzt und damit der unangefochtene weltweite Marktführer in diesem Bereich ist.

Eine andere Zahl, die die Bedeutung dieses multinationalen Unternehmens im Bereich der Telekommunikation belegt, ist der sechste Platz, den das Unternehmen in einer Weltrangliste der Hersteller von Systemen im Jahr 1992 einnahm (mit einem Ertrag von $7,693 Billionen aus dem Verkauf von Systemen).[1]

Die Rolle, die Ericsson Spanien innerhalb der multinationalen Organisation zugedacht wird, macht es zu einer bedeutenden Filiale der schwedischen Gruppe. Ericsson Spanien ist, in der unternehmenseigenen Terminologie ausgedrückt, eine von 10 regionalen Hauptbetriebsstätten (»Major Local Companies«), das heißt ein »*Unternehmen mit großer Eigenverantwortung und einem hohen Autonomiegrad*«.

Ericsson Spanien hat eine lange Tradition in unserem Land, die bis zum Jahr 1922 zurückreicht. Durch die Ernennung zum zweiten Zulieferer von Schaltsystemen für den einzigen Netzbetreiber auf dem spanischen Markt (Telefónica) wurde die Position des Unternehmens ein für allemal gefestigt. Daher stieg Ericsson nach Umsatzzahlen gemessen zur Nummer zwei nach Alcatel im Telekommunikationsbereich auf.

Einige weitere Daten illustrieren die wesentlichen Eigenschaften und die Bedeutung dieses Unternehmens sehr gut. Im Jahr 1992, einem Jahr, das von Unternehmensseite als das »*schwierigste in der Geschichte der spanischen Te-*

---

[1] »El Pais«, 17.7.1994, »Negocios« Unternehmensbeilage Seite 5.

lekommunikationsindustrie« bezeichnet wurde, belief sich der Umsatz auf Ptas. 47.935 Billionen (minus 27% gegenüber dem Vorjahr). Die Zentrale, Ericsson S.A., Gegenstand dieser Studie, trug 89% zu diesem Ergebnis bei.

Obwohl wir keine Zahlen über die Geschäftsbilanz direkt von der Unternehmensseite erhielten, verfügen wir über Zahlen aus anderen Quellen. Danach hatte Ericsson im Jahr 1992 Verluste in Höhe von *»Ptas. 2.68 Billionen zu verzeichnen, weit entfernt von den 5.908 Billionen Gewinn, die ein Jahr zuvor erzielt wurden«*.[2] Andererseits beliefen sich die Gewinne im Jahr 1993, einem Mitteilungsblatt der CC.OO.-Gewerkschaftssektion bei Ericsson zufolge, auf Ptas. 21.195 Billionen. Diese Zahlen belegen, daß das tatsächliche Geschäftsergebnis wesentlich besser war, als die Unternehmensseite in laufenden Verhandlungen zugab. Insbesondere wenn man berücksichtigt, daß denselben Quellen zufolge *»die Geschäftsergebnisse des Jahres 1992 die Ausgaben für freiwillige Entlassungen und Frühverrentungsmaßnahmen amortisieren«* (im Wert von Ptas. 3.143 Billionen).

Sei es wie es wolle, ohne jeden Zweifel sind die finanziellen Ergebnisse und der Zustand von Ericsson positiv, wie der befragte Manager zugeben mußte: *»Die Ergebnisse sind nicht katastrophal. (...) Dieses Unternehmen hat die schlechte Phase mit Verlusten 1992 überstanden. Wir begannen wieder etwas Geld zu verdienen im Jahr 1993 und ziemlich viel im Jahr 1994.«*

2.2 Personalplanung bei Ericsson S.A.

Zwischen 1990 – dem Jahr mit der größten Anzahl von Arbeitnehmern (3.245) innerhalb der letzten sieben Jahre – und 1992 wurden 552 Stellen abgebaut (2.693) und sogar 711, wenn wir Mai 1994 als Bezugspunkt wählen (2.534). Alles in allem bedeutet dies einen Stellenabbau von 22% innerhalb der letzten dreieinhalb Jahre. Dieser Trend scheint bis jetzt noch nicht zu einem Ende gekommen zu sein.

Betrachtet man die Personalstruktur, auf der Grundlage der Zahlen von 1992, ist festzustellen, daß aus der 2.693 Leute umfassenden Arbeitnehmerschaft 41% (=1117) als Arbeiter und die restlichen 59% (=1576) als Angestellte eingestuft sind. Diese Verteilung wandelte sich in den letzten Jahren sehr stark: Noch 1988 war das Verhältnis umgekehrt (bzw. 58% gegenüber 42%).

Die Kategorie der Angestellten ist wie folgt in unterschiedliche Gruppen unterteilt:

- »Manager« (52) und »außertarifliche« Angestellte (418) machen zusammen 17% der Arbeiterschaft außerhalb des Geltungsbereichs von kollektiv ausgehandelten Arbeitsbestimmungen aus.
- »Ingenieure und Akademiker« ergeben zusammen 432 oder 16% der Beschäftigten.

---

2 »El Pais«, 26.12.1993, »Negocios« Unternehmensbeilage Seite 7.

- Weitere 16% (=365) werden der Gruppe »andere technische Stellen« zugerechnet. Mehr als die Hälfte dieser Personen (186) sind Facharbeiter und zählen damit in Wirklichkeit zur Gruppe der Arbeiter. Das »Verwaltungspersonal« und die »verschiedenen Hausangestellten« ergeben zusammen 309 oder 11% der Belegschaft.

Insgesamt könnte man die Belegschaft in 58 verschiedene Kategorien einteilen, von denen 7 dem Bereich der Arbeiter und 51 dem Bereich der Angestellten zuzurechnen sind.

Was den gewerkschaftlichen Organisationsgrad in diesem speziellen Unternehmen anbelangt, so sind 27% der Arbeiter von ausgehandelten Vereinbarungen erfaßt (ungefähr zu gleichen Teilen auf die beiden größten Gewerkschaften CC.OO. und UGT aufgeteilt), was deutlich über dem Landesdurchschnitt liegt. Der Organisationsgrad schwankt beträchtlich zwischen den beiden Kategorien Arbeiter und Angestellte: er beträgt 38% bei den Arbeitern und 15% bei den Angestellten.

2.3 Geschäftspolitik des Unternehmens

Die Unternehmensgruppe liefert Systeme, Software und Anwendungen und steuert die Kunden durch das Labyrinth von neu auf diesem Markt auftauchenden Produkten. In Spanien ist die Geschäftspolitik des Unternehmens auf drei große Märkte gerichtet:

- Die Lieferung und Installation von öffentlichen Telekommunikationssystemen ist zur Zeit der wichtigste Markt: *»70% des Geschäfts«*
- Ein weiterer wichtiger Bereich ist der Export, wobei Lateinamerika (Argentinien, Chile, Kolumbien, Venezuela und Ekuador) der bevorzugte Bestimmungsort ist.
- Schließlich der Markt der privaten Kunden (Banken oder Elektronikunternehmen und Einrichtungen wie die Wertpapierbörse), den das Unternehmen nicht nur mit Telefonnetzen versorgt sondern auch mit Systemen, die diese mit Computernetzen kompatibel machen.

Die Zukunftsaussichten für diese Märkte können folgendermaßen zusammengefaßt werden:

- Um mit dem momentan kleinsten Markt zu beginnen: Das Management erwartet große Wachstumsraten, wenn die Restriktionen auf dem Telekommunikationsmarkt gelockert werden, was derzeit weltweit der Trend zu sein scheint. Diese Liberalisierung würde die Tür zu einem enormen Marktpotential öffnen: Kabel-TV, geschlossene Telekommunikationsschaltkreise, Breitband usw.

Als Beispiel um dies zu verdeutlichen wurde der Sektor der mobilen Telefone angeführt, wo die Vergabe einer Lizenz für einen zweiten (privaten) Betreiber in diesem Land bevorzustehen scheint. Da dies, wie oben bereits erläutert wurde, ein Spezialgebiet des Konsortiums darstellt, sind die Erwartungen sehr hoch: *»Heute existiert ein Kostenproblem, aber durch eine Marktliberalisierung und dem damit verbundenen Wettbewerb zwischen mehreren Betreibern werden die Preise drastisch sinken.«*

- Andererseits deuten die Vorhersagen für den öffentlichen Markt nicht auf Wachstum hin, was einem Rückgang der Investitionen des staatlichen Unternehmens Telefónica zuzuschreiben ist. In großem Maße kann der Umsatzrückgang von Ericsson im Jahr 1992 und der Branche insgesamt mit derselben Ursache erklärt werden.
- Obwohl die Bewertung der letzten beiden Jahre sehr positiv ausfällt, sind die Aussichten in bezug auf den Exportmarkt immer noch unsicher, da die Geschäfte in diesem Bereich sehr stark von politischen Maßnahmen in Staaten mit einer nur geringen ökonomischen und politischen Stabilität abhängt.

Daher können wir zusammenfassen, daß sich die Geschäftspolitik des Unternehmens in einer Phase der Überarbeitung und des Wandels befindet. Das Ergebnis müßte eine Diversifizierung der Produkte und insbesondere der Märkte sein, wie es ein Manager in folgenden Worten ausdrückte: *»Die Geschichte von Ericsson beruht auf PTTs zumindest als die Telefondienste in allen Ländern monopolisiert waren...und Ericsson wuchs aufgrund dieser Tatsache. Nun vollzog die strategische Geschäftspolitik von Ericsson ein Kehrtwende um 180°, es wurde deutlich, daß dies wichtig ist, aber nicht so entscheidend wie zuvor und seit der Mitte der 80er Jahre fand ein Großteil der Forschungsarbeit im Bereich der neuen Dienste insbesondere des Mobilfunks statt.«* Dieser Wandel in der Politik kann auf die Änderungen, die weltweit auf den Telekommunikationsmärkten stattgefunden haben zurückgeführt werden. Diese Änderungen hängen nicht nur mit technologischen Neuentwicklungen und Produkten zusammen, sondern insbesondere mit deren Regulierung.

2.4. Technologische Aktivitäten und Dienste

2.4.1. Qualitätsstrategien

Um zu verdeutlichen wie wichtig Qualität für Ericsson wurde, führte der befragte Manager als Beispiel an, wie auf diesem Markt alles eine Frage *»der wirklichen Giganten, d.h. der Einrichtungen, die effektiv Macht besitzen«*, ist. Er bezog sich dabei auf den politischen Einfluß einiger großer Handelsketten und da Schweden keine politische Weltmacht ist, ist eine der wichtigsten Geschäftsstratgien dieses Unternehmens »*das Spielen des Qualitätsspiels*«.

So gesehen war Ericsson, derselben Quelle zufolge, wahrscheinlich eines der ersten Unternehmen, das »*Qualitätszirkel*« in Spanien einführte. Diese Qualitätszirkel stellen jedoch, um seine eigenen Worte zu gebrauchen, »*eine ziemlich vereinfachte Sehweise des Begriffes Qualität dar, die von Japan übernommen wurde*«, was bedeutet, daß seither kontinuierlich Fortschritte im Bereich Qualität gemacht wurden. Im Jahr 1991 erhielt das Unternehmen zum Beispiel das »ISO 9001«-Zertifikat von »AENOR« verliehen und wurde nun als Finalist im Kampf um den »Europäischen Qualitätspreis« ausgewählt, der dem Unternehmen zuerkannt wird, welches am besten Total Quality Management praktiziert.

2.4.2. F&E-Politik

Eine andere Errungenschaft des Unternehmens innerhalb der Wettbewerbsstrategien betrifft den Bereich der technologischen Neuerungen: »wenn du technologisch nicht ganz vorne bist, läufst du Gefahr von einem größeren Unternehmen übernommen zu werden. Das bedeutet, daß du solange konkurrenzfähig bist wie du eigene Produkte hast, die besser sind als der Rest.«

Ericsson betreibt F&E in Spanien in einem eigenen Center, der zusammen mit 39 anderen Centren in 19 anderen Ländern die gesamten Forschungsprojekte weltweit durchführt. Das Ergebnis dieser Zusammenarbeit kann zum Beispiel darin bestehen, daß das zuständige Center in Spanien seinen Teil technologischer Neuerungen in die anderen Unternehmen des Konsortiums exportiert.

Abgesehen von dem oben erwähnten Center befindet sich noch eine weitere Abteilung im gleichen Gebäude, wie die zentralen Büros der Gruppe, wo F&E-bezogene Aktivitäten durchgeführt werden. Diese umfassen hauptsächlich die technologische Anpassung standardisierter Telekommunikationssysteme an individuelle Kundenwünsche.

Die Gesamtzahl der mit technologischen Aktivitäten betrauten Personen beträgt 350 oder 400 (140 im eigentlichen F&E-Center). Das sind ungefähr 12% der gesamten Belegschaft. Davon sind 267 Ingenieure oder Techniker.

Das finanzielle Engagement in diesem Bereich belief sich im Jahr 1992 auf insgesamt Ptas. 3.996 Billionen, wovon 1.248 Billionen dem autonomen F&E-Center zukamen.

2.4.3. Installationen, Kundendienst und Marketing

In Übereinstimmung mit dem was der befragte Manager als »Ganzheitliche Unternehmung« bezeichnet, umfaßt die Tätigkeit von Ericsson in Spanien sämtliche Stufen des Produktionsprozesses eines Gutes, was zur Folge hat, daß die Belegschaft des Unternehmens über das ganze Land verteilt ist, um Systeme und Zubehörteile zu installieren.

Komischerweise gab der Leiter der Abteilung für Arbeitsbeziehungen im Unternehmen an diesem Punkt des Interviews zu, »*daß nicht alle Produkte, die wir liefern auch hier produziert werden, aber was auch immer der Kunde verlangt, liefern und installieren wir.*« Im folgenden wies er auf ein Problem des Unternehmens in diesem Tätigkeitsbereich hin: »*es besteht eine gewisse, man kann sagen, Spannung zwischen uns und den Beschäftigten, weil aus Kosten- und innerorganisatorischen Gründen die Tendenz besteht, einige Arbeiten von Subunternehmen erledigen zu lassen. Dies ist aber eigentlich normal.*«

Der Verkauf von Produkten beinhaltet auch die Pflicht zur Durchführung bestimmter Leistungen nach dem Verkauf. Diese Leistungen umfassen die Garantie bestimmter Qualitätsstandards, die Überprüfung von Produkten, die Durchführung von Schulungen für die Nutzer (falls erforderlich) und Kundendienst, der nicht nur die Lösung sämtlicher potentieller technischer Probleme beinhaltet, sondern auch die Lieferung jeder neuen Anwendung, die auf dem Markt erscheint.

Wir fragten auch, ob es möglich ist, dieses Kundendienstnetzwerk zu nutzen, um den Markt auszutesten. Die Antwort war negativ, in dem Sinne, daß hierfür eine spezielle Marketing-Abteilung existiert. Die Aufgabe dieser Marketing-Abteilung besteht darin, »*nah an den Kunden dran zu sein*«, so daß von Anfang an deren Wünsche einerseits gelenkt und andererseits im Produktangebot berücksichtigt werden können.

Mit dieser Kundennähe werden zwei Hauptziele verfolgt. Erstens und dies liegt auf der Hand, eine Steigerung der Aufträge, aber auch die Sicherstellung *»einer vernünftigen, klaren Vorstellung von dem, was der Kunde wünscht. Dies hat nämlich zur Folge, daß der Prozeß der Produktplanung für die Systeme schneller abläuft, weil er sich genau an den Kundenwünschen zu orientieren hat. Allerdings bringt dies auch eine Zunahme der Komplexität, da unser Unternehmen keine Lager hat und die Produkte einfach sind, die Dinge aber in jedem Center unterschiedlich zu erledigen sind. Man kann nicht sagen: Gut, ich produziere Leiterplatten und lagere sie dann irgendwo. Zum einen, weil es sich um ein empfindliches Produkt handelt, das nicht gelagert werden kann und zum anderen, weil jeder Centes entsprechend den Kundenwünschen eine andere Ausführung verlangt...Im wesentlichen ist alles à la carte und du mußt ihre Präferenzen so schnell wie möglich herausfinden, um mit der Produktion zu beginnen.*« Im Grunde sprechen wir über Just-in-Time oder die »Null-Lager-Produktion«.

3. Politk der Unternehmensorganisation

3.1. Dekonzentration der Produktion und Subunternehmen

Die Organisationsstruktur von Ericsson Spanien (in der Terminologie des Unternehmens ist dies die »Operationale Organisation«) ist ein Beispiel aus der Praxis für die sogenannte Dekonzentration der Produktion, die sich in diesem Fall lediglich auf das Netz von Unternehmen bezieht, die offiziell im Rahmen einer rechtlichen Struktur miteinander verbunden sind. Wir verstehen darunter also keinerlei andere Dezentralisierungspraktiken, die die Auslagerung eines Teils des Produktionsprozesses aus dem Unternehmen vorsehen, welches als rechtliche Einheit verstanden wird. Ein Beispiel hierfür wäre die Vergabe von Aufträgen an externe Unternehmen, mit denen sie offensichtlich nur wirtschaftliche Interessen verbinden.

Die Organisationsstruktur bei Ericsson Spanien *»orientiert sich an der des Mutterunternehmens – Ericsson S.A. – und anderer Unternehmen. Es gibt einen geschäftsführenden Direktor, der über eine Gruppe von Angestellten verfügt, die ihm zuarbeiten (Rechtsabteilung, Qualitätsabteilung, Prüfungswesen, innerbetriebliche Angelegenheiten, eine Gruppe für das technische Management, Kommunikation). Dann gibt es drei Gebiete, die sich über die gesamte Gruppe erstrecken: Finanzwirtschaft, Arbeitsbeziehungen und Informationssysteme (Computer). Daneben gibt es noch mehrere Geschäftszweige.«*

- ›Telecomunicaciones Publicas (Öffentliche Telekommunikation)‹ ist der Sitz der Hauptgeschäftsstelle. Die Produktionsanlagen arbeiten hauptsächlich für den öffentlichen Markt und das F&E-Zentrum.

- ›Ericsson Redes, S.A.‹ *»ist das, was man als externe Betriebsausstattung bezeichnen könnte: elektrische Leitungen, Überlandleitungen, usw. Telefónica ist nicht der einzige Kunde, wir haben auch noch einige Privatkunden, zum Beispiel einige Elektronikunternehmen, für die wir das Kommunikationsnetzwerk herstellen.«* Unser Kundenkreis umfaßt zudem mindestens noch zwei weitere Unternehmen: ›Tenel, S.A.‹ und ›Constel, S.A.‹

- ›Ericsson Radio S.A.‹ Hinter diesem Namen verbirgt sich das Unternehmen, das vor allem Mobiltelefone und neue Dienstleistungen anbietet: *»einfach ausgedrückt ist dies wohl der Teil, der in Zukunft stark wachsen wird.«* Innerhalb dieses Unternehmens ist auch ›Indelec, S.A.‹ angesiedelt, das erst vor kurzem in die Gruppe integriert wurde, und von dem man sich erhofft, daß man nach einem Jahr eine Mehrheit seiner Anteile hält: *»Es verfügt über eine Produktionsanlage, die diejenige ergänzt, die wir hier haben (im Zentrum von Leganés, in der Nähe von Madrid, wo sich die Hauptverwaltung der Gruppe in Spanien befindet). Sie ist kleiner, vielseitiger und für die Zukunft wahrscheinlich interessanter.«*

Uns liegen keine genauen Informationen über die Vergabe von Arbeit an externe Subunternehmen vor. Wir können nur wiederholen, was wir bereits vorher erwähnt haben: das Unternehmen gibt zu, daß es derartige Praktiken anwendet, und dies als 'normal' ansieht. Wir haben jedoch Informationen aus Gewerkschaftsquellen, dem bereits früher erwähnten Mitteilungsblatt, in dem stand, daß 1993 im Installationsbereich 110.387 Arbeitsstunden an Subunternehmen vergeben wurden, und daß gleichzeitig im selben Bereich 23.872 Überstunden geleistet wurden.

Noch weniger Informationen stehen uns über die Vergabe von Arbeit an Subunternehmen oder die Auslagerung von Leistungen zur Verfügung, wenngleich wir wissen, daß der Kantinenservice ausgelagert wurde (mit einem Etat in Höhe von etwa 800 Millionen Ptas). Wir nehmen an, daß dies auch im Bereich des Reinigungsservices der Fall ist, da dies gängige Praxis ist und es dafür innerhalb des Unternehmens keine entsprechenden Tätigkeiten gibt.

3.2 Dezentralisierung des Managements und Flexibilität der Produktion

Gemäß den Aussagen des befragten Managers, ist der Grad der Dezentralisierung des Management in den Betrieben des Unternehmens und auch innerhalb der unterschiedlichen Funktionsbereiche, in die diese sich aufgliedern, recht hoch. Die Idee, die dahinter steckt, sieht vor, daß jede Abteilung und jede Organisation voll verantwortlich sein soll für die Bereiche »*Budget, Human Resources und eine bestimmte Geschäftstätigkeit.*« Allerdings scheint dieses Modell nicht wie erhofft zu funktionieren: »*Was läuft schief? Es handelt sich dabei um eine frisch implementierte Idee, die Probleme macht, die mit der Tradition des Unternehmens zusammenhängen...Telefonica hielt lange Zeit Anteile an diesem Unternehmen, was dazu führte, daß es ein bißchen wie ein Ministerium geführt wurde.*« Diese Aussage macht deutlich, daß es immer noch einige Hindernisse und Widerstände bezüglich des neuen Organisationsmodells zu überwinden gilt, vor allem auch in bezug auf das Modell des dezentralisierten Managements.

Eine Möglichkeit, um diese Barrieren, die durch die traditionelle Organisation nach bürokratischen Maßstäben entstand, zu überwinden, oder zumindest zu reduzieren, wäre die Schaffung eines verbesserten Informationsflusses zwischen den einzelnen Teilen des Unternehmens, was der von uns interviewte Manager wiederholt betonte. Außerdem müssen speziell die Menschen selbst akzeptieren, daß ihre Beziehung zu dem Unternehmen nun durch ein neues Konzept bestimmt wird: »*ich bin nämlich der Meinung, daß dies die einzige Möglichkeit für die Menschen ist, zu verstehen, warum sie arbeiten, und daß sie dies nicht nur des Geldes wegen tun, sondern auch weil sie selbst über Effizienz oder Ineffizienz entscheiden können.*«

Auf keinen Fall wäre es allerdings so, daß der Autonomiegrad in allen funktionalen Bereichen, in die das Unternehmen untergliedert ist, gleich ist: »*Ich möchte es einmal so ausdrücken: das hängt mit der Soziologie jeder einzelnen Organisation zusammen; so ist die Produktion beispielsweise hierarchischer gegliedert als die Technologieabteilung*«. Es wird jedoch betont, daß die Tendenz dahin geht, »*jedem Arbeiter die Verantwortung für das, was er tut, zu übertragen. Und wir glauben, daß es in dieser Hinsicht noch einiges zu tun gibt, weil es vor allem im Fabrikbereich verstärkt die Tendenz zur Gruppenarbeit gibt. Dem Arbeiter muß genügend Verantwortung übertragen werden, damit er nicht ständig auf einen Vorgesetzten warten muß, der alles kontinuierlich überwacht. Dies ließe sich nämlich auf Dauer nicht praktizieren.«*

Als nächstes haben wir besagten Manager gebeten, uns Näheres über Gruppenarbeit und Arbeitsteilung in den Produktionsbereichen zu erzählen. Seine erste Beurteilung deckte sich teilweise mit einigen Standpunkten der Betriebsräte: *»In diesem Sinne ist es ein altmodischer Produktionsbetrieb. Uns fehlt ein Gruppenarbeitskonzept. Wir starten in allen Gebieten wichtige Initiativen, aber es erweist sich immer wieder als harte Arbeit, dieses Konzept umzusetzen. dabei handelt es sich nicht um Probleme der individuellen Leistungen - wir verfügen über ein System individueller Anreize – sondern um ein grundlegendes Problem.«*

Es geht also darum, derartige Methoden der Gruppenorganisation einzuführen. Zunächst muß jedoch eine wichtige Unsicherheit aus dem Weg geräumt werden: *»Das Problem ist, daß wir im Moment noch überhaupt nicht wissen, wie groß unsere Fabrik einmal sein wird und auf was sie sich spezialisieren wird. In globalem Umfang gesehen konzentriert Ericsson seine Produktion insofern, als daß gesagt wird: 'du stellst in dieser Fabrik jenes Produkt her und zwar für den gesamten Weltmarkt'; hier in dieser Fabrik produzieren wir sogenannte Schaltschränke für fast ganz Europa und einige Leiterplatten für ganz Europa. Diese Produktfestlegung wird häufig geändert und momentan warten wir darauf, daß 1995 neu festgelegt wird, welche Fabriken bestehen bleiben, welche aufgegeben werden und wie groß jede einzelne sein wird. Sobald wir diese Übergangsphase überstanden haben, werden wir sicherlich zu Arbeitsgruppen übergehen.«*

Der befragte Manager erklärte uns, welche Probleme er bei der Einführung dieser Art von Gruppenorganisation der Arbeit als entscheidend ansieht: *»der Anfang sollte in der Zusammenlegung einzelner Berufsgruppen bestehen – es gibt da mehr als wir brauchen –, sowie in der Modifizierung der Arbeitssysteme und in einer leichten Veränderung der Managamentstrukturen innerhalb der Betriebe; prinzipiell wartet also jede Menge Arbeit auf uns.«*

4. Eine Vielzahl an Herausforderungen für die Gewerkschaften

4.1 Eine erste Annäherung an die Bedeutung der Arbeitsorganisation

Am Anfang der Interviews standen Fragen nach der Bedeutung, die die Arbeitsorganisation für die Befragten aus Sicht der Gewerkschaften hat. Die Antwort, die dabei am häufigsten ganz spontan gegeben wurde, hat nichts mit irgendwelchen abstrakten Definitionen zu tun, sondern offenbarte vielmehr den Wunsch der Befragten, diese in ihrem Unternehmen im Rahmen der alltäglichen Arbeit tatsächlich anzuwenden. *»Ich finde, daß es einfach genau das sein* *sollte...Organisation, stattdessen gibt es nichts als absolute Konfusion.«* Der Grund für diese Konfusion scheint in der kopflastigen, nicht immer gut koordinierten Unternehmensstruktur zu liegen. So kommt es zu Situationen, in denen sich die Aufgabenbereiche verschiedener Manager überschneiden; *»gäbe es nur einen Manager für jede Arbeitsgruppe, ließe sich alles besser überblikken, aber da es immer mehrere sind, setzt sich immer der Willensstärkste durch.«*

Nachdem wir uns eingehender mit diesen Aussagen über die Schwächen innerhalb der Organisation und des Entscheidungsprozesses auseinandergesetzt hatten, bekamen wir den Eindruck, daß sich diese besonders im Bereich der Produktionsplanung bemerkbar machen: *»bei der Arbeit gehen wir immer nur auf und ab, wie ein Jojo mit Höhen und Tiefen. Die Produktionsarbeit, die wir zu erledigen haben, ist überhaupt nicht gut durchorganisiert.«* Vielleicht gelingt es uns in dieser Einschätzung eine vage Vorstellung darüber zu bekommen, wie sich in diesem speziellen Unternehmen die »Just-in-Time«-Produktion herausbildet. Die Befragten erwähnten auch, mit welchen Argumenten das Unternehmen die Höhen und Tiefen in der Produktionsrate erklärt: *»Sie behaupten, daß sie keine sicheren und nur wenige Aufträge haben und daher nehmen mußten, was zu kriegen war. Wir beschuldigen sie der schlechten Organisation: plötzlich gibt es keine Arbeit mehr und genauso plötzlich müssen wir dann wieder Überstunden machen, samstags und sonntags arbeiten usw.«*

Diese ersten spontanen Einschätzungen brachten die Probleme auch mit zwei zentralen Faktoren, den allgemeineren Themen Arbeitsorganisation und Produktion, in Verbindung: *»wir wollen, daß das Unternehmensmanagement vorausplant, daß es mit uns über Investitionen spricht, und darüber, was das Unternehmen in Bezug auf den Betrieb in Leganés im speziellen und für Ericsson Spanien im allgemeinen plant. Aber das Unternehmen spricht mit uns nur widerwillig über all das, so daß wir ein wenig das Gefühl haben, daß sie uns wie den Ramschladen des Konsortiums behandeln, oder etwa nicht?«*

Alles in allem läßt sich festhalten, daß die erste, wenngleich nicht die einzige, Bedingung für die Entwicklung einer realistischen und kohärenten Gewerkschaftsstrategie vor allen Dingen der Zugang zu wichtigen und verlässlichen Informationen ist. Nur so können Schritte eingeleitet werden, mit denen man auf die verschiedenen Situationen und Ereignisse, die sich innerhalb des Unternehmens ergeben, reagieren kann. Die Abhängigkeit der Tochterfirma von dem multinationalen Mutterunternehmen scheint alle übrigen Entscheidungen zu bestimmen.

4.2 Funktionale Mobilität – Die wichtigste Konsequenz, die sich aus Innovationen ergibt.

Als nächstes befragten wir unsere Interviewpartner nach der »Entwicklung des organisationalen Wandels und nach den wichtigsten Veränderungen, die durchgeführt worden waren«, um so eine spezifischere Sichtweise und Einschätzung zu bekommen und näher auf das eigentiche Thema dieser Studie zu sprechen zu kommen. Der rote Faden, der sich durch fast alle genannten Argumente zieht, betrifft Erzählungen über die jeweiligen Arbeitsbedingungen, die herrschten, als die Befragten anfingen, in dem Unternehmen zu arbeiten. Häufig werden diese mit Arbeitsbedingungen verglichen, wie sie ihrer Meinung nach in Korea oder Taiwan herrschen müssen. Damit wollen sie ausdrücken, daß sich seither einiges getan hat, vor allem was die Verbesserung der Arbeitsbedingungen und die Löhne anbelangt. Es gibt aber auch Stimmen, die an die positiven Seiten der früheren Arbeitsbedingungen erinnern, an die bessere Atmosphäre unter den Arbeitern, und das im Hinblick auf die sozialen Beziehungen bessere Unternehmenskonzept, das humaner und verbindender war. Heute sind die sozialen Beziehungen kälter, alles dreht sich nur um Wettberwerb und den Markt: »*früher ging es nicht um das Unternehmen, sondern um die Fabrik*«, erklärte ein Betriebsrat.

Nachdem auf diese Weise kurz auf die Einführung neuer Technologien in der Produktion eingegangen worden ist, die zwar den Vorteil hätten, daß durch sie die Arbeit erleichtert wird, aber auch den Nachteil, daß dadurch weniger Arbeiter benötigt würden und es zu einem Schwund der beruflich spezialisierten Arbeiter kommen würde[3], konzentrierten sich die Fragen und die Antworten nun auf ein Problem, das durch die schrittweise Einführung neuer Management- und Organisationsmodelle immer drängender wird und öfter auftaucht: die funktionale Mobilität.

Funktionale Mobilität führt zu grundlegenden Veränderungen der Gewohnheiten und Traditionen des Unternehmens, seiner Arbeiter und Gewerkschaftsvertreter, sowie zu hohen Adaptionskosten:

- »Die Anpassung an diese Veränderungen war für uns sehr schwierig, weshalb uns die Anpassung der alten Produktionsprogramme und Arbeitsgebiete an die neuen Arbeits- oder Produktionsmethoden einige Probleme bereitete. Deshalb erstellten wir eine Liste mit Transferregeln und -vorschriften.[4]

- Hier ist es so, daß die Menschen eine Arbeit bekommen und dann denken, daß alles ihnen gehört: ›mein Arbeitsplatz‹, ›meine Stelle‹, ›mein Tisch‹ und ›meine Maschine‹ und die neuen Arbeitsbedingungen und die neue Einstellung haben damit nichts zu tun. Man spricht von ›All-round‹-Arbeitern, die an verschiedenen Stellen eingesetzt werden können, aber das sind alles nur Ideen des Unternehmens, die nur schwer zu verwirklichen sein werden. Es geht hier um eine Belegschaft, die schon sehr lange hier beschäftigt ist, die etwas nimmt und dann nicht mehr los läßt: ›das gehört mir‹, und es ist schwierig sie später davon abzubringen. In Wahrheit erledigen sie einfach ihre Arbeit..., die Arbeitsplätze sind nicht schlecht, wenn gleich einige besser sind als die anderen. Hier in dieser Fabrik gibt es einen furchtbaren Bereich, die Vorfertigung, wo niemand hingehen will, weil dort mit Pressen gearbeitet wird, es ist sehr laut und sehr ölig ... Und dann ist da

---

3 Auch die Arbeiter, die an den Gruppentreffen teilgenommen hatten, empfanden dies genauso.

4 Vergleich »Vereinbarung über die interne Regulierung der funktionalen Mobilität in Leganés.«

noch die zweite Stufe der Vorfertigung, wo es nur um Kabel, Leiterplatten...geht, das ist fast alles mehr oder weniger körperliche Arbeit, aber sie ist nicht so laut und nicht so dreckig usw. Also kriegen wir hier immer große Probleme mit Leuten, die je nach Produktionsbedarf in einen anderen Bereich versetzt werden und von ihrem Platz weg müssen (...). deshalb kam es in den letzten Jahren immer wieder zu Auseinandersetzungen über die Transfervorschriften, da das Management versuchte, diese zu seinen Gunsten auszulegen, zudem kam es zu Disputen über Leute, die ihren Platz nicht verlassen wollten, worüber wir dann auch immer im Betriebsrat sprechen.

* Die Transfervorschriften? Ja, die legen wir fest, damit das Unternehmen nicht einfach sagen kann ›Du, du bist dran und jetzt du‹. Wir fomulierten die Regeln und Vorschriften sehr ausführlich .

• Es gibt jedoch auch einige Bestimmungen, die dem Unternehmen Vorteile bringen und es ihm ermöglichen, die Arbeiter je nach deren Fähigkeiten einzusetzen. Es hängt also davon ab, ob du weißt, wie eine besitmmte Arbeit erledigt werden muß. Manchmal wählt das Unternehmen die Leute auch willkürlich aus, oder zumindest nicht aufgrund der Betriebszugehörigkeitsdauer, ich weiß nicht...es ist wohl schon so, daß das Unternehmen dich in jeden Bereich versetzen kann, nur weil du weißt, wie man bestimmte Aufgaben erledigt. Wir haben Probleme damit, weil wir wollen, daß die Leute bevorzugt werden, die schon am längsten in einer Abteilung arbeiten, ohne einmal versetzt worden zu sein....«

Wir haben manchmal den Eindruck, daß sich die Betriebsräte bei der Vertretung der kollektiven Interessen der Arbeiter in einer äußerst schwierigen Position befinden und daß sie sich schon damit abgefunden haben, daß funktionale Mobilität eben zum Unternehmensalltag gehört und nur schwer vermieden werden kann; ja, daß sie im Vergleich zu anderen noch kategorischeren Maßnahmen sogar noch das kleinere Übel darstellt. Einerseits unterstützen sie also Forderungen des Unternehmens, indem sie beispielsweise das Modell eines möglichst weitgefaßten Handlungsspielraums bei der Anwendung der Vorschriften bevorzugen. »*Letztendlich will das Unternehmen die von ihm ausgesuchten Personen an den von ihm vorgesehenen Platz versetzen.*« Aber andererseits stehen die Betriebsräte auch auf der Seite der Arbeiter, die ihren eigenen Einschätzungen der Situation zufolge, auf unterschiedliche Weise unter der Situation leiden und teilweise sogar diskriminiert werden von Unternehmensmanagern, die ganz offensichtlich einige der Arbeiter dem Rest bewußt vorziehen.

Bringt man dieses Problem mit den von den Arbeitern mit Nachdruck vorgebrachten Argumenten in Verbindung, so stellt man fest, daß das Problem weniger darin liegt, daß die Arbeiter die funktionale Mobilität als solche nicht akzeptieren. Sondern daß sich die eigentlichen Probleme aus Klagen ergeben, die wiederum eine Folge der unklaren Festlegung von geeigneten und fairen Kriterien der Versetzungspolitik sind. Dieser Meinung waren sämtliche Gruppen von Arbeitern, die an diesen Gruppentreffen teilnahmen.

Trotzdem kam es zwischen den verschiedenen Gruppen von Arbeitern, die interviewt wurden, zu einer lebhafte Debatte. Man war sich zwar einig darüber, daß funktionale Mobilität nicht zu vermeiden ist, jedoch herrschten zwischen den Gruppen Meinungsverschiedenheiten, die sich aus den unterschiedlichen

Positionen der Arbeiter ergaben und damit zusammenhingen, ob sie eine gute oder eine weniger gute Stellung hatten. Eine weitere Ursache der Meinungsverschiedenheiten waren die unterschiedlichen ideologischen Überzeugungen und Werte der Arbeiter. Folglich drehte sich ihre Diskussion auch überwiegend darum, wie es durch die Vorschriften, die in der Praxis vom Unternehmen eher willkürlich genutzt werden, zu einer Diskriminierung und Segmentierung der Arbeiterschaft kommen könnte, was automatisch zu individualistischeren Arbeitsbeziehungen führen würde.

Die Ansichten der Gewerkschaftsvertreter, die im folgenden dargelegt sind, verfolgen alle die gleiche Linie:

- Aus der ganzen Situation kannst du schon den Eindrck bekommen, daß die gesamte Organisation nicht unbedingt besonders sorgfältig geplant ist. Es gibt hier viele mittlere Führungskräfte, die schon seit vielen Jahren im Unternehmen beschäftigt sind. Diese verhalten sich so, als würden sie ihr eigenes kleines Königreich regieren, jeder tut was er will, es wird nur wenig zusammengearbeitet. Sogar wenn Managementrichtlinien vorliegen, halten sie sich nicht daran. Ein paar von ihnen folgen den Richtlinien ganz streng, andere sind in dieser Beziehung flexibler, einige befolgen alles ganz exakt, wieder andere machen was sie wollen, wie sie es wollen. Das stellt uns vor Probleme, weil es sich dabei um Leute handelt, die schon sehr lange im Unternehmen beschäftigt sind, die als Lehrlinge hierher kamen und die ihre jetzigen Positionen dadurch erreicht haben, daß sie eben schon so lange im Unternehmen sind. Mit solchen Menschen ist die Zusammenarbeit recht schwierig.

Die folgenden Protokollausschnitte, in denen es darum geht, wie Versetzungen ablaufen, geben einen Eindruck davon, daß die Gewerkschaft an diesen Entscheidungen nicht genügend beteiligt wird:

- Das Problem für uns ist dabei, daß wenn die Entscheidungen erst einmal getroffen sind, es für uns sehr schwer ist, sie wieder rückgängig zu machen.

- Genau das ist das Problem, wir reagieren immer nur auf Entscheidungen, die bereits gefällt wurden. Der Ausschuß trifft sich nicht etwa, wenn eine Versetzung ansteht, oh nein. Das ist ein Punkt, den wir in die Vereinbarung integrieren wollten; der Personalausschuß soll sich mit den Leuten treffen, die versetzt werden sollen u.ä., aber das Unternehmen war dagegen, so daß wir immer vor vollendete Tatsachen gestellt werden.

Deshalb versuchen die Gewerkschaftsvertreter wo immer das möglich ist, diese eher unausgeglichenen Vereinbarungen zu überwachen, sofern die Gelegenheiten für richtige Mitbestimmung überhaupt einen Wert haben.

Zum Abschluß dieser Sektion wurden die Vertreter danach gefragt, welche Kriterien ihrer Meinung nach bei der Versetzungspolitik eine Rolle spielen, und ob die beruflichen Fähigkeiten ein Kriterium wären. Die Antworten sind was den Gebrauch solcher modernen Kriterien anbelangt, recht trostlos: das ganze hat nichts mit den Fähigkeiten zu tun; »*das ist wie eine Arbeiterbank*«, sagte ein Arbeitnehmer des Unternehmens während des Gruppentreffens, und spielte damit auf die Tatsache an, daß heutzutage aufgrund der vorhandenen Arbeitssysteme und Werkzeuge fast jeder Fabrikarbeiter alle Arbeiten erledigen kann. Da die am meisten geschätzte Eingenschaft Duckmäuserei ist, hat auch die Ausbildung damit nichts zu tun. Das ist eine Mischung aus einer Art »Arbeit für die Jungs«-Konzept und Disziplin.

- Ja, natürlich spielt das auch irgendwie eine Rolle. Die machen sich auch ihr eigenes Bild von den Leuten; Kriterien sind da, wer mehr und wer weniger arbeitet, wer mehr und wer weniger Ärger macht, wer ähnliche Vorstellungen wie sie selbst vertritt und eher bereit und willig ist, bestimmte Dinge zu tun. Darauf achten sie, nach solchen Leuten halten sie Ausschau.

- Die nehmen die Leute, die sie kennen und prüfen, ob die zu den bestehenden Vorschriften passen, wenn nicht, dann werden sie eben passend gemacht, verstehen sie was ich damit sagen will? Die drehen alles so hin, bis die Leute passen. Und es ist wie ich vorher schon mal gesagt habe: wenn die Entscheidung erst mal getroffen wurde ist es immer sehr schwer für uns, sie wieder rückgängig zu machen.

- Die mittleren Führungskräfte, die die Leute, die sie versetzen wollen, etwas besser kennen, haben immer schon einen genauen Plan: ›Ich will jemanden versetzen...will die zwei oder drei hier los werden.‹ Sie haben alles schon genau festgelegt, aber wir sind der Meinung, daß das nicht fair ist, weil jemand anderes versetzt werden sollte, oder...und sie können dann nicht akzeptieren, daß wir uns einmischen. So funktioniert das auf der Ebene des mittleren Managements. Die Belegschaft weiß, daß es Vorschriften geben muß, und daß sie das kleinere Übel sind, weil es einfach einen Dienstweg geben muß, damit das Ganze irgendwie klappt. Aber die verantwortliche Person, die Person, die Tag für Tag mit diesen Leuten zusammensein muß, die hat ihre eigenen Vorstellungen, und das ist hart...

4.3 Gruppenarbeit und Lohnsystem

Als nächstes baten wir die Mitglieder des Treffens, von den Anfängen und der Einführung des neuen Konzepts der Arbeitsorganisation zu erzählen – der Gruppenarbeit.

Die erste Reaktion darauf waren Antworten, in denen betont wurde, daß der neuste Trend sicherlich in Richtung Gruppenarbeit geht, daß sich diese aber nicht so einfach in die Praxis umsetzen läßt, vor allem wegen dem Teil des Lohnes, der an die Produktivität gekoppelt ist: der Prämie. »*Wegen der existierenden Einstellungen gegenüber Prämien für individuelle Leistungen, gibt es Probleme bei der Umsetzung in die Praxis.*«

Diese Aussage scheint in Widerspruch zu einer anderen Äußerung zu stehen, die ebenfalls in diesem Interview gemacht wurde: die Posten, die innerhalb der Gruppenarbeit zu vergeben sind, wurden als »*die erstrebenswertesten*« bezeichnet. Zumindest trifft das nach Einschätzung der Arbeiter auf den ›Robotics‹-Bereich[5] zu, da es dort bessere Verdienstmöglichkeiten gibt. Die

---

5 ›Robotics‹ ist der Bereich, den wir für Forschungsarbeiten mit Arbeitern aussuchten. Die Wahl viel vor allem deshalb auf diesen Bereich, weil er in Gruppen organisiert ist, sowohl was die Arbeit als auch was die Prämienzahlung für die Produktivität anbelangt. Außerdem handelt es sich dabei um die Abteilung, in der die meisten technologischen Innovationen stattfanden.

Betonung liegt jedoch auf 'scheint'. Der Gewerkschaftsvertreter bezieht sich dabei auf die Arbeitsweise dieser Gruppen, wonach etwa die Prämien unter allen Arbeitern aufgeteilt werden. Dies schafft Probleme in Bezug auf das Verhältnis zwischen den Gruppenmitgliedern. Aber es ist auch wahr, daß das Funktionieren der Gruppen auf dem Wettbewerb zwischen den Gruppenmitgliedern und den einzelnen Gruppen basiert. Auf jeden Fall deuten die Aussagen der Arbeiter selbst darauf hin, daß sie aufgrund der für sie entstehenden Vorteile bereit sind, diese Nachteile vorerst in Kauf zu nehmen. So ist es zu erklären, daß die egoistischsten und individualistischsten Argumente im Verlauf der Versammlung aus der Ecke der ›Robotics‹-Gruppe kam.

Zurück zu der Frage, welche Bedeutung die Erfahrung mit Gruppenarbeit für die Gewerkschaften hat. An den Antworten der Betriebsräte in den Interviews konnte man erkennen, daß dieses Thema für die Gewerkschaften nicht unbedingt von großem Interesse ist: »*Ja, vielleicht, kann ich nicht genau sagen. Ich weiß, daß Gespräche über Gruppenarbeit mit Gruppenprämien stattfanden, und daß das Management es gerne sehen würde, wenn wir so arbeiteten.*«

Worum sie sich jedoch anscheinend kümmern sind die Probleme, die sich aus diesen neuen Arbeitsmethoden ergeben können: »*...sie können sich nicht vorstellen was für Probleme wir da mit manchen Leuten haben. Einmal trafen Angel und ich zwei Typen, die sich wegen eines derartigen Problems buchstäblich geprügelt haben. Sie waren in der selben Gruppe und der eine erklärte, daß er es satt habe, für andere mitzuarbeiten (...) Ich glaube, daß das mit der Mentalität der Leute zu tun hat...und ich glaube auch, daß der Trend dahin geht, immer individualistischer zu werden...das ist so eine Sache, da wartet eine harte Arbeit auf uns, wirklich harte Arbeit.*«

Das Interesse, das der Diskussionsleiter bezüglich der Arbeitsweise der Gruppen an den Tag legt, verdeutlicht einmal mehr, daß die Mitwirkung der Gewerkschaften – und folglich auch der Arbeiter als kollektive Gruppe – an der Arbeitsweise, der Dynamik und des Aufbaus dieser neuen Organisations- und Arbeitsassoziations- (und Sozialisations-) Methoden viel zu gering ist, so daß diese Dinge ganz in den Händen der mittleren Führungskräfte des Unternehmens liegen.

- Er ist der Chef der ganzen Abteilung und auch der Gruppe.
- Und alles wird von einer verantwortlichen Person überwacht, selbst wenn die Abteilung aus Gruppen und Individuen besteht...

Aus Gründen der Vertiefung des vorangegangenen Themas und auch, weil zwischen beiden ein enger Zusammenhang besteht, wurden die Vertreter gebeten, etwas über das Lohnsystem zu erzählen. Die Antworten stellten einen Versuch dar, das komplexe Netz der Entlohnungsmöglichkeiten zu entwirren, die je nach Produktivität verschieden sind. Es gibt: die direkte Produktionsprämie (die erstrebenswerteste), die individuelle Prämie (vom Arbeitsplatz abhängig), die indirekte Produktionsprämie (der Durchschnitt der letzten drei Monate) und fixe Prämien für Arbeiten, die sich nur schwer messen lassen usw.

Der wichtigste Punkt, der erwähnt wurde, wird jedoch in der untenstehenden Aussage deutlich. Es handelt sich dabei um einen Kommentar, der als eine Art Empfehlung hervorhebt, wie die Kriterien des Unternehmens rationalisiert und harmonisiert werden sollten, da dieses differenzierte Anreizsystem, darauf abzielt, die Produktivität durch Konflikt und Wettbewerb unter den Arbeitern zu steigern, und so ein Klima entsteht, das nicht gerade ideal für die sogenannten 'All-round'-Arbeiter ist, die der Betriebsrat vorher schon einmal erwähnte.

- Es erschiene logisch, daß das Unternehmen, wenn es wirkliche funktionale Mobilität schaffen möchte, versucht, diese Ungereimtheiten zu vermeiden, die darin bestehen, daß die Arbeiter in einer Abteilung 115 ausbezahlt bekommen und in einer anderen 110 und in wieder einer anderen bekommen die Arbeiter den Durchschnitt davon...Das Unternehmen sollte versuchen derartige Dinge zu vermeiden. Ansonsten wird es hier noch mehr Auseinandersetzungen geben.

4.4 Qualitätsstrategien

Die ersten Antworten brachten wieder das 'offizielle' Unternehmensprinzip der Wichtigkeit von Qualität zur Sprache. Aber diesesmal wurde diese Einstellung kritisiert. In den Antworten wurde auf die offensichtlichen logischen Widersprüche darin hingewiesen. Die folgende Aussage spricht diesbezüglich für sich:

- Aber darin steckt auch ein Widerspruch. Sie brüsten sich nämlich immer damit, die Qualitätsnormen zu erfüllen, dabei wird auch sehr viel Arbeit an externe Firmen vergeben, und die besitzen eben nicht das Qualitätszertifikat. Das bedeutet für uns, daß wir das bei unseren Entscheidungen darüber, welche Arbeiten extern vergeben werden, berücksichtigen werden...denn das ist der Bereich, in dem wir den größten Einfluß haben.

Als nächstes wurde gefragt, welche Erfahrungen man mit der Partizipation der Arbeiter in Sachen Qualitätsverbesserung machte, ob sie etwa »Qualitätszirkel« gegründet, oder Kästen für Verbesserungsvorschläge aufgestellt haben.

Die Antworten der Gewerkschaftsvertreter deuten darauf hin, daß derartige Praktiken genau genommen auf Arbeiter in technischen Positionen und auf Manager beschränkt sind. Der folgende Absatz macht jedoch deutlich, daß die Arbeiter sehr wohl an der Qualitätsverbesserung mitarbeiten, wenn auch die Art und Weise wie sie das tun nicht ganz klar umrissen ist:

- Die »Ericsson Qualitätsdiagramm«, das in allen Abteilungen aufgehängt wurde und grafisch verdeutlicht, wie sich die Qualität jeweils verbessert oder verschlechtert, sollte eigentlich der Motivationssteigerung dienen, hatte aber letztendlich nur den Effekt, daß die Arbeiter noch wütender wurden. Daneben gibt es auch Diagramme über die Leistungen jedes einzelnen Arbeiters. Das mag einige von ihnen motivieren, macht aber andere einfach wütend. Trotzdem werden diese Diagramme insgeheim doch das Denken und die Arbeitsmoral der Arbeiter beeinflussen. Sie denken dann: ›wieso bin ich besser oder schlechter geworden? Ich kann mir das nicht erklären, ich arbeite doch immer gleich«.

Aber um diese Art von Motivation zu erreichen, werden nicht nur Mechanismen verwendet, die solche positiven Werte wie die persönliche Befriedigung über eine gut verrichtete Arbeit wecken. Zumindest bekommt man diesen Eindruck, wenn man die folgenden Antworten auf die Frage liest, welche Anreize für diese Art der Mitarbeit geschaffen wurden:

- Keine finanziellen.
- Wenn mal wieder Versetzungen anstehen versuchen die Chefs, diese irgendwie moralisch damit zu begründen.

Die Betriebsräte wurden auch gefragt, inwieweit die Gewerkschaften an der Entwicklung der Qualitätspolitik und -strategien des Unternehmens beteiligt sind.

- Als Betriebsrat haben wir damit nichts zu tun. Wir beklagen uns auch nicht über diesen Zustand. Wir lassen den Ereignissen einfach ihren Lauf.

4.5 Berufliche Ausbildung und Fertigkeiten

Nachdem das Thema einmal auf dem Tisch war, erwähnten die Befragten, in ziemlich allgemeiner Art und Weise, welche Probleme die Änderungen der Arbeitsinhalte, der Bedarf an gut (oder zumindest besser) ausgebildeten Arbeitern für Aufgaben, die Vielseitigkeit verlangen, sowie die Notwendigkeit einer stärker auf die Probleme der Arbeiter zugeschnittenen Umschulungs- und Ausbildungspolitik mit sich bringen. Zur Veranschaulichung wurde das Beispiel einiger Facharbeiter herangezogen, die von Akademikern ersetzt und in den Bereich der direkten Produktion verdrängt wurden. Das bedeutet natürlich, daß dadurch andere Arbeiter in diesem Bereich von ihren Arbeitsplätzen verdrängt wurden und ebenfalls eine schlechtere Arbeit zugeteilt bekommen. Dieses System scheint eine allgemeine Unzufriedenheit hervorzurufen.

Geht man aber einmal über diese individuellen Fälle hinaus, so offenbart sich der eigentlich interessante Aspekt an der Sache. Die in den folgenden Aussagen zum Ausdruck kommenden Werte und Vorstellungen spiegeln das geringe Maß an Gewerkschaftspartizipation in diesem Problembereich und die Notwendigkeit nach Wegen zu suchen, um dies zu ändern, wider.

- Dieses Problem stellt sich uns sehr oft, und wo wir tatsächlich beteiligt sind, ist bei den Umschulungsprogrammen des Unternehmens. Wir fordern ein Programm, daß diesen Facharbeitern Weiterbildungsmöglichkeiten bietet, so daß sie den neuen Anforderungen ihrer Aufgaben gerecht werden können. Wir sind dagegen, daß diese Stellen mit Leuten von außerhalb besetzt werden. Wir fordern Umschulungen, so daß Leute aus dem Unternehmen in diese Positionen aufsteigen können.
- Da sie darüber hinaus auf unsere Mitarbeit angewiesen waren, um Subventionen zu bekommen, bezieht sich unser Vorschlag auf diesen Bereich.
- In den Verhandlungen über Ausbildungsprogramme, an denen wir uns sehr aktiv beteiligen oder zumindest in der dafür zuständigen Abteilung, fragen wir ständig danach. Es ist nur leider so, daß das Unternehmen unsere Vorschläge nicht immer akzeptiert, aber wenn das Unternehmen dann seine Vorschläge vorlegt, setzen wir uns mit diesen auseinander. Bis zu einem gewissen Grad kontrollieren und beobachten wir die Ausbildung,

vor allem in diesem Unternehmen, in dem die Technologie sich so schnell verändert. Wir kümmern uns dann auch um die Probleme, die Umschulungen mit sich bringen und dergleichen, wir stehen immer zur Verfügung und sind uns der Probleme immer voll bewußt.

4.6 Arbeitsbedingungen

Obwohl dieser Punkt ausführlicher in einer Studie behandelt wird, in der Ansichten und Aussagen von Arbeitern über die stattfindenden Veränderungen gesammelt und wiedergegeben werden, bezog sich die nächste Frage auf den Einfluß, den all diese neuen Faktoren auf die Arbeitsbedingungen ausüben und zwar aus Gewerkschaftssicht. Anstatt jedoch konkrete Antworten zu geben, schilderten die Befragten die momentane Stimmung und Verfassung, die aufgrund der neuen Veränderungen in der Arbeiterschaft vorherrschen – wobei immer von der Gruppe der Arbeiter als Ganze gesprochen wurde. Der erste Kommentar war dann auch, daß die Leute »*ein bißchen verwirrt sind, was diese Sache mit der funktionalen Mobilität angeht. Die Leute wollen sie nicht akzeptieren aus den Gründen, die wir vorher schon genannt haben.*«

Aber die organisatorischen Veränderungen und die schlecht funktionierende und geplante funktionale Mobilität waren nicht die einzigen Punkte, die als Gründe für die Mutlosigkeit genannt wurden:

- Es ist eben so, daß auf diese Weise eine gewisse Unsicherheit entsteht. Sie teilen uns mit, daß das Unternehmen 150 Arbeiter zu viel hat, gleichzeitig müssen aber Überstunden gemacht werden...
- Zusätzlich dazu, daß sie uns immer erzählen, daß es zu viele Arbeiter sind, haben wir noch das Problem der Umgruppierung der Arbeiter. Die Leute fragen sich dann ständig, ob der Platz, an den sie versetzt werden, eine von den gefährdeten Stellen ist...so entsteht natürlich eine große Unsicherheit.
- Das schwebt natürlich dauernd drohend über unseren Köpfen und jedesmal, wenn es etwas neues gibt, fragst du: ›wovon redest du jetzt schon wieder?‹. Und natürlich sind die Leute nicht sehr empfänglich für neue Ideen, weil sie darin eine Gefahr sehen, und weil sie nicht wissen, was morgen kommen wird, deshalb ist es schwer, neue Vorschläge zu akzeptieren.

Dieses Thema wurde im Lauf der Gespräche von den Arbeitern immer wieder aufgegriffen. Das ganze kurz zusammenfassend (was der Bedeutung des Themas natürlich nicht gerecht wird) könnte man sagen, daß sich die Diskussion - nachdem zur Stimulierung derselben das allgemeinere Thema der Veränderungen der Arbeitsinhalte vorgeschlagen wurde – hauptsächlich um die technologischen Neuerungen und die daraus resultierenden ambivalenten Gefühle der Bewunderung und Ablehnung drehte. Bewunderung deshalb, weil die neuen Technologien mit ihren enormen Produktionskapazitäten sowohl in quantitativer als auch in qualitativer Hinsicht den Eindruck der Unfehlbarkeit erwecken, und weil sie den Fortschritt repräsentieren. Ablehnung, weil durch sie die Arbeiter, als fehlbare menschliche Wesen, an Wert verlieren und mit der Angst, immer leichter ersetzbar zu sein, fertig werden müssen (obwohl natürlich auch ständig die reale oder symbolische Bedrohung einer stetigen Reduzierung der Belegschaft fühlbar war). Aber die Arbeiter mußten einsehen, daß sie nicht gegen den Fortschritt in Form technologischer Neuerungen ankommen konnten, so daß ihre einzige Chance in Anpassung und Umschulung liegt.

Allerdings bleibt das allein Wunschdenken der Arbeiter. Ein weiterer wichtiger Punkt der Diskussionen betraf den offensichtlichen Widerspruch, der sich zwischen all den Neuerungen in den Bereichen Wettbewerbsfähigkeit, Qualität, Anpassung an neue Aufgaben und der Tatsache ergaben, daß die Arbeiter selbst gar nicht wissen, wie sie sich diesen anpassen können.

4.7 Mechanismen für die Mitarbeit der Gewerkschaft im Unternehmen

Dieses Thema sollte eigentlich zu einem konstruktiven Diskurs anregen, aber die ersten Reaktionen darauf bewegten sich im Rahmen der indirekte Frage: *»Was wollt ihr denn von uns hören?«* Mit dieser Reaktion wollten sie auf zwei Dinge aufmerksam machen: zum einen wollten sie, wenn auch mehr implizit als explizit, darauf hinweisen, daß bereits während des gesamten Interviews die Bedeutung der Mitarbeit der Gewerkschaften an den Organisations- und Managemententscheidungen hervorgehoben worden war, und zweitens, daß dies nicht besonders wichtg ist.

Darin liegt vielleicht der Grund dafür, daß in den unten aufgeführten Bemerkungen immer wieder der Wunsch nach mehr Mitbestimmung laut wird, aber immer wieder betont wird, daß die Grenzen in diesem Fall von der anderen Seite festgelegt werden:

> • Natürlich wären wir gerne stärker involviert. Das Problem dabei ist nicht etwa, daß wir irgendwie zu nachlässig wären, verstehen sie, sondern daß das Unternehmen die Grenzen festlegt und nicht mehr zuläßt. Es läßt uns nicht in dem Maße mitarbeiten wie wir das gerne tun würden, obwohl uns natürlich sehr daran gelegen ist, uns einzubringen. Das Unternehmen ist dagegen überhaupt nicht scharf darauf, daß wir verstärkt an allem beteiligt werden.

Als die Befragten beurteilen sollten, ob dieses mangelnde Interesse des Unternehmens auch ein bißchen ihre eigene Schuld sei, verwiesen sie immer wieder auf den schon seit längerem stetig abnehmenden Einfluß der Gewerkschaften. Das bedeutet, daß die relative Macht der Gewerkschaft immer mehr ausgehöhlt wurde, obwohl sie im Vergleich zu anderen Unternehmen des Landes einen recht hohen Organisationsgrad aufweißt. Dazu trug vor allem deren Zustimmung zur jüngsten Arbeitsreform bei, so daß das Unternehmen nun einen größeren Spielraum zur Verteidigung seiner Position zur Verfügung hat:

> • Bereits vor der Reform mußten wir feststellen, daß wir an Einfluß verloren und seit der neuen Reform, der jüngsten Vereinbarung und Vor-Vereinbarung, der die Arbeiter noch zustimmen müssen, ist das noch schlimmer geworden...Das Unternehmen hat uns schon gesagt, wie die Lage aussieht. Das hörte sich ungefähr so an: ›Damit das klar ist, wir haben jahrelang für diese Reform gekämpft und dafür, daß wir dabei die Unterstützung der

> Legislative haben und wir werden uns diese Chance durch nichts nehmen lassen‹. Das zeigt deutlich, wie die Marktlage momentan ist. Gegen eine solche Einstellung haben wir kaum mehr eine Chance...sie verfolgen eine immer härtere Linie, sie sind jetzt viel mächtiger...

Allerdings können die Gewerkschaftsvertreter innerhalb der Firmenhierarchie unterschiedliche Stimmungen und Einstellungen ihnen gegenüber ausmachen:

- Unsere Beziehungen zur Personalabteilung und zur Abteilung für Arbeitsbeziehungen sind recht gut. Sie respektieren uns, weil wir einiges für sie tun...und sie uns benutzen können. Auf der anderen Seite gibt es da aber noch die mittleren Führungskräfte, die dafür sorgen müssen, daß in der Produktion alles läuft. Denen machen wir das Leben mit unseren Forderungen und mit unserem Widerwillen, bestimmte Pläne zu akzeptieren, oft schwer. Und genau da liegt das Problem (...) sie verstehen unsere Arbeit nicht ganz.

In diesem Zusammenhang kamen die Gewerkschaftvertreter auf das Thema zu sprechen, daß sie derzeit alle am meisten beunruhigt – das Problem, daß diese Tochtergesellschaft dem multinationalen Konsortium politisch und strategisch untergeordnet ist. Sie vergleichen das Gewerkschaftsmodell hier mit dem in Schweden:

- Ich habe den Eindruck, daß unser Gewerkschaftssystem stärker konflikt-orientiert ist und mehr Forderungen gestellt werden, als dies in Schweden der Fall ist. Dort sind die Gewerkschaften stärker an Strategien und Plänen des Unternehmens beteiligt, während wir hier mehr Forderungen stellen, ohne daß wir jedoch bis jetzt das selbe Maß an Partizipation erreicht haben. Das liegt daran, daß sie uns nicht teilhaben lassen, und nicht daran, daß wir das nicht wollten.

4.8 Die Beziehung zwischen Arbeiter und Gewerkschaften

Die Gesprächsteilnehmer stellten fest, daß die Gewerkschaften trotz einiger Schwierigkeiten, die sie momentan haben, immer noch einen gewissen Einfluß auf die Arbeiter haben:

- Wir genießen unter den Arbeitern immer noch ein gewisses Ansehen. Das zeigt sich beispielsweise bei der Überstundenkampagne. Da folgen die Leute bis zu einem gewissen Punkt immer noch unseren Anweisungen.

Das setzt gewisse Einflußmöglichkeiten innerhalb des Unternehmens voraus: »*Im Unternehmen und bei den Arbeitern haben wir immer noch was zu sagen.*«

Allerdings muß man diesbezüglich die Arbeiter nach Sektoren unterscheiden: »der Sektor, der am engsten mit uns verbunden ist, ist der Produktionsbereich; unter den Angestellten sind dann sehr viel seltener Gewerkschaftsmitglieder zu finden. Angesichts der Tatsache, daß ein weiteres strukturelles Problem in der veränderten Zusammensetzung der Arbeiterschaft liegt, sehen die Interviewten in der Situation ein weiteres Problem, das auf die Gewerkschaften zukommt:

- (...) Da bald die Mehrheit der Belegschaft aus Angestellten besteht, verlieren wir ein bißchen an Relevanz. Zwar wird in Gewerkschaftskreisen davon gesprochen, daß wir auch in diesen Bereich vordringen werden, aber die Wahrheit ist doch, daß das eine verdammt schwere Aufgabe sein wird!
- Eine Menge neuer Leute
- Sie sind anders...bei ihnen handelt es sich um qualifizierte Facharbeiter, um Akademiker, die denken ganz anders und wollen ihr Leben nicht unnötig komplizert machen, sie wollen Karriere machen und tun können was sie wollen. Sie verstehen unsere Konzepte von Solidarität und Klassen nicht.(..) und obwohl sie uns wenigstens zuhören – zumindest einige von ihnen – aber nicht immer, ist die Wahrheit die, daß wir einfach nicht wissen, wo wir mit diesen Leuten dran sind.

Als ob dieses Problem, in einer Gruppe Fuß zu fassen, die den Ansichten der Gewerkschaften eher gleichgültig gegenübersteht, nicht ausreichen würde, sehen sich die Gewerkschaften auch noch mit einer Unternehmenspolitik konfrontiert, die versucht aus dieser Situation Kapital zu schlagen. Die Unternehmensseite fördert Individualismus und versucht die verschiedenen Arbeitergruppen aufzubrechen:

- Erschwerend kommt hinzu, daß das Unternehmen Arbeiter auch außertariflich beschäftigt. Für diese Leute gelten die üblichen Vereinbarungen nicht, da sie individuelle Vereinbarungen abgeschlossen haben.

Für manche Arbeitergruppen ist die Idee solcher individueller Vereinbarungen nicht einmal nötig: »Obwohl sie schon derartige Vereinbarungen mit denen haben, die durch die Tarifverträge abgesichert sind.« Diese Aussage bezieht sich auf die hypothetische Bereitwilligkeit des Unternehmens gegenüber einigen Arbeitern, vor allem gegenüber jungen Ingenieuren und Facharbeitern, die neu in die Firma kommen.

Das bedeutet aber nicht, daß diese Gruppen überhaupt keine gewerkschaftliche Unterstützung mehr nötig hätten, wie folgende Kommentare zeigen:

- Sie glauben, daß sie allein, ohne Gewerkschaftsvertretung klar kommen...aber wenn dann mal Probleme auftauchen, kommen sie zu uns gerannt. Theoretisch wollen sie nichts mit dem Betriebsrat zu tun haben, aber wenn sie ein Problem haben kommen sie zu uns!

Zum Schluß fragten wir die Gewerkschaftsvertreter noch nach der Meinung, die die übrigen Angestellten, also nicht die Techniker oder Universitätsabsolventen über sie haben. Sie antworteten, daß sie bei Gewerkschaftswahlen immer noch einige Stimmen aus den Reihen der Angestellten erhielten, daß der Anteil der Mitglieder unter letzteren aber wesentlich geringer ist als unter den Arbeitern.

4.9 Gewerkschaftliche Tätigkeiten außerhalb des Unternehmens

Dieses Thema wurde in drei Abschnitte unterteilt:

4.9.1 Der Inter-Center-Rat

Über den Rat gibt es nichts nennenswertes zu berichten. Er scheint ordnungsgemäß zu funktionieren, vor allem wenn die Gewerkschaft im Legenés Betrieb am aktivsten und einflußreichsten ist.

4.9.2 Unternehmen der Gruppe in Spanien und Subunternehmen

Hierin besteht momentan die größte Herausforderung der Gewerkschaftsbewegung, weil, so erfuhren wir in den Interviews, in diesem Unternehmen bis auf Ericsson S. A. kein anderes Unternehmen der Gruppe in Spanien eine Gewerkschaftsvertretung hat, so daß die wichtigste Forderung, die nach gewerkschaftlicher Vertretung ist. Die Antworten, die uns die Gewerkschafter in diesem Zusammenhang gaben, sprechen für sich:

- Wir wollen die Leute dazu bewegen, Betriebsräte zu gründen, das ist zumindest unser Ziel, aber wir bekommen diesbezüglich keinerlei Unterstützung von den Leuten. Dazu kommt noch, daß diese Unternehmen noch sehr jung sind und meistens nur unsichere Zeitverträge vergeben. Diese Unsicherheit verängstigt die Leute und sie wollen dann nichts mehr mit irgendwelchen gewerkschaftlichen Dingen zu tun haben.
- Diese Unternehmen machen uns auch viel kaputt. Der Manager von Ericsson Redes war vorher beispielsweise bei uns als Manager der Installationsabteilung beschäftigt. Er übernimmt nun Marktanteile unserer Installationsabteilung, indem er billiger anbietet.

Wie nicht anders zu erwarten, ist dieses Problem bezüglich der Subunternehmen noch stärker ausgeprägt. Einmal mehr sprechen die Aussagen für sich:

- Ohje...
- (..) wir haben uns in einigen Unternehmen, die für uns arbeiten umgesehen und da gab es sogar Personen, die ohne Vertrag arbeiten. Wir haben es hier wirklich mit Ausbeutung der Arbeiter zu tun.
- Wir haben einige Gewerkschaftsstunden rausgeschlagen, so daß wir jetzt zusammen mit der Legenés Gewerkschaft immer erreichbar sind, wenn wir gebraucht werden, oder wenn sie wollen, daß wir eine Kampagne starten. Es gibt hier diese Industrieansiedlung..(...) wir wissen über alle Gewerkschaftstätigkeiten anderswo bescheid. Wir kennen auch die kleinen Betriebe innerhalb der Industrieansiedlung von Legenés und wir wissen, was wir dort tun müssen.

Es handelt sich dabei um ein recht komplexes, aber auch dringliches Problem, wie auch die von der CC.OO durchgeführte Studie zeigt.[6] Und wie dieser Gewerkschaftsvertreter zutreffend erklärt, ist die einzige Möglichkeit, Einfluß zu nehmen, und sei er noch so gering, die, daß sich Gewerkschafter, die bessere Möglichkeiten haben, also solche von größeren Unternehmen, der Probleme annehmen:

- Ich bin sehr skeptisch. Wenn da irgendjemand etwas ausrichten kann, dann wir mit unseren Beziehungen zu den Gewerkschaften. Die einzelnen Gewerkschaften können da eigentlich wenig machen und haben nicht genügend Möglichkeiten.

4.9.3 Beziehung zu den Europäischen Betriebsräten des Konsortiums

Das letzte Thema, auf das wir zu sprechen kamen, betraf die Beziehung zu den Betriebsräten der anderen Unternehmen der Gruppe. In den Antworten bezogen sich die Befragten immer wieder auf die in ihren Augen wichtigste Gewerkschaftsvertretung: die Schwedens.

Die Beziehungen der Gewerkschaften sind immer noch nicht formalisiert worden, weil dies aus gesetzlichen Gründen noch nicht möglich ist, aber: *»wir arbeiten daran.«*

Die Beurteilungen der informellen Beziehungen fallen immer recht ambivalent aus. Das hat zum einen damit zu tun, daß die Spanier sich den Schweden gegenüber untergeordnet fühlen, was auch mit der Abhängigkeit ihres Unternehmens von den Schwedischen Mutterkonzern zu tun hat. Und zum anderen sind die Spanier nicht so produktiv, wie sie es gerne wären.

So kommt es, daß sie einerseits darauf hoffen, daß sich die Beziehungen mit der Zeit verbessern, wenn sie die Verbindung zu den Schweden wie bisher aufrecht erhalten. Andererseits wissen sie aber auch, daß diese Beziehungen einiges an Konfliktpotential bergen:

- (...) ich betrachte die Situation als sehr widersprüchlich, weil im Endeffekt jeder sich selbst der Nächste sein wird.

- Ich kann mir das nicht ganz vorstellen. Natürlich hat es seine Vorteile, weil wir jetzt an Informationen kommen, die wir vorher nicht hatten. Aber wenn es darum geht, daß wir alle als Gewerkschaften gegen das multinationale Unternehmen antreten sollen, das sehe ich nicht kommen, nicht einmal auf lange Sicht.

---

6 vgl. v.a.: Blanco, J. und Otaegui, A. (1990), »Informe de síntesis del estudio sobre trabajadores de la pequena y mediana empresa« (Synthese der Studie über Arbeiter in KMUs), CC.OO.

USWA LOCAL 8782
Umstrukturierung bei Stelco Lake Erie Works
Tarp-Fallstudie

Durchgeführt von Matt Stables

Januar 1993, (Überarbeitet Juli 1993)

Inhaltsverzeichnis

I. Hintergrund

II. Umstrukturierung der Arbeitsablaufplanung

III. Inhalt der Umstrukturierungsvorschläge

IV. Aktualisierung - Juli 1993

Diese Untersuchung über die Arbeitsplatzumstrukturierung bei USWA Local 8782 (Stelco Lake Erie Works) hat 2 Schwerpunkte:
 Einerseits wird versucht werden, zu erklären, wie die Gewerkschaft ihre eigene Tagesordnung und Ziele entwickelt, während sie sich an Diskussionen mit dem Management beteiligt.
 Andererseits wird der Versuch unternommen, die tatsächlichen Änderungen am Arbeitsplatz, die die Folge dieser Diskussionen waren, zu beschreiben.
 Dieser Bericht wird eingeleitet durch die Darstellung von Hintergrundinformationen zum wirtschaftlichen Kontext, dem Produktionsprozeß und Produktionsanlagen, zur Zusammensetzung der Verhandlungseinheit und zur Geschichte der Beziehungen zwischen Gewerkschaft und Management.

I. Hintergrund

A. Wirtschaftlicher Kontext

1. Der Betrieb

Da Lake Erie Works (LEW) erst 1979 gegründet wurde, ist es das neueste integrierte Stahlwalzwerk Nordamerikas. Der Bau der Anlage kostete annähernd $ 2 Billionen, sie liegt an der Küste des Eriesees in der Nähe von Nanticoke, Ontario etwa 50 km von Hamilton, Ontario entfernt. Das Walzverfahren wandelt Rohstoffe (Eisenerz, Kalkstein, Kohle) in Eisen und dann in Stahl um, um letztendlich zu Brammen und fertige Rollen geformt zu werden. Es existieren 4 Abteilungen.

Der Betrieb unterhält ein Dockgebiet und ein Fördersystem für den Erhalt und den Transport von Rohmaterialien zu einem großen Lagerplatz, der an die eisenerzeugenden Anlagen angrenzt. Der Prozeß der Eisenerzeugung umfaßt eine Koksofenbatterie, sowie eine Anzahl von Lagerhäusern, wo das Material gemischt und zum Hochofen weitertransportiert wird, um dort das Eisen zu schmelzen. Bei dieser »Vorfertigung« (primary) werden ebenfalls andere marktfähige Nebenprodukte des Prozesses der Kokserzeugung und des Eisenschmelzvorgangs gewonnen.

Im Blasstahlwerk sind der Blasstahlkonverter, Pfannen und Werkzeuge zur Bewegung flüssigen Stahls, sowie Guß-, Form- und Schneidewerkzeuge untergebracht.

Im Warmbandwalzwerk werden die Brammen wiedererhitzt und zu aufgewickeltem Stahl gewalzt. In dieser Abteilung ist außerdem das Oberflächenwalzwerk, in dem kalte Rollen aufgewickelt werden, um Qualität und Größe anzupassen, sowie die Packerei und der Versand untergebracht.

Die betrieblichen Verkehrseinrichtungen umfassen den Handelsverkehr, LKW-Transport, mobile Kräne und innerbetriebliche Leistungen. Diese Abteilung hat ihren Sitz im Komplex für die zentrale Wartung, ist aber für den ganzen Betrieb verantwortlich.

Die Produktionsstätte verfügt über aktualisierte Technologien neuester Jahrgänge, die in guter Verfassung sind. Die anfängliche Ausrüstung wurde um einen RH-OB (Vakuumentgasung – chemische Wiedererhitzung) Komplex ergänzt. Die Kosten dieser im Jahre 1988 durchgeführten Ergänzung zum Blasstahlwerk beliefen sich auf ungefähr $ 50 Millionen und nur eine andere Produktionsstätte in Nordamerika besitzt diese Technologie ebenfalls. Die RH-OB-Einheit veredelt Stahl, indem sie Unreinheiten vor dem Gießen entfernt. Stahl von hoher Qualität wird so beständiger produziert und zudem ist die Herstellung von kohlenstoffärmerem Stahl möglich, was den Markt für LEW-Stahl erweiterte. Die Reduzierung der Kosten wurde durch das Abstechen der Schmelze bei einer festgelegten Temperatur und Energieeinsparungen durch chemisches Wiedererhitzen erreicht. Weitere Einsparungen resultierten aus niedrigeren Kosten für das Reagens (reagent).

Das Warmbandwalzwerk wurde ebenfalls verbessert – ein zweiter Wärmofen wurde 1988/89 in Betrieb genommen. Die Brammen werden nun abwechselnd von jedem der beiden Öfen in die Walzstraße eingeführt, wodurch die Zeitabstände zwischen der jeweiligen Einführung der Brammen von 8,5 auf 2,5 Minuten verringert wurden.

Ein fünfter »Stand« (Walzstraße) wurde außerdem hinzugefügt, was das Walzen dünnerer und breiterer Rollen ermöglicht. Die Hinzufügung eines fünften Standes verbessert zudem die Kontrolle über die Bänder, wenn sie in die Auflaufhaspel (down-coiler) eingeführt werden, wodurch der Ausschuß wegen Wrackwalzens reduziert wird.

Einige kleinere technologische Ergänzungen wurden durchgeführt, zum Beispiel wurde ein automatisches Verteilerspiegelregelungssystem (tundish level control) in den Gießer des Blasstahlwerks eingebaut. Ein automatisches Gießspiegelregelungssystem wird derzeit geprüft. Diese Systeme regulieren den Fluß des geschmolzenen Stahls in den Gießer und kontrollieren Risse und Durchbrüche. Zudem wurde ein Kokillenschattenrohr (moulder shroud) installiert, um Verunreinigungen des geschmolzenen Stahls während des Gußvorgangs zu vermeiden. Diese Änderungen wurden durchgeführt, um die Notwendigkeit der Brammenaufbereitung vor dem Walzen zu verringern.

Der Masselgießer der Vorfertigung wurde in den 80er Jahren stillgelegt, da Verbesserungen in der Steuerung des Produktflußes die Wahrscheinlichkeit, daß Eisenlager vor dessen Nutzung in der Stahlherstellung entstehen, ausschalteten.

Die Produktionskosten pro Tonne wurden seit 1990 bedeutend gesenkt. LEW senkte die augenblicklichen Kosten pro Tonne auf annähernd 75 % des Niveaus des Jahres 1990.

Zukünftige Ziele für eine Erweiterung der Kapazität des Betriebes sehen eine Steigerung um 350.000 Tonnen auf 2 Millionen Tonnen pro Jahr vor. Es wurden zwei mögliche Strategien ausgemacht, um dieses Ziel zu erreichen. Eine Möglichkeit wäre die Investition von $ 40 Millionen in die Entwicklung eines Hochofenabstichlochs, daß es ermöglicht das geschmolzene Eisen schon während der Schmelze aus dem Hochofen zu entnehmen und nicht erst danach. Die zweite Möglichkeit wäre die Beteiligung an einem Projekt zur Entwicklung eines Verfahrens der »direkten Eisenherstellung«, welches eventuell das Verfahren der Koksherstellung überflüssig machen würde, falls dieses Verfahren überhaupt zu realisieren ist.

2. Produkt

Der Betrieb produziert warmgewalzte Stahlrollen von hoher Qualität. Der Hauptteil der Produktion ist für den Automobilsektor bestimmt, obwohl das Mutterunternehmen 60 % des Outputs von LEW für die Weiterverarbeitung bei Hilton Works verbraucht, wo er kalt gewalzt, verzinkt oder direkt verkauft wird. In der Vergangenheit verfrachtete LEW Stahl in Form von Brammen, in den letzten Jahren jedoch verließen die Produkte das Werk in Form von Rollen.

3. Markt

Wie bereits erwähnt wurde, sind 60 % der LEW-Produktion für den Gebrauch bei Hilton Works bestimmt. Die verbleibenden 40 % des Outputs werden von einer Kerngruppe von ca. 14 Kunden, überwiegend aus der Automobilindustrie und damit verbundenen Industriezweigen, abgenommen. Daher ist LEW anfällig für Nachfrageschwankungen in der Automobilindustrie, genauso wie LEW auf eine fortgesetzte Nachfrage von Hilton Works angewiesen ist. Im Laufe der Zeit wurde die Konzentration auf den Markt für hochwertige Produkte und damit verbunden die Betonung der Qualität zur Marktstrategie erhoben. Zudem hat in den letzten Jahren eine Abkehr vom kanadischen Markt hin zum US-Markt stattgefunden. Diese Tendenz ließ die derzeitigen internationalen Handelsauseinandersetzungen zur Ursache der Besorgnis bei LEW werden.

Das Werk konkurriert nicht direkt auf den gleichen Märkten wie Kleinstunternehmen. Im Gegenteil, LEW sieht sich der Konkurrenz von nur wenigen Unternehmen, wie z.B. Dofasco, Inland, Bethlehem und Great Lakes, gegenüber, die ihre Produkte ebenfalls an dem Bedürfnis nach hohen Qualitätsstandards ausrichten. Innerhalb dieser Gruppe hat kein Unternehmen klare Wettbewerbsvorteile bezüglich der Produktionskosten. Während einige Werke niedrigere Kosten bezüglich der Personen-Stunden pro Tonne in einigen speziellen Abteilungen aufweisen, sind die Gesamtkosten der Produktion bei LEW und seinen Konkurrenten sehr ähnlich.

B. Verhältnis zum Mutterunternehmen

LEW gehört komplett Stelco Inc., was wiederum von Stelco Steel gehalten wird. Es ist eines von zwei integrierten Stahlwalzwerken, die von Stelco betrieben werden. Das andere ist Hilton Works in Hamilton, Ontario. Die LEW-Produktionsstätte wurde, in der Form in der sie heute existiert, Ende der 60er Jahre geplant und 1979 in Betrieb genommen. Es stellt die größte Einzelinvestition des Mutterunternehmens in den letzten Jahren dar und ist zudem der profitabelste Betrieb innerhalb der Kette. LEW versorgt das Stelco-Werk Hilton Works mit Stahlrollen, die sowohl in der Produktion bei Hilton Works, als auch durch das Joint-Venture »Z-Line«, welches auf dem Gelände von Hilton Works angesiedelt ist, verbraucht werden. Der Stahl von LEW wird auf der Basis von unternehmensbestimmten Transferpreisen an Hilton Works »verkauft«. Soweit lokale Angestellte feststellen können, reflektiert diese Art der Preisfestsetzung den Marktwert.

Dieses Verkaufs/Transfer-Arrangement entspricht der Praxis von Stelco, jedes der Zweigwerke als eigenständiges »Unternehmen« zu behandeln. Die Unabhängigkeit dieser Betriebe ist jedoch ziemlich illusorisch. Während LEW seine eigene Verkaufsabteilung weiterhin behält, werden mehrere Verwaltungsaufgaben (inklusive Versorgungsbezüge und Computerdienstleistungen) von der Unternehmenszentrale durchgeführt. Für diese und andere Dienste muß LEW eine Verwaltungsgebühr entrichten.

Es ist offensichtlich, daß, während das Management vor Ort eine gewiße Autonomie bei Entscheidungen auf der operativen Ebene (d.h. Organisation der Produktion, Sicherung von Lieferanten, Verkauf) besitzt, ein Großteil der Entscheidungsbefugnis auf strategischer Ebene bei der Zentrale zu verbleiben scheint. Diese »strategischen« Entscheidungen umfassen Dinge wie zum Beispiel die Prioritäten allgemeiner Unternehmensinvestitionen oder andere Dinge, die einen unmittelbaren Einfluß auf die Belegschaft und die Bedingungen der Gewerkschaft vor Ort haben. So ordnete der Geschäftsführer von Stelco R. Milbourne 1989 zum Beispiel an, daß die Betriebe ihre Kosten senken müssen, indem sie keine Subunternehmen mehr beschäftigen und keine Überstunden mehr fahren. Dadurch wurde das LEW-Management unter Druck gesetzt, neue Wege zu finden, um die (von der Zentrale vorgegebenen) Produktionsziele zu erfüllen. Für die lokale Gewerkschaft bot sich dadurch jedoch die Möglichkeit, ihre eigenen Vorstellungen bezüglich der Beschäftigung von Subunternehmen und anderen Fragen des Arbeitseinsatzes vorzubringen. Die Strategie des Managements bei Tarifverhandlungen ist mit weitergefaßten Unternehmenszielen verbunden. Der Konflikt im Jahr 1990 war zu einem großen Teil eine Folge der Bemühungen des Unternehmens, das System der unternehmensweiten Tarifverhandlungen zu demontieren. Während sich das Management die Möglichkeit bewahrte, eine »zentralisierte« Strategie zu entwickeln (die auf den Versuch hinauszulaufen schien, die Betriebe gegeneinander auszuspielen), versuchte es den örtlichen Betrieben die Möglichkeit zu verweigern, auf die Unternehmensoffensive gemeinsam zu antworten. Da LEW ein bedeutender Profit-Center für das Unternehmen darstellt, war »Local 8782« in der Lage diesem Druck zu widerstehen, andere waren dies nicht. LEW konnte darüber hinaus einen massiven Beschäftigungsabbau, wie er in anderen Stelco-Betrieben praktiziert wurde, abwenden.

C. Produktion

1. Beschreibung des Produktionsprozesses

Geschichtlich betrachtet wurde Stahl satzweise hergestellt – wie bei der Herstellung einer Ladung Kekse wurden die Zutaten zusammengetragen, gemischt und »gebacken«. Die Fähigkeit, Verfahren und Produktflüsse koordinieren zu können und das Aufkommen einer kontinuierlichen Gußtechnik hat die Stahlproduktion umgewandelt. Sie entspricht nun mehr einem kontinuierlichen Prozeß, in dessen Verlauf ein ständiger Strom von Materialien in ein marktfähiges Produkt überführt wird.

Die Entwicklung der Blasstahlkonvertertechnik leistete einen wichtigen Beitrag zu diesem Wandel, indem die Zeit der unstetigen Schmelze des Stahls bis zu einem Punkt reduziert wurde, an dem geschmolzener Stahl (idealerweise) ständig für den Guß verfügbar ist. Das Gleichgewicht zwischen Schmelze und Guß wird durch einen rotierenden Turm, der an den Bereich des Gießers angrenzt, aufrechterhalten. Der geschmolzene Stahl wird in Pfannen dem Gießer zugeführt, der bereit ist für den Input, wenn der Gußvorrat erschöpft ist. In Wirklichkeit wird Stahl immer noch in unstetigen Sätzen gefertigt, dem Gießer jedoch kontinuierlicher zugeführt.

Bei LEW wurde durch das Hinzufügen eines zweiten Wärmofens eine ähnliche Verbesserung des »Flusses« im Warmbandwalzwerk erreicht. Die erhöhte Wiedererhitzungskapazität hat den Vorteil, daß das Walzwerk nicht mehr stillsteht bis ihm neue Brammen zugeführt werden, wodurch es Rollen auf kontinuierlichere Art und Weise produziert. Eine Reihe von Umständen kann diese Kontinuität stören. Jeder Produktionsschritt ist für spezifische Produktionsprobleme anfällig, wobei die verstärkte Interdependenz der Schritte zur Folge hat, daß diese Probleme einen größeren Einfluß auf die Gesamtproduktion haben. Zum Beispiel führt die Beseitigung des Masselgießers aus dem Produktionsprozeß dazu, daß im Falle einer Unterbrechung der Eisenherstellumg keinerlei abrufbare Eisenreserven für die Stahlherstellung zur Verfügung stehen. Im Gegenteil, die Nachfrage nach Eisen in der Stahlherstellung übersteigt häufig den Output der Eisenherstellung. Folglich verkleinert sich der Fehlerspielraum bei der Produktionsplanung. Verbesserte Integration bedeutet, daß die einzelnen Schritte der Überführung von größerer Bedeutung für die Kontinuität des Produktionsprozesses sind. Es besteht eine größere Abhängigkeit von der Leistung mobiler und feststehender Anlagen sowie vom Personal, das für die Beförderung des heißen Metalls zuständig ist.

2. Produktionsprobleme und Engpässe

Jeder Produktionsschritt ist anfällig für Störungen. Einige hängen mit der Art des Verfahrens und der Technologie eines bestimmten Schrittes zusammen. Andere Probleme ergeben sich aus der Verknüpfung einzelner Schritte.

a) Vorfertigung

Die Wartung der Öfen stellt eine der Hauptaufgaben der Vorfertigung dar. Die Verfahren der Neuzustellung werden durch die Prüfung eines automatisierten, hitzebeständigen Sprühverfahrens modifiziert. Hochofen-»twyers« sind anfällig für Schäden und müssen daher oft repariert und ausgetauscht werden.

Die Zeit, die für einen Durchlauf der Eisenproduktion benötigt wird, war Gegenstand zahlreicher Diskussionen. Im Februar 1992 wurde im Zuge des Umstrukturierungsprozeßes der Versuch unternommen, die Durchlaufzeit zwischen den Gußvorgängen von 90 auf 60 Minuten zu verringern. Obwohl die Durchschnittszeit zwischen den Gußvorgängen von 99 auf 69 Minuten reduziert wurde, ließ das Unternehmen das Projekt fallen, weil das 60-Minuten-Ziel verfehlt wurde.

b) Blasstahlwerk / RHOB (Vakuumentgasung – chemische Wiedererhitzung)

Aktivitäten in diesen Bereichen hängen von der Eisenzulieferung der Vorfertigung ab. Treten Probleme mit der Eisenversorgung auf, bleibt dieser Abteilung nichts anderes übrig, als Brammen von außerhalb zu beziehen, da es nicht möglich ist solche Probleme unabhängig zu lösen. Für die Durchführung von RHOB-Arbeitsschritten ist zudem die Versorgung mit heißem Stahl aus dem Blasstahlkonverter notwendig. Eine Ursache von Stillstandszeiten ist die Notwendigkeit der regelmäßigen Überholung der Gefäße und Pfannen. Die Blasstahlkonverter- bzw. RHOB-Auskleidungen müssen nach 5000 Erhitzungsvorgängen erneuert werden. Diese Wartungsarbeiten sind in die Produktionspläne eingegliedert und dauern in der Regel 4 Tage. Neue automatisierte, hitzebeständige Sprühverfahren wurden installiert, um eine tägliche Wartung durchzuführen und die Lebensdauer der Gefäßauskleidungen zu verlängern. Das System der Neuzustellung (relining) von Pfannen wurde ebenfalls modifiziert. Dauerhaftere Materialien reduzieren die Frequenz der Neuzustellungen genauso wie der Gebrauch einteiliger Pfannenunterseiten.

Andere Probleme treten während des Gußvorgangs auf. Die manuelle Höhenregelung im Verteiler ist eine Aufgabe bei der man viel Fingerspitzengefühl benötigt. Außerdem kann die unbeständige Zufuhr von Metall zum Gießer zu Problemen führen. Es wurden automatisierte Steuerungen eingeführt, um diese Stufe zu regulieren. Diese Steuerungen konnten jedoch die Probleme auf dieser

Stufe wie z. B. die Bläschenbildung durch Sauerstoff, Schlacke im geschmolzenen Stahl oder Risse in der Walzhaut und Durchbrüche (wobei Metall während des Guß-/Formvorgangs außer Kontrolle gerät) nicht komplett eliminiert werden. Das kürzlich eingebaute Schattenrohr ist ebenfalls anfällig für Risse und undichte Stellen.

c) Warmbandwalzwerk

Das Warmbandwalzwerk benötigt eine stetige Zufuhr von walzfertigen Brammen, besonders seit die Kapazität durch einen zweiten Wärmeofen erhöht wurde. Neuerungen im Gußverfahren reduzierten die Anzahl von Vorarbeiten, die notwendig sind, damit die Brammen gewalzt werden können. Dadurch wurde eine potentielle Ursache für Verzögerungen bei der Versorgung des Warmbandwalzwerks mit Brammen ausgeschaltet. Der Walzvorgang als solcher stellt jedoch auch eine Fehlerquelle dar. Bis vor kurzem gab es bei zwei Stufen des Walzverfahrens chronische Probleme. Die Verpackung der Rollen umfaßte ein Absetz-Verfahren, das manchmal Rollen beschädigte und deren Weiterverarbeitung im Fertigwalzwerk erschwerte. Die Arbeiter stritten mit den Technikern bis dieser Schritt im Jahr 1988 korrigiert wurde. Die Techniker filmten den Prozeß der Verpackung der Rollen (ohne die Arbeiter davon zu unterrichten), analysierten die Eingriffe der Arbeiter und entwickelten ein automatisiertes System, um effiziente manuelle Eingriffe nachzuahmen. Obwohl dies zu geringeren Produktionsverzögerungen führte, berichten die Arbeiter, daß bei dieser Stufe des Walzverfahrens noch immer manuelle Eingriffe nötig sind.

Die Inbetriebnahme der Walzstraße war ein unmittelbarer Mißerfolg mit dem Verlust einiger Brammen aufgrund ungenauer Meßungen (Walzstärke) zu Beginn des Produktionsprozesses. Dieses Problem wurde entschärft durch den Einbau von Walzgerüsten mit elektro-hydraulischen Systemen, um diejenigen mit elektro-mechanischen Vorrichtungssteuerungen zu ergänzen. Die elektro-hydraulischen Systeme reagieren leichter, sind genauer und effizienter als elektro-mechanische Steuerungen.

Nach Meinung der Arbeiter wurde das Warmbandwalzwerk-Verfahren bis zu einem Punkt verbessert, an dem die Monotonie und Intensität der Arbeit die Konzentrationsfähigkeit der Arbeiter auf die Probe stellt und eine mindestens ebenso große Gefahr für einen ungestörten Produktionsprozeß darstellt wie technische oder Versorgungsprobleme.

D. Beschreibung der Arbeiterschaft

Seit August hat die Verhandlungseinheit 985 Mitglieder, von denen 20-30 Frauen sind.

Mit Ausnahme einer kleinen Gruppe von Arbeitern, die im Rahmen von Versetzungsmaßnahmen von anderen Stelco-Werken zu LEW kamen, wurden die meisten Arbeiter neu eingestellt, als das Werk 1979 in Betrieb genommen wurde. Folglich ist die Dauer der Betriebszugehörigkeit unter der Arbeiterschaft ziemlich homogen und kumuliert um die 12-Jahres-Marke. Die Neueinstellungen waren gewöhnlich junge Männer, die aus Hamilton oder anderen kleinen Städten aus der Umgebung des Betriebes kamen. Eine Gruppe von 30-50 Facharbeitern wurde während der Startphase aus Großbritannien angeworben. Die Belegschaft wurde 1984 ausgeweitet, als neue Leute für das Warmbandwalzwerk durch bevorzugte Einstellungsbedingungen gewonnen werden konnten. Eine weitere Expansion fand 1989 statt, indem frühere Arbeiter von Canada Works und Hilton durch ebendiese Bedingungen in den Betrieb kamen.

Drei Kategorien der Seniorität werden angewendet, um die Ansprüche der Arbeiter zu bestimmen. Die Dauer der Unternehmensseniorität bildet die Grundlage für die Festlegung von Ansprüchen auf Altersversorgung, Unternehmensversicherungsleistungen und Urlaub. Die LEW-Seniorität bestimmt den Prozeß der zeitlich befristeten Freistellung. Die Abteilungsseniorität ist ein Faktor unter anderen, nach dem Stellenbesetzungen vorgenommen werden und Urlaub gewährt wird. Die Arbeitnehmer, die unter bevorzugten Einstellungsbedingungen in den Betrieb kamen, weisen die größten Unterschiede innerhalb dieser Senioritätskategorien auf. Bei den anderen ist das Senioritätsniveau im allgemeinen ungefähr gleich, da das Datum der Einstellung durch das Unternehmen oft mit dem Datum der Einstellung durch LEW identisch ist.

E. *Gehalts- und Beurteilungssystem*

Die Lohnhöhe wird durch Verhandlungen festgelegt unter Bezugnahme auf CWS, der bevorzugten Methode der Stellenbeurteilung.

Bei Verhandlungen über Gehaltsstufen gibt es zwei Vorgehensweisen. Zum einen werden allgemeine Stufen durch Tarifverhandlungen festgelegt, zum anderen wird über Gehaltsstufen aber auch im Rahmen von Vereinbarungen über Umstrukturierungen verhandelt, wenn diese Vereinbarungen die Aufgaben und Verantwortlichkeiten von Mitgliedern der Verhandlungseinheit abändern.

Der Umstrukturierungsprozeß ging bis an die Grenzen von CWS und der »tech-change«-Bestimmungen als Methode der Beurteilung und Rechtfertigung von Korrekturen der Gehaltsstufen. Speziell die »tech-change«-Bestimmungen betreffen ausschließlich Fragen der Produktionstechnik, während die Initiativen zur Umstrukturierung über den Produktionsapparat hinausgehen und die »Organisationstechnik« ändern. Diese Änderungen können das Wissen und die Fähigkeiten der Arbeiter umfassen, wie z.B. im Bereich der Vorfertigung, wo von allen Arbeitern erwartet wird, daß sie falls erforderlich jede Aufgabe in dieser Abteilung ausüben können. Die Gewerkschaft hofft, daß über das System der Beurteilung jedes Arbeitsplatzes hinausgegangen wird und eine Form der »Bezahlung für Wissen« entwickelt wird, die den vollen Wert der Fähigkeiten eines Arbeiters berücksichtigt. Aus diesem Grund untersuchen Gewerkschaftssekretäre vor Ort, in welchem Ausmaß das SES-Beurteilungssystem angepaßt oder modifiziert werden kann, um diesem Anliegen gerecht zu werden, ohne die gegenwärtigen LEW-Lohnsätze zu untergraben. Ziel dieser Bemühungen ist es, einen Argumentationsstrang für Lohnsätze zu entwickeln (mit Überzeugungskraft um das Management zu überreden), der unabhängig von der Verhandlungsstärke der Gewerkschaft vor Ort zu einem bestimmten Zeitpunkt ist.

F. Rolle der Auftragnehmer

Da die Praxis der Beschäftigung von Subunternehmen weiter anhielt, wurde die Diskussion intensiviert, als der Geschäftsführer von Stelco R. Milbourne eine Begrenzung der Überstunden und der Beschäftigung von Subunternehmen forderte. Der Erlaß von Milbourne galt der Kostenreduzierung. Die lokale Gewerkschaft nutzte jedoch die Gelegenheit, um auf eine vertragliche Regelung und die Schaffung spezieller Mechanismen zu drängen, die der Gewerkschaft vor Ort einen größeren Einfluß bei der Regelung des Gebrauchs von Auftragnehmern verschaffen, um Arbeit im Werk zu verrichten. Während der Verhandlung 1990 wurde eine Regelung getroffen, die die Beschäftigung von Subunternehmen verbietet, falls dies einen Verlust von Arbeitsplätzen innerhalb der Verhandlungseinheit zur Folge hätte oder falls Mitglieder der Verhandlungseinheit die Arbeit verrichten bzw. die Arbeit innerhalb eines angemessenen Zeitraums erlernen können.

Es wurde ein Mechanismus entwickelt, um zu ermitteln, ob Arbeit ohne Verletzung dieser Bedingungen an Auftragnehmer vergeben werden kann. Da ein Großteil der Unternehmen, die Auftragnehmer beschäftgen Auswirkungen auf die Bereiche der Facharbeiter wünscht, wurden gewerkschaftliche Vertreter der Berufsgruppen in das Verfahren der Bewertung einbezogen. Die Fähigkeit der Berufsgruppenvertreter solche Bewertungen durchführen zu können, wurde verbessert durch deren Beteiligung am »Berufsgruppen-Ausbildungsausschuß«, der sich aus Repräsentanten jeder Berufsgruppe zusammensetzt. In diesem Ausschuß wird die Frage diskutiert, was die Berufsgruppen tun können oder sollen und wie man dem Bedarf an Facharbeitern im Werk gerecht werden kann.

Das Unternehmen unterrichtet zuerst diese Vertreter der einzelnen Berufsgruppen von ihrem Wunsch, Arbeit von externen Auftragnehmern verrichten zu lassen. Die Vertreter ermitteln dann, ob die Arbeit von Mitgliedern der Verhandlungseinheit verrichtet werden kann und teilen den Gewerkschaftsvertretern im »Senior Level Committee« (SLC) ihre Empfehlung mit. (Der SLC setzt sich aus Vertretern des höheren Managements und der Gewerkschaftsführung zusammen und beschäftigt sich mit den Themen, Umstrukturierung, Vergabe von Arbeit an Auftragnehmer, Ausbildung, Terminplanung und Plänen zur Gewinnbeteiligung). Ist eine Konsultation der Berufsgruppenvertreter nicht erforderlich, beschäftigen sich direkt die SLC-Vertreter mit den Nachfragen nach einer Beschäftgiung von Auftragnehmern. Der SLC entscheidet dann, ob externe Auftragnehmer beschäftigt werden oder nicht. Alle Kontroversen bleiben betrüblich – bis heute hat das Unternehmen alle Bestimmungen der Gewerkschaftsvertreter mit einer Ausnahme akzeptiert, aber auch in diesem Fall konnte vor der Schlichtung eine Einigung erzielt werden.

Die Gewerkschaft überwacht und dokumentiert computergestützt alle Anfragen nach externen Auftragnehmern und auch deren tatsächliches Engagement. Mit Hilfe dieser Information war es den lokalen Gewerkschaftsvertretern möglich, einige »Routine«-Anfragen auszumachen, die regelmäßig genehmigt werden. Andere Anfragen, die manchmal neue Auftragnehmer oder neue Arbeitsformen betreffen, durchlaufen das eingeführte Verfahren zur Beurteilung.

Einige Arbeitsgänge, die regelmäßig an Auftragnehmer vergeben werden, umfassen:

- die Verarbeitung der Schlacke (wird auf dem Betriebsgelände von Hekkett's erledigt)
- die Überholung der Kessel
- den Austausch der Gleisanlagen
- den Umbau der Lokomotive
- die Arbeit in hohen Gefilden (Turmarbeiter)
- die Hitzebeständigkeit

Arbeitsgänge, die bisher an Auftragnehmer vergeben wurden, nun aber von Mitgliedern der Verhandlungseinheit verrichtet werden, umfassen:

- die Wartung
- das Hochheben von Technikern
- Hochdruck-Schweißarbeiten
- Gießer- und Walz-Nachschweißarbeiten

D. Hintergrund der Tarifverhandlungen

Nach der Gründung im Jahr 1979 spielte USWA Local 8782 eine aktive Rolle bei LEW seit der Inbetriebnahme des Werks. Das Thema der Umstrukturierung war Teil des Alltags im Werk seit dessen Inbetriebnahme. Es begann mit der vom Unternehmen eingeleiteten Zusammenlegung verschiedener Aufgaben innerhalb der Berufsgruppen. Schweißer / Konstrukteure, Industriemechaniker und Elektriker arbeiteten alle nach Arbeitsbeschreibungen, die die Kenntnis mehrerer verschiedener handwerklicher Fertigkeiten voraussetzten. Der Höhepunkt der Krise war 1982 erreicht, als die Industrie-Maschinenschlosser / Mechaniker in den Dienstplan der Berufsgruppen integriert wurden - einige meinen, daß der damalige Vorsitzende des Betriebes die folgende Wahl teilweise deswegen verlor, weil die Zusammenlegung der Aufgaben zu einem Anwachsen von nur einer einzigen Berufsklasse führte. Unzufriedenheit mit diesem und anderen Ergebnissen bei der Festlegung der Lohnsätze der Berufsgruppen war offensichtlich im Betrieb und einige Elektriker überlegten in den 80er Jahren, ob sie aus der USWA austreten und einer Fachgewerkschaft beitreten sollten. Aufgabenbereiche und Tarife der Berufsgruppen blieben weiterhin ein Thema und erst während der letzten Verhandlungsrunde wurde festgestellt, daß Facharbeiter aufgrund der hohen Löhne, die »außerhalb« bezahlt werden aus dem Werk weggelockt werden. Facharbeitern von außerhalb wurde zudem mehr bezahlt, wenn sie auf Werksvertragsbasis im Betrieb arbeiteten. Folglich war die lokale Gewerkschaft daran interessiert, Verbesserungen bei den Bestimmungen zur Beschäftigung von Auftragnehmern während der Verhandlungsrunde 1990 zu erreichen.

Die Tarifrunde 1990 war in vielerlei Hinsicht ein Wendepunkt. In vorangegangenen Verträgen wurden keine bedeutenden Zugewinne bei den Löhnen für die Mitgliedschaft erzielt – der Vertrag des Jahres 1984 sah lediglich eine Erhöhung um 55 Cents pro Stunde über drei Jahre vor, während 1987 sogar eine Nullrunde gefahren wurde. Die unternehmensweite Konzentration auf Verbesserungen bei den Renten bedeutete einen kleinen Trost für die relativ »jugendliche« Mitgliedschaft von Local 8782. Die Gewerkschaft vor Ort sah sich der Herausforderung gegenüber, im Jahr 1990 eine Lohnerhöhung zu erreichen und gleichzeitig Versuche des Unternehmens abzuwehren, die Mitgliedschaft mit Plänen für Zulagen, Anreizsysteme und freiwillige Zusatzleistungen sowie einer Werbeblitzaktion mit Schmeicheleien durch den Arbeitgeber, zu beeinflussen. Stelco widersetzte sich außerdem dem Verfahren unternehmensweiter Verhandlungen, indem Stelco aktiv den Abschluß »unabhängiger« Vereinbarungen mit verschiedenen lokalen Organisationen suchte.

Zusätzlich zu den Themen Lohnerhöhung und Beschäftigung von Auftragnehemern mußte sich die lokale Gewerkschaft mit Vorschlägen des Unternehmens zu erhöhter Flexibilität und Produktivität sowie der Einführung der Bediener-Wartung auseinandersetzen. Da diese Phrasen normalerweise eine Reduzierung der Arbeiterschaft implizieren, suchte die Gewerkschaft nach Wegen, diese Ziele unter Wahrung der Beschäftigungssicherheit zu erreichen. Ein Weg, den die Gewerkschaft einschlug, um dies zu erreichen, war eine Initiative zur Umstrukturierung des Bereichs der Instandhaltung. Als Reaktion auf den Mangel an Arbeitskräften auf diesem Gebiet stimmte die Gewerkschaft zu, daß ungefähr ein Dutzend Arbeitsbeschreibungen zu zwei Aufgabenkategorien für Instandhaltungsspezialisten zusammengefaßt wurden. Zudem versuchte sie ein Ausbildungs- und Beförderungssystem einzurichten, das es den Arbeitern ermöglicht, ihre Qualifikationen auszuweiten und Mobilität innerhalb der Arbeiterschaft erzeugt.

Da der Plan vor den Verhandlungen eingeleitet wurde, akzeptierte das Unternehmen denselben am Verhandlungstisch als Teil eines weitergefaßten Berufsgruppen-Umstrukturierungsplans. Das Unternehmen und die Gewerkschaft handelten außerdem gemeinsame Umstrukturierungsinitiativen für Leistungen auf dem Werksgelände und für Bediener-Wartungsarbeiten im Warmbandwalzwerk aus.

Der SLC, der »Berufsgruppen-Ausbildungsausschuß« (BAA) und Unterausschüsse wurden als Teil des Vertrags des Jahres 1990 gegründet. Diese Organe sollten die Entwicklung und Umsetzung zukünftiger Umstrukturierungsinitiativen leiten. Nachdem dieser Rahmen geschaffen war, nahmen die Gewerkschaft und das Unternehmen den Umstrukturierungsprozeß in Angriff auf der Basis von Verhandlungen für jede einzelne Abteilung. Die Gewerkschaft wollte über diesen stückweisen Ansatz hinausgehen mit einer Reihe von Vorschlägen, die sich eher auf allgemeine Tätigkeiten, als auf spezielle Abteilungen beziehen, doch Diskussionen dieser Art brachten bis jetzt noch kein konkretes Ergebnis. Während die Unternehmensseite darauf hoffte, die Diskussionen auf die Stellen innerhalb der Verhandlungseinheit beschränken zu können, ging die Gewerkschaft über die Erwartungen der Unternehmensseite hinaus, indem sie die Rolle der Gehaltsempfänger überprüfte. Die gewerkschaftlichen Vorschläge zur Übertragung von Befugnissen erweiterten die Tagesordung in beiderlei Hinsicht, darauf abzielend, Aufgaben von Gehaltsempfängern auf Mitglieder der Verhandlungseinheit in den meisten Bereichen des Betriebes zu übertragen.

Die Beteiligung am Umstrukturierungsprozeß eröffnete der Gewerkschaft die Möglichkeit, eine eigene Tagesordnung zu entwickeln und diese auch vorzulegen. Außerdem führt sie Verhandlungen, die über den traditionellen Rahmen von Tarifverhandlungen hinaus gehen und akzeptiert dadurch das Risiko, Neuland zu betreten. Um diese Risiken zu minimieren verlangte die Gewerkschaft, daß zwei grundlegende Bedingungen erfüllt sein müssen, damit sie sich weiter an dem Prozeß der Umstrukturierung beteiligt. Die erste besteht darin, daß das Management sich bemüht, betriebliche Verbesserungen OHNE Stellenkürzungen durchzuführen (Kürzungen fanden aus altersbedingten Gründen statt). Die zweite Bedingung ist, daß Initiativen Gegenstand von Verhandlungen sind und nicht vom Management aufgezwungen werden. Verschiedene Managementebenen versuchten gelegentlich diese Bedingungen zu umgehen. Die Gewerkschaft war in der Lage auf verschiedene Art und Weise zu reagieren. Das Beschwerdeverfahren und das »Senior Level Committee« sind Foren, die benutzt wurden, um Probleme dieser Art beizulegen. Lokale Gewerkschaftsvertreter führten gelegentlich Diskussionen in den Abteilungen, wenn ihre Gegenüber scheinbar nicht bereit waren, die Bedingungen der Gewerkschaft zu respektieren. Schließlich gelang es den Vertretern vor Ort durch die Aufrechterhaltung der Kommunikation mit den Mitgliedern, diese über Problemsituationen zu informieren und zu ermutigen, ihre eigenen Bedenken zu artikulieren, wodurch zusätzlicher Druck auf das Management und das Aufsichtspersonal ausgeübt wurde.

Die Gewerkschaft hofft, in den bevorstehenden Verhandlungsrunden ihre Möglichkeit der Beeinflußung des Umstrukturierungsprozesses stärken zu können, indem sie die Unternehmensseite überredet, Mittel für die Schulung von Mitgliedern der Verhandlungseinheit und Gewerkschaftsvertretern bereitzustellen. Die Gewerkschaft hofft besonders, die Fähigkeit der gewerkschaftlichen Vertrauensleute verbessern zu können, Mitglieder an der Entwicklung, Umsetzung und Überwachung von Umstrukturierungsmaßnahmen in allen Bereichen des Werkes weiterhin zu beteiligen. Dies wird sowohl die Aushandlung von Schulungsmöglichkleiten, die es den Vertrauensleuten ermöglichen, diese Aufgaben wahrzunehmen, umfassen, als auch die Aushandlung von Verfahren, die einen Beitrag von allen Ebenen der Mitgliedschaft sichern.

Als Folge der Umstrukturierung in einigen Bereichen wird eine Klarstellung der Definitionen und Pflichten von Aufgaben für notwendig erachtet. Die Gewerkschaft erhofft sich zudem, Einfluß auf die Verteilung der Mittel und Investitionsentscheidungen zu gewinnen. Eine Verbesserung der Bestimmungen zum technologischen Wandel wird als Schlüsselement dieses Ziels betrachtet.

Man spürt, daß die Unterstützung der Mitgliedschaft während des Umstrukturierungsprozesses hoch blieb. In erster Linie, weil die Mitglieder an diesem Prozeß beteiligt waren und weil die Kommunikation zwischen den Mitgliedern und der Führung aufrecht erhalten wurde. Besorgnis herrscht unter den Mitgliedern aus den jeweiligen Berufsgruppen. Einige Berufsgruppenvertreter wiesen darauf hin, daß solche Initiativen, wie die Bediener-Wartung von den Facharbeitern als Möglichkeit angesehen werden, ihre Aufgaben zu unterminieren. Jede ausgehandelte Umstrukturierungsvereinbarung muß diese Bedenken berücksichtigen, wenn die aktive Unterstützung der Mitglieder aus den einzelnen Berufsgruppen aufrecht erhalten werden soll.

II. Umstrukturierung der Arbeitsablaufplanung

A. *Verhandlungen über die Arbeitsumorganisation*

Bis heute bestand das formale Modell für den Umstrukturierungsprozeß aus dem »Senior Level Committee« (SLC), dem Berufsgruppen-Ausbildungsausschuß (BAA) und Ad-hoc-Arbeitsausschüssen auf der Ebene der Abteilungen. Die Gewerkschaftsvertretung im SLC rekrutiert sich aus dem lokalen Vorstand. Die Arbeitsausschüsse setzen sich aus Mitgliedern der betroffenen Abteilung zusammen. In manchen Fällen wurden zusätzlich andere Mitglieder, die Erfahrung mit der Erstellung von Studien haben, hinzugezogen. Das Unternehmen hat seine eigenen Vertreter im SLC und trifft sich zudem mit seinem eigenen Arbeitsausschuß, um sich mit jeder Abteilungsstudie zu befassen. Die Arbeitsausschüsse halten gemeinsame Sitzungen ab, um Umstrukturierungsvorschläge zu entwickeln und diesen eine endgültige Form zu geben, so daß sie dem SLC zugeleitet werden können. Der BAA setzt sich aus Mitgliedern der Verhandlungseinheit zusammen, die die einzelnen Berufsgruppen repräsentieren. Der BAA untersucht Probleme, die ihm von der Belegschaft, von den Arbeitsausschüssen und vom lokalen Vorstand zugeleitet wurden. (Am Anfang entsprach die Umstrukturierung nicht diesem Modell, da die ersten Projekte vor den Verhandlungen im Jahr 1990 durchgeführt und im Rahmen des Verhandlungsprozesses angenommen wurden.)

Der SLC trägt die Verantwortung für die Gesamt-Koordination der Umstrukturierung und ist das Forum für die Vereinbarung von Initiativen. In jedem Bereich, der für eine Umstrukturierung untersucht wird, halten die Arbeitsausschüsse der Gewerkschaft Gruppentreffen ab, erstellen Gutachten und führen Einzelgespräche mit Mitgliedern, die in diesem Bereich arbeiten. Von diesen drei Methoden werden durch die Einzelgespräche am meisten Informationen gewonnen. Die Arbeitsausschüsse sammeln außerdem Informationen über Aufgabenbeschreibungen, Qualifikations- und Ausbildungswünsche, die Länge der Betriebszugehörigkeit, existierende Aufstiegslinien durch die Stellen in diesem Bereich und Verfahren der Gesundheit und Sicherheit in diesem Bereich. Diese Information stellt die Grundlage für die Entwicklung von Vorschlägen dar, die dem Ausschuß des Managements vorgelegt werden. Vorher werden die Vorschläge jedoch vom gewerkschaftlichen Ausschuß für Gesundheit und Sicherheit, der Änderungen vorschlagen kann, nochmals überprüft. Außerdem werden die Vorschläge nochmals vom BAA überprüft, um festzustellen, ob die Änderungen Auswirkungen auf die Aufgaben haben, welche normalerweise von bestimmten Berufsgruppen durchgeführt werden. CWS-Ausschüsse der Gewerkschaft und des Unternehmens müssen jeder Umstrukturierungsinitiative zustimmen, die eine Änderung der Berufsklassifizierung oder der Lohnsätze vorsieht. Nachdem die Arbeitsausschüsse der Gewerkschaft und des Managements die Formulierung ihrer Vorschläge abgeschlossen haben, müssen sie die Zustimmung beider Seiten im SLC erhalten.

Der Weg eines Vorschlages bis zu seiner Umsetzung:

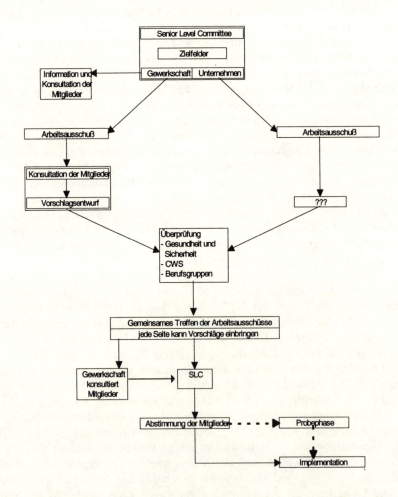

Die Gewerkschaft ging dazu über, die Vorschläge vor deren Umsetzung durch eine Abstimmung unter den Mitgliedern des betroffenen Bereichs absegnen zu lassen. Obwohl es keine vertragliche Regelung gibt, die das Unternehmen formal dazu verpflichtet, die Entscheidung der Mitglieder zu respektieren, wurde dieses Verfahren von der Gewerkschaft angenommen, um die Mitglieder zu informieren und zu beteiligen und um sicherzustellen, daß die Gewerkschaftsführung ihre Befugnisse nicht überschreitet.

B. *Gewerkschaftliche Initiativen*

Zusätzlich zu diesem formalen Modell für gemeinsame Initiativen in speziellen Bereichen versucht die Gewerkschaft auch allgemeine Probleme, die sich aus deren Beteiligung an diesem Verfahren ergeben, zu lösen. All diese Probleme haben als gemeinsamen zentralen Punkt die Möglichkeit für einen Wandel in den Beziehungen zwischen Mitgliedern der Verhandlungseinheit, Gewerkschaftsvertretern, dem Aufsichtspersonal und dem Management. Innerhalb der lokalen Gewerkschaft wurden folgende Felder der Besorgnis ausgemacht: »Arbeiter-Empowerment«, »Berufsgruppen-Berufsgruppen-Produktion« und »Gewerkschaftliche Umstrukturierung«.

1. *»Arbeiter-Empowerment«*

»Arbeiter-Empowerment« ist ein vielgebrauchter Terminus mit einer noch größeren Auswahl an Definitionen. Local 8782 versuchte diesem Begriff eine konkrete Bedeutung zu geben, indem Local 8782 diesen Begriff in bezug auf die Übertragung von traditionellen Aufsichts- bzw. Management-Funktionen auf die Mitglieder der Verhandlungseinheit verwendete. Letztendlich könnte dies die Auswirkungen von Arbeitsplatzkürzungen von den stündlich bezahlten Arbeitern wegverlagern. Durch die Befriedigung oder Eliminierung des Bedürfnisses nach Aufsichtsfunktionen versuchte die Gewerkschaft die Suche nach Kostenreduzierungen auf die Aufsichtsebene zu verlagern, die – in allen Industriezweigen – von Arbeitsplatzkürzungen meist verschont blieben, da diese die stündlich bezahlten Arbeiter trafen.

Die Gewerkschaft vor Ort erstellte einige Leitlinien für ihre Initiative zur Übertragung von Befugnissen auf untere Hierarchieebenen. Zunächst sollen im Rahmen dieser Initiative stärker die Befugnisse der lokalen Gewerkschaft als kollektives Wesen erweitert werden, als die Befugnisse der Individuen. Daraus folgt das zweite Ziel, nämlich die Vermeidung der Ausübung direkter disziplinarischer Gewalt von Mitgliedern über Mitglieder. Drittens müssen ausreichende Mittel für die Ausbildung und Einsetzung von Leuten, die neue Aufgaben übernehmen, vom Unternehmen bereitgestellt werden.

Es wurde anerkannt, daß bestimmte Funktionen außerhalb der Verhandlungseinheit verbleiben. Zum Beispiel muß Vertretern des Managements der Zugang zum Betrieb möglich sein, um den Umwelt- und Gesundheits & Sicherheitsvorschriften zu entsprechen. Das Management übernimmt außerdem die Funktion eines »Blitzableiters« im Falle von Unzufriedenheiten, eine

Funktion, die die Gewerkschaft vor Ort natürlich nicht übernehmen möchte. Manche Arten der formalen Managementpräsenz müssen erhalten werden, um die Wirksamkeit der Beschwerdeverfahren und der disziplinarischen Regelungen, die der Tarifvertrag vorsieht, zu gewährleisten.

Während der Entwicklung der allgemeinen Form des Konzeptes zur Übertragung von Befugnissen auf die Arbeiter nahm die Gewerkschaft einige dieser Prinzipien in die Umstrukturierungsinitiative auf, die sich auf die Zurichterei bezieht. Die Schaffung eines Koordinators für die Zurichterei wird als Testfall angesehen und überträgt administrative Aufgaben auf einen Koordinator der Verhandlungseinheit unter Beibehaltung der Managementfunktionen durch ein System der Fernbeaufsichtigung. Die Koordinatoren werden von anderen Stellen abgezogen, wo sie Wissen über den Gesamtprozeß gewonnen haben. Zur Zeit wird das Auswahlverfahren und die Verantwortlichkeit der Koordinatoren festgelegt mit dem Ziel, den Mitgliedern ein größeres direktes Mitspracherecht bei der Auswahl zu gewähren.

2. *Berufsgruppen-Berufsgruppen-Produktion (BBP)*

Dieser Kurzbegriff bezieht sich auf die Abgrenzung der Arbeit der jeweiligen Berufsgruppen und die Abgrenzung der Arbeit eines Facharbeiters von der eines Produktionsarbeiters. Die verschiedenen Gruppen innerhalb der Mitgliedschaft reagierten auf unterschiedliche Art und Weise auf die Änderung dieser Abgrenzungen. So betrachten es zum Beispiel einige Facharbeiter als eine Aushöhlung ihrer Arbeitsplätze, wenn Aufgaben kostengünstigeren Arbeitskräften übertragen werden. Die Schaffung eines Berufsgruppen-Ausbildungsausschusses war ein Weg, sich mit dem Thema auseinanderzusetzen.

Die Auseinandersetzung mit BBP-bezogenen Fragestellungen begann während der Verhandlungen 1990. Zu dieser Zeit stand jedoch die Zuständigkeit der einzelnen Berufsgruppen im Mittelpunkt. Eine Überarbeitung der Arbeitsplatzbeschreibungen wurde durchgeführt, um die Tatsache wiederzuspiegeln, daß ein Großteil der Arbeit, die von Angehörigen der einzelnen Berufsgruppen verrichtet wurde, nicht von den bestehenden Beschreibungen abgedeckt wurde. Eine Angleichung der Berufsklassen und der Löhne nach oben war die Folge. Die Möglichkeit »zusammengesetzte Gruppen« zu bilden wurde untersucht, aber bis heute wurde diesbezüglich nichts unternommen.

Im augenblicklichen Umstrukturierungsprozeß sind BBP-bezogene Themen weiter verbreitet. Da die einzelnen Berufsgruppen in nahezu allen Bereichen des Werkes tätig sind, wird jeder Vorschlag möglicherweise Auswirkungen haben, auf die Art wie Facharbeiter untereinander und mit Produktionsarbeitern zusammenarbeiten. Insbesondere die »Bediener-Wartung« stellt die bedeutendste Aufweichung der Grenzen zwischen Facharbeitern und Produktionsarbeitern dar. Die »Bediener-Wartung« war anfänglich ein Vorschlag der Unternehmensseite, um die Stillstandszeiten und den Verbrauch teurer Facharbeiterzeit zu reduzieren. Zur Zeit werden Vertreter der Berufsgruppen konsultiert, um sicherzustellen, daß die Verlagerung von Aufgaben im Rahmen der »Bediener-Wartung« nicht als Bedrohung für die Beschäftigung der Facharbeiter angesehen wird oder daß die Kennzeichnung als Facharbeiter zu deren Verrichtung nicht erforderlich ist.

Durch die Entwicklung eines umfassenden Vorschlages zur Ausbildung versucht die Gewerkschaft das Thema so anzugehen, daß jegliche Bedrohungen für Facharbeiter eliminiert und gleichzeitig die Vorteile für die Produktionsarbeiter, die neue Aufgaben übernehmen, maximiert werden. Innerhalb dieses neuen Systems würde die Aufgabe der »Bediener-Wartung« ein Element der Ausbildung in einer breiter ausgerichteten beruflichen Ausbildung darstellen. (Der Inhalt der einzelnen Elemente oder Stufen der Ausbildung muß noch komplett entwickelt werden.) Produktionsarbeiter könnten die hierarchischen Grenzen überwinden und Kurse belegen, an deren Ende die Zertifizierung als Facharbeiter oder die Spezialisierung innerhalb eines bestimmten Aufgabenbereiches steht. Eine Zwischenbezeichnung, die des »Verfahrenstechnikers« würde als Teil des Aufstiegs anerkannt werden. Dieses System würde die augenblicklich wahrgenommene »Aushöhlung« der Berufsgruppen durch ein Ausbildungssystem ersetzen, das dem Modell der Lehre sehr ähnlich ist. Das durch diese Ausbildung gewonnene Wissen würde sich in den Löhnen widerspiegeln.

Der Besorgnis einer Verdrängung der Facharbeiter wird mit diesem System nicht ganz entsprochen. Zur Zeit ist die Verlagerung von Wartungsaufgaben auf das Bedienungspersonal auf ein Maß beschränkt, das den Facharbeitern »politisch vermittelbar« ist, da die Möglichkeiten zur Sicherstellung, daß auch die Facharbeiter das obere Ende ihres Qualifikationsumfanges erweitern können, gering sind.

Zusätzlich zu der Bedrohung, daß die Produktion das untere Ende »verschlingt«, dringen die Angehörigen der Berufsgruppen durch die Übertragung von »Nebenverantwortlichkeiten« in die Territorien der jeweils anderen Berufsgruppe vor. Diese zusätzlichen Aufgaben sind Teil des Vermächtnisses der »multi-handwerklichen« Fertigkeiten. Gesteigerte Besorgnis resultiert aber auch -als nicht vorhergesehene Konsequenz- aus dem Erfolg der Gewerkschaft bei der Reduzierung der Beschäftigung von Auftragnehmern und dem Zugewinn an regulativer Macht bei Entscheidungen über solcherlei Geschäftspraktiken. Während die Verhandlungseinheit ein Großteil dieser Arbeit »zurückeroberte«, fand keine Ausweitung ihrer Ressourcen statt, um die neuen Aufgaben und die gestiegene Arbeitslast bewältigen zu können.

Die Übertragung von »Nebenverantwortlichkeiten« wird als ein Weg betrachtet, diese Arbeit zu verteilen, ohne die Zahl der Beschäftigten zu erhöhen. Zum Beispiel könnte ein Industriemechaniker mit Schweißfertigkeiten von einem Aufseher gefragt werden, ob er Gebrauch von diesen Fertigkeiten macht, während er eine Aufgabe im Werk verrichtet. Ohne irgendeine Form der Regulierung könnte ein solcher Vorgang eine Bedrohung für die Beschäftigungssicherheit von Schweißern darstellen. Vertreter der Berufsgruppen gaben zu, daß eine bestimmtes Maß an Flexibilität wünschenswert und notwendig ist zur Verrichtung ihrer Aufgaben. Sie versuchen aber eine Klarstellung der Grenzen zu erreichen, um das Konfliktpotential zu reduzieren.

Ein Ziel, das die Gewerkschaft verfolgt, ist die Zusicherung von Ausbildungsprogrammen am »oberen Ende« des Qualifikationsumfangs der Facharbeiter und die Sicherstellung, daß die Förderung facharbeiter-spezifischer Fähigkeiten zukünftig mit der Auswahl und der Einführung neuer Technologien verknüpft ist.

3. Gewerkschaftliche Umstrukturierung

Die Gewerkschaft untersucht ihre eigene Struktur, um zu bestimmen welche organisatorischen Änderungen notwendig sind, um den Wandel in der Arbeitsplatzorganisation widerzuspiegeln. Bis heute umfassen die vorgeschlagenen Änderungen folgende Punkte:

- die Anerkennung des SLC in der Satzung der Gewerkschaft
- die Zusammenlegung der Aufgaben der ernannten Vertreter der Berufsgruppen und der gewählten berufsgruppenspezifischen Vertrauensleute
- die Bildung neuer Unterausschüsse (Berufsgruppenausschuß, Umstrukturierungsausschuß und ein Aufgabenbeurteilungsausschuß)

Diese Änderungen sollen es ermöglichen, neue Funktionen in die Gewerkschaftsstruktur zu übernehmen. Die Verschmelzung von Berufsgruppenvertretern und berufsgruppenspezifischen Vertrauensleute soll Konflikte, die sich in der Vergangenheit ergaben, verhindern. Während beide Funktionen nun von einer einzigen Person ausgefüllt werden, bleibt für die Gewerkschaft immer noch das Problem der Festlegung, wie mit möglicherweise entgegengesetzten Forderungen, die an den Inhaber dieser kombinierten Position gerichtet werden, umzugehen ist. Im Augenblick könnte die vorgeschlagene Verschmelzung dazu führen, daß ein Berufsgruppenvertreter eine Umstrukturierungsinitiative vorschlägt und dann verantwortlich ist für die Behandlung einer Beschwerde, die aus der Umsetzung der Initiative resultiert.

Die Gewerkschaft entwickelt zudem Ausbildungsprogramme, um die Koordinatoren auf ihre neuen administrativen Aufgaben und ihre Funktion als Anlaufstelle für Gruppen von Arbeitern vorzubereiten. Die Ausbildung von Vertrauensleuten wird ebenfalls neu beurteilt. Durch die reduzierte Präsenz von Aufsichtspersonal besteht die Möglichkeit, daß zwischen den Mitgliedern Konflikte über innerorganisatorische Angelegenheiten entstehen. Vertrauensleute werden daher eine zusätzliche Ausbildung zur Unterstützung bei der Lösung solcher Konflikte und zur Umleitung der Unzufriedenheit auf geeignetere Ziele benötigen.

III. Inhalt der Umstrukturierungsvorschläge

Während diese allgemeinen Projekte einen bedeutenden Teil der gewerkschaftlichen Aktivitäten auf dem Gebiet der Umstrukturierung darstellen, wurden einige spezifische Initiativen entweder umgesetzt oder zur Zeit abgeschlossen. Im folgenden Abschnitt werden diese zusammengefaßt und im Hinblick auf ihre Auswirkungen auf die Aufgaben und die Beziehungen zwischen den Leuten, die diese verrichten, beurteilt.

1. Umstrukturierungen, die während der Verhandlungen 1990 umgesetzt wurden:

a) Leistungen auf dem Betriebsgelände (Yard Services)

Die Umstrukturierung auf diesem Gebiet umfaßte die Neu-Klassifizierung von etwa 30 Aufgaben. Die meisten davon bezogen sich auf die Bedienung von Kränen und Lastwagen. Diese Aufgaben wurden auf 13 reduziert mit einer Anpassung der Berufsklassen und Löhne nach oben, was gemäß CWS beschlossen wurde. Die meisten Arbeiter in diesem Bereich fanden, daß dies ihre Arbeit nicht bedeutend veränderte. Es gab jedoch Bedenken, daß die Vereinheitlichung der Berufsklassen Auswirkungen auf die Beschäftigungssicherheit aller Arbeiter haben könnte. Darüber hinaus könnten die Kriterien für die Regelung von Entlassungen, der Übertragung von Arbeitsaufgaben usw. aufgeweicht worden sein, da bezüglich der Seniorität innerhalb der Abteilung nur geringe Unterschiede bestehen.

b) Instandhaltung

Die Umstrukturierung in diesem Bereich brachte die Neufassung von 14 Aufgaben in zwei neue Aufgabenkategorien mit sich: Instandhaltungstechniker I und Instandhaltungstechniker IV. Die Zwischenstufen »Tech. II« und »Tech. III« werden anerkannt zum Zwecke der Kennzeichnung bestimmter Ausbildungsniveaus. Erlangte Niveaus spiegeln sich in einer Steigerung der Berufsklassifizierung wieder. Von den Arbeitern wird erwartet, daß sie für zwei Aufgaben innerhalb ihrer Einheit qualifiziert bleiben. Sie können auch mehr als zwei Aufgaben oder Aufgaben anderer Einheiten erlernen. Es läuft eine fünfjährige Ausbildungsreihe, die die theoretische Ausbildung und die praktische Erfahrung in jedem Bereich des Werkes abdeckt. Dies schafft Möglichkeiten für eine Erweiterung der Qualifikation und Mobilität innerhalb der Instandhaltungsabteilung. Ein Instandhaltungs-Ausbildungsausschuß wurde als Unterausschuß des gemeinsamen Berufsgruppen-Ausbildungsausschusses eingerichtet, um den Ausbildungsbedarf, der in der Umstrukturierungsvereinbarung nicht näher ausgeführt ist, zu überwachen. Für beide Kategorien von Instandhaltungstechnikern wurden die Aufgabenbereiche ausgeweitet und umfassen Wartungsaufgaben, die Planung von Wartungsaufgaben anderer Arbeiter und die Bestellung von Teilen. Von den Arbeitern der Instandhaltungsabteilung wird erwartet, daß sie nach einem »erweiterten Partnerschaftskonzept« mit anderem (Wartungs-) Personal zusammenarbeiten.

c) Umstrukturierung der Berufsgruppen

Diese Vereinbarung bezog sich auf die Tatsache, daß die Aufgabenbeschreibungen nicht immer die tatsächlich von den Angehörigen der jeweiligen Berufsgruppe verrichtete Arbeit widerspiegeln. Diese Beschreibungen wurden überarbeitet unter spezieller Berücksichtigung der Klarstellung der Grenzen zwischen den einzelnen Berufsgruppen, um Kontroversen über die jeweilige Zuständigkeit zu verringern. Grundlage der Vereinbarung waren Studien, die von den Berufsgruppenvertetern und einem Umstrukturierungsausschuß des Managements erstellt wurden. Die Berufsgruppenvertreter unterschieden Aufgaben, die speziell von einer bestimmten Berufsgruppe verrichtet werden, von Aufgaben, die in den Aufgabenbereich von mehr als einer Berufsgruppe fallen.

Diese Vereinbarug hatte geringen Einfluß auf die in Facharbeiter-Berufen erforderlichen Fähigkeiten und auf die Art der Verrichtung und Überwachung der Arbeit.

d) Bediener-Wartung im Warmbandwalzwerk

Die Bediener-Wartung wurde im Warmbandwalzwerk eingeführt, um den Einsatz von Auftragnehmern in diesem Bereich zu verringern. Die Aufgaben wurden den leitstand-verbundenen Bediener-Stellen übertragen, was für Abwechslung bei der verrichteten Arbeit sorgte und die Weiterentwicklung der Fertigkeiten ermöglichte.

Eine Überprüfung der Umstrukturierung durch die Gewerkschaft ergab, daß die Arbeiter dieses Bereichs die Ergebnisse dieser Initiative positiv bewerteten. Unter den genannten Vorteilen befindet sich die Möglichkeit, spezifische Aufgaben zu verrichten und die Erlösung von der Monotonie des Leitstandes. Die aus der Umstrukturierung folgenden Lohnsätze und Aufgabenbeschreibungen spiegeln nach Meinung der Arbeiter die tatsächlich verrichtete Arbeit besser wider als dies vor der Umstrukturierung der Fall war.

2. Umstrukturierungen, die nach den Verhandlungen im Jahr 1990 begonnen wurden

a) Elektrowerkstatt

Die Aufgabenbereiche der fünf Arbeiter in diesem Bereich wurden ausgeweitet und die Berufsklassen angehoben. Die Unternehmensseite wünschte elektrowerkstattgebundene Arbeiter, die verfügbar sein sollten, um die Elektriker bei Wartungsarbeiten zu unterstützen. Der Gewerkschaftsausschuß sah ebenfalls Vorteile in diesem Vorschlag, der größere Sicherheit und höhere Löhne mit sich bringen würde, die die durch die erweiterten Aufgabenbereiche entstehenden gesteigerten Ansprüche an die Qualifikationen der Arbeiter widerspiegeln.

b) Blasstahlwerk / Vakuumentgasung und chemische Wiedererhitzung

Die Umstrukturierung in diesem Bereich wurde gemeinsam von der Gewerkschaft und dem Unternehmen initiiert. Sieben Elemente waren davon betroffen: Hüttenwerk, Vakuumentgasung und chemische Wiedererhitzung, Zurichterei, Gießer, Kräne, Materialbewegung und Blasstahlkonverter.

Die Ziele umfaßten die Auflösung der Abteilung für Kräne und bewegliche Ausrüstung und die Verlagerung der Verwaltung in das jeweilige Einsatzgebiet, des weiteren die Einführung der Bediener-Wartung und die Auflösung des Hüttenwerks mit der Zuweisung des Personals zur Stahlherstellung.

Die Vereinbarung wurde von den Arbeitern der Gießerei und des Hüttenwerkes abgelehnt. Folglich wurde in der Gießerei keine Umstrukturierung durchgeführt, während im Hüttenwerk Arbeiter verlagert wurden, diese behielten aber ihre Bezeichnung, obwohl sie voll in den Prozeß der Stahlherstellung integriert wurden, was zu einer Form der »Super-Seniorität« führte. Kranführeraufgaben wurden in die hierarchischen Strukturen des zugeteilten Bereichs integriert. Die Stellen im Bereich des Hüttenwerkes wurden gestrichen, indem sie in die Stahlherstellung verlagert wurden und/oder ihre Funktionen im Bereich der Qualitätskontrolle mit bestehenden Stellen in anderen Einheiten kombiniert wurden. Die neue Stelle des »Inspektors« wurde in der Zurichterei geschaffen, um einige dieser Funktionen zu integrieren. Aufgaben des Hüttenwerkes wurden auch in die Gießerei verlagert, wo von dem für diesen Bereich zuständigen Arbeiter erwartet wird, daß er auch allgemeine Arbeitsaufgaben innerhalb der Abteilung oder falls erforderlich anderswo wahrnimmt.

Im Bereich der Zurichterei und der Stahlherstellung wurden (anders als in der Gießerei) die Aufgabenbereiche ausgeweitet durch die Einführung der Bediener-Wartung. Diese Wartungsfunktionen schließen die visuelle Kontrolle der Werkzeuge und der Ausrüstung, das Schmieren der Maschinen und kleinere Reparaturarbeiten mit ein. Die Arbeiter in der Zurichterei übernahmen auch

Verantwortung für das Management/die Bewegung der Brammen. Wohingegen die Zurichterei ursprünglich der arbeitsintensivste Bereich des Werkes war, führten die vereinten Auswirkungen der verbesserten Stahlqualität (welche durch Verfahrensinnovationen erreicht wurde) und die Umgestaltung der Aufgaben zu einer Reduzierung der Belegschaft in diesem Bereich. Es gibt 10 Stellen weniger seit dem Streik 1990. Die Einführung der Bediener-Wartung verringerte den Einsatz von Auftragnehmern in diesem Bereich.

Aufgabenbeschreibungen und Berufsklassifizierungen für die neuen zusammengelegten Stellen wurden vom gemeinsamen CWS-Ausschuß erstellt.

c) Vorfertigung

Die Umstrukturierung umfaßte die Schaffung von neun neuen Aufgabenbereichen, wo vor der Vereinbarung dreizehn existierten. Von den Personen, die die vier neuen Aufgabenbereiche (Instandhaltungsspezialisten I & II, Geräte-Bediener/Rohstoffe und Bediener/Heißes Metall) ausfüllen, wird erwartet, daß sie sich Kenntnisse in allen Funktionen, die die neuen Aufgabenbereiche umfassen, erwerben. Von den Arbeitern, die diese Stellen einnehmen, wird erwartet, daß sie im Falle eines Unfalls, einer Krankheit oder falls sie frei nehmen, diese Funktionen delegieren. Jede Gruppe ist für die Zuteilung von Personen auf die verschiedenen Funktionen des Aufgabenbereichs verantwortlich. Dies soll auf faire und gerechte Art und Weise geschehen.

Im Bereich der Rohstoffverarbeitung wurden zehn Stellen zur Geräte-Bedienung zu einer einzigen zusammengelegt, was in den meisten Fällen zu einem Aufstieg in den Gehaltsklassen und in anderen Fällen zumindest nicht zu einem Abstieg führte. Mit Ausnahme der Arbeiter, die sich für den »roten Kreis« entschieden haben, werden die Arbeiter an allen Geräten dieses Bereichs ausgebildet. Von den Arbeitern wird daher erwartet, daß sie im Falle von Unfällen, Abwesenheit durch Urlaub oder im Falle von Krankheiten Aufgaben an anderen Geräten übernehmen. Ein Bestandteil der Bediener-Wartung wurde hinzugefügt nämlich die visuelle Kontrolle der Ausrüstung. »Rot-Kreis-Arbeiter« dürfen die Position, die sie vor der Umstrukturierung bekleideten, behalten.

In anderen Bereichen der Vorfertigung führte die Umstrukturierung zur Hinzufügung von Nebenverantwortlichkeiten in Verbindung mit der Wartung von Geräten und Arbeitsbereichen, der Überwachung der Lagerbestände und der diesbezüglichen Unterstützung von anderen Arbeitern.

Die Umstrukturierung im Bereich der Bewegung heißen Metalls war eine Folge der Initiativen im Bereich der Vorfertigung und spiegelt die Hinwendung zu einem kontinuierlicheren Produktionsprozeß wider. Ziel des Managements war es, die Zeit zwischen den einzelnen Gußvorgängen von 90 auf 60 Minuten zu reduzieren. Wie oben bereits beschrieben wurde, erreichte das Testprojekt beinahe diese Zielvorgabe, Änderungen wurden jedoch nicht umgesetzt. Es wurde bereits angemerkt, daß sich als Folge der Testphase die Arbeit intensivierte und die Möglichkeiten, eine Auszeit zu nehmen, für die Arbeiter in diesem Bereich ausgeschaltet wurden.

d) Koordinator der Zurichterei

Diese Initiative schaltet die direkte bezahlte Überwachung aus und ersetzt sie durch einen Koordinator der Verhandlungseinheit. Die Stelle des Koordinators umfaßt Aufgaben, die früher unter den Titeln »Conditioning Shipper« und »Utility man I« verrichtet wurden. Zusätzlich organisiert der Koordinator die Brammenverarbeitung und -bewegung , er führt administrative Aufgaben aus und arbeitet mit den Gruppen bei der Zuweisung von Aufgaben zusammen. Alle Gruppenmitglieder erhalten eine Ausbildung, die die Erklärung der Verantwortlichkeiten des Koordinators, die Weiterentwicklung der Kommunikations- und Problemlösungsfähigkeiten, die Handhabung vertraglicher Regelungen und Gesundheits- und Sicherheitsverfahren umfaßt.

e) Warmbandwalzwerk

Das Prinzip der Bediener-Wartung wurde im Warmbandwalzwerk während der Verhandlungen 1990 eingeführt. Die Notwendigkeit der Integration von Kränen in die Aktivitäten des Warmbandwalzwerkes schuf Raum für weitere Umstrukturierungsvorschläge in diesem Bereich. Momentan erweitert die Gewerkschaft die Tagesordnung um einige wichtige Punkte. An erster Stelle steht ein Vorschlag zur Übertragung von Befugnissen auf untere Hierarchieebenen, um die Ansprüche an das allgemeine Humankapital zu verringern unter gleichzeitiger Beibehaltung der Gruppengröße der stündlich bezahlten Arbeiter. Das prinzipielle Merkmal dieses Vorschlages ist die Ersetzung des bezahlten Aufsichtspersonals durch sogenannte »Verfahrenskoordinatoren« der Verhandlungseinheit. Diese Koordinatoren würden wichtige und weniger wichtige Wartungsprojekte organisieren, sie wären zuständig für unbesetzte Stellen und Vertretungsperioden auf gleitender Basis, sie würden die Qualitätskontrolle beaufsichtigen und eine Vielzahl administrativer Aufgaben übernehmen. Andere Bereiche des Verfahrens wurden ebenfalls umgestaltet. Dieser Vorschlag ist in einem frühen Entwicklungsstadium und wurde von Vertretern des Unternehmens nicht positiv aufgenommen.

IV. Aktualisierung – Juli 1993

Die Verhandlunsrunde 1993 endete mit Gehaltserhöhungen, die auf COLA- und ISP-Zulagen beschränkt blieben. Bedeutende Verbesserungen konnten jedoch in anderen Bereichen erzielt werden. Das »Senior Level Committee« erhielt die formale Anerkennung, so wie das Prinzip der gegenseitigen Übereinstimmung bei Initiativen zur Arbeitsplatzumstrukturierung. Die Unternehmensseite und die Gewerkschaft verpflichteten sich, die Beschäftigung von Auftragnehmern zu minimieren. Der neue Tarifvertrag sieht außerdem die gemeinsame Entwicklung eines betriebsweiten Ausbildungsplans durch das Management und die Gewerkschaft vor. Die Gewerkschaft erlangte ein im Tarifvertrag verankertes Informationsrecht bezüglich potentieller technischer Änderungen. Eine Ermächtigungsregelung wurde hinzugefügt, die Modifizierungen des Auswahlverfahrens für Vertrauensleute ermöglicht und damit die gewerkschaftsinternen Umstrukturierungen und die Bemühungen, die Mitgliedschaft direkt in den Arbeitsplatzwandel einzubeziehen, widergespiegelt. Der neue Tarifvertrag sorgt zudem für ein beschleunigtes Verfahren zur Beilegung von BBP-Streitigkeiten. Diese Änderungen sind die direkte Folge der gewerkschaftlichen Beteiligung an der Entwicklung und Umsetzung von Initiativen zur Arbeitsplatzumstrukturierung in der Zeit vor der Verhandlung. Der Vorstand der Gewerkschaft meint, daß die Rechte, die durch diese Bemühungen erkämpft wurden, nun durch den neuen Tarifvertrag bewahrt wurden.

USWA Local 8782

Stelco Lake Erie Works Zusammenfassung

Zusammenhang

- Das letzte in Nordamerika »auf der grünen Wiese« gebaute integrierte Stahlwerk
  - Die Verhandlungseinheit hat 1.000 Mitglieder
- Hoch effiziente Produktionsverfahren mit Weltstandard (wenig Arbeitsstunden pro Tonne)
- Neuste technische Verbesserungen (Vakuumentgasung / chemische Wiedererhitzung plus Gießerverbesserungen)
  - Stahlbrammen von höherer Qualität
  - Auswirkungen auf die Bedeutung der Zurichterei und des Hüttenwerks
- Mehr als die Hälfte des Outputs wird direkt zu Hilton Works verfrachtet
- Keine Entlassungen
- Die jeweiligen Berufsgruppen verfügen von Beginn an über vielseitige handwerkliche Fähigkeiten
- Regelung über die Beschäftigung von Auftragnehmern in der Vereinbarung von 1990

Ziele des Unternehmens

- Niedrigere Produktionskosten / Reduzierung der Beschäftigung von Auftragnehmern
- Weniger Beschäftigte, die mehr arbeiten und besser bezahlt werden
- Flexibilität =   1. Eliminierung ortsgebundener Aufgaben
                   2. Nebenverantwortlichkeiten
                   3. Bediener-Wartung

Die Rolle der lokalen Gewerkschaft bei den Änderungen

- Bedingungen für die Beteiligung der lokalen Gewerkschaft an dem Prozeß des Wandels
  - Keine Entlassungen
  - Alle Änderungen sind Gegenstand von Verhandlungen und werden nicht von der Unternehmensseite aufgezwungen
- Senior Level Committee
- Berufsgruppenausschuß
- Ad-hoc-Ausschüsse auf Abteilungsebene, um an Umstrukturierungsvorschlägen zu arbeiten – Gewerkschaftsausschuß und Unternehmensausschuß
  - Gewerkschaftsmitglieder werden vom Unternehmen bezahlt
- Konsultation der Mitgliedschaft (d.h. informelle Kontakte, Befragungen durch Mitglieder des gewerkschaftlichen Umstrukturierungsausschusses, Fragebogen / Gutachten, formelle Gruppentreffen)
- Probephasen (d.h. Hochofen = 3 Monate für Dockgebiet)
- Vor der Umsetzung stimmen alle Mitglieder in der Abteilung ab
- Die Gewerkschaft sieht die Notwendigkeit der Überwachung und Erzwingung der Vereinbarung nach der Umsetzung

Arbeitsplatzwandel

Phase 1: Vor den Verhandlungen 1990

1. Abteilung für Abteilung
   - Verschiedene Änderungen in jedem Bereich
   - Leistungen auf dem Betriebsgelände

- 30 Aufgaben wurden zu 13 zusammengelegt
- Instandhaltung
- 14 Aufgaben wurden zu zwei zusammengelegt, mit 4 Ausbildungsniveaubezeichnungen

2. Überprüfung der Aufgabenbeschreibungen in jeder Abteilung:
   - Hinzufügung von »Nebenverantwortlichkeiten«
   - Anerkennung bestehender Bediener-Wartungsfunktionen
   - Hinzufügung von Bediener-Wartungsfunktionen
   - Hinzufügung kleinerer administrativer Aufgaben (d.h Erfassung der Lagerbestände, Überwachung der Zulieferungen).
3. Erhöhung der Vergütung –Neue Berufsklassifizierung
   - Einige Lohnsätze wurden ausgehandelt / einige »CWSed«
4. Umstruktruierung der Berufsgruppen
   - Neufassung der Aufgabenbeschreibungen, Identifizierung von berufsgruppenspezifischen Aufgaben, überlappende Bereiche (Vorfertigung und Nebenverantwortlichkeiten)
5. Die Auswirkung auf den Produktionsprozeß ist begrenzt

Phase 2: Nach den Verhandlungen 1990

1. Den Arbeitern der Elektrowerkstatt wurden«vagabundierende« Aufgaben übertragen, um bei Wartungsaufgaben im Werk zu helfen. Berufsklassen
2. Neufestlegung der Abteilungsgrenzen und der hierarchischen Grenzen
   - Auflösung der Kran-Abteilung, Stellen wurden in andere Abteilungen integriert
   - Auflösung der Hüttenabteilung, Test- und Kontrollfunktionen wurden in andere Abteilungen integriert
   - Arbeiter der Zurichterei übernehmen Aufgaben im Bereich des Managements/ Bewegung der Brammen
   - Stellenverschmelzung, Neuklassifizierung

3. Rohstoff- und Vorfertigungsberufsklassifizierungen wurden kombiniert, um einen neuen Aufgabenbereich mit Aufgabenwechsel zu schaffen (der Ablauf des Aufgabenwechsels wird innerhalb der Gruppe festgelegt - »rudimentäre Mitbestimmung«)

4. Übertragung von Befugnissen auf untere Hierarchieebenen

   - Die direkte (bezahlte) Überwachung wird durch einen Koordinator der Verhandlungseinheit mit administrativen und Führungsaufgaben ersetzt. Anwendung des Prinzips der »Fern«-Überwachung, Erweiterung der Ausbildung, um die Kenntnis des Verfahrens und der Organisation des Bereichs sicherzustellen.

   - Koordinator der Zurichterei: Vereinigt die Aufgaben des »shipper« und des »utility-man«, übt zusätzlich administrative Aufgaben aus, alle Gruppenmitglieder erhalten eine Ausbildung, Ausrichtung auf die Arbeit mit dem »Koordinator«-System.

   - Koordinator des Warmbandwalzwerk-Verfahrens (vorgeschlagen): Ausschaltung direkter (bezahlter) Überwachung, der Koordinator der Verhandlungseinheit ist verantwortlich für die Organisation der Wartungsarbeiten, Arbeitsplanung, inklusive unbesetzter Stellen und Vertretung, Abteilungsverwaltung.